現代評論キーワード講義

基本用語から最新概念まで

小池陽慈 著

三省堂

はじめに

皆さん、こんにちは。大学受験の予備校で現代文を教えている、小池と申します。

突然ですが、皆さんは、現代文についてこんな経験をしたことがないでしょうか。例えば、「ここが筆者の主張なのだろうけれど、なんでこんなことをいちいち言うのか、わからない」とか、あるいは、「評論文はつまらなくて、内容がぜんぜん頭に入ってこない」など——。

もし、皆さんにこうした経験があるなら、その原因の一つには、おそらく、**筆者と問題意識を共有することができていない**、ということがあると思います。共有できていないから、その文章が他人事のように思われてしまい、内容に入っていけない。だから、つまらない。理解できない。

ということは、逆に言えば、**皆さんが現代文という科目をマスターする上での一つのカギは、筆者と問題意識を共有することにある**、そうなるはずですよね。

筆者と問題意識を共有する——。

大学入試に出題される現代文——中でも特に評論文や随筆と呼ばれる文章の書き手においては、それぞれの論じ方や主張の違いはともかく、問題意識については、少なからず、共有されています。

例えば、「近代」というテーマ。

皆さんは、教科書や現代文の問題集の中で、この「近代」という語をかなりの頻度で目にしてきたはずです。どうしてか。それは、多くの書き手において、この「近代」というテーマが、今を生きる私たちにとって重要極まりないものであると考えられているから。つまり、**「現代の社会をより良くしていくためには、近代という時代について熟考しなくてはいけない」という問題意識が共有されている**わけです。なるほど。私たちの生きる現代社会は、この「近代」という時代を土台として成り立っていますからね。つまり、こうした観点を事前に共有することができていれば、きっと、皆さんも、「近代」というテーマを論じる文章について、それを**自分自身のこととして読むことができる**。すると、頭にすっと入ってくる。したがって、わかる。そして、おもしろい。

本書は、大学入試の現代文において多くの筆者が共有する問題意識について、100のキーワードを通じて解説しています。のみならず、その問題意識をさらに掘り下げるために、ぜひ読んでほしい本をたくさん紹介しています。**まずは本書で基礎的な知識を手に入れ、その上で、一冊でも多くの推薦図書を読んでみてください**。読解力も、自然と身についていくはずです。そして何より、こうした過程を通じて、皆さんは、学問の世界へと、一歩、足を踏み入れたことになるのです。

最後になりますが、本書は、三省堂スタッフの方々のご尽力、校閲の方々のご指摘、編集の藤本なほ子さんのお力添えなくば、絶対に書き切ることができませんでした。衷心より御礼申し上げます。

二〇二三年　春　河合塾現代文講師　小池陽慈

基本用語から最新概念まで 現代評論キーワード講義 目次

現代

本書の読み方

見開き2ページで1つのキーワードを学ぶ構成。100のキーワードを、古代・中世を含む前近代から近代、現代へ、時系列順に並べています。キーワードはすべて、評論読解の重要概念。時代や社会の背景を押さえながら学べるので、深く理解できます。
また、2ページで完結する文章を100本読むこと自体が、評論文を読む良質な訓練になります。

古今東西の引用文を必ず入れているので、多様な重要文献や評論文に自然に触れることができます。
引用元の書籍については、巻末「ブックガイド」に詳しく掲載。

16

主客二元論

デカルト以降の近代哲学で主流となる「主客二元論」とは、どのような考え方なのだろうか。

前回の**15「理性と近代合理主義」**では、近代哲学の父**デカルト**の言葉を参照し、近代という
代における「理性(=論理的に考え、正しく判断する力)の特権化」という話をしました。
ところでこの理性なるものは、人間という存在のどこに宿るのか。とりあえずはそれを、心
なわち「精神」と仮定してみましょう。つまり、理性とは精神の働きの一部である、と考え
とすると、逆に言えば、精神には理性以外の領域もあるということになるはずです。そう
すね……唐突ですが、ここで『古今和歌集』から、一首引用してみたいと思います。

人知れず思へばくるし紅《くれなゐ》の末摘花《すゑつむ》の色にいでなむ　**読み人知らず**

『古今和歌集』巻第十一・恋歌一・四九六

「人知れず思へば」は、相手に知られないように恋い慕っているので、という意味。だから苦しい、と嘆息しています。「末摘花」は紅花《べにばな》の異名《いみょう》で、赤の染料に用います。紅花の赤い色が表にあらわれてしまうように、隠している自分の恋心も、「色《いろ》」すなわち顔色に出てしまいそうだ……。要するに、恋する心を必死に隠そうとしているのに、もう抑えきれない……という切ない心情を詠《よ》んでいるのですね。
なぜ、抑えなくてはいけないのか。もしかしたら、道ならぬ恋なのかもしれません。だとすれば、思いを口にしてしまった瞬間、身の破滅が待っている。理性的に考えれば、この恋は心

□対極【たいきょく】
正反対の側。
□情念【じょうねん】
愛情・喜び・悲しみ・憎しみ・うらみ・欲望など、心に湧き
がる強い感情や思い。
類 パトス…哲学で、身体的
刺激などから生じる、受動的
一時的な感情や欲望。「理性
ゴス)によって制御されるべ
もの」という文脈で用いら
ることが多い。関連 エート
ロゴス
□主体【しゅたい】
①他に対して何かをおこない、作用を及ぼす側のもの。対 客体 ②自分の意志と判断に基づいて、物事を行う存在。(本文では①の意味)
□客体【きゃくたい】
①他の行為の対象となり、作用を及ぼされる側のもの。類 対象 対 主体 ②人間の意識とは

40

そのページで学ぶ要点への問いかけ文。読解の糸口となります。

下欄に、青字の語の意味と類義語・対義語・関連語・同音異義語を掲載。
歴史用語など知識を要する語の意味も載せているので、辞書などを使わずに読み通せます。

押さえておきたい評論読解の重要語は青字で表示し、下欄に意味を掲載。

傍線部はキーワードの要点を示しています。

キーワードに関わる重要語は**太字**で表示。
巻末の「重要語ミニ辞典」に語義・用例・ポイントなどを掲載しています。

前近代
近代
現代
ブックガイド

100のキーワードを3つの時代に区分。

に秘めたままにしておくべきなのだ。でも、もう、このたぎる思いを抑えておくことなどできない……。人間の精神には、論理的な思考力である理性とは対極にあるような、どうにもならない恋心や欲望や激情、すなわち情念が渦巻いている。そのことがよくよくわかる歌ですよね。

整理しましょう。

人間の精神には、〈理性／情念〉という二つの異なる側面がある。このように対象を二つの異なる領域に分割し、対立的に捉える考え方を**二元論**といいます。さらに、例えば右の例では、理性は、どうしようもなくたぎる思い、すなわち情念を抑制するものとして機能しています。これはまさに、デカルト以降の近代哲学において主流となる考え方です。つまり、〈理性＝情念を抑制する主体／情念＝理性によって抑制される客体〉という関係性ですね。このように、対象を二つの領域に分割し、どちらかを主体、もう一方を客体と捉える考え方を**主客二元論**といいます。

主客二元論には多様なバリエーションがあります。例えば、理性という特権的な力の宿る場としての精神を主体とする、〈主体＝精神／客体＝身体〉という考え方。これは**心身二元論**（**物心二元論**）とも呼ばれます。人間存在の本質は精神にあり、身体はそれに従属するものにすぎない、という考え方です。こうした観念自体は、古代ギリシャのプラトンの時代からありました。例えば「身体は汚れたものであり、魂＝精神は清浄なものである」という観念ですね。あるいは、そのような精神の宿る場である人間、という観点から言えば、〈主体＝人間／客体＝自然〉という主客二元論も成り立ちます。これについては、次回の**17「人間中心主義」**で詳しく見ていきましょう。

主客二元論（主体⇔客体）
主＝理性 ⇔ 客＝情念
主＝精神 ⇔ 客＝身体
主＝人間 ⇔ 客＝自然

無関係に存在する、外界の事物。
類 **客観**（本文では①の意味）

□特権的【とっけんてき】
ある身分・地位の人だけが、他より有利な特別の権利を持っている様子。

読んでみよう
石川文康《ふみやす》『カント入門』（一九九五年）カントの哲学を通して、「主客二元論」をより本格的に学べる一冊。わかるところだけでも、少しずつ読んでみよう。
マーカス・ウィークス『10代からの哲学図鑑』（日暮《ひぐらし》雅通《まさみち》訳、二〇一五年）西洋の哲学を、古代から現代まで幅広く見渡す一冊。図などがわかりやすい。

ポイント
対象を異なる二つの領域に分割し、対立的に捉える見方を「二元論」という。「主客二元論」とは、「主体⇔客体」という対立で物事を捉え、理解する考え方である。

41　主客二元論

冒頭の問いかけ文への答えの形で、各キーワードのポイントを簡潔に掲載。
ここを読むだけで復習になり、知識が定着します。

下のQRコードから本文の音声版にアクセス！
通学時など隙間時間を使って、耳からも学べます。

キーワードへの理解をさらに深め、視野を広げられる良書を2冊ずつ紹介。
高校生に最適なレベルの本、また発展的な知の力をつけられる本を厳選しています。
巻末「ブックガイド」に詳しい情報を掲載。

巻末
重要語ミニ辞典（索引）

本文で解説したキーワードや重要語（＝本文中で青字・太字の語）と、評論読解に役立つその他の重要語など、約1200語のミニ辞典です。五十音順の配列で、索引として使えます。評論読解に必要な語義に絞った解説で、読むだけでおもしろく、語彙力強化につながります。

類義語・対義語・関連語や用例も掲載。

ページ番号を、「キーワード＝青字」「本文に出現する重要語＝**太字**」「下欄に出現する語や、本文で簡単に触れている語＝細字」と分けて表示しています。

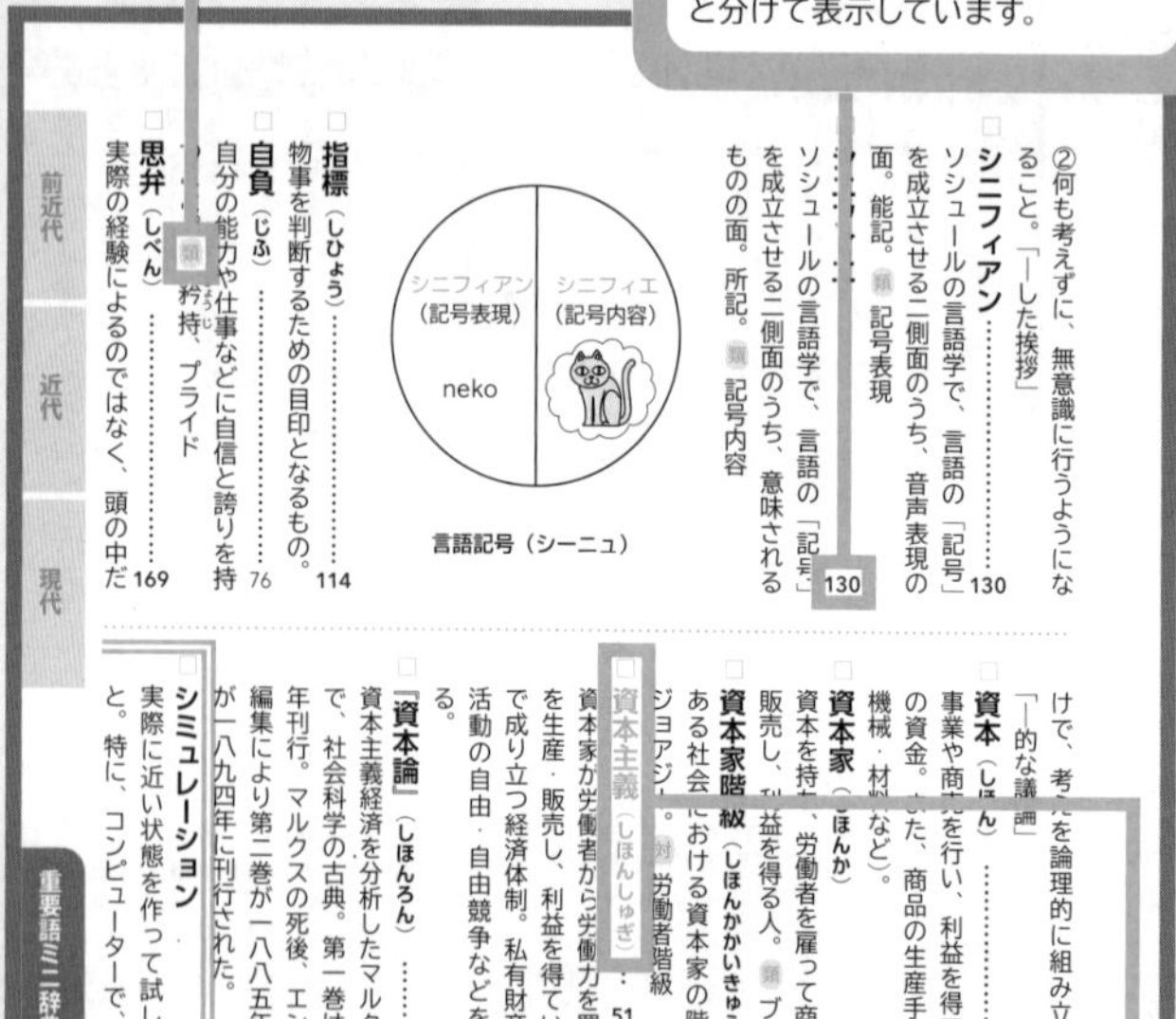
②何も考えずに、無意識に行うようになること。「―した挨拶」

□**シニフィアン**……130
ソシュールの言語学で、言語の「記号」を成立させる二側面のうち、音声表現の面。能記。類 記号表現

□シニフィエ……130
ソシュールの言語学で、言語の「記号」を成立させる二側面のうち、意味されるものの面。所記。類 記号内容

言語記号（シーニュ）

□**指標**（しひょう）……114
物事を判断するための目印となるもの。

□**自負**（じふ）……76
自分の能力や仕事などに自信と誇りを持つこと。類 矜持《きょうじ》、プライド

□**思弁**（しべん）……169
実際の経験によるのではなく、頭の中だけで、考えを論理的に組み立てること。「―的な議論」

□**資本**（しほん）……72
事業や商売を行い、利益を得ていくための資金。また、商品の生産手段（工場・機械・材料など）。

□**資本家**（しほんか）
資本を持ち、労働者を雇って商品を生産・販売し、利益を得る人。類 ブルジョア

□**資本家階級**（しほんかかいきゅう）……72・96
ある社会における資本家の階級。ブルジョアジー。対 労働者階級

□資本主義（しほんしゅぎ）……51・72・82・96
資本家が労働者から労働力を買って商品を生産・販売し、利益を得ていくしくみで成り立つ経済体制。私有財産制・経済活動の自由・自由競争などを原理とする。

□**『資本論』**（しほんろん）……74
資本主義経済を分析したマルクスの主著で、社会科学の古典。第一巻は一八六七年刊行。マルクスの死後、エンゲルスの編集により第二巻が一八八五年、第三巻が一八九四年に刊行された。

□**シミュレーション**
実際に近い状態を作って試してみること。特に、コンピューターで、実際に近い数値的モデルを作って実験すること。「道路交通システムの―」

□**市民**（しみん）……62
①市の住民。「―図書館」
②国や地域の政治に主体的に参加する、自立した個人。シチズン。「―社会」類 公民
③「ブルジョア」のこと。市民階級。

□**市民革命**（しみんかくめい）……64
17～18世紀に、力をつけた市民（ブルジョア）階級が、絶対王政と封建制を打倒し、資本主義に基づく近代の市民社会を成立させた一連の変革。
ポイント イギリスのピューリタン革命と名誉革命、アメリカの独立革命、フランス革命が代表例。

□市民社会（しみんしゃかい）……51・58・143
自立した個人が、自由で対等な関係において作っていく社会。
ポイント 市民革命によって封建的な身分制度を打倒して成立した、近代的な社会。

□**自民族中心主義**（じみんぞくちゅうしんしゅぎ）……92・119・121・160
→エスノセントリズム

□**自明視**（じめいし）……15
それは明らかで当然なことだと考え疑わないこと。

237　重要語ミニ辞典

本文には出現しない語や、本文下欄に掲載していない語義も載せています。

「ポイント」に、発展的な知識や読解に役立つ情報を掲載。

キーワード（＝本文で見開き2ページで解説）は青字で表示。

※本文中で青字・太字でも掲載のない語もあります。

巻末ブックガイド

1（易しい）〜10（難しい）の10段階で難易度を表示。

本文中で引用した書籍と、下欄「読んでみよう!」で紹介した書籍の一覧です。刊行年・出版社名・難易度など、本文より詳しい情報を載せています。

評論の読解力や、文章を書く力をつけるには読書が不可欠。拾い読みでもいいので、気になった本から手にとってみよう!

校生、いや、かなりおませな中学生の皆さんにも読んでいただけるように、書いてみました」という著者の言葉に、ぜひ、応答したい。7

57 文化人類学

松村圭一郎《けいいちろう》『はみだしの人類学』（二〇二〇年、NHK出版）●近代が生んだ価値観やイデオロギーは、いまなお、私たちの「常識」を強く支配する。それを批判し相対化する文化人類学の意義は、現代も大きい。本書はその最良の入門書。ぜひ、文化人類学的な知に触れてみよう。4

小田亮《まこと》『レヴィ＝ストロース入門』（二〇〇〇年、筑摩書房）●レヴィ＝ストロースの主著『親族の基本構造』などを丁寧に読み解く。決して平易ではないが、誠実な一冊。第四章「ブリコラージュ vs 近代知」だけでも読んでみてほしい。8

58 中心／周縁《しゅうえん》

本田和子《ますこ》『異文化としての子ども』（一九九二年、筑摩書房）●既成の児童観から自由な視点で、子どもたちの世界を探訪する。児童

ミヒャエル・エンデ『モモ』（二〇〇五年、岩波書店）●円形劇場の遺跡に住みついたみすぼらしい身なりの少女、モモ。彼女はさに、近代文明社会にとって〈周縁〉の存在である。しかしこの少女の活躍によって世界は救われるのだ。3

畑中章宏《あきひろ》『日本疫病図説』（二〇二一年、笠間書院）●前近代、感染症は、共同体の部からやってくる、〈周縁〉的存在であた。もちろんそれは忌《い》むべきものであっが、反面、そうした感染症とのせめぎあの中で、民間信仰や芸能、工芸品なども造されてきたのである。4

59 異化

草野理恵子『黄色い木馬／レタス』「ポケト／舌」（二〇一六年、土曜美術社出版販売）●現代詩は難しい。そう感じたことがあるなら、その感覚は、正しい。なぜなら現代詩とは、異化を徹底する表現であるからだ。まずは言葉の組み合わせの意外性を楽しみ、その質感を味わうところから始めてみよう。8

大橋洋一『新文学入門』（一九九九年、岩波書店）●文学理論の流れを知るには、まずこの一冊をおススメする。6

亀井秀雄 監修・蓼沼《たでぬま》正美 著『超入門！現代文学理論講座』（二〇一五年、筑摩書房）●フォルマリズムの「異化」という概念は、いわ

●悲しき怪物の物語『フランケンン』を素材に、さまざまな文学理の読みにどのように適用できるのく解説する。広範な理論が紹介さのもうれしく、何より、読んでい一冊。7

61 記号

池上嘉彦《よしひこ》・山中桂一《けいいち》・唐須教光《とうすのりみつ》『文化記号論』（一九九四年、講談社）●記号に関する基礎的な知識を丁寧に説明したのち、それを実際に、さまざまな対象をとして応用してみせる。

前近代　近代　現代　重要語ミニ辞典　ブックガイド

クガイド

あすこま先生 https://askoma.info/
子どもたちに"書くこと"をどう教えるか。その研究および実践に携わってきた国語科教員「あすこま」先生の運営するブログ。教員や研究者向けの記事も多いが、本のレビューも充実している。読書案内としては、まずは「10代前半にちょうどいい!? 説明・評論文シリーズのブックリスト」（2017.05.02）に目を通しておきたい。

大橋崇行『中高生のための本の読み方』（二〇二二年、ひつじ書房）
紹介する本のジャンルは、理科、古典、音楽、美術、家庭科など、非常に多岐にわたる。のみならず、読書会やブックトークの方法についても詳しく解説

302

「読みたい本を探そう!」（p.302）では、本を探すのに最適なブックガイド本や YouTube チャンネルを紹介しています。

下の QR コードから、さらに詳しい書籍情報にアクセス!

※高校生が手にとりやすい版の情報を掲載していますが、もう刊行されていない書籍も一部あります。その場合は図書館などで探してみてください。

※本文で引用した書籍のうち、高校生には難しすぎると思われる本は、難易度は示していません。

01 アニミズム的世界観

古代社会に多く見られる「アニミズム」とは、どのような世界観だろうか。

山道で、ふと、堂々とした太い幹を持ち、他を圧するように高く伸びる一本の樹木を目にしたとしましょう。とても荘厳《そうごん》な趣《おもむき》です。そのとき、もしあなたがその木に何かしら畏怖の念を感じたとするなら、そこにはいったい、どのような認識が働いていることになるでしょうか。

畏怖の念を感じたわけです。

人が畏怖の念を抱《いだ》く対象は、往々にして、霊や神などですよね。

とすると、一本の荘厳な樹木に畏怖の念を抱いたのであるならば、すなわちあなたは、その樹木に、霊や神、あるいは魂などの存在を感じたということになるはずです。

このように、自然界に存在するあらゆるモノや、自然界に生じるあらゆる現象に霊や魂が宿っていると信じる世界観のことを、**アニミズム**といいます。ラテン語で生命や魂を意味する〈anima〉に、主義や考え方という意味を持つ〈ism〉を付け足した概念ですね。

アニミズムは、古代社会に多く認められる世界観です。けれども、その後の社会、あるいは今のこの現代においても、アニミズム的な観念が完全になくなってしまったわけではありません。例えば、一九二七年に生まれ二〇一八年に亡くなった作家の石牟礼《いしむれ》道子は、幼い頃を過ごした水俣《みなまた》の地を思い起こしながら、以下のように述べています。

「井川ば粗末にするな。神さんのおんなはっとばい、ここにも」

孫たちが散らかすつわ蕗《ぶき》の葉を、手拭いをかぶった婆《ばば》さまたちがていねいに片づける。

□畏怖【いふ】
おそれ、おののくこと。

□概念【がいねん】
言葉や図、記号などで表される、まとまった意味内容のこと。 関連 **観念、理念**

□観念【かんねん】
ある物事について、頭の中に持つイメージ。 関連 **概念、理念**
理念…ある物事についての、「こうあるべきだ」という考え。

□森羅万象【しんらばんしょう】
この世に存在するあらゆる物事。

□傲慢【ごうまん】
思い上がり、他を見下《みくだ》す様子。

□近代【きんだい】
時代区分の一つ。一般的には、西洋の17世紀以降の時代を指すことが多い。 類 **モダン**

□蹂躙【じゅうりん】
暴力でふみにじること。

□水俣病【みなまたびょう】
一九五三年頃から熊本県水俣湾

清水の湧き出す岩の割れめや窪《くぼ》みのことを、年寄《としより》たちは井川と呼んでいた。深い地層の中をくぐってきてあらわれる井戸、という意味でもあろう。

石牟礼道子『椿《つばき》の海の記』（河出書房新社）

土地の老人たちは、「清水の湧き出す岩の割れめや窪み」である「井川」には、「神さん」がいると言っています。まさに、アニミズムですね。そして、そこに「神さん」がいる以上、「井川」を「粗末にする」ことは許されない、と言うのです。自然界に存在するモノや自然界で起こる現象に霊や魂の存在を感じとると、人はおのずと、自然に対する畏怖の念、そして、謙虚な姿勢を身につけるということでしょう。

逆に言うと、どういうことか。

自然界の森羅万象に霊性を認めず、それらを単なる物質として捉えるとき、自然に対する謙虚な姿勢は持ちにくいでしょう。むしろ、自然を自分たち人間のために徹底的に利用してやろうという傲慢な態度が生まれやすい。近代、そして現代は、まさにそうした、人間の自己中心的な姿勢がむき出しになって展開した時代でした。しかしその結果、人間は例えば公害などに苦しむことになります。石牟礼道子の代表作『苦海浄土《くがいじょうど》』には、近代産業社会の論理（≒工場の排水に含まれた有機水銀）が精霊の棲《す》む水俣の地を蹂躙《じゅうりん》し、水俣病を引き起こしたことへの激しい憤りが表れています。右に引用した『椿の海の記』にも、次のような一節があります。

神々とともにあった、ひとびとの壮大な魂の世界は水銀漬《づけ》となり、わたしの村の目前にある。

を中心に発生した公害病。工場から排出された有機水銀に魚介類が汚染され、それを食べた人々の間に発生した。

読んでみよう

石牟礼道子『苦海浄土』（一九六九年）水俣病に取材した、石牟礼の代表作。患者やその周りの人々が、どのような生を生き、何を感じ、考えていたのか、克明に記す。目をそらさず、向きあってほしい。

柳田国男《やなぎたくにお》『妖怪談義』（一九五六年）自然界に潜む霊性を妖怪として形象化する。それもまた、アニミズムの一形態かもしれない。まずは「妖怪名彙《めいい》」に目を通し、想像力をふくらませてみよう。

ポイント

アニミズムとは、自然界のすべての事物に霊や魂が宿っていると信じる世界観である。この世界観の下では、人は自然に対して謙虚な態度をとる。

02 一神教的世界観

「一神教」とは、どのような信仰だろうか。

「うちゅうはどうやってできたの?」――このような疑問は、子どもの頃、誰もが胸に抱《いだ》いたものではないでしょうか。もちろん大人だって、そうした思いに耽《ふけ》ることはあるでしょう。

人々は古代から、宇宙や世界の始まりについてさまざまな物語を紡《つむ》いできました。その多くは、宇宙や世界の始まりを、神に関連させて語ります。「創世神話」とか「天地創造神話」などと呼ばれるものですね。例えば、いまだ混沌《こんとん》としてすべてが未分化であった状態に神が手を加えて大地や天などを創ったとか、巨人が死に、その死体からさまざまな物が生まれたとか、そういった類《たぐ》いの神話です。

なかでも有名なのは、『旧約聖書』の『創世記』冒頭にある天地創造の物語でしょう。物語は、

はじめに神が天と地を創造された。
地は茫漠《ぼうばく》として何もなく、闇が大水の面《おもて》の上にあり、神の霊が水の面を動いていた。
神は仰《おお》せられた。「光、あれ。」すると光があった。
神は光を良しと見られた。神は光と闇を分けられた。

『創世記』一章一～四節(『聖書　新改訳2017』新日本聖書刊行会訳、いのちのことば社)

と始まり、昼/夜、天/地/海、植物、太陽/月、星、魚/鳥/獣などを、「神」が「創造」してゆく、という展開になります。そして最後に、神自身に似せて「人」を造る、と。

□創世【そうせい】
世界を初めて創り出すこと。

□混沌【こんとん】
すべてが一つに入り混じり、区別も秩序もない状態。類 カオス

□未分化【みぶんか】
全体から部分が分かれて発展していく前の、すべてが一体となった状態。対 秩序、コスモス

□『旧約聖書』【きゅうやくせいしょ】
ユダヤ教とキリスト教の聖典。ただし、「旧約(=神との古い契約)」という言い方は、『新約聖書』も聖典とするキリスト教側からのもの。

□『創世記』【そうせいき】
『旧約聖書』の冒頭に置かれた書。

□至高【しこう】
この上なく高くすぐれること。

□被造物【ひぞうぶつ】
神によって造られた万物。「被」は〈……される〉という受け身

さて、この『創世記』に則《のっと》るなら、この宇宙とは、唯一無二《ゆいいつむに》の存在である至高の神がそのすべてを創造したものである、ということになります。このように、唯一無二の神を想定する信仰のあり方を、**一神教**といいます（本当は一神教にもいくつかのバリエーションがあるのですが、それについては省略します）。対義語は**多神教**で、これは文字どおり、数多くの神々の存在を認める信仰のこと。前回の01で扱ったアニミズムも、森羅万象の中に霊や魂の存在を想定する考え方なので、多神教の一種とされることがあります。

では、一神教の代表は何か。それはもちろん、右に紹介した『旧約聖書』を聖典とする**ユダヤ教**、そしてその流れをくむ**キリスト教**や**イスラーム**です。これらの宗教における唯一神は、宇宙のすべてを造った**造物主**としてイメージされます。逆に言えば、人間を含めた宇宙の万物は、神によって造られた被造物です。このことはすなわち、唯一無二の神のみが絶対的な存在として世界を支配していることを意味するはずです。〈主＝絶対者としての唯一神／従＝人間を含めた被造物〉という関係性ですね。そうして、このような絶対者としての神の観念が徐々に形成されてゆくにしたがって、次のような考え方も生まれてくる。

> **民《たみ》は神の前で「罪」の状態にある、だから神が動かなくても、それは神に問題があるからではなく、民の側にそもそも問題があるからだ（後略）。**
>
> **加藤隆『集中講義 旧約聖書』（別冊NHK100分de名著、NHK出版）**

たとえ民が苦難を強いられたとしても、それは民の罪のせいであり、神はいっさい悪くない――こうした発想が、神の絶対性、不可侵性の観念から生まれてくるのです。

の意味を持つ。

□絶対的【ぜったいてき】他の何物にも支配・制限されないものである様子。対 **相対的**

□不可侵【ふかしん】侵害することができないこと。

読んでみよう

山形孝夫《たかお》『聖書物語』（一九八二年）西洋の思想や文化の基層にある『聖書』のエッセンスを、平易な言葉で学ぶことのできる一冊。

沖田瑞穂《みずほ》『世界の神話』（二〇一九年）インド、メソポタミア、ケルトなどの神話をわかりやすく紹介する一冊。その話が何を象徴するかなどの解釈もおもしろい。

ポイント

一神教とは、宇宙の万物を支配する、ただ一つの絶対的な神を信じる信仰のこと。ユダヤ教、キリスト教、イスラームなどがある。対義語は「多神教」。

03 円環時間

多くの古代社会が有していた、現代と異なる時間のイメージとは、どのようなものだったのだろうか。

私たちの暮らしを支える科学技術や生活環境は、加速度的な進化を続けてきました。では、「進化」とはふつう、どのようにイメージされるものでしょうか。おそらく、程度の低い状態から高い状態への移行、言い換えれば、常に上の段階をめざす「上昇」あるいは「前進」のプロセスとして捉えられることが多いと思います。とすると、そこに流れる時間もまた、輝かしい未来へとまっすぐ進んでゆく直線的なものとしてイメージされているはず。つまり、進化や進歩に価値を置く私たち現代の人類は、時間を**直線的な時間**として表象しているのです。

「時間は〈過去→現在→未来〉と不可逆的に進むのだから、直線なのはあたりまえでしょう?」

そう思った方もいらっしゃるでしょう。

でも、古代社会の多くは、おそらく、それとは対照的な時間イメージを有していた。すなわち、**円環的な時間**のイメージです。

時間は循環するものであり、ひとめぐりすると、元の状態に戻る。そしてまためぐり、それを延々と反復してゆく——そうした時間観念ですね。

例えば日本列島の古代社会には、**常世**《とこよ》という観念がありました。

> **古代人の考えた常世は、古くは、海岸の村人の眼には望み見ることも出来ぬほど、海を隔てた遙《はる》かな国で、村の祖先以来の魂の、みな行き集まっている所としていたのであろう。**
>
> **折口信夫《おりくちしのぶ》「国文学の発生（第三稿）」（『古代研究Ⅴ 国文学篇Ⅰ』角川ソフィア文庫）**

□加速度的【かそくどてき】
ますます速度が増していく様子。

□表象【ひょうしょう】
イメージすること。↓P.86

□不可逆的【ふかぎゃくてき】
一方向に進むのみで、元に戻ることができない様子。対 **可逆的**

□対照的【たいしょうてき】
二つのものの違いがはっきりしている様子。
対照…①二つのものを照らしあわせて比べること。②二つのもののはっきりした違い。類 **コントラスト**
同音異義 **対象**…動作や認識などの相手となるもの。類 **客体**
対称…図形などが、ある線や点を境に完全に向きあう形になっていること。類 **シンメトリー**

□永劫【えいごう】
限りなく長い間。

□往還【おうかん】
道を行き来すること。往復。

海のかなたにある、死者の国――すなわち祖先の霊たちの暮らす場所が、常世です。つまり、死後の魂は常世へと赴《おもむ》くと考えられていた、ということですね。こうした来世《らいせ》観は、この列島に仏教などの外来思想が入ってきて以降も、色濃く受け継がれることになります。

あの波の下には、極楽浄土というすばらしい都がございます。

『平家物語』（角川書店編、角川学芸出版）

平家の滅亡と運命を共にした幼い安徳帝が、水中に身を投げる前に祖母にかけられたとされる言葉です。「極楽浄土」は仏教の観念ですが、それが「波の下」にあるという想定に、古代的な常世信仰の名残を見ることもできるのではないでしょうか。

魂は死後、常世に赴く――そして、人の誕生とは、いったん常世へと戻っていた魂が、再び現世へと還《かえ》ってくることなのだとする考え方もありました。この、魂の永劫《えいごう》の往還という想念と、時間の反復性――時間は循環し、一定以上運動すると元の状態に戻るという、すなわち円環的な時間像との相関性は、イメージしやすいですよね。

あるいは、狩猟社会でも農耕社会でも、これまでの猟や収穫と同じ成果を繰り返し得ることができるよう、予祝《よしゅく》行事などを行いました。豊漁や豊作を象徴するような演技をすることで、これまでと同じように獲物や収穫に恵まれることを祈ったわけです。つまり、時間は一直線に進むものではなく、ぐるぐると反復されるものでなければならなかった――。私たちが常識として自明視する像とは異なる時間イメージが、古代社会には存在していたのですね。

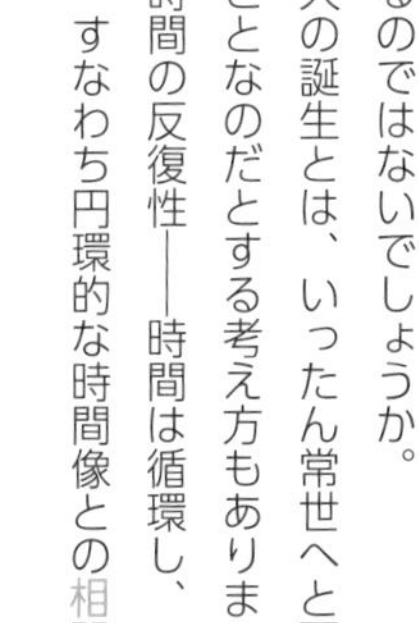

□相関性【そうかんせい】
複数のものの、互いに密接に関わりあっているという性質。

□自明視【じめいし】
それは明らかで当然なことだ、と考え、疑わないこと。

読んでみよう

『平家物語』（角川書店編、二〇〇一年）「ビギナーズ・クラシックス 日本の古典」シリーズの一冊。『平家物語』を代表する説話を選び、わかりやすく現代語訳している。

太宰治《だざいおさむ》『浦島さん』（一九四五年）太宰の傑作として名高い『お伽草紙《とぎぞうし》』の中の一作。誰もが知る浦島太郎の物語を太宰が翻案《ほんあん》するとどうなるか？ なお、竜宮城も常世の一つの姿と言われている。

ポイント

多くの古代社会では、現代の「直線的な時間」のイメージとは異なり、時間は循環するもの（＝円環的な時間）としてイメージされていた。

04 宗教・信仰・神話

古代の共同体では、宗教や信仰、神話はどのような役割を担っていたのだろうか。

前回の**03**で「人の魂は、円環時間の中で、現世に生まれ変わり続ける」という考え方に触れましたが、「魂が生まれ変わり続けるなら、人間の数は常に一定ということになるのでは?」と首をかしげる人もいるかもしれません。古代の人々の「生まれ変わり」の世界観を信じるならば、当然、そういう結論になるはずです。ですが、現実には、人口は常に増減している。そして、人々の栄養状態が良くなったり、平和な世が続いたりすると、みるみる増えていく。

となると、彼らの世界観は揺らぎます。同じことが繰り返されていくはずの円環時間的な世界像が、崩れ去ってしまう可能性がある。これはまずい。時間は循環し、人は死と誕生を繰り返していくはずなのに、なぜだか人口は増えていく。この矛盾をうまく説明する言葉を考えないと、自分たちは、これまでどおりの生を生きていくことができなくなってしまう……。

イザナミノ命《みこと》が申すには、「いとしいわが夫《せ》の君が、こんなことをなさるなら、私はあなたの国の人々を、一日に千人締め殺しましょう」と申した。するとイザナキノ命が仰《おお》せられるには、「いとしいわが妻の命《みこと》よ、あなたがそうするなら、私は一日に千五百の産屋《うぶや》を建てるだろう」と仰せられた。こういうわけで、一日に必ず千人の人が死ぬ一方、一日に必ず千五百人の人が生まれるのである。

次田真幸《つぎたまさき》『古事記　全訳注』上巻（講談社学術文庫）

□矛盾【むじゅん】
二つの事柄が、論理的に食い違い、つじつまが合わないこと。
関連 **ジレンマ**…相反《あいはん》する二つの事柄のあいだで板挟みになること。
二律背反…矛盾する二つの事柄が、それぞれに正当性をもって成立してしまうこと。アンチノミー。
逆説…一見、矛盾を含んでいるように思えるが、実は真理を言い当てている表現。「急がば回れ」など。パラドックス。

□象徴的【しょうちょうてき】
形がない抽象的な事柄を、それを連想させるような具体的なもののイメージで表現している様子。

□荒唐無稽【こうとうむけい】
でたらめで、根拠がないこと。

□原理【げんり】
物事を成り立たせる、根本的な

日本神話の中の有名なシーンですね。愛する妻のイザナミに先立たれたイザナキが、亡き妻に会うために黄泉《よみ》の国（＝常世）に赴《おもむ》く。しかし、再会した妻は無残な姿になり果てており、イザナキはその姿に恐れをなして逃げ出す。怒り狂う妻イザナミの追跡から逃れるべく、イザナキは、黄泉平坂《よもつひらさか》（＝現世と黄泉の国の間にあるとされた坂）の中途に千引《ちびき》の岩を据え、あの世とこの世とを隔ててしまう。もはや夫を追いかけることができなくなったイザナミは、千引の岩の向こうにいるイザナキに向け、「あなたの国の人々を、一日に千人締め殺しましょう」と呪《じゅ》詛《そ》する。するとイザナキは、「私は一日に千五百の産屋を建てるだろう」と言葉を返す――。

死者の国をつかさどるイザナミが、生者の国の人々を一日に千人殺すと言い放つ。それに対して、イザナキは、一日に千五百人の人を誕生させると宣言する。

差し引き、五百人の増加。

もう、おわかりかと思います。この神話のエピソードは、人口が増え続けるという事実を象徴的に説明するものである、と。

魂が生まれ変わり続ける以上、人間の数は常に一定でないとおかしい。しかし、現実には増えている。なぜか。それは、イザナキとイザナミがこのような掛け合いをしたからなのだ――。

もちろん、荒唐無稽も甚《はなは》だしいストーリーです。しかしながら、**宗教**や**信仰**、あるいは**神話**が、かつて、世界に満ち満ちた不思議を説明するための原理として機能していた、ということは、強調しておきたいと思います。そしてその説明原理を共有することによって、共同体が維持されていたのだ、ということも。現代の私たちには不条理で非合理に思える神話や信仰も、角度を変えて見れば、共同体にとって非常に重要な役割を担うものだったのです。

法則。

□不条理【ふじょうり】 筋道が通らないこと。道理に合わないこと。

□非合理【ひごうり】 論理や理性に合わないこと。論理や理性では捉えられないこと。

読んでみよう

富安陽子文・山村浩二《こうじ》絵『絵物語古事記』（二〇一七年）『古事記』の神話を、挿し絵入りで現代語訳した一冊。日本神話の良心的な入門書となっている。

石井桃子編訳・富山妙子《たえこ》絵『ギリシア神話』（二〇〇〇年）後世の文学や哲学に多大な影響を与えたギリシャ神話は、ぜひ読んでおきたい教養。まずは、十代から読めるように書かれた本書から。

ポイント

古代の共同体において、宗教や信仰、神話は、世界の不思議を説明し、共同体を維持する原理として機能していた。

05 仏教的世界観

仏教は、人の生をどのように捉え、何を究極の目的とするのだろうか。

輪廻《りんね》とは**仏教**での考え方で、人の魂が天道《てんどう》・人間《にんげん》道・修羅《しゅら》道・畜生《ちくしょう》道・餓鬼《がき》道・地獄《じごく》道の六道《ろくどう》に生まれ変わり続けることを意味します。基本的には天道が最上位、地獄道が最下位という理解で構いません。生前に善行をなした者は来世では上位の道へと生まれ変わり（＝善因善果）、悪行をなした者は下位の道へと生まれ変わる（＝悪因悪果）。いわゆる因果応報ですね。

しかし実は、すべての道の本質は、苦しみです。地獄道や、常に飢えている餓鬼道、畜生（＝鳥・獣・魚・虫などの動物）として生きる畜生道、殺し殺される日々の修羅道あたりが苦しみの世界であることは理解できますよね。でも、「愛」に象徴される人間道、望むものすべてを手にすることのできる天道は、苦しみとは正反対の世界に思えるのではないでしょうか。

ここで鍵になるのが、まず、**諸行無常**《しょぎょうむじょう》という考え方です。『平家物語』の冒頭にも現れるこの言葉は、〈諸行＝森羅万象〉は変化し続け、いずれ滅するということを言っています。

そしてもう一つ、**煩悩**《ぼんのう》という考え方も重要です。煩悩とは、わかりやすく言えば執着心のこと。何かを絶対に失いたくないという強い欲望のことで、物品的なもののみならず、愛する人や、あるいは自分の命などがその最たる対象となります。

この「諸行無常」と「煩悩」という二つの考え方をまとめると、どうなるか。その答えは、「人には絶対に失いたくないものがある。けれども、諸行は無常なのだから、それを必ず失わねばならない」というもの。これは苦しい。とても苦しい。人間道でも、愛する人を、その人もしくは自分の死によって失わなくてはいけない。また、欲しいものすべてを手に入れられる天道

□因果応報【いんがおうほう】
前世または過去の行いが原因となって、現在の幸不幸が生じるという考え方。

□解脱【げだつ】
すべての煩悩をなくし、心安らかで自由な境地に達すること。悟ること。

□極楽往生【ごくらくおうじょう】
現世での死後、極楽浄土《じょうど》に生まれ変わること。「極楽浄土」は、阿弥陀仏《あみだぶつ》がいるという、一切の苦しみのない理想郷。「往生」は、現世で死を迎えたのち、仏の世界に生まれ変わること。

□因縁【いんねん】
物事が生じる直接的な原因（＝因）と、その過程で働く間接的な条件（＝縁）のこと。仏教では、すべての事象は因縁によって生じ、変化し、消えるとする。

□依存【いそん】
他のものに頼って成り立ってい

に生きる人は、逆に言えば、自らが死ぬとき、今まで手にしてきたすべての失いたくないものを、失ってしまうことになる。これは考えようによっては、そもそも欲しいものを得られていない下位の道の人間よりも、苦しいわけです。生きることは苦しみである。したがって、そうした生を延々と繰り返さなければならない「輪廻」とは、苦しみの無限の連鎖なのである――。

となると、仏教における究極の目的は、煩悩から解放され、苦しみの連鎖である輪廻から脱出することになるはずです。これが、解脱、悟り、極楽往生などと呼ばれるものですね。例えば『般若心経《はんにゃしんぎょう》』で有名な「色即是空《しきそくぜくう》」という言葉は、「〈色《しき》＝この世に現れるすべてのもの〉は〈空《くう》＝実体のないもの〉である」という意味で、この真理を体得することによって、煩悩＝執着心を絶つことができ、苦しみからの解放がもたらされると考えたのです。

仏法に「諸法無我」という教えがあるが、仏教の示す最も根本的な真理の一つを語るものである。「よろずのものは我れ独りではない」という意味である。「諸法」は万物で、「無我」は己《おの》れという単独なもののない事を意味する。こうして生きているのは、数えもきれぬ、もろもろの因縁が組合《くみ》わさっているのであって、決して自己一人の力に依《よ》るのではない。何もかも依存しあっているので、「自性《じしょう》」と呼び得るものは何一つない。

柳宗悦《やなぎむねよし》『南無阿弥陀仏《なむあみだぶつ》』（岩波文庫）

「無我」「『自性』と呼び得るものは何一つない」というのも、〈空〉と同じようなことを言っていると考えて構いません。「すべては諸々《もろもろ》の原因や条件の網の目の中で仮に現象する、うつろなものにすぎないのだから、執着するには値しない」ということですね。

ること。いぞん。

□現象【げんしょう】
物事がこの世界に現れること。人が感覚で捉えることのできるすべての出来事。

読んでみよう

宮沢賢治『なめとこ山の熊』（一九三四年）賢治の作品には仏教思想の影響がしばしば指摘されるが、これもまた、生の苦しみを主題とする作品である。

釈徹宗《しゃくてっしゅう》『お経で読む仏教』（二〇二〇年）上記の解説は単なる前提。緻密《ちみつ》に展開していく仏教哲学を学びたいなら、まずはこの一冊から。

ポイント

仏教では、生を「煩悩による苦しみの連続」と捉える。そして、すべての煩悩から解放され、苦しみの生の繰り返しである「輪廻」からの解脱が、究極の目的とされる。

06 儒家と道家の思想

後世に大きな影響を与えた儒家と道家の思想は、どのような思想だったのだろうか。

古代中国の春秋・戦国時代〔前七七〇—前二二一〕は、五百年以上続いた動乱の時代です。周王朝〔前11世紀—前二五六〕が名ばかりのものとなり、諸侯《しょこう》の各国が覇《は》を競いあって、分裂と抗争が続きました。そうしたなか、富国強兵に努める国は有能な政治思想家を登用していきます。また、戦乱の日々を憂《うれ》える多くの思想家が、いかに生き、乱れた世を治めるかを思索《しさく》し、さまざまな学問や思想の系統が確立されていきました。これを総称して、諸子百家と呼びます。

なかでも重要なのが儒家です。開祖の**孔子**《こうし》〔前五五一頃—前四七九〕は歴史に学び、かつて周王朝がうまく機能していた時代を理想に据《す》えました。周王朝は、その最初期に、広大な領土を複数の国々に分割し、自らをその連合体の盟主《めいしゅ》として位置づけました。その各国の統治者が「諸侯」です。最初期の諸侯には、主に周王の一族が派遣されました。すると、諸侯同士は親族の関係となり、〈周王＝家長　諸侯＝家族〉という関係が築かれることになります。これが周の**封建**《ほうけん》**制**です。この体制が、少なくとも最初の頃はうまくいっていた。孔子はそこに目をつけ、「封建制を復活すれば、この地に平和をとり戻せる!」と考えたわけですね。

では、どのようにしてそれを実現するか。

孔子の出した答えは、**礼**（＝伝統的な規範）を徹底することでした。例えば、孔子の言動などを集めた『論語』には、人生訓的な格言も多々収められていますが、個々のケースにおける礼の具体的な実践《じっせん》法についても述べられています。孔子は、「日常的な礼を皆が実践していけば、やがてはそれが世に広まり、封建的な秩序も回復するだろう。ひいては、人と人とが**仁**《じん》（＝人

□諸子百家【しょしひゃっか】
春秋時代末頃から戦国時代に現れた思想家や学問の派閥の総称。儒家、道家、法家《ほうか》、墨家《ぼっか》など。

□儒家【じゅか】
孔子が始めた儒教（儒学）の学派。孟子《もうし》、荀子《じゅんし》らに引き継がれ、中国の正統思想となっていった。

□道家【どうか】
老子が始め、荘子らが受け継いで発展した学派。

関連 **法家**…儒家の「礼」の実践では社会秩序は維持できないと考え、「法」による徹底統治を主張した学派。韓非《かんぴ》（韓非子）らが有名。

墨家…墨子の始めた学派。家族愛を基本とする儒家の「仁」を批判し、平等で無差別の愛（兼愛）などを主張した。

□封建的【ほうけんてき】
上下関係を重んじ、個人の自由や権利を認めない様子。

間愛）によって結ばれる平和な社会が再構築されるだろう」と考えたのですね。

儒家と並んで重要なのが、道家の思想です。**老子**《ろうし》［生没年不詳］を祖とし、**荘子**《そうし》［前4世紀頃］が発展させたので、老荘思想ともいいます（ただし、老子は実在しない可能性も高いようです）。

道家といえば、宇宙の根本的原理である**道**《タオ》を追求し、**無為自然**《むいしぜん》という、人為的なものを排して自然のままに生きる態度を重んじたことで有名です。人間は、人間的な価値観に汚されているから、道を体得することができない。逆に言えば、無為自然に徹すれば、道と一体化することができる――といった、神秘主義的な側面もある思想なのですね。

曲《まが》**れば則**《すなは》**ち全**《まつた》**し。**

諸橋轍次《もろはしてつじ》**『老子の講義（新装版）』（大修館書店）**

これは老子の言葉です。まっすぐな木は役に立つ（＝有用である）がゆえに伐採《ばっさい》されてしまうが、曲がった木は使い物にならない（＝無用である）ので、かえって寿命を全《まっと》うすることができる。つまり、〈有用／無用〉という人間的な価値観を否定しているわけですね。

ちなみに、この儒家と道家は、決定的に相性が悪い。儒家は礼を重んじ社会秩序を回復することをめざしますが、道家から見れば、礼や社会秩序など、人為的なものの極みということになります。また、儒家の思想は、例えば上下関係などの伝統的な規範を重んじるため、権力者や為政者に巧みに利用されていくことになります。一方、道家は権力的なものを嫌います。それもまた、人為の象徴ですからね。「エリートや為政者に人気の儒家VS民衆に人気の道家」という対立は、以後長く、中国史を動かしていく原動力の一つとなっていくのです。

□人為的【じんいてき】
自然のままでなく、人の手が加わっている様子。

□神秘主義【しんぴしゅぎ】
神や宇宙の原理などを、直接に体験して知ろうとする立場。

□為政者【いせいしゃ】
政治を行う者。

読んでみよう

井波律子『故事成句でたどる楽しい中国史』（二〇〇四年）中国の歴史を、神話の時代から清王朝まで、故事成句を引用しながら解説する一冊。

酒見賢一『墨攻《ぼくこう》』（一九九一年）墨家教団の一人を主人公とする小説。漫画化もされている。

ポイント

儒家は「礼」を徹底し、封建的秩序を回復しようとした。道家は、人為を排し、自然のままに生きる「無為自然」を説いた。両者の対立は、中国史の原動力の一つとなった。

07 レトリック

「レトリック」とは何だろうか。また、この語は時にどのような意味合いを持つだろうか。

例えば、クラスの皆で合唱祭の歌を選ぶ話し合いをしているとしましょう。自分の推す曲をどうしても通したいとき、あなたは平坦《へいたん》な口調でただ「〇〇を歌いたいです」とだけ言うでしょうか。おそらく、もう少し工夫しますよね。「〇〇……〇〇です!」などと曲名を「反復」したり、「本当に良い曲なんだ、〇〇は」などと「倒置法」を用いたり……。

このような、相手を説得するための効果的な技法、すなわち**弁論術**のことを、古代ギリシャ語では「レートリケー」といいました。もちろん、**レトリック**はここから来た概念ということになります。修辞――〈辞=言葉〉を〈修=かざる〉――などということもあります。

さて、今でこそレトリックといえば「文学的な文章を書くときのさまざまな表現技法」というイメージが強いのですが、右に述べたとおり、もともとは弁論術、すなわち話し合いの場で相手を説き伏せるための効果的な言葉の使い方を意味しました。そして古代ギリシャのアテネでは、この弁論術を学ぶことが、とても大きな意味を持った。というのも、アテネは紀元前6世紀末以降、断絶を挟みながらも、市民の皆が参加する直接民主制による政治を行っていたからです(ただし、女性や奴隷《どれい》は除外されました)。つまり、市民たちが集《つど》い、意見を交わす「民《みん》会《かい》」で弁論術を駆使《くし》して雄弁に語ることができれば、誰にでも、政治のイニシアチブを握ることのできる可能性があった。ですから市民たちは、弁論術を教える知識人(=ソフィスト)のもとに集まり、授業料を払い、その技術を学んだのです。当時の青年がソフィストについて語る以下の言葉からは、そのような社会のあり方をうかがうことができるでしょう。

□修辞【しゅうじ】
言葉をうまく使って、適切に、また効果的に表現すること。また、その技術。レトリック。上に挙げた「反復法」「倒置法」のほか、さまざまな技法がある。

□アテネ
古代ギリシャの都市国家(ポリス)の一つ。紀元前5世紀頃に最も栄えた。当時は、成人男性なら誰でも参加できる民会で、直接民主制による政治が行われた。

□イニシアチブ
主導権。集団で何かを行う際に、先頭に立ってリードすること。

□ソフィスト ↓P.24

□不毛【ふもう】
良い成果や進歩が得られないこと。もとは、土地がやせていて作物が育たない意味。

□詭弁【きべん】
道理に合わないことを無理やりにこじつけ、正しいと思いこま

「ソフィストとは、人を弁舌巧《べんぜつたく》みな者にしてくれる達人です。わたしたちには、他に答えようがありません、ソクラテス」

プラトン『プロタゴラス』（中澤務《なかざわつとむ》訳、光文社古典新訳文庫）

ただこの弁論術、時に、単に相手をやりこめるためだけの弁論のための弁論、すなわち黒を白と言いくるめるような、不毛な詭弁《きべん》に陥《おちい》ることがあります。さらに弁論術は、民衆を扇動し、危険な考え方に誘導するための道具としても悪用されました。

こうした背景からでしょうか。古代ギリシャのレートリケー（＝弁論術）に由来する「レトリック」という語もまた、ネガティブな含意とともに用いられることがあります。「中身のない言葉を、さもたいそうなことを述べているかのように装うこざかしい技法」といったイメージですね。

じっさい「レトリック」ということばを耳にするとき、私たちの念頭にはしばしば《あげ足取り、言いつくろい、巧妙な言いのがれ》というような、あまりかんばしくない連想がただよう。

佐藤信夫『レトリック感覚』（講談社学術文庫）

「あの政治家の言うことはしょせんレトリックにすぎない」などといった、批判や皮肉を含んだ言い回しは、皆さんも耳にしたことがあるのではないでしょうか？

せるような話し方。

□扇動【せんどう】
人々をあおり、望みの方向に行動するよう仕向けること。

□含意【がんい】
直接には表れていない、別の意味を含んでいること。また、その意味。類 コノテーション

読んでみよう
佐藤信夫『レトリック感覚』（一九七八年）レトリックの歴史を振り返り、具体的な用法を見ながら、その創造性を分析する名著。野崎昭弘《あきひろ》『詭弁論理学』（一九七六年）さまざまな例題などを挙げながら、詭弁や強弁について具体的に紹介する一冊。

ポイント
「レトリック」とは、もとは「相手を説得するための弁論術」のことだった。現在では「文学的な文章などの表現技法」を指すほか、ネガティブな含意を持つこともある。

08 善《よ》く生きる

古代アテネの哲学者、ソクラテスは、どのような思想を持っていたのだろうか。

07「レトリック」で、古代ギリシャのソフィストについて触れました。レートリケー（＝弁論術）を体得すれば政治の主導権を手にできる可能性のあったアテネの民主政治のもとでは、青年たちはこぞって指導者のもとに集まり、授業料を支払って弁論術を習います。もちろん、その指導者たちこそが、ソフィストと呼ばれる人たちでした。

ところが、そのソフィストたちの弁論術は、しばしば牽強付会《けんきょうふかい》の詭弁《きべん》であったり強弁であったりしたのです。すると必然的に、すべての人が共有できる「絶対的な真理」などはない、という考え方が強くなってしまいます。明らかに「白」であっても、弁論術を駆使すれば、「黒」と言い張ることができてしまうのですから。さらに、

「この人は、他の多くの人間たちに知恵ある者だと思われ、とりわけ自分自身でそう思いこんでいる（後略）」

プラトン『ソクラテスの弁明』（納富信留《のうとみのぶる》訳、光文社古典新訳文庫）

という言葉からもわかるように、当時ソフィストたちは「知恵を持つ者」「知者」などと認識され、ソフィストたち自身もそう自認していたのです。

このようなソフィストたちのあり方に対して、真っ向から異議を唱えたのがソクラテスです。

ソクラテスは、「自分は知恵のある人物だ」とうそぶくソフィストたちに対して、痛烈な批

□ソフィスト
紀元前5世紀頃、アテネを中心に活動し、弁論術などを教えた知識人。議論に勝つことを重視し、時に詭弁（↓P.22）を用いた。

□牽強付会【けんきょうふかい】
自分に都合のいいように、道理に合わないことを無理にこじつけること。

□強弁【きょうべん】
筋の通らないことを、無理に理屈をつけて言い張ること。

□必然的【ひつぜんてき】
必ずそうなる様子。関連 **蓋然《がいぜん》的**

□異議【いぎ】
相手と違う意見。反対意見。
同音異義 **異義**…異なった意味。
意義…その物事の価値や重要性。

□ソクラテス【前四六九頃―前三九九】
古代アテネの哲学者。プラトンの師。

□うそぶく
ここでは「豪語する」の意。

判を加えます。ソクラテス自身は、自分が知恵のある者ではないということ、つまり、無知であることを自覚していました。しかしながら、そんな自分であっても、ソフィストよりは知恵がある、と考えたのです。

> **私はこの人間よりは知恵がある。それは、たぶん私たちのどちらも立派で善いことを何一つ知ってはいないのだが、この人は知らないのに知っていると思っているのに対して、私のほうは、知らないので、ちょうどそのとおり、知らないと思っているのだから。**
>
> **（同前）**

要するに、自分もソフィストも「立派で善いこと」について何一つ知らないのに、ソフィストはそのことに気づくことができていない。しかしながら、自分は自分の無知を自覚できている。したがって、自分にはソフィストよりも「知恵がある」、という論法ですね。

けれどもソクラテスは、そんな自分自身をも含め、人間の知恵などというものはなんの価値もないのだろう、と言います。すなわち、「本当の知者」と呼べるのは神だけなのだろう、と。

ということは、ソクラテスは、人間の知的な営みを無意味なものとして否定したのでしょうか。そうではありません。ソクラテスは、自らの無知を自覚するからこそ、謙虚に「知を愛し求める」ことができると考えました。**無知の知**、ですね。そしてその過程のなかで、「魂をできるだけ善いものにする」ことが重要だと訴えたのです。これこそが、功利的な弁論術などには求むべくもない、人としてめざすべき、「**善く生きる**」という生き方である、と。

□功利的【こうりてき】
効果や利益があるかどうかを最も重視する様子。

読んでみよう

田中美知太郎『ソクラテス』（一九五七年）ソクラテスの人生や考え方を学ぶための、最良の入門書。アテネの青年を堕落させたという罪をかけられ、死刑を宣告されたソクラテスは、なぜ、刑を受け入れたのか……？
プラトン『ソクラテスの弁明』右の『ソクラテス』を読んでおもしろいと思ったら、ぜひ挑戦してみよう。岩波文庫、光文社古典新訳文庫などで読める。

ポイント

ソクラテスは、「無知の知」の重要性を説いた。そして、その自覚を出発点に、知を愛し求め、魂をより善いものにしていくことこそ「善く生きる」ことだと主張した。

09 イデア論

ソクラテスやプラトンの説いた「イデア」とは、どのような考え方だったのだろうか。

目の前の紙に、点を一つ描いてみてください。――皆さんは「なんだ、そんな簡単なこと」と思うかもしれません。でも、いま皆さんが描いた点は、「本当に」点ですか? 虫眼鏡で拡大して見てみると、いびつな円になっているのではないでしょうか。

幾何学では、点そのものは大きさを持たないと考えられています。とすると、少なくともこの物質的な世界においては、「真実の点」を描くことなど不可能ということになる。いや、点だけではありません。例えばいまここにある一本のペンは、決して「ペンそのもの=真実のペン」ではありません。あくまで、「真実のペン」の具体例の一つにすぎないわけです。つまり、私たちの知覚するこの世界には「Xそのもの=真実のX」は存在しない。あるのはただ、「XそのものではないけれどXと把握される、偽《にせ》のX」ばかりである――。

古代ギリシャの哲学者**ソクラテス**、またその弟子のプラトンは、現実の世界をそのような「偽の世界」であると考えました。そして、そんな現実の世界に対し、すべての「Xそのもの=真実のX」が集まった世界なるものを考えたのです。それが、**イデア**界と呼ばれる世界です。

私たちの魂は、この世に誕生する前、一定の期間、イデアの世界にいる。当然そこで魂は、あらゆる「真実」を体験することになります。私たちは生まれる前から、この世のすべてのもの(X)に関して、「Xそのもの=真実のX」は何かという知識をすでに持っているのだ。ソク

□いびつ
形がゆがんだり曲がったりしていること。

□プラトン〔前四二七―前三四七〕
古代ギリシャの哲学者で、西洋哲学の基礎を作った思想家の一人。ソクラテスの弟子で、ソクラテスの言葉と思想は、主にプラトンの著作を通して後世に伝えられた。

□認識【にんしき】
ある物事を意識で捉え、それが何であるかがわかること。

□想起【そうき】
前にあったことなどを思い起こすこと。ソクラテスやプラトンの哲学においては、生まれる前にイデア界で経験した真実の知識を思い出すこと。

□契機【けいき】
ある物事を起こしたり変化させたりする要因となる物事。きっかけ。

ラテスは、そう述べるのですね。しかし、誕生後、そうしたことを忘れてしまう、と。

しかし、イデア界での記憶は、実は完全に消去されるわけではありません。どういうことか。繰り返しますが、この世界には、「点そのもの＝真実の点」は存在しません。あるのはすべて、「点そのものではないけれど、点に似ているもの」にすぎないのです。でも私たちは、それを「点である」と認識することができる。なぜならば、私たちの感覚が「点そのものではないけれど、点に似ているもの」を捉えると、記憶の奥底に眠る「点そのもの＝真実の点」の知識が自然に想起されるからです。——つまり、感覚に基づく「これは点だ」という認識は、想起という営みを通じて、「点そのもの＝真実の点」とつながっている。とすると、認識をじっくり掘り下げていけば、私たちはイデアを再び感受できるかもしれない——。

プラトンの著作『パイドン』に伝えられる、ソクラテスの次の言葉を参照してみましょう。

私たちが「学ぶ」と呼んでいることは、自分の本来の知識を再び得ることなのではないか。きっと、これを「想起する」と言うのが、正当な言い方ではないか。

プラトン『パイドン』（納富信留《のうとみのぶる》訳、光文社古典新訳文庫）

「自分の本来の知識」とは、イデア界で経験した真実の知識のこと。それを想起することこそが「学ぶ」ということだ、というわけです。

ちなみに、彼らの哲学では、恋愛もまたイデアへ至る一つの契機であると考えられます。なぜなら、誰かを「美しい」と感じるとき、その先に「美そのもの＝真実の美」を想起することができるからです。付言《ふげん》すると、彼らは真・善・美のイデアに最大級の価値を置いていました。

□真・善・美【しん・ぜん・び】
認識における真、行為における善、感性における美。最高の理想とされる三つの価値。プラトンの哲学では善と美は一体化した。

読んでみよう

納富信留『プラトン哲学への旅』（二〇一九年）語り手である「私」が古代ギリシャにタイムスリップし、哲学者たちの議論に参加するという設定で、プラトンの名著『饗宴《きょうえん》』について考察する一冊。

平尾昌宏《まさひろ》『人生はゲームなのだろうか？』（二〇二二年）専門的な用語や難解な言い回しを用いずに、哲学的思考の実践例を見せてくれる一冊。

ポイント

ソクラテスやプラトンは、真実の世界＝イデア界を想定した。そして、生まれる前にそこで獲得した真実の知識を「想起する」ことこそが「学ぶ」ことの本質だと考えた。

10 キリスト教（隣人愛と原罪）

キリスト教の「隣人愛」「原罪」とは、どのような考え方だろうか。

ナザレのイエスを救世主（＝キリスト）と考え、その言葉や行いを信仰の中心とする宗教が**キリスト教**です。ここでは、キリストの教えの中でも、とりわけ現代の思想や文学に大きな影響を与えている二つの考え方を紹介したいと思います。

まずは、「**隣人愛**」という概念について考えてみましょう。

「自分自身を愛するように隣人を愛しなさい」という箴言《しんげん》は、すでに『**旧約聖書**』に見えます。しかし、この「隣人」の範囲を仲間うちに限定するような閉鎖的な通念が、当時の社会には根強く存在しました。例えば、特定の病《やまい》を持つ人々などへの差別意識です。

> **「レプラ」（「ツァーラアート」）はつねに「ケガレ」と「タブー」の対象とされてきた病気であり、その患者は一貫して共同体から隔離され差別と偏見《へんけん》のもとにさらされていた。**
>
> **滝澤武人《たきざわぶじん》『人間イエス』**（講談社現代新書）

イエスは、こうした人々をも分け隔てなく治療して回ったと伝えられています。つまりは、共同体から排除されていた被差別者やマイノリティ、つまり社会的な弱者をも、愛を与えるべき「隣人」であると考えたわけです。これが、イエスの説く「隣人愛」の核心です。まさに、

自らが主体的に、自分の助けを必要としている人の隣人になっていく

□イエス［前四頃—三〇頃］
イエス＝キリストのこと。キリスト教の始祖。パレスチナのナザレで育ったとされる。

□救世主【きゅうせいしゅ】
人類の救い主。特にキリスト教のイエス＝キリストをいう。

□箴言【しんげん】
人生のいましめや教訓となる短い言葉。格言。
関連 **警句**…真理や教訓などを鋭く言い表した短い言葉。
アフォリズム…世の中の真理を簡潔に言い表した言葉。

□通念【つうねん】
世間一般に共通して持たれている考え。

□マイノリティ
世間の少数派の人々。社会の「弱者」であるという含みを理解しておきたい。対 **マジョリティ**

□始祖【しそ】
ある家系や血筋の最初の人。ま

山本芳久《よしひさ》『キリスト教の核心をよむ』（学びのきほん、NHK出版）

という考え方ですね。ここで大切なのは、「隣人になっていく」という言い方です。「隣人」とは、「自分の助けを必要と」するすべての人々を含みうる概念である、というわけです。

次に、「**原罪**」という考え方を見てみましょう。

皆さんは、アダムとイブの話はご存知かと思います。神が最初の人間としてアダムを創り、次にイブを創った。二人はエデンという楽園で幸福に暮らすのですが、食べてはいけないと言われた知恵の木の実を口にしてしまい、神の怒りにより楽園から追放されてしまいます。この人間の始祖の犯した罪が、後世の人間、すなわちアダムの子孫である人類のすべてに、生まれつき刻みつけられている――これが「原罪」という考え方です。この原罪のために、あらゆる人間は死や苦しみを味わわなければいけない。『**新約聖書**』には、次のように書かれています。

このようなわけで、一人の人によって罪が世に入り、罪によって死が入り込んだように、死はすべての人に及んだのです。

「ローマの信徒への手紙」五章一二節（『聖書 新共同訳』共同訳聖書実行委員会編訳、日本聖書協会）

周知のとおり、イエスは死刑になり、十字架に釘《くぎ》で打ちつけられます。キリスト教は、こうしたイエスの受難を、人類の「原罪」を一身に引き受けた行為として意味づけます。イエスが身代わりとなったおかげで、人間は神と新たな関係性をとり結ぶことができたというわけですね。

た、ある物事を始めた人。元祖。

□受難【じゅなん】
苦難や災難を受けること。特にキリスト教で、イエス＝キリストが十字架にかけられたこと。

読んでみよう

山本芳久《よしひさ》『キリスト教の核心をよむ』（二〇二一年）「旅」をキーワードに、キリスト教の思想をわかりやすく解説する一冊。

芥川《あくたがわ》龍《りゅう》之《の》介《すけ》「きりしとほろ上人《しょうにん》伝」（一九一九年）「しりあ」の国に住む山男が神の奇跡にあずかる物語。『新約聖書』の言葉「心の貧しい人々は、幸いである」を主題としている。

ポイント

「隣人愛」とは、助けを必要とするすべての人を自らの隣人と考え、愛すること。「原罪」とは、人類の始祖アダムとイブが犯した罪。このため、人はみな生まれつき罪を負っているとされる。

11 イスラーム

一神教の歴史の中に、イスラームは自らをどのように位置づけているのだろうか。

7世紀の前半、アラビア半島のマッカで商人ムハンマドがアッラーの啓示を受けたことから始まったのが、イスラーム教すなわち**イスラーム**です。ユダヤ教やそこから分かれたキリスト教と同じく、唯一絶対の神に帰依《きえ》する一神教の宗教です。では、イスラームと、ユダヤ教及びキリスト教とは、どのような関係にあるのか。それを確認するために、イスラームの聖典『**クルアーン（コーラン）**』の一節を見てみましょう。

これアーダム。汝《なんじ》は妻と共にこの楽園に住み、どこなりと好むところで（果実を）思う存分食べるがよい。但《ただ》し、この木にだけは、決して近寄るなよ。（近寄れば）不義を犯すことになるぞ。

『コーラン』上巻（井筒俊彦《としひこ》訳、岩波文庫）

このくだり、覚えがあるのではないでしょうか。そうですね。**10「キリスト教（隣人愛と原罪）」**で原罪という考え方を紹介した際、アダムとイブの楽園追放のエピソードに触れました。イスラームの聖典である『クルアーン』にも、同じような話が語られているわけです。

それもそのはず。

なぜなら、ユダヤ教、キリスト教、そしてイスラームの信じる神は、同じ神なのですから。

□マッカ
サウジアラビアの都市。ムハンマドが生まれ育った場所で、イスラームの第一の聖地。メッカ。

□ムハンマド〔五七〇頃―六三二〕
イスラームの開祖。マホメット。

□アッラー
イスラームの唯一絶対の神。

□啓示【けいじ】
人間の力では知ることができない真理を、神が人間に示すこと。

□帰依【きえ】
神や仏などを深く信じ、その教えに従うこと。

□原罪【げんざい】
キリスト教で、人類が最初に犯した罪（↓P.29）。ただし、イスラームには原罪という考え方はないとされる。

□偶像崇拝【ぐうぞうすうはい】
神仏をかたどった絵や彫刻など、目に見える物質的なものを信仰

「アッラー」は唯一絶対全知全能の存在である。このアラビア語の言葉は「アル＋イラーフ al-ilāh」からなり、「the God」まさに「神」という意味である。そしてこの名称は、唯一の存在であるのだから当然として、ユダヤ教やキリスト教の神の名でもある。

大川玲子《れいこ》『聖典「クルアーン」の思想』（講談社現代新書）

イスラームの論理に従えば、唯一神アッラーからの言葉を預かる者、すなわち**預言者**の最初がアーダム（アダム）であり、ムーサー（モーセ）、イーサー（イエス）などと続き、そうして最後の預言者がムハンマドである、ということになるのです。

最初に引用した『コーラン』の訳者の井筒俊彦は、イスラームを「ユダヤ教の完成」だと説明しています。つまり、『旧約聖書』を聖典とするユダヤ教、『旧約聖書』と『新約聖書』のキリスト教、そして『クルアーン』のイスラームは、敵対しあうものではない。それどころか、『旧約聖書』『新約聖書』を確証する（＝正しいと認める）ために最終的に神から下された聖典が『クルアーン』である、というのです。

それゆえ、イスラームは数多くのエピソードを聖書と共有しています。例えば、キリスト教には「最後の審判」という考え方があります。「世界に終末が訪れるとき、人間は復活したイエス＝キリストを通して裁かれ、天国に行く者と地獄に落ちる者に選別される」というものですが、イスラームにも似た考え方があるのです。

なお、イスラームといえば偶像崇拝の禁止や一日五回の礼拝、断食《だんじき》などが有名ですが、詳しく知りたい方は下欄の「読んでみよう」に紹介している中田考・天川まなるの本をぜひ読んでみてください。とてもわかりやすい一冊です。

の対象として崇拝すること。ユダヤ教・キリスト教・イスラームでは禁じられている。

読んでみよう

中田考・天川まなる『ハサン中田考のマンガでわかるイスラーム入門』（二〇二〇年）イスラーム法学者中田が漫画家の天川にレクチャーする構成。漫画と文でイスラームをわかりやすく解説。

後藤明《あきら》『イスラーム世界史』（一九九七年）ヨーロッパ中心主義的な世界史を相対化するための一冊。イスラームの歴史を、その誕生以前から現代まで振り返る。

ポイント

イスラームでは、アダム、モーセ、イエスなど数々の預言者が続いた後の最後の預言者がムハンマドだとされる。つまり、「ユダヤ教やキリスト教を完成させる到達点がイスラームだ」と考える。

12 形《けい》而《じ》上《じょう》学

古代から近代までの西洋の哲学は、大きな流れとして、どのようなものを追究してきたのだろうか。

09「イデア論」で、古代ギリシャの哲学者**プラトン**が考えた「**イデア**」について学びました。「物質的なこの世界を超越したどこかに、真実の世界＝イデア界がある」という考え方ですね。

ここで、言葉を一つ覚えていただきます。「**形《けい》而《じ》上《じょう》**」という言葉です。「形」は物理的・物質的なもの、「上」は、それを超越していることを意味する、と理解しておきましょう。つまり形而上とは、「物質的なものを超えた本質」のような意味を持つ語であるわけです。イデアとは、まさにそのようなものの典型ということになります。

さて、このイデア論ですが、4〜5世紀に活躍したアウグスティヌスなどによって、**キリスト教の世界観**と融合されることになります。アウグスティヌスは、イデアという本質の世界を、神の知に重ねあわせて考えました。例えば『告白』という書物の中に、「あなたがそれにおいて万物をお造りになったあなたの知恵」という言葉があります。「あなた」とはもちろん神のこと。つまり神の「知恵」こそが、「万物」を創造する際に神自身が参照したモデルであると言っているわけですね。要するに、〈イデア＝神の知恵〉ということです。

あるいは、また時代は古代ギリシャに戻りますが、プラトンの弟子のアリストテレスは、師匠らのイデア論を否定します。彼は、「事物を成り立たせる本質すなわち**形相《けいそう》**は、その事物自体から分離することができない」と考えたのですね。形而上的な本質は、この世を離れたどこかにあるわけではなく、その事物の中に宿っている、と主張したわけです。

ところで、アリストテレスの学問は、古代ギリシャ・ローマの後継者たる西洋にそのまま受

□典型【てんけい】
同類のものの特徴を最もよく表しているもの。

□アウグスティヌス〔三五四―四三〇〕
初期キリスト教時代の最大の教父（＝教会に公認された神学者）。若い頃は放蕩《ほうとう》生活を送り、異端宗教を信じた末に回心した。

□アリストテレス〔前三八四―前三二二〕
古代ギリシャの哲学者。以後の西洋哲学の基礎となる学問体系を作った。主著の一つに『形而上学』がある。

□包摂【ほうせつ】
ある物事を、自分の範囲の中にとりこんでしまうこと。類 **包含**

□スコラ学【―がく】
中世ヨーロッパの大学などで研究された、哲学やキリスト教神学、論理学、自然学などの総称。

け継がれはしませんでした。ギリシャ、エジプト、トルコなどを支配したビザンツ（東ローマ帝国）に、そして**イスラーム**世界に伝わり、そこで継承されたのです。イスラームでの継承には、

> **イスラームは知識を求めることに非常に大きな価値を置いていますので、ムスリムは全般的に（中略）学ぶことが素晴らしいことであると考えているのは確かです。**
>
> **中田考・天川まなる『ハサン中田考のマンガでわかるイスラーム入門』（サイゾー）**

という、学問を重んじるイスラーム的価値観がおおいに影響しているのでしょう。そして12世紀頃、ビザンツとイスラームの知が西洋に流入し、アリストテレス哲学をはじめとする古代ギリシャの文献がラテン語にどんどん翻訳され、研究され始めたのです。

こうして、アウグスティヌスなどによってプラトンらのイデア論が、イスラーム文明からの逆輸入によってアリストテレスの哲学が、中世の西洋において、キリスト教の神学に包摂されていくことになります。そうしてそこからスコラ学の哲学が誕生し、さらに、そのスコラ学を批判的に継承する哲学者、デカルトが現れる。デカルトは「近代哲学の父」などと呼ばれる人物です。デカルトに始まる近代哲学は、その淵源《えんげん》をたどっていけば、形而上的な知を追い求めた古代ギリシャの哲学にたどり着くということになるわけです。

プラトンやアリストテレスらに発し、アウグスティヌス、スコラ学、近代哲学と続いてきた西洋の哲学は、「物質的なものを超越した真理、つまり、形而上的な本質を求めてきた」という、大きな流れを持っていたと言えるわけですね。

□デカルト〔一五九六－一六五〇〕フランスの哲学者・数学者。近代合理主義の祖。人間理性を重んじる心身二元論を確立した。

□淵源〔えんげん〕物事がそこから成り立っているみなもと。根源。

読んでみよう

村上陽一郎『あらためて教養とは』（二〇〇九年）世界と日本の教養教育の歴史をたどり、人間にとって「教養」とは何かを考える。

岩田靖夫《やすお》『ヨーロッパ思想入門』（二〇〇三年）ギリシャの哲学とキリスト教の世界観を西洋哲学の源流とみなし、古代から現代に至る西洋哲学の流れを解説する。

ポイント

西洋の哲学は、大きな流れとして、物質を超えた真理、すなわち形而上的な本質を追究してきた。その背景には、古代ギリシャの哲学とキリスト教神学との融合がある。

13 ルネサンスと宗教改革

ルネサンスと宗教改革はそれぞれどのような運動で、続く時代にどのような影響を与えたのだろうか。

ルネサンスとは、西洋が近代に入る直前の14~16世紀にイタリアに始まり、西洋の各地域へと広がっていった、文化をめぐる運動のことです。Renaissance（ルネサンス）はもともと「再生」を意味する言葉ですが、接頭辞のre-には「もとへ戻る」という意味合いもあります。つまり、この文化運動は「もとの地点へと回帰する」運動であったと言えるわけです。

では、この運動で想定された、回帰すべき原点とは何か。それは、古代のギリシャとローマの文明です。つまりルネサンスとは、近代の直前期に入った西洋が、はるか昔の古代ギリシャや古代ローマの文明を模範とし、そこに戻ろうとする文化運動であったわけですね。ですから、古代ギリシャにおいてすでに発案されていた遠近法や、あるいは人間という存在に価値を見いだす考え方が、ルネサンスの時代に復活することになります。こうした動きの前段階として、**12「形而上学」**でお話しした、イスラームやビザンツからのアリストテレス哲学などの逆輸入をはじめとする、12世紀以降の学問の本格的な展開があったことは言うまでもありません。

ここで押さえたいのは、この時代の西洋はキリスト教によって秩序づけられていたということ。もちろん、ルネサンスが理想とする古代世界にはキリスト教は存在しません。つまりルネサンスとは、キリスト教成立以前の世界への回帰を意味するわけですね。この動きは当然、当時のキリスト教の権威を動揺させる可能性があるわけです。ここに、宗教的な価値観が弱まり、世界が脱宗教化していくこと、すなわち世俗化のプロセスの契機を読みとることができます。

さて、ルネサンス期の三大発明といえば火薬・羅針盤・活版印刷術です。（実はこれらは、

□接頭辞【せっとうじ】↓P.86

□遠近法【えんきんほう】絵画などで、三次元空間の遠近感を、実際と同じように二次元の平面上に表す方法。透視図法。

□世俗化【せぞくか】社会が宗教的な価値観の支配から脱すること。脱宗教化。

□活版印刷術【かっぱんいんさつじゅつ】活字（金属製などの字型）を並べて版を作り、印刷する方法。一四五〇年頃にドイツのグーテンベルクが始め、聖書や書物が安価・迅速に普及するようになった。

□カトリック ローマカトリック教会のこと。キリスト教の最大の教派で、ローマ教皇を首長とする。旧教。

□プロテスタント 宗教改革以後、カトリックに反抗してできた新しい教派。救いは信仰によってのみ得られると

純粋な「発明」というより既存の技術の改良や複合だったのですが、それはさておき）例えば活版印刷術は、**ルター**が主導した**宗教改革**、すなわち腐敗した既存のカトリックへの、プロテスタントの抗議運動の広がりに、決定的な影響を与えました。

> **とりわけ宗教改革派は、活版印刷術を用いて安価で大量の宣伝パンフレットを流布《るふ》させ、ひとびとの支持を獲得するとともに、自らの勢力基盤を確立した。「活版印刷術なくして宗教改革なし」といわれるゆえんである。**
>
> **永田諒一《りょういち》『宗教改革の真実』（講談社現代新書）**

宗教改革は、やがて、それまでの西洋の秩序を刷新することになります。学問の本格的な展開や世俗化などの潮流とともに、**近代**という時代を切り拓《ひら》いていくのですね。となると宗教改革に拍車をかけたルネサンスとは、「近代を準備した時代」だと言えるわけです。古代への回帰をめざした運動が、新しい時代を準備した――なんともおもしろい逆説です。

このような時代の過渡期には、新しい時代の価値観と、旧《ふる》い時代の価値観の両方を内面化した人物が多く現れます。地動説を唱えた、あの**コペルニクス**もその一人です。彼は聖職者でもあったのですが、天動説に基づいて天体の運動を捉えようとするとものすごく複雑なモデルになることから、**「神が宇宙を創ったのなら、こんなに複雑な宇宙であるはずがない」**と、天動説を疑ったのだとも言われています（**池内了《さとる》『物理学と神』集英社新書**）。地動説という新時代の科学的な宇宙観の成立を、絶対の神への信仰心という旧時代の価値観が支えたのだとすれば、とても興味深いですよね。

し、聖書を重視する。新教。

□刷新【さっしん】 それまでの悪い面をなくし、全く新しくすること。

□内面化【ないめんか】 他者や社会の考え方をとり入れて、自分の一部とすること。

読んでみよう

永田諒一《りょういち》『宗教改革の真実』（二〇〇四年） 俗説を検証し、一筋縄ではいかない宗教改革のありようを浮き彫りにした一冊。

澤井繁男《さわいしげお》『ルネサンス文化と科学』（一九九六年） ルネサンス期を生きた知識人の心性を、さまざまな資料を読み解きながら解説する。

ポイント

ルネサンスは、古代ギリシャ・ローマの理想に戻り、神でなく「人間」を重視しようとする文化運動。宗教改革は、腐敗したカトリックへの抗議運動。ともに、近代が切り拓かれていく準備となった。

14 科学革命

一般に「近代の幕開け」とされる科学革命は、いつ頃起こり、どのような意味があったのだろうか。

子どもの頃、どろだんご、作りましたよね。砂山のてっぺんからころころ転がして遊んだり、上から落として強度を競い合ったりした人も多いのではないかと思います。

では、どろだんごはなぜ、高い所から低いところへと落ちていくのでしょうか。

古代ギリシャの哲学者**アリストテレス**であれば、こう答えたでしょう。曰《いわ》く、**「土の元素が地球の中心すなわち宇宙の中心へ向かう性質をもっているから」**（**橋本毅彦《たけひこ》『図説科学史入門』ちくま新書**）、と。

ここで「地球の中心」を「宇宙の中心」としているのは、もちろん、天動説的な発想です。土の属性を持つどろだんごは、土が本来あるべき場所、すなわち地球の中心を好む。だから、高い所に移動させられると、低い所に戻ろうとする。それが落下である――こういうわけです。

まさか！――皆さんは、きっとそう言って笑うことでしょう。物体それ自体は運動する性質など備えていない。どろだんごが落下するのは引力のせいですよ。そんなの常識です、と。

しかし、それが「常識」になったのは、人類の歴史で考えればそんなに昔のことではありません。ご存じのとおり、現代において「常識」である万有引力は、17～18世紀に活躍したニュートンが「発見」したのでしたね。逆に言えば、それまでの西洋社会では、アリストテレス的な自然観・宇宙観が「常識」だったということになります。

ところが、16世紀から17世紀にかけて、例えばコペルニクス、ガリレイ、そしてニュートンなどの発見や業績によって、アリストテレス的な自然観・宇宙観は、そのすべてではありませ

□天動説【てんどうせつ】
地球が宇宙の中心であり、静止する地球の周りを他の全天体が回っていると考える宇宙観。

□ニュートン〔一六四二―一七二七〕
イギリスの数学者・物理学者。古典力学を創始し、近代科学の成立に決定的な影響を与えた。

□コペルニクス〔一四七三―一五四三〕
ポーランドの天文学者・聖職者。天体観測により地動説を唱えた。

□ガリレイ〔一五六四―一六四二〕
ガリレオ・ガリレイ。イタリアの物理学者・天文学者。自作の望遠鏡で天体を観測し、地動説を支持した。

□錬金術【れんきんじゅつ】
銅・鉄などの卑金属を金などの貴金属に変えようとする魔術的化学。近代化学の起点となった。

□合理的【ごうりてき】
論理や道理に合っている様子。

□パラダイムシフト

んが、解体されることになります。この一連の動きのことを、**科学革命**と呼びます。ルネサンス期に育《はぐく》まれた知的な土壌《どじょう》から、現代にも通じる科学的な世界観が生まれたわけですね。この歴史的な出来事を根拠として、後世の人々の多くが、17世紀の西洋を**近代**の始まりと捉えるようになりました。

前回の**13**でも触れたように、時代の転換期を生きた人々は、旧時代と新時代の両方の考え方を内面化することがよくあります。ニュートンなども例外ではなく、さまざまな科学的な発見をしていながら、オカルト的な側面も強く持つ錬金術にも熱中しました。そもそも、当時の少なからぬ学者たちは、自然を観察すればそこに神の声を聴くことができる、と考えていたのです。一神教においては、自然も唯一絶対の神が造ったモノ。となれば、その自然を研究すれば、創造主である神の声を聴くことができる、という理屈ですね。ですから、近代を切り拓《ひら》いた科学者たちが、今の私たちのイメージするような合理的な科学者であったわけではありません。とはいえ、彼らの唱えた理論や仮説が、それまで常識とされていた思考の枠組み(＝パラダイム)に、劇的な変革(＝パラダイムシフト)を起こしたことも、やはり事実なのです。

最後に、天動説から地動説へのパラダイムシフトをめぐる人間ドラマを描いた漫画(フィクションです)から、ラファウという、地動説に殉《じゅん》じた登場人物の少年の言葉を紹介しておきます。

そして今から、地球を動かす。

魚豊《うおと》『チ。―地球の運動について―』第一巻(小学館)

©魚豊／小学館・ビッグコミックス

ある社会や集団を支えている価値観や考え方の枠組みが、根本的に変わること。科学革命に関連して、科学史家のトーマス・クーンが提唱した。

□地動説【ちどうせつ】
地球が自転しながら太陽の周りを公転していると考える宇宙観。

読んでみよう

橋本毅彦《たけひこ》『図説科学史入門』(二〇一六年) 古代から現代までの自然観の変遷を、図や写真を参照しながら解説する一冊。

佐倉統《おさむ》『科学とはなにか』(二〇二〇年) 科学の歴史を振り返り、21世紀の科学はどうあるべきかを考える、わかりやすい一冊。

ポイント

16〜17世紀の西洋では、それまでの自然観を覆《くつがえ》す、さまざまな科学的発見がなされた。この「科学革命」により、近代を支えていく科学的・合理的な世界観が成立した。

15 理性と近代合理主義

近代を支えた最も重要な思考の枠組みの一つである「近代合理主義」とは、どのようなものだろうか。

イチゴは野菜だ。そして野菜は健康にいい。したがって、イチゴは健康にいい。

二つの前提から結論を論理的に導き出す、いわゆる三段論法ですね。**アリストテレス**が基礎を作った思考法とされています。**14「科学革命」**で解説したとおり、アリストテレスの自然観は近代の学者たちに覆《くつがえ》されましたが、彼が後世に与えた影響はやはり大きい。

ところで人間には、この三段論法もそうですが、物事を論理的に考え、正しく判断する能力があります。そうした能力のことを、**理性**といいます。ギリシャ語ではロゴスですね。ただしロゴスはかなり広い意味を持つ言葉で、他にも「言葉」「論理」などの意味を表します。

今、「人間には」理性がある、という言い方をしました。こうした言い方からは、「では、動物にはそのような力はあるのか?」という問いが導き出されることでしょう。のちに「近代哲学の父」と呼ばれることになる**デカルト**は、次のように言い切ります。

理性すなわち良識が、わたしたちを人間たらしめ、動物から区別する唯一のものである

デカルト『方法序説』(谷川多佳子訳、岩波文庫)

つまり、理性は他の動物には与えられなかった、人間のみが持つ特権的な能力であるということですね。この『方法序説』の正しい書名は『理性を正しく導き、学問において真理を探求するための　方法序説』といいます。人間のみに先天的に賦与された理性を正しく鍛え、そし

□三段論法【さんだんろんぽう】
二つの前提から一つの結論を導き出す推論のこと。

□ロゴス
言葉。理性。論理。秩序。古代ギリシャ哲学で「世界の万物を統《す》べる理法」の意。多様な意味合いで用いられた。関連 **パトス**

□先天的【せんてんてき】
性質などが生まれつき備わっている様子。
類 **生得的**《せいとく》…性格や性質などが生まれつきのものである様子。
アプリオリ…カント哲学で、認識や思考の枠組みが、人間の心にあらかじめ備わっていること。
対 **後天的**…生まれた後に、経験や学習によって身につけた様子。
アポステリオリ…カントなど近代哲学で、認識などが経験によって得られるものであること。

て真理を探求する——デカルトは、その重要性を広く訴えたかったわけです。

デカルトは、前回の**14**で解説した「**科学革命**」に名を連ねる超重要人物です。「デカルトは哲学者であって、科学者ではないのでは?」と思った人もいるかもしれませんが、この時代には「科学者」というカテゴリーはありません。けれども哲学の中に、今日でいう科学に通じる領域が包摂されており、デカルトは明らかに、その領域を重視していました。

そのような「科学者」デカルトが、いや、デカルト以外の「科学者」も、理性の重要性を主張した。それならば、科学と理性との関係とは——。

デカルト

例えば、○×鳥という鳥を各地で観察しているうちに、特定の地域の○×鳥だけは、他の地域の○×鳥にはない身体的な特性を持っているとわかったとします。そしてその特性は、その地域の環境を生きるのに、どうやら有利に働くらしい……。このような一連の観察と分析から、「この地域の○×鳥は、環境に合わせて体のしくみが変化したのではないか」という仮説を導き出したなら、それはまさに、理性的な思考であり推論であるはずです。つまり科学は、理性に基づき自然を分析する営みであるということですね。そしてこうした知のありようを、**近代合理主義**と呼びます。**合理**とは「理性や論理に合致する」という意味です。

ただ、合理主義は、理性になじまないものは切り捨てます。鳥の例で言うなら、羽が美しいとか鳴き声がかわいらしいとか神の使いと信じられているとか、そうした性質については扱いません。主観的な思いや感情、神秘的なもの、偶然性など、理性とは相性の悪い物事は徹底的に排除する。近代合理主義は、そんな側面も持つ考え方なのですね。

□主観的【しゅかんてき】
自分だけの考え方や感じ方に基づいている様子。対 **客観的**

読んでみよう

デカルト『方法序説』(一六三七年)
まずすべてを疑い、確実な真理に到達するための方法を述べる。有名な「我思う、ゆえに我あり」もこの本にある。現代を支える近代合理主義の基礎となった一冊。哲学書としては短いので、わかるところを拾い読みしてみよう。

トーベ・ヤンソン『ムーミン谷の彗星《すいせい》』(一九四六年)
地球に彗星が衝突するかという危機にありながら、ひたすら彗星のデータを収集する学者の姿に、合理主義の一つのイメージが象徴されている。

ポイント

近代合理主義とは、理性を最も重視し、すべてを理性と論理に基づいて捉える考え方。近代の科学は、この合理主義を原理として成立した。

16 主客二元論

デカルト以降の近代哲学で主流となる「主客二元論」とは、どのような考え方なのだろうか。

前回の**15「理性と近代合理主義」**では、近代哲学の父**デカルト**の言葉を参照し、近代という時代における「理性（＝論理的に考え、正しく判断する力）の特権化」という話をしました。

ところでこの理性なるものは、人間という存在のどこに宿るのか。とりあえずはそれを、心すなわち「精神」と仮定してみましょう。つまり、理性とは精神の働きの一部である、と考える。とすると、逆に言えば、精神には理性以外の領域もあるということになるはずです。そうですね……唐突ですが、ここで『古今和歌集』から、一首引用してみたいと思います。

人知れず思へばくるし紅《くれなゐ》の末摘《すゑつむ》花の色にいでなむ

読み人知らず

『古今和歌集』巻第十一・恋歌一・四九六

「人知れず思へば」は、相手に知られないように恋い慕っているので、という意味。だから苦しい、と嘆息しています。「末摘花」は紅花《べにばな》の異名《いみょう》で、赤の染料に用います。紅花の赤い色が表にあらわれてしまうように、隠している自分の恋心も、「色《いろ》」すなわち顔色に出てしまいそうだ……。要するに、恋する心を必死に隠そうとしているのに、もう抑えきれない……という切ない心情を詠《よ》んでいるのですね。

なぜ、抑えなくてはいけないのか。もしかしたら、道ならぬ恋なのかもしれません。だとすれば、思いを口にしてしまった瞬間、身の破滅が待っている。理性的に考えれば、この恋は心

□対極【たいきょく】
正反対の側。

□情念【じょうねん】
愛情・喜び・悲しみ・憎しみ・うらみ・欲望など、心に湧き上がる強い感情や思い。
類 **パトス**…哲学で、身体的な刺激などから生じる、受動的で一時的な感情や欲望。「理性（ロゴス）によって制御されるべきもの」という文脈で用いられることが多い。 関連 **エートス、ロゴス**

□主体【しゅたい】
①他に対して何かをおこない、作用を及ぼす側のもの。 対 **客体** ②自分の意志と判断に基づいて、物事を行う存在。（本文では①の意味）

□客体【きゃくたい】
①他の行為の対象となり、作用を及ぼされる側のもの。 類 **対象** 対 **主体** ②人間の意識とは

に秘めたままにしておくべきなのだ。でも、もう、このたぎる思いを抑えておくことなどできない……。人間の精神には、論理的な思考力である理性とは対極にあるような、どうにもならない恋心や欲望や激情、すなわち情念が渦巻いている。そのことがよくよくわかる歌ですよね。

整理しましょう。

人間の精神には、〈理性／情念〉という二つの異なる側面がある。このように、対象を二つの異なる領域に分割し、対立的に捉える考え方を**二元論**といいます。さらに、例えば右の例では、理性は、どうしようもなくたぎる思い、すなわち情念を抑制するものとして機能しています。これはまさに、デカルト以降の近代哲学において主流となる考え方です。つまり、〈理性＝情念を抑制する主体／情念＝理性によって抑制される客体〉という関係性ですね。このように、対象を二つの領域に分割し、どちらかを主体、もう一方を客体と捉える考え方を**主客二元論**といいます。

主客二元論には多様なバリエーションがあります。例えば、理性という特権的な力の宿る場としての精神を主体とする、〈主体＝精神／客体＝身体〉という考え方。これは**心身二元論**（**物心二元論**）とも呼ばれます。人間存在の本質は精神にあり、身体はそれに従属するものにすぎない、という考え方です。こうした観念自体は、古代ギリシャのプラトンの時代からありました。例えば「身体は汚れたものであり、魂＝精神は清浄《せいじょう》なものである」という観念ですね。

あるいは、そのような精神の宿る場である人間、という観点から言えば、〈主体＝人間／客体＝自然〉という主客二元論も成り立ちます。これについては、次回の**17**「**人間中心主義**」で詳しく見ていきましょう。

主客二元論（主体⇔客体）
主＝理性 ⇔ 客＝情念
主＝精神 ⇔ 客＝身体
主＝人間 ⇔ 客＝自然

無関係に存在する、外界の事物。 類 **客観** （本文では①の意味）

□特権的【とっけんてき】 ある身分・地位の人だけが、他より有利な特別の権利を持っている様子。

読んでみよう

石川文康《ふみやす》『カント入門』（一九九五年） カントの哲学を通して、「主客二元論」をより本格的に学べる一冊。わかるところだけでも、少しずつ読んでみよう。

マーカス・ウィークス『10代からの哲学図鑑』（日暮《ひぐらし》雅通《まさみち》訳、二〇一五年） 西洋の哲学を、古代から現代まで幅広く見渡す一冊。図などがわかりやすい。

ポイント

対象を異なる二つの領域に分割し、対立的に捉える見方を「二元論」という。「主客二元論」とは、「主体⇔客体」という対立で物事を捉え、理解する考え方である。

17 人間中心主義

近代の西洋における「人間中心主義」とは、どのような考え方だったのだろうか。

フランスのイラストレーター、ギヨーム・デュプラの書いた絵本が、とてもおもしろい。同じ一つの光景がいろいろな動物の目にどのように見えているのかを、絵で教えてくれる一冊です。さまざまな動物の視界が紹介されたあと、最後に、

人間の目も現実の世界を完璧に映し出すことはできません。（中略）それぞれの世界は、見方の多様性を示しています。皆それぞれに独自の世界があるのです！
ギヨーム・デュプラ『動物の見ている世界』（渡辺滋人《わたなべしげと》訳、創元社）

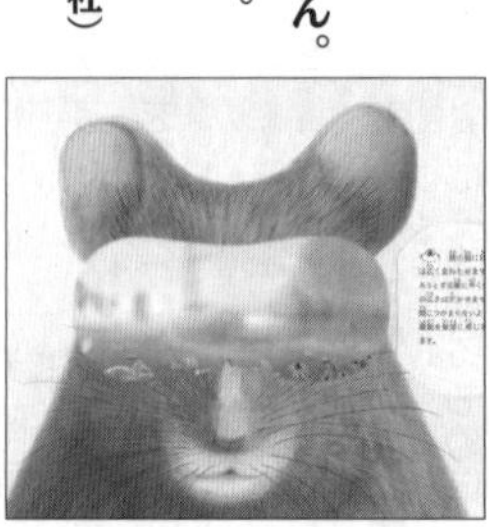

ネズミの視界（ギヨーム・デュプラ『動物の見ている世界』創元社）

とまとめられています。動物は、それぞれに固有の世界を持つ。人間の見ている世界も他より優越しているわけではなく、多様な世界の一つにすぎない。つまり、人間を含めたそれぞれの動物が見ている世界は、あくまでその動物にとっての世界にすぎず、どれか一つが正しいというわけではない――。このような捉え方は、近代哲学の父**デカルト**には、決して受け入れることのできないものであったでしょう。なぜならデカルトは、ただ人間のみが、**理性**を持つ特権的な存在であると考えたわけですから。そしてデカルトは、その理性に基づく、つまりは合理主義の権化とも言える領域、すなわちのちに科学と呼ばれる学問を発達させていけば、それは、

□固有【こゆう】
そのものだけが元々から持っていること。類 **特有**

□合理主義【ごうりしゅぎ】
①理性を最高の原理と考え、理性による認識のみが真の認識だと考える立場。合理論。②すべてを「合理的であるかどうか」という点から捉え、論理や道理に合わないもの、むだなものを排除する考え方。

□権化【ごんげ】
ある性質や観念が、具体的な姿を持って現れたような人やもの。

□科学技術【かがくぎじゅつ】
産業に役立てるための、科学を応用した技術。テクノロジー。

□尊厳【そんげん】
人や物事が本来的に備えている、決して侵されてはならない尊くおごそかな価値。

□ヒューマニズム
人間を大切にし、神などの権威

われわれをいわば自然の主人にして所有者たらしめる

デカルト『方法序説』（谷川多佳子訳、岩波文庫）

とまで予言したのです。デカルトは、「科学」の一分野としての医学が発展すれば、病気や老《ろう》衰《すい》——これもまた自然の法則です——をすら、克服できると主張しました。

　理性を有した特権的な存在としての人間。
　そのような人間が、自然を統御する者として、この世に君臨する。

西洋近代に花開く、**人間中心主義**と呼ばれる考え方です。これが、前回の**16**「**主客二元論**」の最後に触れた〈主体＝人間／客体＝自然〉という世界観と重なりあうものであることは、おわかりいただけるかと思います。そしてそのような主体としての人間が、客体としての自然を統御するための手段が、科学技術（**テクノロジー**）です。**科学革命**をきっかけとして爆発的に進歩していく科学が、テクノロジーの革新を生み出し、自然を、より人間にとって快適なものへと作り変えていく——まさに人間中心主義ですね。

ただ、以上のように説明すると、人間中心主義とはひたすら傲慢《ごうまん》な考え方であるかのように誤解されてしまう恐れがあります。確かにそういった負の側面もあるのですが、例えば、それまで宗教的な権威に押し潰されてきた人間の尊厳の回復をめざしたり、あるいは、自然の脅威にただただ翻弄《ほんろう》されるばかりだった人間たちに希望をもたらしたりもしたという点には、留意しておきたいですね。人間性を尊重し、その可能性を広げていくような、すなわちヒューマニズムとしての人間中心主義という側面もあったのです。もちろん、自然に対する人間中心的な態度がどのような帰結をもたらしたのか、その点はしっかりと見ていく必要がありますが。

やさまざまな抑圧から人間性を解放・向上させていこうとする考え方。多様な思想がある。

読んでみよう

島崎藤村『破戒』（一九〇六年）明治時代の青年教師、瀬川丑松《うしまつ》の葛藤《かっとう》を主題とする小説。古い因習に基づく差別を告発し、人間の解放を唱えるヒューマニズムの作品として読むことができる。

原民喜《たみき》『原爆小景』（一九五〇年）九編の短詩からなる作品。人間を肯定した近代。その結晶としての科学が生み出した原子爆弾が、人間の人間性を否定するという矛盾。

ポイント

人間中心主義とは、理性を持つ人間（＝主体）が自然（＝客体）を統御し、利用していくのだとする考え方。負の面だけでなく、人間の尊厳や可能性を追求するヒューマニズムの面もあった。

18 人間機械論

デカルト以降に生まれた、人間・動物と機械とを比べて捉える思想は、どのようなものだったのだろうか。

手塚治虫《おさむ》の漫画『火の鳥』の「復活編」は、レオナという少年の事故死から始まる物語です。レオナは、脳の大半を人工頭脳に交換する手術により生き返りますが、いざ目を覚ますと、人間が無機的な物質にしか見えません。一方で、チヒロというロボットが美しい女性に見え、チヒロと恋に落ちてしまう。苦悩するレオナは自分を手術した博士に向かって、こう絶叫します。

おねがいだ　ぼくを人間かロボットか　どっちかにはっきりさせてくれっ！

手塚治虫『火の鳥　復活編』（『火の鳥　復活・羽衣編』第五巻、角川文庫）

脳や体のかなりの割合が人工物となったレオナ、人間が物に見え、ロボットが人間に見えるレオナは、はたして人間なのか。それともロボットなのか。そもそも人間とロボットは、まったく異なるものだと言えるのか。あるいは、言えないのか。

ここでもまた、**デカルト**に登場してもらいましょう。デカルトは、ロボットすなわち機械にまつわるこのような興味深い言葉を残しています。

動物たちには精神がなくて、自然が動物たちのうちで諸器官の配置にしたがって動いているのだ。たとえば、歯車とゼンマイだけで組み立てられている時計が、われわれが賢《けん》慮《りょ》を尽くしても及ばぬ正確さで、時を数え、時間を計ることができるのは知られている

□無機的【むきてき】
石などの無機物のように、生命や感情、温かみが感じられない様子。
対 有機的《ゆうき》…有機体（＝生物）のように、各部分が密接に連関しながら働き、全体を形成している様子。生命感が感じられる様子。

□アナロジー
二つの物事がよく似ているとき、一方で成り立つことは他方でも成り立つだろうと考える思考法。
類 類推、類比

□ラ・メトリ［一七〇九―一七五一］
フランスの医師・哲学者。唯物《ゆいぶつ》論的で無神論的な独自の思想を唱え、迫害を受けた。

ことだ。

デカルト『方法序説』（谷川多佳子訳、岩波文庫）

16「**主客二元論**」で、人間存在を〈精神／身体〉と分けて考える**心身二元論**について触れました。この考え方を参照するなら、「動物たちには精神がな」いということは、つまり、動物たちには身体のみが備わっているということになりますよね。そしてそのような動物たちを、「歯車とゼンマイだけで組み立てられている時計」とのアナロジーで捉えている。つまりデカルトは、身体というものを、ある種の機械のように考えていたのです。動物は機械としての身体しか持たないが、人間は、精神あるいは理性を持つ。その点が、人間と動物との決定的な違いなのだ――。

しかし、これは逆に言えば、人間についても身体は、動物と同じく機械であることになる。実際にデカルトは、同じ『方法序説』の中で、人間の心臓の運動についてこう述べています。

それは時計の運動が、分銅と歯車の力、位置、形から生まれる結果であるのと同じだということである。

心臓（＝身体）の働きを、時計という機械に重ねあわせて考えていますね。このような、人間の身体を機械に似たものと捉える発想をさらに過激なものとしたのが、ラ・メトリという18世紀の哲学者です。彼は、心の働きも含め、人間の営みや機能はすべて物質の働きであるとし、人間とは一種の機械だと主張したのです。こうした人間観を、**人間機械論**といいます。

読んでみよう

手塚治虫『火の鳥　復活編』（一九七〇～七一年）　人間でありながらロボットのチヒロを愛してしまった少年レオナ。二人の物語の結末は……。手塚治虫の代表作『火の鳥』の第六作目。

金森修《おさむ》『動物に魂はあるのか』（二〇一二年）　古代ギリシャから現代に至るまでの西洋哲学の流れを追いながら、「動物に霊魂はあるのか」を考え、人間存在の核心に迫ろうとする一冊。デカルトの動物機械論や、ラ・メトリの人間機械論についても詳しく触れられている。

ポイント

デカルトは、人間の体や動物は一種の機械だと考えた。しかし、人間存在には理性が宿っているとした。のちに、心の働きも含め、人間はあらゆる点で機械だと考える「人間機械論」も現れた。

19 科学の時代

近代を動かしていく主要な力となった「科学」の発展は、どのような考え方に支えられていたのだろうか。

人の死と弔《とむら》いについて取材を続けてきたルポライター、高橋繁行《しげゆき》の著した『土葬の村』によれば、京都府の南の山間部、南山城《やましろ》村には、死者をめぐる次のような風習があるといいます。

死者の胸元には一般に刀か鎌を置いた。故人の胸元に刀を置くのは、今の葬儀場でも時々見かける。南山城では鉈《なた》を置いた。猫が死人をまたぐと化け猫になるといわれ、刃物はそうならないための魔よけである。

高橋繁行『土葬の村』(講談社現代新書)

猫が死人をまたぐと化け猫になる——人間の想像力の豊かさを感じさせてくれるような伝承ですが、**科学革命**以降に飛躍的に発達していく近代科学の信奉《しんぽう》者であったなら、このような前近代的な観念については、迷信として厳しく否定することでしょう。

まず、科学は、人間が自然を観察し、理性をもって分析することから始まります。そのとき、自分の主観や感覚がその対象に投影されてはいけません。科学が追究するのは客観的な知であるからです。そのため、比喩的に言えば、観察する主体と観察される対象=自然との間には、越えてはならない壁が立てられることになります。このような、〈人間=観察する主体/自然=観察される客体〉という徹底した分割的思考のことを、**主客二元論**と呼ぶのでしたね。

科学者は、こうした主客二元論的な枠組みを前提に、自然を観察し、分析します。そしてそ

□前近代的【ぜんきんだいてき】
近代以前のものである様子。古くさく、合理性に欠ける様子。

□主観【しゅかん】
①物事を感じ、考え、認識する、主体の意識のこと。②自分だけの考えやものの見方。(本文では②の意味)
対 **客観**…①主観の認識の対象となるもの。②人間が認識するかどうかにかかわらず存在する、外界の事物。③自分だけではない、第三者的な見方や考え方。

□客観的【きゃっかんてき】
自分の立場や考えにとらわれず、第三者の視点から物事を見たり考えたりする様子。対 **主観的**

□抽象【ちゅうしょう】
対象から、ある要素や性質だけを抜き出すこと。関連 **捨象**、**具象**、**具体**
捨象…対象から、ある要素や性質を抜き出す際に、他の不必要

こに客観的な法則を見いだすために、客観的ではないと判断されるもの、すなわち理性的な思考や認識に合致しないと判断されるものについては、徹底的に排除していく。例えば、自然をめぐる迷信的観念とか、観察者の主観や感情とか、偶然そうなったにすぎないものなどを、とことんまで追放していく。すなわち、**近代合理主義**です。

この科学時代におばけがいるなんて　笑わせるな

水木しげる「墓場の鬼太郎《きたろう》　ゆうれい電車」（『ゲゲゲの鬼太郎』第二巻、講談社）

東京新宿の酒場で、妖怪《ようかい》の鬼太郎と半妖怪のねずみ男に向け、とある男が言い放った言葉です。まさに、近代合理主義の権化《ごんげ》である科学的思考を象徴するような言い方です。

ともあれ以上のようなプロセスを経て抽象された法則は、しかし、それだけで科学の知として認定されるわけではありません。本当に客観性や普遍性を持った知と言えるのかどうか、何度も分析や実験を重ね、あるいは、何人もの科学者がその仮説の妥当性を検証し、間違いないと立証されて初めて、その知は科学の知として認定されるのです。

このようなプロセスを重ね、科学と科学技術はぐんぐん発展していきました。そうしてそれを駆使して、人間が自然の制御を試みる。これが、**人間中心主義**という考え方でした。

でも興味深いことに、そのような科学がますます発展していった19世紀の西洋では、逆に、科学的な合理主義が絶対に認めるはずもない、神秘主義やオカルティズムがブームとなりました。また、冒頭に紹介した葬送をめぐる迷信的な逸話や儀礼は、現代の話です。科学や合理主義ばかりの世界は、人間にとって、必ずしも生きやすいものではないのかもしれませんね。

な要素を捨てること。

□普遍性【ふへんせい】
すべてのものに広くあてはまる性質。類 **一般性** 対 **特殊性**

□神秘主義【しんぴしゅぎ】↓P.21

□オカルティズム
超自然的な力を信じ、探究する学問や技《わざ》。魔術、心霊術など。

読んでみよう

池内了《さとる》『物理学と神』（二〇〇二年）
科学史と科学哲学の視点から、西洋の世俗化の経緯を読み解く。科学者や宗教家、哲学者などの逸話が盛りだくさん。

内山節《たかし》『日本人はなぜキツネにだまされなくなったのか』（二〇〇七年）
近代科学の進展と前近代的世界観との背反《はいはん》関係を、わかりやすい言葉で解説してくれる一冊。

ポイント

近代の科学は、主客二元論、近代合理主義、人間中心主義といった考え方に支えられて、ぐんぐん発展していった。

20 直線時間

西洋の近代において優勢となった時間のイメージは、どのようなものだろうか。

03「円環時間」で、古代の社会における、「時間は循環するものであり、ひとめぐりすると、元の状態に戻る。そしてまためぐり、それを延々と反復してゆく」という時間イメージについてお話ししました。このような円環的な時間の表象＝イメージに対して、例えば次のような言葉から読みとることのできる時間像とは、いったいどのようなものでしょうか。

コペルニクス、ケプラー、ガリレオなどの先覚者《せんかく》たちが新しい天文学の諸原則を打ち立ててから四〇〇年、人類がみずから天体をつくり出したというこの科学技術の進歩こそは人智の無限の進歩を象徴するものであろう。

久住忠男《くすみただお》『宇宙ロケット読本』（時事通信社）

一九五七年、旧ソビエト連邦が人類初の人工衛星スプートニクを打ち上げたときの感激を表した言葉です。**科学革命**に始まる科学の進歩への、絶対的な信頼がうかがえますよね。もちろん進歩とは、程度の低い状態から高い状態への変化を意味します。この「進歩」のイメージは、同じことを延々と反復する円環時間のイメージとは相容《あいい》れません。そうではなく、「より高みをめざしてまっすぐ進んでいく」という像がぴったりです。つまり、進歩という価値が前面に押し出される社会では、時間は直線的なものとして表象されることになる。

直線時間のイメージは、実はキリスト教の中にもあります。**11「イスラーム」**で触れたキリ

□ヘーゲル〔一七七〇－一八三一〕
ドイツの哲学者。世界は理性に支配され、絶対精神が自己実現していく過程だとする、観念的で壮大な思想の体系を築いた。

□弁証法【べんしょうほう】
物事を捉え、考える原理の一つ。矛盾・対立する主張や物事（テーゼとアンチテーゼ）が、その矛盾・対立を止揚（統合）されることによって、より高い次元へと発展していくと考えるもの。関連 **テーゼ、アンチテーゼ、止揚**

□ダーウィン〔一八〇九－一八八二〕
イギリスの博物学者。進化論を唱えた。主著は『種の起源』。

□進化論【しんかろん】
生物は、原初の単純な生命体から、長い年月をかけて現在の形態に変化してきたとする学説。

□形質【けいしつ】
生物分類の基準になるような、

スト教の「最後の審判」という考え方は、人間の時間を、終末へと向かう直線的なものとしてイメージする思想です。しかしながら、この直線時間のイメージが人々の常識として浸透していくのは、やはり、進歩という価値観が強調される**近代**以降ということになります。

例えば、デカルト以降の近代哲学を大成したと言われる哲学者ヘーゲルは、この世の歴史とは、精神(世界精神)が弁証法に基づいて運動・発展し、自己実現していくプロセスだと考えました。これは難解な考え方ではありますが、「どんどんレベルアップしていく」というイメージはつかめるかと思います。

あるいは、ダーウィンの進化論。生物の形質には個体差があり、その環境に有利な形質を有するものが生き残り、そうでないものは滅びてゆく。その過程を重ねるうちに、やがて新たな形質を持った種が生まれる――いわゆる自然選択説による進化の説明ですね。実はダーウィンの考えた進化は単なる変化であり進歩ではなかったと言われますが、ダーウィンの考えに影響を受けた社会進化論という説などは、人類の社会形態の変化を、進歩というイメージで捉えています。

程度の低い状態から高い状態への進歩。そうした観念にぴったり合う、直線時間という表象。冒頭に引用した『宇宙ロケット読本』は一九六〇年に出版された本ですから、そうした時間観念は、現代史の段階に入っても継承されていることがわかります。そしておそらくは皆さんも、自らの「常識」として内面化しているのではないでしょうか。

直線時間の思想(例)

- **キリスト教**
  世界の創造 → 終末
- **科学革命に始まる、近代科学の進歩**
- **ヘーゲルの歴史観**
  世界は弁証法的に発展していく
- **社会進化論**

生物の体の形態や機能の特徴。

□社会進化論【しゃかいしんかろん】
人間の社会は一定の方向に進化・進歩し発展していくものだとする考え方。19世紀の哲学者スペンサーなどが唱えた。

読んでみよう

今村仁司《ひとし》『近代性の構造』(一九九四年)近代の特徴を理解するための最良の一冊。直線時間の成立についても解説されている。

ダーウィン著、バラエティ・アートワークス漫画『まんがで読破 種の起源』(二〇〇九年)ダーウィンの『種の起源』について、漫画でわかりやすく解説する一冊。

ポイント

西洋の近代において、時間は直線的に進むものとして表象されるようになった。このような時間イメージには、「進歩」という価値観を読みとることができる。

21 個人主義

西洋における「個人主義」は、どのように生まれ、何を支えていったのだろうか。

「人はなぜ、この世に存在するの?」「それは、神様がお造りになったからだよ」

一神教としてのキリスト教がいまだ確固たる権威を有していた時代であったなら、こうしたやりとりに疑問を抱く人はあまりいなかったでしょう。けれども、ルネサンスから近代にかけて、西洋は**世俗化**、すなわち脱宗教化していきます。そうすると、自分が今ここに存在することが神の創造の賜物《たまもの》であるとは実感できなくなってくる。つまり、それまでは「自分は神の被《ひ》造物《ぞうぶつ》という全体の一部である」という認識が強かったのが、そうした観念から解き放たれ(あるいは追放され)、「自分はまず**個**として存在している」という自覚が高まっていくわけです。

また、**宗教改革**を推進したルターらは、神への信仰のよりどころは聖書のみだとし、「信者は神に直接に向きあうことができる」と説きました。逆に言えば、神と人々とをつなぐ媒介者とされていた、既存の聖職者の存在意義を否定したわけです。

このような考え方は、以下のような意識を導き出すことになります。

そこでは、個人の魂が、一切の媒介なしに、したがって孤独に神と対決するのである。

青山秀夫『マックス・ウェーバー』(岩波新書)

世俗化とはまた違った文脈で、個というものの存在感が強まっていくわけですね。

そしてもう一点、近代的な個の意識を考える上でもやはり、**デカルト**の次の言葉が重要です。

□媒介【ばいかい】
複数のもののあいだに立って、両者をつないだり、一方から他方へ何かを伝えたりすること。
関連 **媒体**…媒介の働きをするもの。メディア。

□自我【じが】
他人とは違う存在として意識される、自分自身。

□倫理的【りんりてき】
倫理(=人としてこうするべきだという善悪の規準)に関係している様子。また、倫理に従っている様子。道徳的。

□利己主義【りこしゅぎ】
自分の利益だけを考え、他人や社会一般のことは二の次にする考え方。対 **利他主義**

□エゴイズム
「利己主義」のこと。

□独我論【どくがろん】
世界に存在しているのは自分だ

わたしは考える、ゆえにわたしは存在する〔ワレ惟《おも》ウ、故《ゆえ》ニワレ在《あ》リ〕

デカルト『方法序説』（谷川多佳子訳、岩波文庫）

自分の存在根拠を、自己の精神あるいは理性に置いていることがわかります。どれほど間違ったことを考えていたとしても、そこに考えるという行為が成立している以上、その主体としての自己は確実に存在している――そのような意味で理解しておいてください。

こうして、近代以降、人々は個、自己、自我といったものに意識を向け、その意味や価値を考えていくことになります。こうした考え方を総称して、**個人主義**といいます。

近代哲学の超重要人物であるカントは、「自己」について、自由というテーマと結びつけながら倫理的に論じました。日本の近代文学者の夏目漱石《そうせき》もまた、個人主義の考え方について、

他の存在を尊敬すると同時に自分の存在を尊敬するというのが私の解釈なのです

夏目漱石「私の個人主義」

と道徳的な主張を述べています。逆に、他を顧みず、ひたすら自己の利益だけを追求するなら、その個人主義は利己主義（エゴイズム）ということになりますね。他にも個人主義は、例えば「世界はすべて自己の主観が捉えたものにすぎない」と考える独我論にもつながり、また、政治的あるいは経済的な意味での近代の幕開けである、**市民社会**や**資本主義**の誕生を準備することにもなりました。

けであり、他の事物や他人はすべて、自分の意識の中にあるだけにすぎない、とする考え方。

読んでみよう

御子柴善之《みこしばよしゆき》『自分で考える勇気』（二〇一五年）カントの哲学をわかりやすく解説する、最良のカント入門書。カントの考えた個人の自由とは、きわめて倫理的な実践だったことがわかる。

池田晶子《あきこ》『14歳の君へ』（二〇〇六年）タイトルに偽りなし、まさに中高生に読めるように書かれた哲学書。Ⅰ章「個性」などが個人主義というテーマと深く関係する。

ポイント

世俗化や宗教改革、デカルトの思想などにより、人々は「個」や「自己」に意識を向けるようになり、個人を重視する「個人主義」が展開した。個人主義は近代社会の成立と連動し、それを支えていった。

22 都市

近代に入る前から西洋に形成された都市は、どのような性格を持つものだったのだろうか。

YESというバンドに「Owner of a Lonely Heart」という曲があります。その公式ビデオの映像に、途中、アメリカの大都市を黙々と歩く群衆が映る。おそらくはビジネスマンの集団で、皆、同じ方向に歩いていきます。一言もしゃべらずに、黙々と。その他、「うわっ……」と背筋の寒くなるようなグロテスクな場面もありますが、とても印象的なミュージックビデオです。

ところで、近代に入る前、西洋では**都市**が急成長を始めました。当時の都市とは、そうですね——市壁《しへき》で囲まれた、さまざまな人々が集まって住む商業活動や経済活動の活発な空間、そんなふうにイメージしておけば大丈夫です。都市に対立する概念は、地縁や血縁《けつえん》などの結びつきによって自然に形成される、前近代的な共同体。こちらはゲマインシャフトと呼ばれる社会であり、あるいは、牧歌的な雰囲気に包まれた農村社会という趣《おもむき》ですね。

対して都市は、商業や産業の活発な都会的なイメージの空間で、発展していくにつれ、より一層多くの人間を集めることになります。エネルギッシュな空間は魅力的でしょうし、また、そこで展開される商業や産業の規模が大きくなればなるほど、例えば工場労働者などの大量の人員を必要とするようになる。つまり地縁や血縁で結ばれた農村社会とは異なり、都市は、数えきれないほどの人間が、互いに他人同士として暮らす空間であるわけです。

こうした都市の人間関係については、次のような興味深い指摘もあります。

都市を構成するのは、見知らぬ他人同士である。その他人同士のあいだで安定した社会

□群衆【ぐんしゅう】
群がり集まった、多くの人々。
関連 **公衆、大衆、民衆**
同音異義 **群集**…人や生物が一か所に群がり集まること。

□地縁【ちえん】
同じ地域に住むことで生まれる人々の関係性。

□ゲマインシャフト
地縁や血縁、友情などにより、人々が自然に結びついて作られる社会や共同体。「共同社会」ともいう。
対 **ゲゼルシャフト**…共通の目的や利益のために、意図的に作られる社会や共同体。会社、国家など。「利益社会」ともいう。

□牧歌的【ぼっかてき】
牧場や農村の風景のような、素朴《そぼく》でのどかな様子。

□ローカル
特定の地域に限定されている様子。

を作り上げるために、明確な法や規則が定められ、諸々の設備や制度が整えられ、交際の儀礼や作法が成立する。すなわち文明の誕生である。

高階《たかしな》秀爾《しゅうじ》『本の遠近法』（新書館）

なるほど、他人同士が同じ空間で暮らすためには、皆で共有できるような普遍的なルールなどが必要とされた、それが、西洋に**文明**というものをもたらした、ということですね。こうした文明の力学は、その普遍的な性質ゆえ、のちに、西洋を世界化していく原動力となります。例えば資本主義、民主主義、国民国家など、西洋に始まったローカルな文化であったはずのそれら諸制度は、近現代の歴史を通じ、全世界へと広まっていきました。

しかし、このような都市での生活において、多くの人々は、隣人のことを素性《すじょう》の知れぬ赤の他人として認識していました。つまり人々は、心を許すことのできない大集団の中で日々を暮らすことを余儀なくされていたわけです。そうなると必然的に、自己の内面というもの、それも、他の人々から隔絶した孤独な自我というものを直視せざるを得なくなる。

しょせん、人間は孤独なのだ。生まれるときもひとりなら、死ぬときもひとりである。

那須《なす》正幹《まさもと》作・前川かずお絵『ズッコケ宇宙大旅行』（ポプラ社）

もし皆さんがこの言葉にドキリ！としたなら、現代社会もまた、都市の持つこうした性格を色濃く引き継いでいるということですよね。冒頭に紹介したYESのビデオの一場面も、その典型的な表象と言えるでしょう。前回にお話しした**個人主義**にも深く関わる観点です。

□隔絶【かくぜつ】
遠くへだたること。遠く離れて、つながりがなくなること。

読んでみよう

クリストファー・ソープ編『社会学大図鑑』（沢田博《ひろし》訳、二〇一八年）社会学の重要テーマを、著名な研究者の考えを紹介しながら丁寧に解説。都市についても詳しくとりあげている。

池上俊一《しゅんいち》『ヨーロッパ史入門 原形から近代への胎動《たいどう》』（二〇二一年）ヨーロッパの形成の歴史的な展開を詳細に論じる、二冊セットの一冊目。都市については第二章で論じられている。

ポイント

近代に入る前から、都市が急成長を始めた。都市では商業や産業が活発に行われ、多くの人々が集まって住んだ。近代や現代の都市は、他人同士が孤立して暮らす空間で、個人主義とも関わりがある。

23 人権

現代の社会で最も重要な理念の一つである「人権」とは、どのような考え方で、いつ生まれたのだろうか。

『どんぐりの家』という漫画があります。その第一回「誕生の日」に、生まれつき耳が聴こえず、また知的障害も持つ、重複《ちょうふく》障害の女の子が登場します。母親は懸命に彼女に寄り添おうとしますが、娘との日々は精神的、肉体的な負担があまりに大きく、消耗《しょうもう》しきってしまう。ある夜、女の子は喘息《ぜんそく》の発作が悪化し、救急車で病院に搬送《はんそう》されます。以下は、その途中、苦しみ悶《もだ》える娘の姿を見つめる母親の、心の中のモノローグです。

小さな体に大きな荷物を背負ったこの子は…
私たちに示そうとしている。
生きているんだ…
せいいっぱい生きようとしているんだと……
山本おさむ『どんぐりの家』第一巻（小学館）

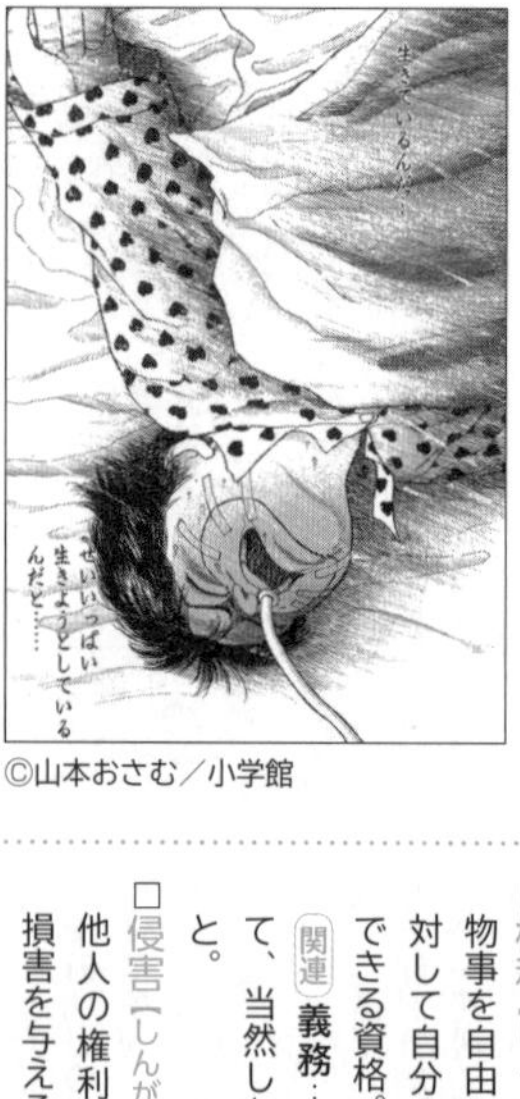

©山本おさむ／小学館

人間は、生きています。誰しもが、自らの命を生きています。そうして、それはただ単に生物としての命を維持しているということではなく、誰もが人間として、人間らしく生きているということであるべきです。ですから、人として、人らしく生きる権利は、誰からも、あるいは何によっても、侵害されてはなりません。しかも、生まれながらにして保障されている必要があります。このように、人間が人間であるかぎり、生まれつき有している権利のことを、**人**

□モノローグ
演劇や小説などで、登場人物が心中の思いなどを相手なしにひとりでしゃべるせりふ。独白。
関連 **ダイアローグ**…二人の人物が交わす対話。

□権利【けんり】
物事を自由に行ったり、他人に対して自分の利益を主張したりできる資格。
関連 **義務**…自分の立場に応じて、当然しなければならないこと。

□侵害【しんがい】
他人の権利や領土などを侵し、損害を与えること。

□採択【さいたく】
良いものと認め、選びとること。

□フランス革命【―かくめい】
一七八九年にフランスで起こった市民革命。絶対王政を倒し、人権宣言を採択。イギリスの市権もしくは**基本的人権**と呼びます。

人が生まれながらにして持つ権利、すなわち人権。この考え方が形成され、前面に押し出されていくのもまた、近代という時代でした。例えば、一七七六年にアメリカのヴァージニア州憲法の草案として採択され、他の人権宣言の先駆《せんく》となったヴァージニア権利章典《しょうてん》第一条には、

すべて人は生来ひとしく自由かつ独立しており、一定の生来の権利を有するものである。

と明記され、フランス革命で採択された「人および市民の権利宣言」（人権宣言）も第一条で、

人は、自由かつ権利において平等なものとして出生し、かつ生存する。

と表明しています（両方とも出典は『人権宣言集』高木八尺《やさか》・末延三次《すえのぶさんじ》・宮沢俊義《としよし》編、岩波書店）。

こうした、人類史レベルで画期的とも言える人権という理念が近代に花開いた大きな要因としては、やはり、**21「個人主義」**や**22「都市」**で解説した**個人主義**の成立が大きいでしょう。例えば人権宣言などが「自由」と言うとき、それはもちろん個人の有する自由のことですし、人が人らしく生きる権利もまた、個人の尊厳という価値観に深く関わるものであるはずです。

ところで日本国憲法も、第三章「国民の権利及び義務」の第十一条で、「基本的人権」を「永久の権利」としていますね。このことからも、私たちの生きるこの現代社会が、近代に生み出され、育まれた制度や理念を基礎として成り立っているということがわかります。やはり、現代という時代、今のこの世界や社会を知るためには、近代への視座を欠かすことはできません。

民革命、アメリカ独立革命などとともに、近代の市民社会成立への重要なきっかけとなった。

□視座【しざ】
そこから物事を見て、捉える立場。視点。

読んでみよう

徐京植《ソキョンシク》『在日朝鮮人ってどんなひと？』（二〇一二年）　在日朝鮮人について、中高生向けに丁寧に解説する一冊。基本的人権が、国家に帰属する人間にしか認められていない現実を厳しく批判する。

山本おさむ『どんぐりの家』全七巻（一九九三～九七年）　ろう（聴覚障害）に加え、他の障害も持つ子どもとその家族などの姿を描いた作品。

ポイント

人権（基本的人権）とは、人が生まれながらにして持っている権利のことである。人権の理念は、個人主義の影響の下に、近代に生まれた。

24 啓蒙《けいもう》思想

西洋近代の価値観の要《かなめ》となった「啓蒙思想」とは、どのような思想だったのだろうか。

一四五一年三月、スイスのローザンヌ司教区の住民は、レマン湖の湖水を汚染し、そこにすむ魚類、とくにサケ類を死なせたヒルたちにたいして、提訴《ていそ》した。

池上俊一『動物裁判』(講談社現代新書)

右に引用した文をよく読んでみてください。どうですか?「え?」ってなりませんか?一文の述語は「提訴した」ですよね。「提訴」とは、もちろん、「訴えること」です。訴えた人たちは、「スイスのローザンヌ司教区の住民」です。これは別におかしくない。でも、彼らが訴えた相手は……なんと、「ヒル」!「ヒルめ!大切なサケを死なせたな!? 訴えてやる!」って、今の私たちの常識からすれば、ちょっと考えられないですよね。ところがこれは別にめずらしい事例ではなく、13世紀から18世紀にかけて、人間に危害を与えた動物や昆虫などを裁判にかける「動物裁判」は、ヨーロッパで広く見られるものであったといいます。

今、「13世紀から18世紀」の「ヨーロッパ」という言葉に、「ん……? それって、だいたい**ルネサンス**から**近代**に入ったあたりの時代?」と思った人、鋭いです。近代の準備期間とも言えるルネサンス期あたりから、はたまた実際に近代に入って以降もしばらく、このような奇《き》習《しゅう》が平然と行われていた。理性とか科学といった西洋近代のイメージとはほど遠いですよね。

逆に言えば、これまでいろいろと見てきたような近代の典型的な価値観や考え方は、西洋において、自然発生的に現れ出たものではないということです。それらは、「動物裁判」に象徴

□蒙昧【もうまい】
知識がなく、物事の道理がわからないこと。

□啓発【けいはつ】
人を教え導き、物事の理解や意識のレベルを向上させること。

□論客【ろんきゃく/ろんかく】
世論を導くような、すぐれた評論家。また、議論好きな人。

□ロック、ルソー……ディドロ
ロックはイギリスの、その他はフランスの、17世紀後半から18世紀にかけて活躍した哲学者・思想家。

□カント【一七二四―一八〇四】
ドイツの哲学者。理性、認識、義務や善などを論じ、近代以降の哲学の基礎を作った。

□主体的【しゅたいてき】
自分自身の意志や判断に基づいて行動する様子。

□自律【じりつ】
自分の立てた規範やルールに

されるような前近代的な無知や蒙昧《もうまい》を退け、新たな時代を切り拓《ひら》いていこうとする人々の強い意志によってもたらされたものであったのですね。

無知や蒙昧を退け、人々や社会を理性的なあり方へと導いていく。

そうした考え方のことを、**啓蒙**といいます。「蒙《くら》きを啓《ひら》く」と訓読することができます。知に暗い人々を啓発し、「理性の光」を授ける……といったイメージで理解しておきましょう。

主に18世紀に広がった**啓蒙思想**の代表的な論客には、ロック、ルソー、モンテスキュー、ヴォルテール、ディドロなどがいますが、カントもまた、啓蒙思想に影響を受けた哲学者です。

啓蒙とは何か。それは人間が、みずから招いた未成年の状態から抜けでることだ。未成年の状態とは、他人の指示を仰がなければ自分の理性を使うことができないということである。

カント「啓蒙とは何か」（『永遠平和のために／啓蒙とは何か』中山元訳、光文社古典新訳文庫）

カントは同じ本の中で、「知る勇気をもて」あるいは「自分の理性を使う勇気をもて」とも述べています。啓蒙という考え方が、主体的な理性の行使、自律性というあり方などと密接に関わるものであることがわかりますね。そうしてこのような理念は、決して過去の遺物というわけではありません。学びの意義を説く現代の書き手の次の言葉、ぐっときませんか？

知識は、軛（くびき）や制約、不安や恐怖から人類を解放する力を持っている。

読書猿『『独学大全《たいぜん》』公式副読本』（ダイヤモンド社）

従って行動すること。

対 **他律**…自らの意志や判断によるのではなく、他からの命令や強制に従って行動すること。

□遺物【いぶつ】 無用になったり時代遅れになったりした、過去のもの。

読んでみよう

池上俊一『動物裁判』（一九九〇年）動物裁判という奇習は何を意味するか、豊富な資料から分析する。

読書猿『独学大全』（二〇二〇年）独学の方法をあらゆる角度からレクチャーしてくれる、真に啓蒙的な一冊。「無知くんと親父さんの対話」がおもしろい。

ポイント

主に18世紀に広がった啓蒙思想は、人々を無知や蒙昧から理性的なあり方へ導き、社会を進歩させようとした。「理性の光」を重んじ、進歩、合理性、自律性といった近代の価値観を支えた。

25 公共圏と近代市民社会

近代市民社会の理念の原型とも言える「公共圏」とは、どのような空間だろうか。

「封建的《ほうけん》」という言い方はよく耳にしますね。「封建」とは、もちろん封建制度のことです。けれど、「封建的」と言うときには、封建制度の具体的な内容というより、むしろそこから連想される「権力者がいばっている」とか「古くからの因習に頑迷《がんめい》にこだわる」とか、あるいは「上下関係や身分秩序に厳しい」などの含意《がんい》で用いられることが多い。

主人に盲従する、主人を崇拝《すうはい》する。

大杉栄《さかえ》「奴隷《どれい》根性論」

関東大震災の際に官憲に虐殺《ぎゃくさつ》された、アナーキスト大杉栄の言葉です。大杉はこのような「奴隷根性」を封建時代に限ったものと見てはいないのですが、イメージとしては、「封建的」な身分秩序、上下関係の中に見られる典型的な心性と言えましょう。

では、西洋はどうだったか。西洋にも封建制はありましたが、そこにおける主従関係は「奴隷根性」にたとえられるような隷属的上下関係ではありませんでした。が、とはいえ近代以前の西洋が平等な社会であったわけではありません。つまり西洋近代は、因習的な身分秩序に対する戦いの時代でもあったのです。

例えば、イギリスのコーヒーハウスやフランスのサロンなどが有名です。そこは「個人が誰でも参加し、自由で対等な立場で言葉を交わすことのできる空間」で、そこでの対話や議論は、

□封建制度【ほうけんせいど】
土地を仲立ちとする、領主と家臣のような主従関係（身分制度）を基本とする社会のしくみ。

□因習【いんしゅう】
昔から続いている習慣やしきたり。多く、よくない意味で用いる。

□盲従【もうじゅう】
よいか悪いかを自分で判断せず、ただただ相手に従うこと。

□アナーキスト
アナーキズム（↓P.211）を信奉する人。無政府主義者。

□封建時代【ほうけんじだい】
社会が封建制度の上に成立していた時代。一般に、日本では鎌倉時代から江戸時代を、西欧では8世紀頃から15世紀頃をいう。

□心性【しんせい】 ↓P.174

□サロン
17〜18世紀のフランスで、貴族の夫人が客間を開放し、人々が集まって談話を楽しんだ社交の場。

さまざまな事柄についての世論や合意を形成しました。こうした場のことを、現代の哲学者ハーバーマスは**公共圏**と呼びます。最初は、文芸作品についての批評などが交わされており、これが「文芸的公共圏」。そして、次第に話題が政治的な内容へと移り、「政治的公共圏」として機能するようになります。このような文化的、社会的な土壌《どじょう》をもとに、個人が互いに自由で対等な関係において社会を作っていくという、近代の**市民社会**が育まれていったのです。

お互いがお互いに、相手が対等に「自由」な存在であることを認め合うこと。そのようなルールによって、社会を作っていくこと。

苫野《とまの》一徳《いっとく》『はじめての哲学的思考』（ちくまプリマー新書）

教育学者の苫野は、現代の日本においても、公共圏が「民主主義の、一番底を支える原理」であると強調しています。

僕は、同じようなことを、デジタル革命以後のメディアを通したコミュニケーションの世界でも、実現させていきたいと思っています。

石田英敬《ひでたか》『自分と未来のつくり方』（岩波ジュニア新書）

「同じようなこと」とは、公共圏のこと。デジタルメディアが展開する新たな空間に、これからの市民社会の地盤となるべき対話の場を構築しようと呼びかけているのですね。

□ハーバーマス［一九二九―］ ドイツの社会学者・哲学者。公共性やコミュニケーションの理論に新しい地平を拓《ひら》いた。

読んでみよう

苫野一徳『はじめての哲学的思考』（二〇一七年） 中高生にも実践できる哲学的対話の方法を、やさしい言葉で解説する。

石田英敬『自分と未来のつくり方』（二〇一〇年） 中高生に行った授業をもとにまとめられた一冊。情報産業社会としての現代を知り、未来を切り拓くための視座を与えてくれる。

ポイント

公共圏とは、誰でも参加でき、個人が自由で対等な立場で言葉を交わすことのできる空間である。

コーヒーハウスやサロンなどの公共圏では、まず文芸や芸術が、やがて政治が論じられた。

26 一般意志

近代の民主主義の思想の基礎にある、ルソーの「一般意志」とは、どのような考え方だろうか。

辺見庸《へんみよう》という作家の『もの食う人びと』というルポルタージュがあります。その中で語られる、バングラデシュの首都ダッカでの出来事を紹介しましょう。屋台で筆者が日本円にして十数円の食事を注文し、食べようとしたとき、見知らぬ男性に「ストップ！」と忠告されます。

「ダッカには金持ちが残した食事の市場がある。残飯市場だ。卸売り、小売りもしている」

辺見庸『もの食う人びと』（角川文庫）

筆者が食べようとした骨つき肉もまた、「他人の歯形」のついた「残飯」だったのですね。ところが、筆者がその「残飯」の盛られた皿を放り出すと、それを盗んでいった者がいる。犯人は、十歳くらいの少年でした。

世界には、筆舌に尽くし難いような凄惨な生を生きている人たちがいる。

残飯をすら、盗んでしか手に入れることができないような。

もし、あなたが今、辺見の語るこの体験について、「そんな子があたりまえのように存在する世の中はおかしい。こんな理不尽な状況をなくすために、自分にできることはないだろうか」といったことを考えたなら、あなたは「自分のこと」ではなく、「他者のこと」に思いを馳《は》せていることになります。同じような経験を語る、政治思想史の研究者、重田園江《おもだそのえ》の言葉も参照してみましょう。重田は『社会契約論』という著書の中で、学生時代にフィリピンのマニラで

□筆舌《ひつぜつ》に尽《つ》くし難《がた》い
文章でも、話す言葉でも、とても表現しきれない。何とも言えない。

□凄惨【せいさん】
目を背けたくなるほど、ひどくむごたらしく痛ましい様子。

□ルソー〔一七一二―一七七八〕
フランスの思想家・作家。『社会契約論』などによって、それまでの神の支配や王権神授説によらない、自由で平等な人間の契約に基づく社会を考え、のちの人権思想や民主主義の思想に多大な影響を与えた。

□国家【こっか】
一定の領土とそこに住む人々から成る、統治のしくみを備えた政治的共同体。近代以降の国家は領土・国民・主権の三つの要素で成立する。

□公益【こうえき】
社会一般の利益。公共の利益。

出会った、地獄のような環境で生きる人々のことを思い浮かべながら、こう述べています。

> **具体的な他者に手を差し出したいけれど何もできないという無力感が、「社会」や「世の中」の仕組みを変えたいという思いにつながることは、ごく自然だ。そして、こうした「具体」からのジャンプが、人を一般性の視点に立たせるのだと思う。**
>
> **重田園江『社会契約論』（ちくま新書）**

「一般性の視点」。つまりは、自分自身の利益はいったん横に置き、他者、あるいは他者を含む社会全体の利益を考える視点ですね。市民の一人ひとりがこうした視点から意見を交わし、そして、合意を形成するに至るならば、それは、市民皆で共有される公的な意志ということになります。ルソーの言う**一般意志**という観念に通じる考え方ですね。

> **国家は公益を目的として設立されたものであり、この国家のさまざまな力を指導できるのは、一般意志だけだということである。**
>
> **ルソー『社会契約論』（『社会契約論／ジュネーヴ草稿』中山元訳、光文社古典新訳文庫）**

ルソーが一般意志について、「国家」を「指導」するものと説明していることに着目してください。つまり国家は一般意志によって運営されるべきだと唱えているのであり、ひいては、近代がめざした**民主主義**の理念がここに語られているのです。そしてルソーによれば、この一般意志を言葉で表現したものが、法ということになります。

対 私益

読んでみよう

辺見庸『もの食う人びと』（一九九四年）食を題材として、世界と日本、そして人間を深く洞察する一冊。本書を通して、人間の尊厳とは何か、人として生きるとはどのようであるべきか、考えてみてほしい。

重田園江『社会契約論』（二〇一三年）ホッブズ、ヒューム、ルソー、ロールズの社会契約論の思想を解説し、これからの社会のありようについて考察する、政治思想の入門書。

ポイント

「一般意志」とは、誰かの特殊な利益を優先するのではなく、共同の利益や幸福をめざす、社会全体の意志である。一般意志を表現したものが「法」であり、民主主義の国家は法によって運営される。

27 民主主義

近代に確立され、現代の政治の主流となっている「民主主義」とは、どのようなしくみなのだろうか。

個々人が自由で対等な立場から意見を交わしあう。その際、自己の利益はまずは横に置き、公共の利益について考える。そうしてたどり着いた合意が一般意志であり、それを言葉として表現したものが、法である――**25**と**26**で学んだ内容をこうしてまとめてみると、皆さんの多くは、「ん? それって要するに、民主主義のこと?」と気づくことでしょう。

ここに主権が国民に存することを宣言し、この憲法を確定する。

「日本国憲法」前文

主権とは、その国をどう運営するかということを決定する最高の権力のことです。それが「国民に存する」ということ。これこそが、**民主主義**（**デモクラシー**）という考え方ですね。

政治学者の多くは、この民主主義の源《みなもと》を、古代ギリシャのアテネに求めます。女性や奴隷は参加できないという限界はありましたが、アテネには民会というシステムがあり、市民が平等な立場から意見を交わしあい、国政の方向を決めていたのでしたね。

自分というものを抽象して社会はないはずである。

三木清《みききよし》「自己を中心に」（『現代日本思想体系33』筑摩書房）

□民会【みんかい】
古代ギリシャなどで行われた市民の集会。成人男子は誰でも参加でき、アテネでは国の最高の議決機関とされた。↓P.22

□市民【しみん】
国や地域の政治に主体的に参加する、自立した個人。類 公民

□抽象【ちゅうしょう】
個々の事物からある性質だけを抜き出し、「これは……だ」と概念で把握すること。例えば、さまざまな人を、それぞれの個性は無視して（＝捨象して）すべて「人間」として把握するなど。
関連 捨象、具象、具体

□主体【しゅたい】
その行為をする者。自分の意志と判断に基づいて物事を行う存在。

□代議制民主主義【だいぎせいみんしゅしゅぎ】
間接民主制の一つで、近現代の

これは、戦時中に思想犯として逮捕され、戦後に獄中死した哲学者、三木清〔一八九七—一九四五〕の言葉です。自分という存在を無しにしては、社会は成り立たない——逆に言えば、市民はその一人ひとりが、社会を形成する政治的な主体であるということです。三木自身が民主主義を意識してこの言葉を綴《つづ》ったかどうかは措《お》き、理想的な民主主義の下《もと》での市民のあるべき姿を具体的にイメージさせてくれる、力強い言葉だと思います。

しかし、市民の一人ひとりが主体として政治に参加する——例えば古代アテネの民会のような場を設け、市民の全員がそこに参加するという民主主義のスタイル、すなわち**直接民主制**は、国家の規模が大きくなると、実現は難しくなります。そうなると、選挙によって市民の代表を選び、その代表者のみが議会に参加し、市民の意見を代弁して政治を行うという形式の、**間接民主制**あるいは代議制民主主義が主流となる。けれども、近代民主主義の礎《いしずえ》を築いたルソーは、すでに、こうした体制では一般意志を政治に反映させることはできないと批判していました。そして今まさに、代議制民主主義における**代弁の不可能性**という限界が、世界中で多くの問題を引き起こしています。民主主義は、いまだ完成していないのですね。

最後に、民主主義の歴史と未来を考察する名著から、一節を引用しておきたいと思います。

民主主義には二五〇〇年を超える歴史があるといいましたが、古代ギリシアを別にすれば、近代において民主主義の具体的な制度化が進んだのは、この二世紀にすぎません。その制度が完成したものであるとは到底いえず、むしろ今後も試行錯誤によって制度を充実させていく必要があります。

宇野重規《しげき》『民主主義とは何か』（講談社現代新書）

民主主義政治の一般的な形。国民や住民から選ばれた議員が議会で話し合い、多数決で意思決定を行う。「議会制民主主義」ともいう。

読んでみよう

齋藤《さいとう》純一『平等ってなんだろう?』（二〇二一年）政治哲学の第一人者である著者が、中学生からの質問に答え、民主主義や自由、平等などをわかりやすく解説する。

坂井豊貴《とよたか》『多数決を疑う』（二〇一五年）現代日本では、「多数決」が民意を集約するほぼ唯一の方法となっているが、著者はそれを徹底的に批判する。よりよき民主主義をめざすための一冊。

ポイント

民主主義とは、最高の権力である「主権」を国民（人民）が持ち、政治のあり方を決めていく体制である。しかし、現代の主流となっている間接民主制には、「代弁の不可能性」という限界がある。

28 国民国家

現在の国家のあり方の基本である「国民国家」とはどのようなもので、どのように成立したのだろうか。

前回も触れましたが、**主権**とは、その国のことを決定する最高の権力のことです。「最高の」とは、まず、国内にそれより上の権力が存在しないことを意味します。次に、他の国からの干渉を受けないということ。このような主権を有する国家が、**主権国家**です。……と説明すると、「その国の主権がその国に属するのは、あたりまえのことなんじゃないの？」と驚く人も少なくないかもしれません。けれども、主権国家を基本とする国際秩序、すなわち**主権国家体制**が確立したのは17世紀半ばの西洋。つまり、歴史的にはつい最近に現れた体制にすぎません。それまでは、各国の上には国家を超越した権力として、ローマ教皇を頂点とするカトリック教会や、あるいはその守護者を自認するハプスブルク家などが君臨していたわけです。でも、17世紀半ば以降、それらは原則として諸国家に対して口を出せなくなる。

このような主権国家において、当初、主権は王や特権階級に独占されていました。その象徴的な体制が絶対王政ですね。しかし、市民革命などを経て、主権は国民の手に奪取されていくことになります。ここに、確定した領土を持ち、国民が主権を有する国家の形、すなわち**国民国家**（**ネイションステイト**）が形成されていくことになるわけです。

国民国家の始まりについては諸説がありますが、ここでは、17世紀から18世紀にかけて、イギリスやフランスでの市民革命を経て構築されていったと考えておきます。それが、18〜19世紀を通してヨーロッパの各地へ伝播《でんぱ》していく。そして日本もまた、そうした主権国家体制へと参入していくことになるのですが、その決定的な契機が、明治維新ですね。もっとも明治憲法

□カトリック教会【―きょうかい】
「カトリック」（➡P.34）のこと。

□ハプスブルク家【―け】
中世以来のヨーロッパの名家。15世紀から19世紀初めまで神聖ローマ帝国の帝位についた。

□絶対王政【ぜったいおうせい】
16〜18世紀、主権国家体制の形成期にスペイン、イギリス、フランスなどに現れた、王（君主）が絶対的な主権を持つ政治体制。

□市民革命【しみんかくめい】
力をつけた商工業者などの市民階級が、絶対王政と封建制を打倒し、資本主義に基づく近代市民社会を成立させた一連の変革。イギリスのピューリタン革命と名誉革命、フランス革命、アメリカの独立革命が代表例。

□封建的【ほうけんてき】
封建制度（＝主従関係を基本とする社会のしくみ）に従ってい

では天皇が主権者とされ、国民主権はこの段階ではまだ実現されませんでしたが、それでも、江戸時代までの封建的な支配体制は脱したわけです。かつ、各藩に分断されていたそれまでの体制が、廃藩置県などを経て、一つの国家、そして一つの国民へと統合されていく。完璧ではないにせよ、近代国家としての日本が国民国家へと近づいていったことは間違いないと言えるでしょう。明治元（一八六八）年に天皇の名のもとに公布された、新政府の目標を示した「五箇《か》条《じょう》の御誓文《ごせいもん》」には、以下のような文言が含まれていたのです。

一、身分の上下を問わず、心を一つにして積極的に国を治め整えましょう。

「五箇條の御誓文」意訳（口語文）（明治神宮ウェブサイトより）

繰り返しますが、国民国家は、国民が主権を有する国家です。となると、理屈で言えば、国民一人ひとり、自らが国家を動かす主体であるということになる。

マッチ擦《す》るつかのま海に霧ふかし身捨《みす》つるほどの祖国はありや

寺山修司『寺山修司全歌集』（講談社学術文庫）

自身を捨てても尽くすべき「祖国」は、はたして存在するのだろうか——こうした煩悶《はんもん》が生じるのは、逆に言えば、「祖国」なるものの持つ価値が強く意識されているということでしょう。自分にも、自分こそがその主体だと思えるような「祖国」があって然《しか》るべきなのに——。そうした思いがあればこそ、その喪失への不安や悲しみも生まれてくるのかもしれません。

る様子。↓P.58

□煩悶【はんもん】思い悩み、苦しみもだえること。

読んでみよう

高澤紀恵《たかざわのりえ》『主権国家体制の成立』（一九九七年）近代以降、世界の秩序の基本となっていった主権国家体制は、どのように形成されたのか。豊富な資料で解説する。

谷川稔《みのる》『国民国家とナショナリズム』（一九九九年）近代国民国家の形成を詳説する一冊。特に、ドイツ・フランス・イギリスの国民国家の違いを解説するくだりが、示唆《しさ》に富んでいる。

ポイント

国民国家とは、確定した領土を持ち、国民が主権を有する国家をいう。国民国家は、17〜18世紀に市民革命を経て形成され、その後ヨーロッパや世界の各地に広まっていった。

29 国民統合

国民国家で、人々を一つの「国民」にまとめるには、どのような考え方や手段が用いられたのだろうか。


近代以降の国家のモデルとなった**国民国家**は、確定された領土を持ち、その主権を**国民**が有する形態の国家です。では、国民とは何か。どのような条件を満たせば、その集団は国民として存在することが可能になるのか。その根拠の一つとなったのは、**民族**という観念でした。

民族。

　ここでは、「言語や習俗、慣習、歴史などを共有する人間集団」と理解しておきましょう。そしてそこに属する人々は、その集団への帰属意識＝エスニシティを持つことになる。国民国家における国民とは、時代や地域による差はあれ、おおむねこのような民族を軸として形成される集団だと考えられるようになりました。逆に言えば、自立した一つの民族として認められるなら、国際社会で、国民、すなわち独立した国民国家を作るに値する存在とみなしてもらえるということ。そしてその際、自立した一つの民族であることの根拠として主張されたのが、多くの場合、言語でした。つまり、他の言語とは異なる一つの言語を共有する集団は民族であり、その民族が、国民として、独立した国民国家を運営する権利を持つ――こういうことですね。**一言語＝一民族＝一国家**。これが、近代国民国家の標準的なモデルとなったわけです。

　酒井直樹という学者は、こうした国民国家のありようを、以下のように言い表しています。


国民の輪郭＝言語の輪郭＝文化の輪郭という近代国民国家制作の論理

酒井直樹『死産される日本語・日本人』（新曜社）

□エスニシティ
言語・慣習・歴史・信仰などの、ある集団が長く共有し、それによって一つの「民族」として結びついている、文化的な特性。「我々は○○人だ」という意識。民族性。
関連 **エスニックグループ**…エスニシティを共有している人々の集団。民族。特に、ある国家の中の（少数派の）民族集団。

□マイノリティ
少数派。社会の中で、何らかの点で少数派である人々。
対 **マジョリティ**…多数派。

□規範的【きはんてき】
従うべき手本とされる様子。

□人為的【じんいてき】
自然のままでなく、人の手や意図が加わる様子。わざとそうする様子。
人為…自然にそうなるのではな

となると、国民国家としての独立を図る人々は、自らの集団が自立した民族であること、すなわち、他の言語とは異なる一つの言語を共有していることを証明する必要がある。例えば、「私たちの言語はX言語の方言などではない！　別の系統に属するY言語なのだ。ゆえに、私たちはY民族として、国民国家を樹立する権利を持つのだ！」などと主張するわけですね。

ところがここに、ジレンマが生じます。というのも、往々にして、ある集団の内部には、さまざまな方言やマイノリティ言語がモザイク状に存在する。「一つの言語を共有している」などとは主張できない状況があるわけです。逆に言えば、国民国家として自立するためには、皆で共有すべき規範的な言語、つまり**標準語＝国語**を構築しなくてはいけない。そして実際に、日本を含め多くの国民国家が、国語を人為的に整備し、新聞などのメディアや学校教育を通して、人々に徹底的に浸透させていきました。このようにして多様な集団を国民として一つにまとめていくことを、**国民統合**といいます。国語の浸透は、国民統合の典型的な手段なのですね。

国語政策の方面からいふと方言は撲滅《ぼくめつ》した方がいいらしい

池田亀鑑《きかん》「忘れぬお国言葉」（青空文庫）

昭和初期の国文学者で、『源氏物語』の研究で著名な池田亀鑑自身は、この随想《ずいそう》の中で方言を擁護《ようご》し、方言を研究することの重要性を訴えているのですが、引用した言葉の他にも、「国語教育をやつてゐるくせに方言がなつかしくてたまらない」などとも述べています。これらの言葉からは、国語と方言とが相容《あいい》れないものであったことが読みとれますね。

く、人の手によって何かを行うこと。

読んでみよう

安田敏朗《としあき》『「国語」の近代史』（二〇〇六年）近代の日本は、いかにして国民統合を図ったか。「国語」の整備と普及という観点からつぶさに論じる一冊。

李琴峰《りことみ》『彼岸花《ひがんばな》が咲く島』（二〇二一年）架空の島に漂着した少女が主人公のファンタジー。フェミニズムやジェンダーのテーマが色濃く表れ、言語と共同体や国家との関係も鮮烈にイメージさせる語りとなっている。

ポイント

近代の国民国家では、多く、「同じ民族だ」という意識が人々を一つの「国民」としてまとめあげていった。

特に、多様な集団を一つの国民に統合するには、国語の強制という手段が用いられた。

30 ナショナリズム

ナショナリズムとは何だろうか。また、それは人々のどのような意識に支えられて成り立つのだろうか。

夏目漱石《そうせき》の名作『坊《ぼ》っちゃん』〔一九〇六(明治三九)年発表〕の中に、次のような記述があります。
坊っちゃんの盟友である山嵐《やまあらし》の言葉です。

今日は祝勝会だから、君といっしょにご馳走《ちそう》を食おうと思って牛肉を買って来た

夏目漱石『坊っちゃん』

『坊っちゃん』の舞台は四国です。日本が戦争に勝利したお祝いの会が、首都の東京から遠く離れた四国の地で開かれていることがわかります。そして、山嵐たちのような庶民《しょみん》もまた、それを祝っているわけです。首都から遠く離れた地で、一般の市民たちが、日本の勝利を喜ぶ。こうした感情は、日本が一つに統合され、「我々は日本人なのだ」という同胞意識が共有されているのでなければ、生じるはずはありません。この作品が発表された明治時代の後期には、すでにそうした国民感情が形成されていたことがわかります。これはもちろん、前回学んだ**国民統合**という政策の成果だったと言えるでしょう。

統合された「一つの民族」「一つの国家」として、人々に強固な同胞意識が構築される。

すると、どうなるか。

民族や国家が、強くなる。なぜなら、皆で一致団結するわけですから。

強くなれば、世界の他の国々に対して、自分たちの権利や、あるいは独立などを主張したり

□盟友【めいゆう】
固い約束を結んだ友人。同志。

□同胞【どうほう】
同じ祖国を持つ者同士。同じ国民や、同じ民族。

□南京大虐殺【ナンキンだいぎゃくさつ】
日中戦争初期の一九三七年、中国の南京を占領した日本軍が、捕虜や一般市民に大規模な略奪や虐殺などを行った事件。

□義憤【ぎふん】
道理に反することや不正への、正義感からの憤り。

□情動【じょうどう】
驚き・怒り・恐怖・喜び・悲しみなどの、急に湧き上がる激しい感情。エモーション。

□母胎【ぼたい】
母親の胎内。また、物事を生み出すもとになるもの。

□共同体【きょうどうたい】
地縁や血縁、または共通の利益・

要求したりすることができる。

このように、「私たちは○○人だ」という同胞意識の下《もと》に、自分たちの民族や国家を強化し、その権利や独立などを主張していく考え方を、**ナショナリズム**といいます。

「ちき生《しょう》ッ！　お前らの仇《かたき》はうってやるからな。待っていろ。つらかったろうなあ」

榛葉英治《しんばえいじ》『城壁』（文学通信）

右は南京大虐殺《ナンキンだいぎゃくさつ》を多角的な視点から描いた小説の中の、倉田軍曹《ぐんそう》という人物の言葉です。彼は、道を歩いていた中国人の女性を殺し、部下にその女性の赤ん坊を撃てと指示したり、八十人の捕虜《ほりょ》の虐殺を命じたりするような、冷酷な人物です。そんな彼が、リンチを受けて晒《さら》された日本兵の遺骸《いがい》を目にして発したのが、この言葉なのです。軍曹は「涙をこぼし歯がみをし」ながら、怒りを爆発させています。同じ日本兵という以外に接点のない、見も知らぬ人々が惨殺《ざんさつ》されたことに、義憤にも似た感情を抱く――このような情動は、メディアや教育などを通じて日本人が国民として統合され、一生出会うこともないような人間同士の間で「同じ日本人」としての仲間意識が想像され、共有される、そうした前提がなければ生じるはずがありません。ナショナリズムの母胎となるようなこうした同胞観念について、アメリカの政治学者ベネディクト・アンダーソンは、次のように述べています。

国民とはイメージとして心に描かれた想像の政治共同体《イマジンド・ポリティカル・コミュニティ》である

ベネディクト・アンダーソン『定本　想像の共同体』（白石隆《たかし》・白石さや訳、書籍工房早山）

目的・考え方などによって結びついた集団。類 コミュニティ

読んでみよう

遅塚忠躬《ちづかただみ》『フランス革命』（一九九七年）国民国家やナショナリズムを考える上で重要なフランス革命。その概略を学ぶのに最適な入門書。ナショナリズムの具体的なイメージをつかむことができるだろう。

橋川文三《ぶんぞう》『ナショナリズム』（一九六八年）決して平易ではないが、日本における国民統合やナショナリズムの形成を考えるための、きわめて重要な視座を与えてくれる一冊。ある程度勉強を進めたら、チャレンジしてみよう。

ポイント

ナショナリズムとは、自分たちの民族や国家を強化し、その権利の確保や独立、発展などをめざす思想をいう。ナショナリズムは、同じ民族（国民）としての同胞意識に支えられて成り立つ。

31 国民国家の功罪

国民国家という国家のあり方の良い点と悪い点には、例えばどのようなものがあるだろうか。

なぜ、近代、そして現代を通じ、**国民国家**は多くの国々や集団に受け入れられたのか。

理由の一つは、それがめざした「平等」という理想にあるでしょう。主権者が国民であるということは、つまり、国民としての資格を有してさえいれば、皆が対等な立場で国政に参与できるということでもあります。

もちろん現実には、女性の参政権がなかなか認められなかったり、国民の中にも差別が存在したりと、さまざまな矛盾はありました。しかし理念としては、確かに平等を謳《うた》った。国民国家以前の政治体制が、多く、強権的な主従関係を前提としていたことを考えれば、国民国家の誕生は、人類にとってエポックメーキングな出来事だったと言えます。

さらに、国民国家は、強い。**ナショナリズム**と連動し国民が一致団結するので、必然的に、経済力も軍事力も強化されていくことになります。まさに「富国強兵」ですね。とりわけ戦争においては無類の強さを誇ります。国民が国家の主権者であったり、仮に主権が制限されていたとしても、ナショナリズムに燃えていたりするわけです。つまり国民は、戦争の積極的な遂《すい》行《こう》者として、愛する同胞や自分たちの国家を守るために戦うということになる。

南太平洋パラオ諸島の小島、ペリリュー島《とう》での日米の激戦を描いた漫画『ペリリュー』（武田一義《かずよし》著、平塚柾緒《まさお》（太平洋戦争研究会）原案協力、白泉社）から二つ、言葉を引用します。

アメ公やっつけるまでお互い頑張ろーぜっ

（『ペリリュー─楽園のゲルニカ─』第一巻）

□功罪【こうざい】
功績と罪。良い点と悪い点。

□主権者【しゅけんしゃ】
国の主権（→P.62・64）を持つ者。日本国憲法では、国民。

□参与【さんよ】
事業・職務などに参加すること。

□強権的【きょうけんてき】
上の立場のものが強い権力を振るう様子。

□エポックメーキング
新時代を開くような大きな意義を持っている様子。類 **画期的**

□対峙【たいじ】
対立する二者がにらみあうこと。

□同一性【どういつせい】
同じ一つのものであること。自己同一性。類 **アイデンティティ**

□教化【きょうか】
人を教え導き、望ましい方向に向かわせること。

□装置【そうち】
社会の中の制度やしくみを成り

祖国のため　今戦いたいんだ　**（『ペリリュー―外伝―』第一巻）**

前者は日本兵の、後者はアメリカ兵の言葉です。二人とも、普通の善良な市民です。そんな二人が、戦争においては、こうした覚悟の下《もと》に敵国と対峙《たいじ》することになる。

互いが戦争の積極的な遂行者として、「自らの意志で、自らの同胞や国家を守る」ために戦うわけですから、国民国家の下で遂行される戦争は、激戦になります。科学技術の発展に伴う近代兵器の威力も相俟《あいま》って、殲滅《せんめつ》戦、大量の殺戮《さつりく》が展開される。

武田一義『ペリリュー－楽園のゲルニカ－』第1巻（白泉社）

この同胞《どうほう》愛の故に、過去二世紀にわたり、数千、数百万の人々が、かくも限られた想像力の産物のために、殺し合い、あるいはむしろみずからすすんで死んでいったのである。
ベネディクト・アンダーソン『定本　想像の共同体』（白石隆《たかし》・白石さや訳、書籍工房早山）

そして国民国家やナショナリズムは、「民族・国民としての同一性」を重んじます。そのため必然的に、その同一性を「乱す」と判断される存在、すなわちマイノリティとその文化を抑《よく》圧《あつ》し、排除するという暴力性を持つことになります。

方言札《ほうげんふだ》というものを知っていますか。国民に共通の言語や文化を教化する場、すなわち国民統合の装置としての学校などにおいて、方言や日本語ではない母語を話した生徒が、罰として首にかけさせられた札です。人間の尊厳を蹂躙《じゅうりん》する、許しがたい行いではないでしょうか。

立たせ、維持する機能を果たす、さまざまな物事。

□母語【ぼご】→P.114

読んでみよう

武田一義『ペリリュー―楽園のゲルニカ―』全十一巻、『外伝』（二〇一六年〜）アジア太平洋戦争末期、ペリリュー島での日米の激戦を描く。綿密な取材に基づき、戦争と人間を真摯《しんし》に描いた作品。

ベネディクト・アンダーソン『想像の共同体』（一九八三年）国民国家やナショナリズムについて考える上で、避けて通ることのできない名著。「国民」というイメージの形成について、さまざまな事例を参照しながら緻密《ちみつ》に検証する。ぜひ挑戦してみてほしい。

ポイント

国民国家の主権は国民にあり、すべての国民は平等に国政に参加できる。一方、ナショナリズムに基づく国民の一体感や結束により、戦争が総力戦化したり、マイノリティを抑圧したりする。

32 資本主義

近代の社会の根幹となった資本主義と、その代表である自由放任主義とは、どのようなものだろうか。

太宰治《だざいおさむ》の代表作である小説『人間失格』の中に、こんな言葉が語られています。

……**金の切れ目が、縁の切れ目、って、本当の事だよ**

金の切れ目が縁の切れ目。つまりは、人と人との関係は金銭的な利害によって成り立っていて、利益が見込めないような場合には、関係も消滅してしまう、そんな、ちょっと悲しい格言ですね。金銭に重きが置かれる社会、すなわち**資本主義**の世の中を象徴するような言葉です。

資本主義とは何か。

それを考えるにはまず、**資本**という概念を理解しなくてはいけません。「資本」とは、簡単に言えば、お金もうけのためのお金です。また、お金もうけは基本的に、商品の生産と販売を通じてなされますが、「資本」という語は、そうした商品の生産手段（＝工場・機械・材料など）を意味することもあります。いずれにせよ「資本」という概念には、「お金もうけ」という絶対的な目的が刻みこまれているわけです。

資本を所有し、お金もうけに勤《いそ》しむ人たちのことを、**資本家階級**（**ブルジョアジー**）といいます。近代市民社会の中心的な存在となっていく集団です。ただし、彼ら自身は商品の生産は行いません。なぜか。そこにはいろいろな理由が考えられますが、一つ言えるのは、効率的に商品を生産し、より多くのお金をもうけるためには、大量生産が都合がいいからです。そして、

□分業体制【ぶんぎょうたいせい】工場などで、生産の全工程を分割し、それぞれを違う労働者が担当するしくみ。

□アダム・スミス〔一七二三―一七九〇〕イギリスの経済学者・哲学者。「経済学の父」と呼ばれる。自由主義（↓P.239）の経済を主張した。

□産業革命【さんぎょうかくめい】18世紀後半にイギリスで始まり、19世紀に世界に広まった、技術の革新と産業・経済・社会の大変革。工場で機械を使う大規模な工業生産が始まり、資本主義経済が確立した。

□自由放任主義【じゆうほうにんしゅぎ】個人の経済活動に政府は干渉すべきではなく、市場での自由競争に任せるべきだとする考え方。レッセフェール。

大量生産においては、多くの人々による分業体制がとられることになります。そうなれば、資本家が生産に従事する必要や意味はありません。では、なぜ、分業体制がとられるのか。

ある者は針金を引き伸ばし、次の者はそれをまっすぐにし、三人目がこれを切り、四人目がそれをとがらせ、五人目は頭部をつけるためにその先端をみがく。

アダム・スミス『国富《こくふ》論』I巻（大河内《おおこうち》一男監訳　中央公論新社）

18世紀に活躍し、近代資本主義の理論的支柱となった経済学者、アダム・スミスの言葉です。「ピン作り」の現場を例に、分業体制をとれば、より効率的に生産量を増やすことができることを示した一節です。分業体制では、個々の仕事は単純化されます。すると、熟練度が低くても仕事にあたることができるので、たくさんの人間が従事することができる。したがって、大量生産が可能になるわけです。もちろん、こうした生産体制において、近代科学の発展により次々と革新されていく**テクノロジー**が不可欠であったことは言うまでもありません。産業革命は、資本主義の確立に必須の条件だったわけですね。

繰り返しますが、資本家は商品の生産には携わりません。現場で商品の生産に従事するのは、資本家によって雇われた**労働者**（**プロレタリア**）です。労働者は資本家とは違って資本を持っていないので、自分の体力や精神力を、労働力という商品として資本家に売って生活します。

このような体制のもと、個々の資本家が自由にお金もうけに邁進《まいしん》する。そうすれば、経済や社会は安定し、発展していく――自由放任主義と呼ばれる近代資本主義の代表的な考え方を唱えたのも、アダム・スミスでした。

読んでみよう

インフォビジュアル研究所『図解でわかる　14歳から考える資本主義』（二〇二〇年）　資本主義の成り立ちや課題について、経済の歴史を古代から振り返って解説する一冊。イラストを用いた詳細な図解がうれしい。

長岡慎介《しんすけ》『お金ってなんだろう?』（二〇一七年）　資本主義の原理を理解する上で非常に重要な「差異化」という概念を、「違い」という言葉で易しく解説する。「中学生の質問箱」シリーズ（平凡社）の一冊。

ポイント

資本主義とは、資本を持つ資本家が、労働者から労働力を買って商品を生産し、販売して利益を得る経済のしくみ。自由放任主義とは、個人のお金もうけに政府は干渉せず、自由競争に任せるべきだとする考え方である。

33 搾取《さくしゅ》

資本主義の経済活動においてしばしば見られる「搾取」とは、どのようなものだろうか。

19世紀に活躍した経済学者であり思想家のカール・マルクスは、その主著『資本論』の中で、児童労働についての報告書を参照しながら、次のようなケースを紹介しています。

九歳のウィリアム・ウッドは「彼が働きはじめたときは、七歳一〇ヵ月だった」。彼は最初から「型運びをした」（型に入れた品を乾燥室に運び、次に空の型を持って帰った）。

カール・マルクス『資本論』第二巻（向坂逸郎《さきさかいつろう》訳、岩波文庫）

32「**資本主義**」で、資本主義は商品の大量生産のために分業体制をとると述べました。そして、分業では職務が細分化されるため、一つひとつの仕事が単純なものとなり、熟練度の低い労働者でも生産に携《たずさ》わることができる、と。右の例はまさにその典型と言えましょう。「型運び」という仕事は、なんと七歳の子どもでもこなせるのです。そして、右の引用箇所の直後に、他の少年の「夜通し働くときも、それ以上はもらわない」、つまり決まった週給以上は賃金をもらわない、という言葉も紹介されます。この言葉の意味するところを、少し掘り下げて考えてみます。

彼は、徹夜で働いているわけです。当然そのぶん、工場では多くの商品を生産できることになる。となると、会社のもうけは増えるはずです。しかしながら彼は、「それ以上はもらわない」。では、そのもうけは誰の手に渡るのか。もちろん、会社を経営している資本家ということになります。「労働者は自らの労働力を商品として資本家に売る」という資本主義経済のしくみか

□カール・マルクス〔一八一八—一八八三〕ドイツ出身の経済学者・哲学者。「資本主義は必然的に没落し、社会主義に移行する」と考え、マルクス主義（→P.96）を確立。後世に多大な影響を与えた。

□『資本論』【しほんろん】マルクスの主著。資本主義経済の構造を明らかにした古典。

□顕在【けんざい】はっきりと目に見える形で現れていること。対 **潜在**…表には現れないが、内部に隠れて存在すること。

□投下【とうか】事業に資本を出し、使うこと。

□糾弾【きゅうだん】罪や責任を問いただし、とがめること。

□小林多喜二【こばやしたきじ】〔一九〇三—一九三三〕プロレタリア文学の小説家。労

ら考えると、資本家は、本来この少年に支払うべき、労働力という商品への対価＝賃金を、くすねていることになる。つまりこの事例で顕在化しているのは、労働者が本来手にするべき利益が、資本家によって不当に奪われる——すなわち**搾取**されるという、資本主義においてしばしば指摘される問題なのですね。ここにはそうした暴力が、むき出しの形で現れていると言えます。

どうしてこのようなことが生じるのか。

資本主義、とりわけ**自由放任主義**とは、個々人の自由なお金もうけによって、社会や経済が活性化される、という考え方です。つまり、お金もうけが正義とされる。そしてそのお金もうけは、まず、資本家が生産手段を準備し、労働者を雇うことから始まります。すなわち資本の投下ですね。そして、労働者が生産した商品を売却することで、利益を出す。もちろん、利益は多ければ多いほど良い。つまりここでめざされるのは、「投下した資本から得られる利益を最大化すること」になります。そのとき、利益の最大化を図る上で手近な方法の一つが、労働者に支払うお金を抑えること。いかに安く、資本家にとって都合よく働かせることができるか——お金もうけを正義とする資本主義は、どうしても、労働者の搾取という暴力を招きやすいわけです。最悪の場合、もうけのために、人命をすら顧《かえり》みなくなる。

最後に、資本家の暴力を糾弾する、小林多喜二の『蟹工船《かにこうせん》』の一節を引用しておきます。

北海道では、字義通り、どの鉄道の枕木《まくらぎ》もそれはそのまま一本一本労働者の青むくれた「死骸《しがい》」だった。

小林多喜二『蟹工船』

働者の厳しい現実を描き、官憲に虐殺された。

読んでみよう

ヨハン・モスト原著、カール・マルクス加筆・改訂『マルクス自身の手による資本論入門』（大谷禎《おおたにてい》之介《のすけ》訳、二〇〇九年）『資本論』を一般の労働者向けに解説した草稿を、マルクス自身が加筆修正した入門書。基礎知識を身につけてから読んでみよう。

鈴木江理子編著『アンダーコロナの移民たち』（二〇二一年）社会的な弱者は常に搾取などの暴力にさらされるが、特に社会の危機的な状況でそれは顕著となる。コロナ禍《か》の中で移民たちが直面した困難を伝え、考える論文集。

ポイント

搾取とは、資本家が、労働力の対価として労働者に支払うべき賃金を払わず、自分の利益とすること。資本家は自分の利益を最大に増やそうとするため、搾取が行われやすい。

34 疎外

資本主義体制において現れる人間の「疎外」とは、どのようなものだろうか。

ハンドバッグを製造する工房の職人のドキュメンタリーを見たことがあります。皮革《ひかく》という一筋縄《ひとすじなわ》ではいかない素材を相手に、自らの経験に裏打ちされた技術や勘をもって、一つひとつ、手で丁寧に仕上げていく。職人の目は、矜持《きょうじ》にあふれて輝いて見えました。

しかし、このような前近代的な作り方は、今ではめずらしい。まず、これでは多くの数を生産することはできません。いきおい、値段も高価になる。となると、あまり売れない、つまりもうからない。冒頭の事例はさておき、こうした仕事のしかたを非合理的だと考えた近代の資本主義経済においては、**分業体制**に基づく**大量生産**が基本となりました。では、そこで労働の質はいったいどのようなものへと変わったのか。

これもすでに述べてきたとおり、分業体制では、仕事が単純化します。つまり、経験や習練をあまり必要としない、誰でもできるような仕事が増えていく。そうなると、「この仕事をするべきは、他でもないこの私だ」という意識を持てなくなってしまいます。自分は巨大な工場に据えられた機械の歯車の一つにすぎず、故障したら、すぐに他の歯車に交換されてしまうに違いない……。要するに、自己の固有性が信じられなくなり、自分はいつでも他の誰かに代替される可能性のある、匿名の存在にすぎないという不安に襲われるわけです。

あるいは、分業化が極度に進むと、仕事の全体像を把握することが不可能になります。自分が今している作業が、仕事の全体の中でどのような意味を持っているのか、想像すらできない。単調なタスクを、ただひたすら反復するだけ。しかも生産した品物は資本家のものとなり、自

□矜持【きょうじ】自分の能力に自信と誇りを持った、堂々とした気持ち。類 **自負、プライド**

□非合理的【ひごうりてき】むだがあり、効率が悪い様子。対 **合理的**

□固有性【こゆうせい】そのものだけが持っている、かけがえのない性質。

□代替【だいたい】他のものでそのものの代わりとすること。

□タスク するべき仕事や任務、課題。

□拝金主義【はいきんしゅぎ】お金を何よりも大事なものとして、できるだけ多くもうけ、貯めこもうとする考え方。

□蔓延【まんえん】病気やよくない考え方・習慣などが、あちこちに広がること。

□ブルジョア階級【―かいきゅう】

分のものにはなりません。そうした仕事に対して、人はなかなか、誇りを持ちにくい。

また、資本主義の前提がお金もうけの肯定である以上、当然の帰結として、そこには拝金主義が蔓延《まんえん》することになります。すべてはお金。お金以外に信じられるものなど何もない。当然、人間関係も、お金をもとに形成される。マルクスは、そうした冷たい人間関係について、以下のように述べています。

ブルジョア階級は（中略）人間と人間のあいだに、むきだしの利害以外の、冷たい「現金勘定」以外のどんな絆《きずな》も残さなかった。

カール・マルクス『共産主義者宣言』（金塚貞文《かねづかさだふみ》訳、太田出版）

さらに、**01「アニミズム的世界観」**で紹介した石牟礼《いしむれ》道子の『苦海浄土《くがいじょうど》』が描いたように、「より多く生産し、もうけよう」という資本主義の欲望は、自然を破壊していきます。人間と自然との根源的なつながりが断たれ、公害病などの形で、人間の尊厳も踏みにじられる。

抑制なき資本主義の体制の中で、人は、自己の固有性を見失い、労働から誇りが奪われる。人と人とが金だけでつながる冷たい関係性しか持てず、自然破壊の結果、人間性が蹂躙《じゅうりん》されることになる。つまり、人間が、人間の本来あるべき状態から**疎外**されてしまう――。

最後に、近代的労働の悲惨を描いた小説から、一人の労働者の怒声《どせい》を引用しておきます。

「へべれけに酔っ払いてえなあ。そうして何もかも打《ぶ》ち壊してみてえなあ」

葉山嘉樹《よしき》『セメント樽《だる》の中の手紙』

資本主義社会における資本家階級のこと。ブルジョアジー。対 **労働者階級、プロレタリアート**

読んでみよう

田上《たがみ》孝一『99％のためのマルクス入門』（二〇二一年）マルクスの思想を、「疎外」をキーワードに解説。難しいかもしれないが、要点を繰り返し説明してくれるので、丹念に読めば概略はつかめる。

斎藤幸平『NHK100分de名著 カール・マルクス 資本論』（二〇二一年）難解な『資本論』を丁寧に解説。一人ひとりの人間が、疎外されずに豊かに生きるためには、今、何が必要か？

ポイント

資本主義体制では、労働者は分業によって自己の固有性を見失い、仕事の誇りや喜び、人間的な関係、自然とのつながりを奪われる。そのように、人としてあるべき状態から離されることを「疎外」という。

35 植民地主義

近代のヨーロッパ諸国やアメリカ、日本などの「植民地主義」とは、どのようなものだったのだろうか。

巷《ちまた》ではパンと同じように、コーヒーがなくなるのを心配していた

グザヴィエ・ヤコノ『フランス植民地帝国の歴史』（平野千果子訳、白水社）

これは、17世紀末のフランスの日常を伝える言葉です。嗜好品《しこう》であるコーヒーが、生活必需品となっていることがわかります。生活必需品と「なっている」。というのは、つまり、以前はそうではなかったということ。だって、コーヒー豆は熱帯の高地で栽培されるものであり、もともとはフランスにはなかったものなのですから。

しかし、皆、飲む。イギリスなどでも、飲む。**25「公共圏と近代市民社会」**で触れたように、イギリスでは、コーヒーハウスに集《つど》った人々が文化や政治について議論し、世論を形成していきました。となれば、繰り返しますが、多くの人がコーヒーを飲む。つまり、コーヒーの需要が高まるわけです。ということは、コーヒーを生産すると、もうけることができる。資本主義の論理がこれを見逃すわけはない。けれども、フランスやイギリスでは栽培できない――。

それならば、どうするか。

気候条件などの適した植民地で、コーヒー豆を栽培する。

資本主義は、金もうけを正義とする考え方です。金もうけのためであれば、なんでもします。海をすら越えます。そこでしか生産することのできないものがあり、そしてそれが利益につながるのであれば、自国から遠く離れた地だったとしても野放図《のほうず》に利用していってしまうのです。

□需要【じゅよう】
品物やサービスを買うこと。また、買いたいという欲求。
対 供給…品物やサービスを売るために市場に出すこと。

□植民地【しょくみんち】
自国外で、自国民が移住・開拓したり、武力で征服したりして自国の領土とした地域。

□市場【しじょう】
品物やサービス、証券などが売り買いされる場。マーケット。

□列強【れっきょう】
強い力を持つ国々。

□近代化【きんだいか】
社会のしくみや考え方などが、近代の西洋のように合理的・民主的・資本主義的になること。

□傀儡【かいらい】
他人に思いどおりに操られ、利用されている者。一九三二年に成立した中国東北部の満州国は、日本の傀儡国家だった。

こうして資本主義の欲望は、本国の外へと広がっていきます。

資本主義が世界へと広がっていく理由は、他にもあります。例えば、自国で生産できても、自国やその周辺ではあまり需要が多くない商品があったとしましょう。そんなものを作ったところで、利益にはならない——というわけではないのですね。そう。そうした商品を欲しがる地域を海外に見つけて、そこに市場を作り、自分たちのコントロール下に置いてしまえばいい。

いずれにせよ、資本主義的な利益追求の論理に基づいて、近代のヨーロッパの列強は、世界のあちらこちらで、植民地の経営に熱を入れていくことになります。このような一連の動きのことを、**植民地主義**（**コロニアリズム**）といいます。のちにはアメリカも参入します。

では、遅れて近代化に成功した日本はどうだったか。

傀儡《かいらい》国家や委任統治領など、実質的な植民地も含めると、樺太《からふと》、関東州（＝中国の遼東《リャオトン》半島南端の地域）、満州、朝鮮、台湾、南洋群島、東南アジアなどを支配下に収め、日本もまた植民地帝国を築きます。

彼は、この町こそやはり自分の本当のふるさとなのだと、思考を通じてではなく、肉体を通じてしみじみと感じたのであった。

清岡卓行《たかゆき》『アカシヤの大連』（講談社文芸文庫）

「この町」というのは中国の大連という町のことです。「彼」はいわゆる日本人。ではなぜ、大連を「ふるさと」と感じるのか。それはこの地が、かつて日本の統治下にあり、「彼」はそこで生まれ育ったからなのですね。

□植民地帝国【しょくみんちていこく】↓P.80

読んでみよう

加藤陽子『それでも、日本人は「戦争」を選んだ』（二〇〇九年）近代日本の人々はどのような考えの下《もと》に戦争を遂行したのか。中高生への講義をもとにした一冊。植民地主義については3章に興味深い記述がある。

玉木俊明《としあき》『ヨーロッパ繁栄の19世紀史』（二〇一八年）ヨーロッパにとって「良き時代」だった19世紀は、他国への侵略と植民地主義の暴力を背景としていた。その状況を多様な角度から解説する。

ポイント

近代の植民地主義とは、列強がアジア・アフリカ・南北アメリカなどの地域を植民地とし、それをさらに拡大しようとする動きをいう。資本主義と連動し、その発展を促した。

36 帝国の欺瞞《ぎまん》

西洋の列強や日本は、世界の各地を植民地としていくなかで、どのような暴力を行ったのだろうか。

西洋列強、遅れて日本は、世界の各地に植民地を獲得し、植民地帝国を築いていきます。主には、資本主義的な「金もうけ」の欲望に突き動かされて。あるいは、軍事的な目的から。しかし冷静に考えればわかるように、強国が植民地として支配した地域は、もともとは自分たちの領土ではなかったはずです。たとえその地が主権という概念の存在しない地域であったとしても、そこには先住する人々がいた。そのような土地を「自分たちのもの」として支配するのは、端的に言って暴力以外の何物でもありません。

植民地主義の暴力は、他にもあります。例えばその土地にもともとあった産業を、支配者（宗主国）が欲するもののみを生産する体制へと強引に変えてしまう。その際、インフラストラクチャーの整備などは行われますが、それもすべて自分たち宗主国の収益のためです。あるいは、労働者を酷使します。虐待が行われ、命を奪われるケースなどもあったでしょう。つまり植民地では、労働者の**搾取**《さくしゅ》が極限的なレベルで現れる。その典型が、奴隷労働です。

宗主国の側にも、当然、自分たちの非道を自覚する人たちはいます。しかし、金もうけは正義。植民地主義をやめてしまうと、国の経済が回らなくなってしまう——となると、宗主国は、自らの暴力を隠蔽し、正当化する理屈を考え出さなければいけなくなる。

われわれは、何千年ものあいだこの地でおこなわれてきたもっとも残忍な圧政と戦っているのだ。

□植民地帝国【しょくみんちていこく】 世界の複数の地域を植民地とし、自国領を広げた強国。

□宗主国【そうしゅこく】 他国に対し、その国の政治を支配する権限（＝宗主権）を持った国。対 **従属国**

□インフラストラクチャー 道路・鉄道・水道・発電所など、生活や産業の基盤となる施設。インフラ。関連 **社会資本**

□隠蔽【いんぺい】 知られては都合の悪い物事を、覆い隠すこと。

□正当化【せいとうか】 自分のよくない行いなどについて、まるで正しいことのように理屈をこじつけて言うこと。

□蔑視【べっし】 劣った者として見下すこと。

□同化政策【どうかせいさく】 支配側の国が、植民地の人々や少数民族などに対し、自国の言

服部春彦《はっとりはるひこ》・谷川稔《みのる》編著『フランス近代史』（ミネルヴァ書房）

右はポール・アダムという作家の、『未知の町』という本の一節だそうです。アフリカ植民地軍のフランス人士官の言葉として紹介されています。「何千年ものあいだ」つまり「ずっと変わらず」という言い方に、植民地を「未開」と蔑視するまなざしが見てとれます。対して自分たちは、「文明」を体現する人間である。よって未開の状態にある原住民たちを、理性的な存在へと導いていかねばならない。そのためには、植民地支配もやむなし――**啓蒙《けいもう》思想**や**社会進化論**などが、植民地主義の暴力を正当化していることがわかりますね。

そしてもう一つ、見過ごせないことがあります。**31「国民国家の功罪」**で「方言札」というものを紹介しましたね。学校や公的な場で、方言や、日本語以外の言葉――すなわち、国家の定める規範的な国語以外の言葉を使ってしまった人が、罰として首に下げさせられた札です。この事例に象徴されるように、新たに帝国の領土に組みこまれた地域や植民地では、しばしば、同化政策がとられることになります。その地にもともとあった文化や言語の否定ですね。帝国のマジョリティの側からの、「俺色に染まれ」という暴力です。

「ひとつ、私どもは立派な日本人になります」
三田牧《まき》「まなざしの呪縛」（『Contact Zone』4号、京都大学人文科学研究所人文学国際研究センター）

日本統治時代のパラオで、島の子らは、毎日朝礼でこのように宣誓させられていたといいます。今でもパラオ共和国のとある州では、日本語が公用語の一つに定められています。

語や生活様式などを強制し、一体化させようとする政策。

□マジョリティ　多数派。対 **マイノリティ**

読んでみよう

知里幸恵《ちりゆきえ》編訳『アイヌ神謡集』（一九二三年）アイヌなど北方の先住民は、近代以降、日本の同化政策の対象となった。そのなかで、アイヌ語で語られた物語をなんとか後世に託そうと編まれた一冊。まずは「序」を熟読してほしい。

川北稔《みのる》『砂糖の世界史』（一九九六年）砂糖の生産のためイギリスやフランスに支配されたカリブ海の島々。その過程で何があったのか。植民地経営やその現代への影響を考える上で必読の入門書。

ポイント

植民地の宗主国は、現地の産業を変え、労働者を搾取した。また、同化政策により、土地の文化や言語を否定し、自国のものを強制したりもした。

37 世界システム論

近代の資本主義に基づく経済体制である「世界システム」とは、どのようなものだろうか。

前回の**36「帝国の欺瞞《ぎまん》」**で、植民地宗主国の自己正当化の論理として、〈自己＝文明の体現者／植民地＝未開の地〉という捉え方を紹介しました。そうした認識を前提に、「植民地の啓《けい》蒙《もう》という使命」を標榜《ひょうぼう》し、植民地支配を正当化したわけです。しかしながら、この〈宗主国＝文明／植民地＝未開〉という捉え方は、本当に正しいと言えるのでしょうか。

世界システム論という考え方があります。ウォーラーステインという学者が唱えました。

まず、システムとは**体系**のこと。体系とは、個々の構成要素が作り出す統一的な全体のことで、詳しくは**52「差異の体系」**で説明しますが……そうですね、例えば文学は、詩・小説・エッセイなどに分けることができ、さらに詩なら叙事詩・叙情詩・叙景詩、小説なら純文学・大衆文学などに細分化することができる。けれども、細分化された個々のカテゴリーはばらばらに存在するのではなく、個々の構成要素として、文学という統一的な全体を作り出しているのですね。文学を体系として捉えると、このように説明することができるわけです。

となると、「世界が体系＝システムである」とはどういうことか。

端的に言えば、「世界は、個々の国や地域が構成要素となって織り成す統一的な全体である」ということです。より具体的には、近代以降、**資本主義**が世界中に広がっていく中で、国際的な分業体制が形成されていく。その全体的なネットワークが**世界システム**である、ということ。

前回の「読んでみよう」で『砂糖の世界史』という本を紹介しました。この本では、砂糖という商品をめぐって「カリブ海の島々→砂糖の生産」「アフリカ→砂糖農園で働く奴隷の供給」

□標榜【ひょうぼう】
自分の主義・主張などを、堂々と示すこと。

□ウォーラーステイン〔一九三〇―二〇一九〕
アメリカの社会学者。一九七〇年代より、近代世界システム論を展開した。

□カテゴリー
分類の一つひとつの枠。同種のものが属する部門。範疇《はんちゅう》。

□特化【とっか】
ある事柄に特に重点を置き、業務などをそれに絞りこむこと。

□モノカルチャー経済【―けいざい】
一〜二種類の生産品だけに頼っている経済構造。

□阻害【そがい】
物事の進行をじゃますること。

□低開発【ていかいはつ】
土地や資源の開発が進まず、経済があまり発展していない様子。

「ヨーロッパ→砂糖を商品として売る市場」という分業体制がとられていたと指摘されています。こうした、海をまたいだ大規模な分業が、世界資本主義という一つのシステムを形成したのですね。

ここで重要なのは、それらの国や地域の関係は決して対等ではないということです。むしろ正反対で、ここでも資本主義の**搾取**《さくしゅ》の暴力が発動しています。つまり、このシステムの中で利益を吸収できる国や地域＝**〈中核〉**地域と、〈中核〉地域に搾取される**〈周辺〉**地域という関係性です。いわば世界システムとは、資本主義の世界化に伴う、世界規模での分業体制および搾取の構造と言えましょうか。〈周辺〉地域は、〈中核〉地域の欲する商品や原材料の生産に特化されたいびつな産業体制（モノカルチャー経済）を強いられる。結果として、社会や経済の発展は阻害されてしまう。言うなれば〈周辺〉地域は、未開なのではなく、〈中核〉地域の思惑《おもわく》によって低開発状態にあることを強制されているのです。

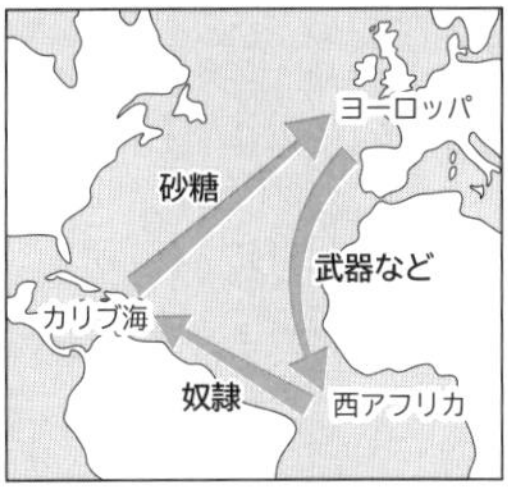

となると、冒頭に示したような〈宗主国＝文明／植民地＝未開〉という考え方はおかしいということになる。なぜなら、植民地の低開発状態は、植民地の人々や文化の程度が低いからそうなったのではなく、宗主国の利己主義によって押しつけられたものであるのですから。

イギリスとインドの関係性を例に、そのことを印象的に語る言葉を引用しておきます。

> **「イギリスは、工業化されたが、インドはされなかった」のではなく、「イギリスが工業化したために、その影響をうけたインドは、容易に工業化できなくなった」のである。**
>
> 川北稔《みのる》『世界システム論講義』（筑摩書房）

開発途上。

読んでみよう

川北稔『世界システム論講義』（二〇一六年）オランダ、イギリス、そしてアメリカ。世界システムの〈中核〉地域からは、他の〈中核〉地域を制するような超大国（覇権《はけん》国家）が現れては交代してきた。その動きを具体的に講じる。

木谷勤《きたにつとむ》『帝国主義と世界の一体化』（一九九七年）帝国主義という概念を、世界システムという観点から捉え直す。資本主義が世界を一体化させていくなかで、逆説的に、分断や対立が生じることになる。その展開を見渡して論じる一冊。

ポイント

世界システムとは、国際的な分業が進んで形成される、〈中核〉地域と〈周辺〉地域から成る全世界的なネットワークである。

〈周辺〉地域は〈中核〉地域によって低開発状態に置かれる。

38 ロマン主義

理性中心主義への反動として生まれたロマン主義は、どのようなものを重視し、何と結びついたのだろうか。

ここまで再三確認したように、近代西洋は理性に特権的な価値を認め、理性に見合うものをのみ追究する合理主義を展開していきました。あるいは、主客二元論的な考えに基づき、情念を理性によって抑制することを唱えます。啓蒙《けいもう》思想なども、無知や蒙昧《もうまい》を退け、人々や社会を理性的な状態へと導いていくという考え方でした。科学もまた、理性に基づく探究により、自然界に潜《ひそ》む客観的な法則を数多く発見していきます。理性、理性。とにかく、理性……。

……なんだかちょっと、息苦しくありませんか……?

18世紀のドイツそしてイギリスで、まさに、近代の理性中心主義に対する反動として**ロマン主義**が誕生します。その後、西洋諸国に広がり、明治時代には日本にも入ってきました。人間には、理性では抑えることのできない情念や空想の力がある。主観がある。自我がある。そうしたものを解放したり、それらに没入したりすることにこそ、人間の人間たる所以《ゆえん》があるのではないか。この世界に、理性によって駆逐《くちく》された神秘を、幻想を、とり戻そう——このような考え方ですね。ロマン主義は文学や芸術、さらに政治思想としても展開していきます。

とはいえこの説明だと、なんだかわかったようなわからないような……と感じる人も多いかもしれません。実は、ロマン主義は、定義不可能と言う人もいるほど多岐にわたる考え方で、その要点を端的に説明することが難しい。例えば、幻想的なモチーフや神秘的な空想世界を描く文学や芸術作品もロマン主義と言えますし、あるいは、情念の解放という観点から言えば、次のような短歌もまた、典型的なロマン主義の作品だと言えるのです。

□反動【はんどう】
ある動きに対抗して生じる、反対の方向への動きや傾向。

□駆逐【くちく】
すっかり追い払うこと。

□モチーフ
芸術作品の主題。題材。

□官能的【かんのうてき】
性的な感覚を刺激する様子。

□民族主義【みんぞくしゅぎ】
民族の統一や自立、独立、発展をめざす思想や運動。

□復古主義【ふっこしゅぎ】
昔の状態や体制を良いものと考え、そこに戻ろうとする思想や運動。

□国粋主義【こくすいしゅぎ】
自国の伝統や文化を最も優れたものと考え、それだけを尊び守ろうとする排外的な思想や運動。

□ナチズム
ナチ(↓P.100)の全体主義的な思

やは肌のあつき血汐《ちしほ》にふれも見でさびしからずや道を説く君

与謝野晶子《よさのあきこ》『みだれ髪』

女性の柔らかな肌に触れて、そこに流れる熱い血を感じようともしないで、あなたは道徳や道理ばかりを語っている。ねえ、あなた、寂しくないの?――なんとも情熱的で官能的な作品です。情念の中でも恋情、欲望といったところに着目し、その解放や肯定を唱えているのです。

また、ロマン主義は、ナショナリズムや民族主義、復古主義的な思想と結びつくこともあります。旧《ふる》き良き時代、民族が理想的な状態で存在した古代を夢想し、そこに回帰しようと訴えるわけです。一九三五年に「日本浪曼派《にほんろうまんは》」という文芸誌を立ち上げた保田與重郎《やすだよじゅうろう》という作家は、以下のようなことを述べています。

日本の至誠《しせい》は、頭の理屈ではなく、血を基とするものと私は考へてゐる。血の歴史が頭の中の歴史と一つになつたとき、日本の国史は完成する筈《はず》である。

「歴史と地理」(『保田與重郎文庫9　近代の終焉《しゅうえん》』新学社)

なんだかよくわからない文章ですが、「頭の理屈ではなく」という言葉に理性中心主義への批判を読みとることができます。「血」という曖昧な観念をもって「歴史」を語り、「日本の国史」の完成を主張する。復古的な民族主義、国粋主義《こくすい》のイメージは伝わるかと思います。西洋に目を戻せば、ドイツのナチズムもまた、ロマン主義との関係を指摘されているのです。

ポイント

ロマン主義の表れ方は多岐にわたるが、一般に、理性ではなく情念や神秘、幻想、自我、個性、欲望などを重視した。一方、ナショナリズムや民族主義、復古主義などと結びつくこともあった。

想と政治体制のこと。

読んでみよう

ゲーテ『若きウェルテルの悩み』(一七七四年)青年ウェルテルは運命の女性ロッテと恋に落ちるが、彼女は他の男性と結婚してしまう。悩み、悶《もだ》え、自己を嫌悪し、そして愛を貫いたウェルテルの選んだ道は……。

山下和美《かずみ》『不思議な少年』(二〇〇一年)漫画の作品。時空を自在に行き来できる不死の少年が、人間の愚かさや愛、滑稽《こっけい》さ、哀しみなどをひたすらに見つめる物語。

前近代　近代　現代　重要語ミニ辞典　ブックガイド

39 表象

現代社会を考える上で最重要概念の一つである「表象」とは、根幹にどのような意味を持つのだろうか。

頭の中に、そうですね……花をイメージしてみてください。今、皆さんの頭の中に浮かんでいる花の像は、花の**表象**ということになります。つまり表象とは、まずは、何かしらのものについての脳内イメージや像のことと考えておけば問題ありません。

あるいは、脳内にあるそのイメージを、例えば紙の上に絵の具を用いて表現した場合、その表現されたもの、すなわち描かれたその絵もまた、花の表象と呼ぶことができます。

表象とはrepresentationの訳語です。この単語の接頭辞re-は、「再び」という意味を持っています。そしてpresentationは、「示すこと」。するとrepresentationとは、「再び示すこと」、つまりは「再現」という意味を有しているとわかります。

脳内にイメージした花の像は、これまでに知覚してきたさまざまな花の記憶に基づき、それらを「再び」統合したものになります。あるいは、描かれた絵としての花は、いったん脳内に構築されたイメージを「再び」紙の上に表現したものです。つまり、両者共に、representation＝再び示すこと＝再現という意味を根幹に持っている。

例えば、写真やテレビ、映画、はたまた夢の世界の映像もまた、表象です。現実の対象であれ、あるいは作者の頭の中にあったイメージであれ、それが映像という形で再現されているわけですよね。このように、表象という概念は、狭義では、図や絵、映像などを意味することが多いのですが、広義には、言葉による描写なども、対象を再現した表象であると言えます。

岩明均《いわあきひとし》の漫画『寄生獣』に、田村玲子《れいこ》という重要キャラクターが登場します。田村は人間

□接頭辞【せっとうじ】
単独では用いられず、いつも他の語の上に付いて、調子を整えたり意味を添えたりするもの。「お昼」の「お」など。接頭語。 対 **接尾辞**

□狭義【きょうぎ】
ある言葉の意味の範囲に幅があるときの、中心的な狭い意味。 対 **広義**

□広義【こうぎ】
ある言葉の意味の範囲に幅があるときの、広く解釈したほうの意味。 対 **狭義**

□パラサイト
寄生生物。また、居候《いそうろう》。

□一義的【いちぎてき】
①ただ一つの意味にしか解釈できない様子。一意的。 対 **多義的** ②いちばん大切な意味を持っている様子。第一義的。（本文では①の意味）

に寄生し食い殺すパラサイトなのですが、物語の序盤から一貫して、いかにも冷酷な無表情です。そんな田村が、警官に撃たれたとき、試しに作った自らの子どもを守って、あえて反撃せず死ぬことを選ぶ。斃《たお》れる間際にこんな言葉を発しながら。

……この前人間のまねをして……
鏡の前で大声で笑ってみた……
……なかなか気分が良かったぞ……

岩明均『寄生獣』第八巻（講談社）

©岩明均／講談社

着目すべきは、その後の田村の遺体の描写です。穏やかな微笑をたたえて息絶えている。一義的に解釈することはできませんが、その微笑は、怪物だった田村が、最後に獲得した人間性の表象として読みとることができるのではないでしょうか。

さらに、です。この表象という語は、代表あるいは代弁という意味にもなる。

代表とは、何かしらの集団から選ばれた存在です。なぜ選ばれたのかといえば、その集団の意志を代弁することができると信任されたからです。ここにも、「representation＝再び示すこと＝再現」という意味がしっかりと働いていることがわかります。そう。ここで言う代弁とは、所属する集団の意志を、代表者が他の場所で再び示すことに他ならないのです。

ちなみに表象という語は、「表象する」という動詞の形でも用いることができます。再現する、表現する、代表する、代弁する……などの意味になるということです。

読んでみよう

岡真理『記憶／物語』（二〇〇〇年）「表象」をキーワードに、「表象の不可能性」という観点から、人はいかにして他者と出来事を分かち持つことができるのか、というテーマを考察する。表象論を学ぶ上で欠かすことのできない重要な一冊。

木村重信《しげのぶ》『はじめにイメージありき——原始美術の諸相』（一九七一年）洞窟の壁画などから、描き手の心理や世界観を解釈しようとする筆者は、まさに、壁画を原始の人々の内面の表象として捉えていると言える。古い本なので、図書館や古書店で探してみてほしい。

ポイント

「表象」はrepresentationの訳語で、「再び示すこと＝再現」という意味を根幹に持つ。また、この「再現」という意味から、「代表する」「代弁する」という意味でも用いられる。

40 ステレオタイプ

ステレオタイプとはどのようなものだろうか。また、それはどのような問題点を持っているだろうか。

昔の漫画を読んでいると、巻末などに、次のような文言を目にすることがあります。

本全集に収録されている作品の中には、今日の人権意識に照らす限り不適切と思われる語句や表現が含まれている場合があります。

『水木しげる漫画大全集』（京極夏彦《きょうごくなつひこ》監修、講談社）

こうした添え書きの言う「不適切」な「表現」とは、しばしば、特定の民族や集団、あるいは性について、そのいかにも特徴的とされる外見やしぐさを誇張して描くような表象を指しています。何かしらの対象についてのお約束の表象、すなわち**ステレオタイプ**ですね。**紋切り型**という言い方も覚えておきましょう。

カリブ海の島、フランス領マルティニクで生まれ育ったフランツ・ファノン［一九二五―一九六一］は、アフリカにルーツを持つ思想家です。ファノンは、「子供向けの絵本」にすら、アフリカルーツの人々のステレオタイプが横溢《おういつ》していることを指摘します。例えば、その表情は、

口のあたりに、お定まりの「へえ、だんなさま」を含み持っているのである。

フランツ・ファノン『黒い皮膚・白い仮面』（海老坂武《えびさかたけし》・加藤晴久《はるひさ》訳、みすず書房）

□横溢【おういつ】
あふれるほど盛んだったりたくさんあったりすること。

□揶揄【やゆ】
皮肉や軽蔑などをこめて、からかうこと。

□懸隔【けんかく】
二つの物事がかけ離れていること。懸《か》け隔《へだ》て。隔たり。

□侮蔑的【ぶべってき】
相手を見下し、ばかにする様子。

□捏造【ねつぞう】
実際には無いことを、事実であるかのように偽って作り上げること。でっちあげ。

□貶める【おとしめる】
相手を、実際より劣った者として扱う。蔑《さげす》む。

□アイヌ
北海道・樺太《からふと》（サハリン）・千島（クリル）などに古くから住む先住民族。

□加担【かたん】

などと表象される。植民地の宗主国の側の人々から彼らへ向けられたまなざしに、あからさまな蔑視や揶揄《やゆ》が含まれていることはわかると思います。

　ここで、前回の**39「表象」**について、補足しなければいけないことがあります。それは、再現・表現・代弁……など、表象をどのような意味で用いようと、表象される対象とその表象との間には、ズレ、時には大きな懸隔が生じるということです。とりわけ、〈表象する側（主体）〉が強者であり、〈表象される側（客体）〉が弱者である場合、後者について、侮蔑的で差別的なイメージが捏造《ねつぞう》されやすい。ファノンは、マジョリティが作り上げた自分たちについての負のステレオタイプは「作り物にすぎない」と断言しています。

　ところが、にもかかわらず、そうしたステレオタイプを、差別される人々自身が内面化してしまうことがある。自分たちを貶《おとし》めるような表象を「事実」として受け入れることを、環境が強いてくる。すると、そうした人々は当然、激しい自己否定や葛藤に苛《さいな》まれることになります。いわゆる「劣等コンプレックス」という心の状態です。ステレオタイプは、ただのイメージです。が、それが現実に生きる人間を苦しめ——最悪の場合、死に至らしめる。

　36「帝国の欺瞞《ぎまん》」の「読んでみよう」で『アイヌ神謡集』（岩波文庫）を紹介しました。編訳者の知里幸恵《ちりゆきえ》はアイヌの女性です。彼女が生きた時代には、新聞、学術論文、文学などのあらゆるメディアが〈アイヌ＝亡《ほろ》びゆく民族〉というステレオタイプの構築に加担しました。以下は、そのような状況において発された彼女の言葉です。同書の「序」からの引用になります。

おお亡びゆくもの……それは今の私たちの名、なんという悲しい名前を私たちは持っているのでしょう。

（悪事などに）力を貸したり味方したりすること。

読んでみよう

下地《しもじ》ローレンス吉孝《よしたか》『「ハーフ」ってなんだろう？』（二〇二一年）
いわゆる「ハーフ」をめぐるステレオタイプが、ハーフとされる人々にどのような影響を及ぼすのか。インタビューを軸に考察する。

小林深雪《みゆき》「女子力なんてない！」（『わたしを決めつけないで』所収、二〇一八年）
男らしさとか女らしさとかにまつわるイメージのことをジェンダーと呼ぶが、ジェンダーもまた、ステレオタイプなイメージである。そうした表象が生み出す葛藤をテーマとする物語。

ポイント

ステレオタイプとは、ある対象についての、型にはまった表象（イメージ）をいう。差別的なイメージが捏造されやすく、表象される側がそれを内面化し、苦しむという問題点を持っている。

41 オリエンタリズム

近代西洋の「オリエンタリズム」とは、どのようなものだったのだろうか。

オリエントとは、**西洋**すなわちオクシデントから見たときの東方を意味する言葉です。訳せば「**東洋**」ということになりますが、「西洋にとっての他者」といったイメージで捉えておくほうがよいかもしれません。では、それを「イズム」化すなわち「主義」化した概念としての**オリエンタリズム**とは、いったいどのようなものなのでしょうか。

まずは字義どおり「東洋主義」、すなわち東方世界への西洋の興味関心を指すことがあります。とりわけ近代という時代に、西洋は、文学や絵画などにおいて、積極的にオリエントを表象するようになる。そこには間違いなく、エキゾチシズム的な動機があったと言えるでしょう。

しかし、オリエンタリズムという概念に対するこうした通り一遍の解釈に対して、エドワード・サイードという思想家が、強烈な批判を加えます。その意図を理解するために、サイードの主著『オリエンタリズム』（上巻、今沢紀子《のりこ》訳、平凡社）から、その言葉を引用してみます。

ヨーロッパ文化が、一種の代理物であり隠された自己でさえあるオリエントからみずからを疎外することによって、みずからの力とアイデンティティーとを獲得したということも明らかにされるであろう。

難しいですね。ですがいきなり根幹のところを指摘するなら、「ヨーロッパ文化が」という主語が係っていく述語は、「獲得した」です。何を、か。「みずからの力とアイデンティティー」

□オリエント
東洋。東方。もとはラテン語で「日の出」の意。

□オクシデント
（ヨーロッパとアメリカの両方を含めた）西洋。欧米。もとはラテン語で「日没」の意。

□イズム
英語の接尾辞の「-ism」のこと。「○○主義」「○○説」などの意。

□エキゾチシズム
外国のめずらしい文物を好み、あこがれること。また、異国的な感じ。異国情緒。

□エドワード・サイード［一九三五—二〇〇三］
パレスチナ系アメリカ人の文学研究者・批評家。

□アイデンティティ
自分は何者かという意識。

□分節［ぶんせつ］ ↓P.136
ひと続きのものを、部分に切り

とあります。つまりサイードによれば、近代西洋における東方（東洋）への興味の背景には、自己の力を確たるものにし、自らのアイデンティティを確立するという西洋の欲望があった、と。

では、なぜ、オリエントへの興味やそれに基づくオリエントの表象が、西洋自身の力の獲得やアイデンティティの確立につながるのか。

引用文中に、「オリエントからみずからを疎外する」とあります。これは、自分たち西洋を、東方（東洋）とは異なる存在として分節するということを意味しています。逆に言えば、オリエントを、自分たちとは異なる他者として位置づけるということ。すると、その他者としてのオリエントと対比することで、自分たちのありよう、すなわち西洋のアイデンティティを見いだし、確信することができる――こういうロジックですね。

そして、他者としてのオリエントの表象は、しばしば、野蛮、下品、暴力、蒙昧《もうまい》といった負のイメージのステレオタイプでした。となれば、それと対照される自分たち西洋のアイデンティティは、文明や理性といった正のイメージを伴うものとなる。ここに、**〈自分たち西洋＝文明／他者たる東洋＝未開〉**という、**西洋中心主義**につながる観念が構築されていくわけです。

オリエントをめぐる表象は、時に、「文明に汚《けが》されていない純真で無垢《むく》な人々」というような、ロマン主義的に東方を理想化する肯定的なイメージを伴うこともありました。しかしながら、そうしたステレオタイプも結局は、〈西洋＝文明／東洋＝未開〉という枠組みを強化するものとして働いてしまいます。すなわち、西洋の「力」の根拠を示すものとして。

もちろんこの枠組みは、**36「帝国の欺瞞《ぎまん》」**で言及した、「文明を体現した我々がそうではない人々を啓蒙《けいもう》する」という、植民地主義を正当化する詭弁《きべん》の論拠ともなります。東洋をめぐる西洋のこうしたまなざしを総合的に表す概念が、サイードの説くオリエンタリズムなのです。

離して分けること。↓P.116 分節化

読んでみよう

岡倉登志《たかし》『「野蛮」の発見』（一九九〇年）西洋による侮蔑《ぶべつ》的な他者表象――とりわけアフリカをめぐる差別的なステレオタイプの構築について、豊富な図を参照しながら解説する。

岡田温司《あつし》『西洋美術とレイシズム』（二〇二〇年）西洋キリスト教美術を、レイシズム（↓P.150）の表象という観点から読み解く一冊。筆者はオリエンタリズムの遠い起源として、聖書やキリスト教美術に描かれた他者表象を位置づける。

ポイント

「オリエンタリズム」とは、まず、東洋への興味関心である。それは西洋にとって、自らを東洋から切り離し、東洋を「未開の他者」と捉えることで、自らの力とアイデンティティを獲得する働きを持った。

42 エスノセントリズム

エスノセントリズムとはなんだろうか。それをめぐって、私たちにはどのような危険性があるだろうか。

前回の**41「オリエンタリズム」**で学んだように、近代西洋における東方すなわちオリエントへの興味関心は、その実、自分たち西洋の「優越《ゆうえつ》」したアイデンティティを確立したいという欲望に突き動かされてのものでした。そして、このような意味での**オリエンタリズム**という語は、より広い文脈で用いられるようになります。すなわち、西洋に限らず、「他文化についてネガティブなステレオタイプを構築することで、自文化の優位性を幻想する」という自己形成のありかた一般を意味する概念へと敷衍《ふえん》されるのです。もちろんそれは、自らの属する文化や集団の優越性を強く意識し、他の文化や集団を劣ったものとみなす、**エスノセントリズム**（**自民族中心主義**）と連動するイデオロギーです。

ここで、気をつけるべきことがあります。

それは、誰しもが、エスノセントリズムの欲望に駆られて、他者や異文化を貶《おとし》める行為者となる可能性がある、ということです。当然、私も、皆さんも。

これも前回触れたように、他者や他文化についてのステレオタイプの中には、一見するとポジティブなイメージのものもあります。その典型が、自分たちの文明社会を汚いものとみなし、それとは対照的に、相手を「文明に汚されていない純真無垢《むく》な人々」と形容するような表象です。けれども、それもまた結局は、〈自文化＝文明／他文化＝未開〉というエスノセントリズム的な二項対立を再生産するものとして機能してしまいます。そうした表象を作り上げた人々の意図がどうであれ、そのような作用を及ぼしてしまうのです。

□敷衍【ふえん】
ある説や考え方などについて、それをあてはめる範囲を広げること。

□イデオロギー
政治上の行動や態度などを支える、ものの考え方や思想の体系。

□二項対立【にこうたいりつ】
二つの要素や概念、原理などが、対立するものとしてあること。

□激昂【げきこう】
興奮して激しく怒ること。激高。

□示唆的【しさてき】
はっきりとは表されないが、何事かをそれとなく示している様子。

□メジャー
①規模が大きいこと。主流であること。対 マイナー　②広く知られている様子。対 マイナー
（本文では②の意味）

同じようなことは、今、この日本でも起きているのではないでしょうか。

本書の筆者は、学生の頃、言語学者田村すゞ子先生のアイヌ語講座を受講していました。そこでの学びの一環として、東京のアイヌ文化交流センターでのワークショップに参加したときのこと。質疑応答の時間に、とあるアイヌの青年が、激昂《げきこう》してこう言ったのです。

「じゃあアイヌは、文明の利器を一切用いずに暮らせというのか！」

つまり、アイヌを語る多くの言葉が、「自然と生きる人々」とか「伝統を生きる人々」とか、そういったイメージでアイヌを表象する。一見アイヌやその文化を賛美する言葉に思えますが、彼は、そうしたステレオタイプを自分たちに押しつけてくるような風潮に対して、それを痛烈に糾弾《きゅうだん》したのですね。確かにこうした表象の押しつけには、オリエンタリズム、そしてエスノセントリズムの暴力を認めることができる。

一九九〇年代の「沖縄ブーム」を批判的に検証する古波藏契《こはぐらけい》の「くりかえす沖縄ブームと基地問題」という論文の中にも、次のような、極めて示唆的な一節があります。

「沖縄らしさ」のメジャー化と言っても、単に沖縄の人々が培《つちか》ってきた文化や、そのありのままの姿が全国に発信されたわけではない。それは日本本土と対照的なものとして、あるいは日本本土では失われた古い価値を保存したものとして、「沖縄文化」を再発見していくという意味をもっていた。

前田勇樹・古波藏契・秋山道宏《みちひろ》編『つながる沖縄近現代史』（ボーダーインク）

読んでみよう

小野正嗣《まさつぐ》『NHK100分de名著 フランツ・ファノン 黒い皮膚・白い仮面』（二〇二一年） **40「ステレオタイプ」**で引用したファノン『黒い皮膚・白い仮面』は相当に難解な本。入門書を長らく待っていたが、文学研究者の小野がその夢を叶えてくれた。内容も書き方もとても誠実な一冊。

吉見《よしみ》俊哉《しゅんや》『博覧会の政治学』（一九九二年）近代の西洋や日本が植民地帝国を築いていくなかで、「博覧会」というイベントが果たしたエスノセントリズム的な役割を分析する。

ポイント

エスノセントリズムとは、自らの属する文化や集団を優越したものと考え、他を劣ったものとみなす考え方をいう。私たちは誰しも、エスノセントリズムにより他者や他文化を貶める危険性を持つ。

43 日本の近代化

明治維新以降に進められた日本の近代化は、どのような性質を持つものだったのだろうか。

ここまで、西洋に始まる近代という時代の思想や価値観、政治・経済の体制などを確認してきましたが、その中で時折、**日本の近代**についても言及しました。日本もまた、明治維新を経て近代化政策を推進していくわけですが、それは必然的に、西洋近代文明の内面化を意味することになります。近代国家の建設、資本主義経済の整備など、さまざまな領域で西洋を範とする改革が遂行されていくのですね。その波は、なんと文学にも及びます。

貫之《つらゆき》は下手な歌よみにて『古今集』はくだらぬ集に有之候《これありさうらふ》。

正岡子規『再び歌よみに与ふる書』

なかなかに挑発的な言い方ですが、正岡子規は、紀貫之《きのつらゆき》や『古今和歌集』を権威として絶対化するような、また古今伝授に象徴される閉鎖的な日本文学の伝統を否定し、短歌の革新を唱えているわけですね。ここには近代の進歩主義的な価値観を見てとることができます。

しかし、日本の近代化については、以下のように批判されることもありました。

明治の思想は西洋の歴史にあらわれた三百年の活動を四十年で繰り返している。

夏目漱石《そうせき》『三四郎』

□古今伝授【こきんでんじゅ】
室町時代以降、『古今和歌集』の解釈などを、師から弟子へと秘伝として伝えたこと。

□拙速【せっそく】
内容はよくないが、早く仕上がること。
対 **巧遅《こうち》**…内容はすぐれているが、仕上がりが遅いこと。

□ダブルスタンダード
行動や判断の基準を場合によって変え、使い分けること。

□天皇制【てんのうせい】
天皇を国の君主（または国の象徴）とする国家体制。

□教育勅語【きょういくちょくご】
明治天皇による、日本の教育の基本理念を示した言葉。

□和辻哲郎【わつじてつろう】
〔一八八九—一九六〇〕
大正～昭和時代の哲学者。

□ニーチェ ↓P.108神は死んだ

□キルケゴール〔一八一三—一八五五〕

つまり、西洋がじっくりと時間をかけて醸成《じょうせい》してきたものを、日本はあまりにも急ピッチで成し遂げようとしている、という指摘です。拙速な進め方の結果、日本の近代化は表層的なものにとどまり、人々の内面はいまだ前近代的な心性に縛られている。実は、このような批判を展開する文章は、現代に入ってからもしばしば目にされるんですね。要は、近代と前近代のダブルスタンダードということです。

　こうした論点からの日本の近代化への言及には、他にも次のようなものがあります。

　例えば、近代国家として出発したはずの日本は、しかし、国民の主権を制限しました。頂点に天皇を置く体制ですね。そうした「天皇制国家」の理念を国民に浸透させるために、一八九〇（明治二十三）年には教育勅語《ちょくご》が発布されます。「臣民」の守るべき徳目として「忠」や「孝」の徳が説かれるのですが、ここには**06「儒家と道家の思想」**で確認した、礼の徹底を通じ、伝統的な身分秩序を固持しようとする儒教的で封建的な道徳意識が強く影響しています。

　あるいは、一般に西洋の近代社会とは市民社会であり、それは被支配者階級による下からの革命によってもたらされるものでした。ところが日本の近代革命、すなわち明治維新の担い手は、下級とはいえ武士、つまりは支配者階級です。いわば、「上からの革命」ということですね。こうしたところにも、近代市民社会が理想とする「自由で平等（対等）な市民」というありかたが不徹底になってしまった原因があるのかもしれません。

　一方、西洋の近代的な学問や思想を受容しながらも、日本や東洋の思想によってそれを乗り越えていこうという動きもありました。哲学者の和辻《わつじ》哲郎はニーチェやキルケゴールの哲学に学びながら、仏教思想へと傾斜していきます。あるいは、同じく哲学者の西田幾多郎が説く「無」の思想もまた、**05「仏教的世界観」**で触れた「空《くう》」という考え方などに通じています。

デンマークの哲学者。

□西田幾多郎【にしだきたろう】
［一八七〇―一九四五］
明治〜昭和時代の哲学者。

読んでみよう

三谷太一郎《たいちろう》『日本の近代とは何であったか』（二〇一七年）明治以降の日本は、どのように資本主義や近代国家の形態を受容していったのか。日本の近代を振り返る。

丸山真男《まさお》『日本の思想』（一九六一年）日本の近代を考える上で必読の名著。丁寧に読んでいけば高校生でも挑戦できる。Ⅳ章「『である』ことと『する』こと」は教科書で読んだ人もいるだろう。

ポイント

日本の近代化は、急速に進められた結果、表層的なものにとどまり、意識の面では前近代的なものが残って、奨励されもした。つまり、近代と前近代のダブルスタンダードの性質を持つものだった。

44 マルクス主義

19世紀半ばに、当時の社会構造の変革をめざして誕生した「マルクス主義」とは、どのような思想だろうか。

自由、平等、友愛――西洋に近代市民社会を形成する大きな契機となったフランス革命で唱えられた標語です。王侯貴族、聖職者などの特権階級による支配を否定し、市民個々人が対等な関係のもとに社会を構築する。その理念と（ある程度の）実現は、間違いなく、人類の歴史において画期的なものであったと言えましょう。

しかし、新たな社会にも、〈支配／被支配〉の関係は強固に存在しました。それが、**32**で学んだ**資本主義**における〈**資本家階級**（**ブルジョアジー**）／**労働者階級**（**プロレタリアート**）〉という階級構造です。近代市民社会の新たな支配者は、ブルジョアジー。彼らがプロレタリアートを**搾取**《さくしゅ》し、そして人間そのものを疎外していく。では、なぜブルジョアジーは支配者として君臨できるのか。それは、彼らが富を生産する手段＝資本を独占しているからだ。それならば、生産手段の私的所有を否定する必要がある。生産手段は皆で共有されるべきであり、その実現は、人々の相互連帯＝アソシエーションによってもたらされるのだ。真の意味で人々が対等な関係を築くために、今こそ、資本主義を打破する革命を起こさなければならない。そのために、

全世界のプロレタリア、団結せよ！

カール・マルクス『共産主義者宣言』（金塚貞文《かねづかさだふみ》訳、太田出版）

マルクスとエンゲルスが確立した**マルクス主義**について、まず押さえてほしいのは右のよう

□階級【かいきゅう】 社会の中で、同じような地位・財産などを持つ人々の層。

□疎外【そがい】 ↓P.76

□革命【かくめい】 被支配階級が支配階級を打倒し、新しい政治や社会の体制を作ること。

□マルクス ↓P.74カール・マルクス

□エンゲルス【一八二〇―一八九五】 ドイツの思想家・経済学者。

□弁証法【べんしょうほう】 ↓P.48

□止揚【しよう】 互いに矛盾・対立する二つの主張や物事を統合し、より高い次元へと発展させること。

□社会主義【しゃかいしゅぎ】 ①生産手段を共有し、平等な社会を実現しようとする思想。②マルクス主義で、資本主義から共産主義に至る途中段階。

□共産主義【きょうさんしゅぎ】

な概要です。より詳しくは、**32「資本主義」**・**33「搾取」**・**34「疎外」**及び今回の下欄で紹介している本などを読み、学びを深めてください。ここでは、次の点のみ述べておきます。

まず、**20「直線時間」**で少し触れた、ヘーゲルの弁証法的な歴史観を思い出しましょう。「人間の歴史は、弁証法的な力学の中で、より高いレベルへと進歩していく」というイメージですね。実はマルクスは、このヘーゲルの考え方を批判的に継承しています。人間社会は古代から近代にかけ、市民／奴隷、領主／農奴《のうど》、資本家／労働者という〈支配／被支配〉の階級構造を有していました。しかし各社会において、支配されている側は不満をためていきます。そしてその不満が爆発すると、革命が生じる。これによって、人間の社会は一段階止揚《しよう》され、そしていずれ、社会主義あるいは共産主義の社会が達成される――。ここには明らかに「進歩」のイメージがあり、そうした点で、マルクスの思想を近代哲学の到達点と捉える見方もあります。

一方、**〈上部構造／下部構造〉**という概念は、むしろ現代思想に大きな影響を及ぼしました。

人はパンなしには生くる能《あた》わず
廣松渉《ひろまつわたる》『今こそマルクスを読み返す』（講談社）

人はパンなしには生きていけない。そしてパンは、生産をめぐる経済体制の中で生み出される。人はその経済体制を基盤に生きているわけであり――煎じ詰めれば、人の思想や文化、そして政治などの上部構造は、その時代その社会の経済体制＝下部構造に規定されている。まさに、近代が前提としてきた人間の精神ひいては理性の自律性を否定するような考え方ですね。

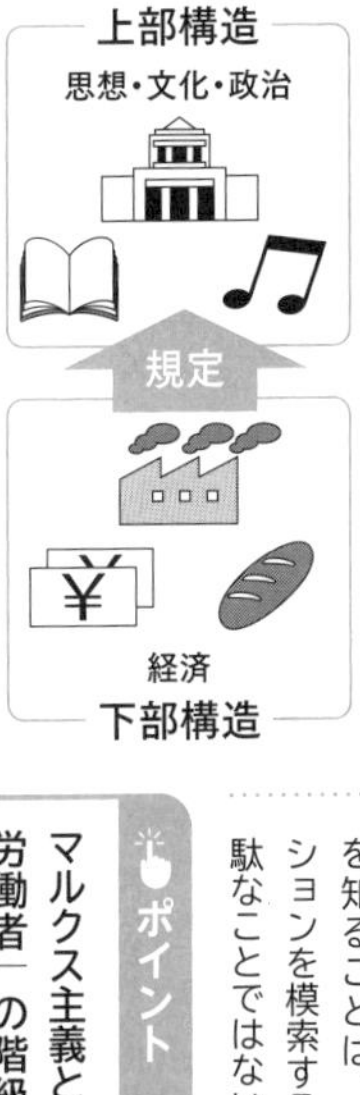

マルクス主義で、革命の末に人類が到達する、階級のなくなった真に平等な社会体制。

読んでみよう

斎藤幸平『人新世《ひとしんせい》の「資本論」』（二〇二〇年）資本主義によって、いずれ地球は破滅する。今こそマルクスを読み直し、人類のアソシエーションをめざすべきだ――著者の熱い思いが伝わる一冊。

松戸清裕《きよひろ》『歴史のなかのソ連』（二〇〇五年）社会主義の壮大な実験とも言えるソ連の試みと挫折を知ることは、真のアソシエーションを模索する上で、決して無駄なことではないだろう。

ポイント

マルクス主義とは、「資本家／労働者」の階級構造、つまり資本主義の体制を革命によって打破し、生産手段の共有を実現して、真に平等な社会を作ろうとする思想。マルクスとエンゲルスが確立した。

45 修正資本主義

修正資本主義とはどのようなもので、経済にどのような影響をもたらすのだろうか。

二〇二一年に第四十六代アメリカ合衆国大統領に就任したジョー・バイデンは、施政《しせい》方針演説で次のような発言をしました。

「我々の民主主義が試されたもう一つの時代。フランクリン・ルーズベルトは国民に知らしめた。『我々はみな役目を果たす』と」

「朝日新聞」二〇二一年四月三〇日朝刊

フランクリン・ローズヴェルトは第三十二代大統領で、ニューディール政策を実施し、世界恐慌を克服したことで有名です。バイデンは彼に倣《なら》うことを宣言したのです。

一九二九年に始まる世界恐慌以前、資本主義の主流は、**32**で学んだ**自由放任主義**でした。個々人の自由なお金もうけが社会や経済を発展させるという考え方ですね。それは言い換えれば、経済や市場に政府はできる限り介入すべきではない、ということ。その意味で、自由放任主義を採用する政府のことを「**小さな政府**」と呼ぶこともあります。ただし「小さな」とは言っても軍事や警察は掌握《しょうあく》し、夜警国家などと呼ばれることもあります。

ともあれ、自由放任主義は、世界恐慌という世界規模での経済の破綻に対応できませんでした。そこで反対に、国家による経済への積極的介入が肝要ということになる。それを徹底するのが社会主義、資本主義の枠組みの中で実践するのが**修正資本主義**、そうイメージしておいて

□ニューディール政策【―せいさく】
一九三三年からアメリカで実施された、政府の介入による大規模な経済復興政策。

□世界恐慌【せかいきょうこう】
一九二九年アメリカでの株価大暴落に始まった、世界的な不況と経済の大混乱。

□夜警国家【やけいこっか】
国防や治安維持など、夜警（＝夜の見回り）のような最低限の任務のみを行う国家。

□破綻【はたん】
物事がだめになり、それ以上続けられなくなること。

□社会主義【しゃかいしゅぎ】
↓P.96

□ケインズ〔一八八三―一九四六〕
イギリスの経済学者。世界恐慌後のアメリカやイギリスの経済政策に大きな影響を与えた。

□拡充【かくじゅう】

ください。修正資本主義の代表的論者はケインズ。「小さな政府」とは対照的な性格を持つので、これを採用する政府は「**大きな政府**」とも呼ばれます。
　そして、修正資本主義は**福祉国家**という形態をとります。福祉国家とは、**社会保障制度**に代表される福祉政策を重視する国家です。社会保障制度とは、例えば病気やけが、老齢、失業などの困難に直面した人、ハンディキャップを持つ人、生活困窮者などを現金の給付等を通じて支援する制度で、財源は、税金や保険料を国民から徴収することで確保されます。お金持ちの富の一部を所得の少ない人に分け与える、「**所得の再分配**」というしくみの一種ですね。
　なぜ、こうした社会保障制度が国家による経済への介入と言えるのか。
　少し古い資料ですが、「平成24年版厚生労働白書」（厚生労働省、二〇一二年）を参照してみましょう。同資料では、社会保障の三つの機能を説明しています。まず「生活安定・向上機能」、次に、右に説明した「所得再分配機能」があり、三つめの機能として、

景気変動を緩和し、経済成長を支えていく「経済安定機能」がある。

　社会保障が充実していれば、たとえ病気やけがで働けなくなっても、お買い物、つまり消費活動を続けることができます。そして市民の消費活動は、経済の安定と成長に不可欠です。したがって、社会保障制度の拡充は、国家による経済への積極的な介入ということになる。ニューディール政策も、この考え方に基づき、社会保障制度の整備を軸の一つとしていました。
　さて、ではなぜバイデンは、今、この時代にまたニューディール政策への回帰を唱えたのか。それについては、**85「新自由主義」**の解説をお待ちください。

規模を大きくし、充実させること。

読んでみよう

根井雅弘《ねいまさひろ》『20世紀をつくった経済学』（二〇一一年）20世紀の資本主義経済についてわかりやすく解説。修正資本主義への理解を深めるには、第三章のケインズについての解説を熟読するとよい。

柏木《かしわぎ》ハルコ『健康で文化的な最低限度の生活』（二〇一四年〜）社会保障制度の一つ、生活保護の受給をめぐるドラマを描いた漫画。現行の制度の課題などをリアルに学ぶことができる。

ポイント

「修正資本主義」とは資本主義の一種で、国家が経済に積極的に介入し、例えば所得の再分配などを行うもの。これにより、国民は消費活動を続けることができるため、経済の安定と成長につながる。

46

全体主義

第一次世界大戦後に出現した「全体主義」とは、どのようなものだろうか。

ただいまより祖国に向かって訣別《けつべつ》の礼をする　全員半ば右向けーっ右

水木しげる『水木しげる漫画大全集　総員玉砕せよ!!』（講談社）

右は、アジア・太平洋戦争末期、南方の小島で米軍相手に玉砕を決行する際に、田所《たどころ》支隊長という人物が部隊に向かって放った言葉です。ここで「玉砕」とは、宝玉のごとく美しく砕けるという字義どおりの意味とは裏腹に、部隊の全滅を前提に敵に突撃する非道な行為を指しています。祖国のためには自らの命をも捨てよ。それを、国家権力が市民の一人ひとりに要求しているわけですね。

ここには、21で学んだ**個人主義**、あるいは23で学んだ**人権**や**自由**という概念とは正反対のイデオロギーが見られます。国家や民族全体の利益のためには個人の自由や権利は犠牲にしてもかまわないという考え方、すなわち、**全体主義**です。

全体主義といえば、ナチ・ドイツのナチズムをまっさきに思い出す人が多いでしょう。あるいは、イタリアのファシズム、ソ連のスターリニズムなど。大日本帝国の軍国主義も含めて、いずれも全体主義は20世紀に誕生しましたが、それらが短い期間にどれほど多くの人々を殺したかについては、もはや解説する必要はないはずです。

皮肉なものです。主権を特権階級に独占されていた旧体制を打破し、市民個々人が主権者となって自由で対等な関係で社会を築く。そうした理念を打ち立てて始まったはずの近代の政治

□訣別【けつべつ】
きっぱりと別れること。決別。

□ナチ
第一次世界大戦後のドイツに現れ、ヒトラーが率いた政党。ナチ党。ナチス。

□ファシズム
①イタリアのファシスト党による独裁政治。②広く、全体主義的で独裁的な政治体制。

□スターリニズム
スターリンの独裁的な政治思想と政策のこと。

□大日本帝国【だいにっぽんていこく】
一九四七年までの大日本帝国憲法（明治憲法）下での日本の国号。

□世界資本主義【せかいしほんしゅぎ】
世界の国々で一つのネットワークを作る資本主義経済の体制。強国が周辺国を搾取《さくしゅ》しやすい。

↓P.82世界システム論

から、それとは一八〇度異なるイデオロギーが生み出されてしまった……。

イタリア、ドイツ、日本。全体主義国家を構築したこの三つの国には、共通点があります。それは、いずれも世界資本主義の後発国であり、つまり経済的に弱かったことです。そこに、世界恐慌が襲ってくる。その難局を乗り越えるために、国民を犠牲にして「全体」の利益を最優先する体制を選んだ――。全体主義の発生は、このように、世界資本主義と関連づけて説明されることが多いようです。

しかし、スターリニズムは社会主義を標榜《ひょうぼう》したソ連から現れました。一九一七年のロシア革命を導いたレーニンの死後、独裁者となったスターリン。彼は、数百万もの人々を処刑し、あるいは収容所に送ったと言われます。「人民の敵」という烙印《らくいん》を押して。

政治哲学者のハンナ・アーレントは、以下のように述べています。

スターリンもヒトラーと同じく、恐るべき事業の途《みち》半ばにして倒れた。

ハンナ・アーレント『全体主義の起原3　全体主義［新版］』（大久保和郎《かずお》・大島かおり訳、みすず書房）

ここでアーレントが、スターリンとヒトラーを重ねあわせて考えていることに着目しましょう。全体主義誕生の背景については、資本主義と社会主義という体制の違いは関係ないということでしょうか。つまり、一定の条件を満たせば、体制のいかんにかかわらず全体主義は生じうる、ということ。だとすると、なんとも、恐ろしい……。

いずれにせよ、全体主義という怪物を二度と目覚めさせないことは、21世紀を生きる私たち人類にとって絶対的な課題であるはずです。

□ハンナ・アーレント［一九〇六―一九七五］
ドイツ出身のユダヤ人の政治哲学者。アメリカに亡命した。

読んでみよう

石田勇治『ヒトラーとナチ・ドイツ』（二〇一五年）ヒトラーとナチズムが現れ、大衆の支持を得て独裁体制を築き、絶滅収容所という暴挙に至るまでのプロセスを、詳細に、丁寧に伝えてくれる。

吉田裕《ゆたか》『日本軍兵士』（二〇一七年）アジア・太平洋戦争で、日本軍兵士はいったいどのような死を死んでいったのだろうか。数多くの資料を参照し、戦争におけるドラマ性を徹底的に否定する一冊。

ポイント

全体主義とは、国家や民族などの全体の利益を最優先し、個人の自由や権利を認めない思想や社会体制をいう。ナチズム、ファシズム、スターリニズム、日本の軍国主義など。

47 自由からの逃走

人が「自由からの逃走」を求めるのは、なぜだろうか。また、それはどんな危険をはらんでいるだろうか。

…なんだこの……
「夢持ってなきゃダメ人間」みたいな空気は……
荒川弘《ひろむ》『銀の匙《さじ》 Silver Spoon』（小学館）

©荒川弘／小学館

右は都会の進学校からわけあって農業高校に進んだ主人公、八軒勇《はちけんゆう》吾《ご》のせりふです。ここで言う「夢」とはもちろん、将来の夢のこと。では、それを語ることのできる前提とは何か。

いろいろな答えがありえますが、一つ言えるのは、そこに流動性の高い社会、すなわち、生まれや家に縛られず、自由に生き方を選べる社会があるということです。逆に言えば、身分の固定された封建社会では、将来の夢というイメージはなかなか持ちにくいはず。「将来の夢」とは、近代に確立された**個人の自由**があって初めて成り立つものなのかもしれません。

けれども、八軒君は、「夢」を持つことを強いてくるような空気に、少し、疲れているみたいです。そう。自分のあり方を自分で自由に決めることができるというのは、実は、ちょっとしんどい。人は往々にして、誰かに命じられることに居心地のよさを覚えます。なにより、考えなくていい。考えなくていいから、楽なんですよね。

人間のこうした心性について思索した、フロムという社会心理学者がいます。主著はその名もズバリ、『**自由からの逃走**』です。まずは次の一文を読んでみましょう。

□流動性【りゅうどうせい】 位置や形が固定せず、流れ動く性質。

□思索【しさく】 物事を深く考えること。

□フロム［一九〇〇―一九八〇］ エーリッヒ・フロム。ドイツの社会心理学者・精神分析家。

□世俗化【せぞくか】 →P.34

□桎梏【しっこく】 人を厳しく束縛《そくばく》して、自由に行動させないもの。もとは「手かせと足かせ」の意味。

□自由放任主義【じゆうほうにんしゅぎ】 個人の経済活動に政府は干渉しないで、市場での自由競争に任せるべきだとする考え方。

□自己責任論【じこせきにんろん】 人の行動やあり方が招く結果については、すべて当人が責任を負うべきだとする考え方。

自由をえたいという内的な欲望のほかに、おそらく服従を求める本能的な欲求がありはしないだろうか。

エーリッヒ・フロム『自由からの逃走』（日高六郎訳、東京創元社）

近代的な自由とは、まず、地縁血縁や身分の上下が重んじられる、前近代的な共同体からの解放を意味します。あるいは、世俗化による宗教的桎梏《しっこく》からの自由。しかしそれらは、**22**「**都市**」で見たように、人と人がそれまでの結びつきを失い、ばらばらの他人として生きることも意味しました。つまり、自由は孤独と表裏一体のものでもあるのです。孤独は不安、ですよね。

あるいは近代の資本主義は、**45**で確認したとおり、世界恐慌までは自由放任主義が主流でした。個々人が自由にお金もうけに勤《いそ》しむことが奨励《しょうれい》されていたわけです。でもそうした自由は、「失敗した？　それはあなたのせい。自分でなんとかしてください」という自己責任論を伴う。これはしんどい。だけでなく、怖い。確かに人には、自由を嫌い、「服従を求める本能的な欲求」があるのかもしれない……。フロムは言います。そうした不安や恐怖を感じると、

ゆるぎなく強力で、永遠的で、魅惑的であるように感じられる力の部分となることによって、ひとはその力と栄光にあやかろうとする。（同前）

と。そして、その「力」が民族や国家であった場合、そこに誕生するのが**全体主義**なのです。

全体主義は、権力の側からの押しつけという観点だけでは理解できません。私たち一人ひとりの主体的な意志によって選択される側面もある。そうした点からの考察も大切なのですね。

読んでみよう

エーリッヒ・フロム『自由からの逃走』（一九四一年）全体主義の誕生について、西洋の近代直前からの歴史を振り返り、まさに「自由からの逃走」という人間心理から洞察する。西洋史の概略がわかれば、高校生にもチャレンジできる。

将基面貴巳《しょうぎめんたかし》『従順さのどこがいけないのか』（二〇二一年）全体主義は、私たち一人ひとりの欲望から誕生する可能性がある。では、権力への不服従をいかに実践していくのか。まずは本書から学びたい。

ポイント

人が自由から逃れたくなるのは、自由は孤独と不安を、また、自己責任論の苦しさと怖さを伴うからだと言える。しかし、自由からの逃走と「力」への服従は、全体主義を生み出す危険性がある。

48 大衆

大衆とはなんだろうか。また、大衆の存在を条件として生まれ、展開していくのは、どんな体制だろうか。

狼《おおかみ》が犬どもに憎まれているように、民衆に憎まれている者がある。それは自由なる精神、束縛の敵、崇拝を拒《こば》む者、森に住む者だ。

ニーチェ『ツァラトゥストラはこう言った』上巻（氷上英廣《ひかみひでひろ》訳、岩波文庫）

右は、19世紀末に活躍した哲学者ニーチェの言葉です。「民衆に憎まれている者」として「自由なる精神」が挙げられているのがわかりますね。「束縛の敵」というのも、要するに「自由なる精神」のことです。「崇拝を拒む者」や「森に住む者」も、そうした「自由なる精神」を体現する存在の象徴として読んでください。つまりニーチェの目に「民衆」は、自由ではなく束縛を求める、非常に受動的な存在として映っていたということです。まさに、**47「自由からの逃走」**で見たように。ニーチェはそんな「民衆」を「犬ども」にたとえ、嘲笑《ちょうしょう》しています。

また、20世紀の哲学者ハイデガーは、人々が、自分が存在するということ自体から生じる不安から目をそらすために、他者や周りのことばかりに気をとられ、自己本来の姿、自己の固有性あるいは代替不可能性を見失っていると指摘します。ここには近代が追い求めてきたはずの「個人」とは対照的な、匿名《とくめい》の人々がイメージされています。ハイデガーは、死を直視することを説きます。なぜなら、自らの死とは他の誰とも交換することのできない出来事であり、それを意識することで、自己の固有性、代替不可能性をとり戻すことができると考えたからです。でも現実には、自己を失った匿名の「ひと」の群れが、社会にあふれている……。

□ニーチェ →P.108神は死んだ

□受動的【じゅどうてき】他からの働きかけを受けるばかりである様子。対 **能動的**…自分から進んで行動する様子。

□ハイデガー〔一八八九－一九七六〕ドイツの哲学者。「存在とは何か」を問い続けた。

□烏合の衆【うごうのしゅう】カラスの群れのように、規律もなくただ集まっただけの群衆。

□コノテーション 直接には表れていない、暗示的な別の意味。言外の意味。類 **含意** 対 **デノテーション**…直接示されている、文字どおりの意味。

□大衆運動【たいしゅううんどう】大衆を組織し、政治的・社会的な目的を量の力で実現しようとする運動。

□扇動【せんどう】 →P.23

近代の成熟期、そして現代へと時代が進んでいくなかで、受動的で、特定の政治的主張も持たず、自らの固有性を見失った無数の匿名の人々から成る集団、すなわち**大衆**というものが形成されていく――これは少なからぬ哲学者や思想家たちが感じていたことのようです。大衆といえば常にネガティブな意味を持つ概念だというわけではないのですが、この語がこうしたイメージで用いられることは、決してめずらしいことではありません。「愚民《ぐみん》の集団」「烏合《うごう》の衆」といったコノテーションを持つことすらあります。

政治哲学者のハンナ・アーレントの言葉を引いてみましょう。

全体主義運動は大衆運動であり、それは今日までに現代の大衆が見出《みいだ》し自分たちにふさわしいと考えた唯一の組織形態である。

ハンナ・アーレント『全体主義の起原3　全体主義［新版］』（大久保和郎《かずお》・大島かおり訳、みすず書房）

46「**全体主義**」で、一定の条件を満たせば体制のいかんにかかわらず全体主義は生じうる、と述べましたが、全体主義が生まれる主要な条件の一つとして、アーレントは、大衆の存在を挙げているのですね。全体主義運動は大衆運動である。したがって、多くの人口を有する国で大衆が成立していること、それが全体主義成立の条件である、と。

大衆が政治的な主張を持っていないということ。その原因の一つには、どの政治家や政党も自分の声を表象＝代弁などしてくれないという諦《あきら》めからくる、政治的な無関心があるのかもしれません。逆にそうした大衆を強い言葉で扇動し、組織することで、全体主義は展開されていく。全体主義の誕生は、既存の国民国家や代議制民主主義の限界を示していたのでしょうか。

読んでみよう

ヒトラー著、バラエティ・アートワークス漫画『まんがで読破　わが闘争』（二〇〇八年）ヒトラーの自伝に基づいて、その独裁者になるまでの過程を漫画でたどる一冊。

太宰治《だざいおさむ》『東京だより』（一九四四年）戦時下、工場に動員された女学生たちが一糸乱れず働いている様子に、「私」は、匿名化された集団のありようを感じる。しかし、そこにただひとり、鮮烈な個性を感じさせる少女がいて――思わず考えさせられる、掌編《しょうへん》のエッセイ。

ポイント

大衆とは、近代の成熟期から現代にかけて形成された、政治的主張を持たず、自らの固有性を見失った無数の人々をいう。大衆の存在は、全体主義が生まれ、展開していくための主要な条件となる。

前近代　近代　現代　重要語ミニ辞典　ブックガイド

49 メディア

メディアとはなんだろうか。また、それはどのような力を持つものだろうか。

13「ルネサンスと宗教改革」で**活版印刷術**について解説したのを覚えているでしょうか。この技術の発明によって宣伝パンフレットを大量かつ安価に印刷することが可能となり、プロテスタントは勢力を広げていったのです。

ここで、**メディア**という概念について説明しておきましょう。なぜなら、プロテスタントの利用した宣伝パンフレットもメディアですし、となると活版印刷術の発明も、メディアの技術についての革新であるからです。

メディアとは、何かと何かの中間に位置し、その何かと何かを媒介する働きをする装置、すなわち**媒体**のことです。例えばテレビというメディアは、視聴者と世界との中間に位置し、世界で今何が起こっているかという情報を表象することで、視聴者と世界とを媒介していますよね。新聞も、もちろん雑誌も。古代を考えるなら、狼煙《のろし》なども立派なメディアと言えます。

おもしろいのは、このように考えると、メディアという概念をもっと広い文脈で用いることも可能になるという点です。中間に位置し、複数の存在をつないでいればメディアと言えるのです。例えば、小さな子どもの親が公園や児童館などで他の子どもの保護者と知りあい、情報の交換などをする場合、その公園や児童館は、もちろん比喩的な意味ではありますが、保護者と保護者のあいだに位置しています。そして両者をつなぐわけですから、「公園というメディア」あるいは「メディアとしての児童館」などという捉え方ができるのですね。

ただし、ここまでの説明だと、「メディア＝単に情報を伝えるだけの無色透明の媒体」と勘

□媒介【ばいかい】
複数のもののあいだに立って、両者をつないだり、一方から他方へ何かを伝えたりすること。

□文脈【ぶんみゃく】
ある物事の背景にある、さまざまな事柄が絡みあった大きな流れの全体。コンテクスト。

□拍車《はくしゃ》をかける
物事がもっと速く進むよう、力を加える。

□マス
英語の mass。「集団」「大量・多数」「大衆」などの意味を表す。

□企図【きと】
ある目的に向けて計画すること。

□総統【そうとう】
国などを統治する最高権力者。

□マーシャル・マクルーハン
［一九一一－一九八〇］
カナダの文明批評家・英文学者。メディア論で有名。

違いしてしまう人がいるかもしれません。しかし、それは大きな誤りです。活版印刷術の発明というメディア革新について考えてみてください。新たなメディア技術の誕生が宗教改革に拍車をかけ、それがヨーロッパの既存の体制を解体して近代の幕開けを準備した――そう考えると、メディアとは、実は、人々の考えを支配したり現実の世界を変革したりしてしまう可能性のある、相当に強大な力を持つ装置であるということがわかる。

とりわけ**マスメディア**は、時に凄《すさ》まじいまでの威力を発動します。

マスメディアのマスとは、前回の**48**で学んだ「大衆」のこと。メディアという文脈から定義し直すと、大衆とは、マスメディアの発する大量の情報をただただ受け身に受信するだけの存在、ということになります。あるいは、マスメディアが、そうした大衆を形成していったという考え方もあります。となれば、大衆を扇動し、組織することを企図する**全体主義**の指導者たちが、マスメディアを利用しないわけがない。

ドイツ全体が総統の言葉に耳をかたむける

山本秀行《ひでゆき》『ナチズムの時代』(山川出版社)

総統とはヒトラーのこと。これは、ナチ政権の下《もと》で急速に普及した当時の最新メディア、ラジオの宣伝ポスターの文言だそうです。マスメディアと大衆と全体主義のありようを象徴するようなフレーズですね。全体主義の暴力とマスメディアは、密接に連関していたわけです。

なお、メディア論を本格的に学びたい人は、勉強を続けて、いつか、マーシャル・マクルーハンの本に挑戦してみてください。主著は『グーテンベルクの銀河系』(みすず書房)です。

読んでみよう

岡本健《たけし》・松井広志編『ポスト情報メディア論』(二〇一八年) メディアという概念は、いろいろなモノへと広げて考えることができる。本書がメディアとして扱う対象は、TRPG、コンビニ、コスプレ、就職活動……などなど!

永井豪《ごう》『デビルマン』(一九七二～七三年) 悪魔と合体した人間「デビルマン」と悪魔との戦いを描く漫画作品。物語の終盤で、マスメディアに扇動された大衆の狂気を描く。非常に残虐なシーンが続くので、苦手な人は避けておいたほうがよい。ただ、物語としての完成度は驚くほどに高い。

ポイント

メディアとは、複数のもののあいだに位置し、両者をつないだり、一方から他方へ何かを伝えたりするものである。
メディアは、人の考えを支配し、現実の世界を変革してしまうような強大な力を持つ。

50 神は死んだ

「神の死」を宣言したニーチェの思想は、どのようなものだったのだろうか。

かつては神を冒瀆《ぼうとく》することが、最大の冒瀆であった。しかし、神は死んだ。

ニーチェ『ツァラトゥストラはこう言った』上巻（氷上英廣《ひかみひでひろ》訳、岩波文庫）

ドイツの哲学者**ニーチェ**〔一八四四―一九〇〇〕の言葉です。ここでの「神」とは、まずは**02「一神教的世界観」**や**10「キリスト教（隣人愛と原罪）」**で学んだキリスト教の神を指します。その神が、死んだ――。つまりツァラトゥストラ――この詩におけるニーチェの分身は、キリスト教の教えや権威を根幹から否定しているわけですね。次も、同じ趣旨の言葉です。

――教会と呼ばれる神の墓場にしても、その天井のくずれた割れ目から、清らかな目をした空がのぞきこむようになれば、わたしはこれを愛してやまない者なのだ。

（同前、下巻）

なぜキリスト教を否定するのか。それはニーチェにとって、宗教は人間の弱さの象徴であるからです。人は誰しも、自分をより高めたいという意志を持っていたはずです。ところが、それがうまくいかず、ルサンチマンを溜《た》めこむ。そして、そんな現実が嫌になり、死後の救済や天国などの想念に逃げる――これは言い換えれば、人間の生の否定ではないか――？

ただし、ニーチェが否定したのはキリスト教の神だけではありません。**12「形而上《けいじじょう》学」**で

□趣旨【しゅし】
文章や話の主な内容。

□ルサンチマン
弱者が強者に対して持つ、恨《うら》み、憎しみ、ねたみなどの感情。

□形而上的【けいじじょうてき】
形がなく、思考や直観によってしか捉えられない様子。

□超越的【ちょうえつてき】
人間の理解や自然界の法則をはるかに超えている様子。

□偶然性【ぐうぜんせい】
たまたまそうなるという性質。
対 **必然性**…必ずそうなるという性質。

□悲観的【ひかんてき】
きっとうまくいかない、と悪い方に考えがちな様子。
対 **楽観的**…きっとうまくいく、と良い方に考えがちな様子。

□真髄【しんずい】
物事の最も大事な部分。神髄。

□昇華【しょうか】

確認したことを思い出してください。プラトンらの古代ギリシャの哲学は、物質的なものを超えた本質すなわち真理を追究する形而上学でした。それが、アウグスティヌスらを経てキリスト教神学と融合する。そしてその中から、スコラ学や、さらには近代哲学が誕生していく――つまりは中世以降の西洋哲学の主流は、古代ギリシャ哲学とキリスト教神学的世界をその軸として、物質的な次元の背後に存在するはずの真理にたどり着くことを使命としてきたわけです。実は、ニーチェが否定する「神」とは、広くはこの形而上的な真理全般を指しているのですね。

要するに、ニーチェは、絶対的な真理を想定することを徹底的に否定した。

それらはすべて、現実から逃げ、超越的なものにすがろうとする人間の弱さの象徴だから。

しかし、絶対的な真理を否定するとは、裏返せば、「この世には、信じるに値するものなど何一つないのだ……」という**虚無主義**（**ニヒリズム**）の到来の宣言に等しいですよね。そう。ニーチェにとってこの現実世界は、偶然性に満ち満ちた、無意味な出来事の無限反復としてイメージされたわけです。こうした観念を、ニーチェは「**永遠回帰**（**永劫《えいごう》回帰**）」と名づけました。

「うわあ……ニーチェって、なんだか悲観的なことを言う哲学者だなあ……」

そのように思う人もいるかもしれません。なにしろ、この世は「無意味な出来事の無限反復」だと言うのですからね。そんな自覚をもって生きるのは、とても苦しいことであるはずです。

しかし、ニーチェの思想の真髄は、ニヒリズムへの絶望にはありません。むしろ逆。ニーチェは、そうした苦しみの中で、それでも生きることを肯定するような**生の哲学**を模索したのです。

そしてそのような力強い生のイメージが、**超人**という観念に昇華します。

「すべての神々は死んだ。いまや、わたしたちは超人の生まれることを願う」（同前、上巻）

物事が高められ、より純粋な形で現れること。

読んでみよう

岡本裕一朗『教養として学んでおきたいニーチェ』（二〇二一年）
ニーチェの哲学を、ここまでわかりやすく書く本があるとは思わなかった。永遠回帰を生きることを「遊び」というキーワードから考察するくだりは特にすばらしい。まずはこの一冊から。

石川淳《じゅん》『紫苑《しおん》物語』（一九五六年）
「意味」を考えず、ただひたすらに己《おのれ》を高めていこうとする主人公の生き方には、ニーチェの超人を連想させるものがある。

ポイント

ニーチェは、キリスト教の神や真理を求める西洋の世界観は、現実からの逃避だと考えた。そして、ニヒリズムの到来と、生が永遠回帰であることを説き、それでも力強く生きる「生の哲学」を模索した。

51 無意識の発見

19世紀末から20世紀初めにかけてフロイトが発見した「無意識」とは、どのようなものだろうか。

『川尻《かわしり》こだまのただれた生活』という漫画に、うつろな目をした漫画家本人が「ムリムリムリムリ　カタツムリ」というダジャレ?をつぶやく場面があります。そして、次のページで、

年明けまでの仕事があって精神がまいっていたんぢゃ…

川尻こだま『川尻こだまのただれた生活』第四巻（Amazon Kindle）

と、そのダジャレ?を口にしてしまった理由を自己分析しています。精神的な疲弊《ひへい》ゆえに現実逃避をしたいという欲望が生じ、ふだんは言わないようなダジャレ?を言ってしまった……ということでしょう。そしておそらく、そのダジャレ?を口にしたそのときには、本人は、その欲望を明白には自覚していない。逆に言えば、心の中にある自覚していない思いが、実際の本人の行動に影響を与えてしまっているということになる……。

ここで、精神分析を創始したフロイトの言葉を参照してみましょう。フロイトは、ちょっとした言い間違いやもの忘れなどの「錯誤行為」について、このようなことを言うのです。

語り手の心の中には自分自身では全然気づいていない意向がいろいろと出てくることがあるが、私は間接証拠によってその意向を推測できる

フロイト『精神分析入門』上巻（高橋義孝《よしたか》・下坂幸三《こうぞう》訳、新潮文庫）

□精神分析【せいしんぶんせき】
フロイトが創始した、人間の心の深層を分析し、神経症を治療する方法と理論の体系。

□フロイト【一八五六―一九三九】
オーストリアの精神科医。著書に『夢判断』などがある。

□錯誤【さくご】
状況や事実に合わないことをしてしまうこと。間違い。ミス。

□意向【いこう】
どうしたいか、どうするつもりかという考え。

□相対化【そうたいか】
その物事を、他との関係や比較においてのみ成り立つ、複数ある選択肢のうちの一つとして捉えること。
対 **絶対化**…その物事を、他の何物にも支配・制限されないものとして捉えること。

□トラウマ
恐怖、ショック、不安、痛みな

「心の中」にいろいろと出てくる「自分自身では全然気づいていない意向」。これは、人間の心には、本人が感知している意識の領域と、本人にも感知できない**無意識**の領域とがある、という前提があって初めて成り立つ言い方です。フロイトは、その無意識の領域に抑えこまれている「意向」が、言い間違いなどの錯誤行為に間接的に現れるのだと説きました。逆に言えば、錯誤行為は、無意識の中に封じこめられている「意向」を解釈するための「間接証拠」となる。この理論で言うなら、冒頭の例も、「ダジャレ?を言う」という錯誤行為?は、「つらい仕事から逃げ出したい」という無意識の欲望の間接的な現れだったということになります。

ちなみに、今回のタイトルは「無意識の発見」ですが、無意識それ自体がフロイトによって発見されたというわけではありません。「○○の発見」という言い回しは、「概念をそれとして確立する」といった意味で使われることがあります。詳しくは**54「分節化」**で解説します。

フロイトの理論はその後厳しい批判にさらされるのですが、その歴史的な意義は大きかった。フロイトの「発見」により、「人間の精神の内には、無意識という本人にすら把握することのできない不気味な領域が存在している」という人間観が確立されていったのです。そして、そうした認識は、近代の諸価値を支えてきた**理性**なるものの価値を相対化することにつながる。なぜならば、無意識の「意向」が錯誤行為という表現に現れてしまうということは、その「意向」が理性の制御を超えて、自己の身体を動かしてしまっているということに他ならないからです。

フロイトは、心身が極度の苦痛に襲われると、そのつらい記憶は無意識の奥底に封印されると言います。これがトラウマ(心的外傷《しんてきがいしょう》)ですね。しかしそのトラウマは、無意識の領域から、理性の働き、そして身体の動きに、その後もずっと影響を及ぼしてくるのです。

どの体験が、消えない傷のように心の底に残ること。心的外傷。

読んでみよう

木村敏《びん》『心の病理を考える』(一九九四年) 心を病むということについて、精神病理学の見地から考察する。精神病理学の展開についてはやはりフロイトの解説から始まるが、考察の射程は、現象学や現代思想にまで広がる。じっくりと読みたい。

山尾悠子《やまおゆうこ》『夢の遠近法』(二〇一〇年) フロイトは夢を無意識的な欲望の表象と考えた。それは往々にして、ゆがめられた形で現れる。本書の各作品に描かれる夢は、どんな欲望の表象なのだろうか。

ポイント

無意識とは、人の心の中にある、本人にも感知できない領域をいう。無意識の中に抑えこまれている欲望やトラウマなどは、理性の制御を超えて身体を動かし、影響を与える。

52 差異の体系

「言語とは差異の体系である」とは、どのような意味だろうか。

遠野郷のトーはもとアイヌ語の湖という語より出《い》でたるなるべし、ナイもアイヌ語なり。

柳《やなぎ》田《た》国《くに》男《お》『遠野物語』（集英社文庫）

右は、日本の民俗学を確立した柳田国男の言葉です。岩手県遠野地方の地名について、アイヌ語から意味を類推していますね。「ナイ」は、東北の地名によく見られる音の一つです。ここには、対象の言葉について、それを過去に遡行して理解しようという視点があります。このように、時間の流れや歴史の展開に沿って対象を捉えようとするあり方を、**通時的**と言います。19世紀後半から20世紀初頭まで活躍した言語学者、ソシュールの用いた用語です。

ただしソシュール自身は、通時的な観点とは異なる角度から言語を捉え、研究しました。それを説明するにあたって、まず、深沢七郎の小説『楢山節考《ならやまぶしこう》』から次の一節を引用しましょう。

村では山へ行くという言葉に二つの全く違った意味があるのであった。どちらも同じ発音で同じアクセントだが、誰でもどの方の意味だかを知りわけることが出来るのである。

深沢七郎『楢山節考』（新潮文庫）

「山へ行く」という言葉の二つの意味のうちの一つは、「仕事で山へ行く」という行為を指します。しかしもう一つは、「楢山という山へ行く」という意味で……これは、老いた母親をそ

□民俗学【みんぞくがく】
民間に伝えられてきた習俗・芸能・伝説などを調べ、庶民の生活や文化を研究する学問。

□柳田国男【やなぎたくにお】
［一八七五－一九六二］
日本の民俗学を確立した学者。

□遡行【そこう】
流れを遡《さかのぼ》って行くこと。

□ソシュール［一八五七－一九一三］
スイスの言語学者。構造主義（→P.120）の祖とされる。

□深沢七郎【ふかざわしちろう】
［一九一四－一九八七］
日本の小説家。放浪生活を送りながら異色の作品を発表した。

□弁別【べんべつ】
違いを見分けて区別すること。

□連関【れんかん】
複数の事柄が、互いに関わりあっていること。
関連 関連…ある事柄と他の事柄の間につながりがあること。

こに捨てに行くという因習のことを言っています。いわゆる、「姥捨て《うば》」ですね。

さて、この二つの意味の弁別について、それを説明する語り手は、時間や歴史の流れを参照しているでしょうか。参照していませんね。基準となるその一点の時間における体系だけを対象にしている。このようなものの見方のことを、**共時的**と言います。ソシュールは、言語の体系を共時的観点から考察することに力を注いだ言語学者なのです。

今、**体系**と言いました。

体系とは、各要素がバラバラにあるのではなく、相互に連関しあいながら形成する全体のことです。「システム」と言うほうがイメージしやすいかもしれません。『楢山節考』の例で言えば、「仕事で山へ行く」という要素と「楢山という山へ母を捨てに行く」という要素、その二つが互いに連関し、〈山へ行く〉という表現の意味全体を形成している、ということです。

さらに考えてみましょう。ここで言う「互いに連関し」とは、いったいどういうことか。ここで、ソシュール『一般言語学講義』(小林英夫訳、岩波書店)から一節を引いておきます。

言語には差異しかない

ある語Xは、他の語との関係性の中で、他の語との違いすなわち**差異**によって意味などが決定される。例えば、「花」という語の表す意味は、「花」以外の語の表す意味との比較によって、それらとの差異から画定されるということ。つまり言語は、そうした差異が作り出す全体的な連関、すなわち**差異の体系**として存在するのである――ものすごく単純化すると、そうしたことを言っています。まとめれば、「言語とは差異の体系である」ということですね。

□画定【かくてい】
物事の境界や範囲を定めること。

読んでみよう
田中克彦《かつひこ》『言語学とは何か』(一九九三年)言語学の流れを解説する一冊。第一章でソシュールを扱っており、とりわけ、ソシュールはなぜ共時的な言語学を選んだのかについての説明が詳しい。
加賀野井秀一《かがのいしゅういち》『20世紀言語学入門』(一九九五年)20世紀の言語学の潮流を解説する一冊。現代思想との関係についてもかなり踏みこんで言及している。ソシュールについては、特に「差異の体系」の解説がわかりやすい。

ポイント
例えば、ある語Xの意味は絶対的・固定的に定まったものではなく、Y・Z……といった他の語との差異においてのみ定まる。言語とは、そのような無数の差異が連関しあってできている体系である。

53 ラング／パロール

ソシュールが唱えた、言語学の重要概念である「ラング」と「パロール」とはどのようなものだろうか。

「では、目を閉じて、今から言う三つの音の違いを聴き分けてください」

本書の筆者が、学生時代、アイヌ語講座の最初の授業で出された課題です。「三つの音」というのは、「サッ」と「サッ」と「サッ」で……と書けば、「え……同じ音ですよね？」と返ってくるでしょう。そうです。日本語を母語とする話者には、すべて同じに聴こえてしまう。そこでこれらの三つの音をローマ字で表記してみると、sap・sak・sat となります。sap は「『さっぱり』の『ぱ』を発声する前に止める」、sak は「『サッカー』の『カ』を発声する前に止める」、sat は「『さっと』の『と』を発声する前に止める」、そのように習いました。もちろん、アイヌ語の話者はこの三つの音を聴き分けます。当然、それぞれに意味が異なる単語です。sap は「（複数の人間が、山や川上から海や川下まで）行く／来る／出る」という意味です。sak は「〇〇を持っていない」という意味、sat は「乾いている」という意味です。

アイヌ語話者たちは、この三つの音を弁別する。

日本語話者たちには、すべて同じ音に聴こえる。すなわち、弁別しない。

つまり、その語を他の語とは違う語であると認識するための目印は、各言語で異なるというわけですね。例えば、現在の日本語では〈清音／濁音〉の区別が重要な指標となる。「カキ」と「ガキ」は違う意味を表す語として弁別されますよね。対して、中国語にはその区別がありません。逆に中国語では、〈有気音＝勢いよく息を吐くように発音／無気音＝息を止めて発音〉という対立が語の弁別において重要な指標になりますが、日本語ではなりません。

□母語【ぼご】 生まれて最初に覚え、使えるようになった言語。

□指標【しひょう】 物事を判断するための目印となるもの。

□丸山圭三郎【まるやまけいざぶろう】［一九三三－一九九三］ 日本のフランス語学者。

□ミニマム 最小限度のものであること。最小。対 **マキシマム**…最大限度のものであること。最大。

□対概念【ついがいねん】 一対になっている二つの概念。

□発話【はつわ】 声に出して言葉を話すこと。また、その言葉。

□通時的【つうじてき】 時間の流れや歴史の展開に沿って物事を捉える様子。対 **共時的**

ただし、見方を変えればこうも言えるはずです。すなわち、「何かと何かの対立関係の中で語が区別されるという構造は、すべての言語に共通するものである」と。そしてここで、前回学んだソシュールの**差異の体系**という考え方を思い出した人は、鋭い。これは、「ある語の表す意味などは、他の語との関係において、それらとの差異から画定される」という考え方でしたね。これを端的に述べた一節を、ソシュール言語学を発展的に継承した言語学者、丸山圭《けい》三郎《ざぶろう》の主著『ソシュールの思想』（岩波書店）から引用しておきます。

全体との関連と、他の要素との相互関係の中ではじめて個の価値が生ずる。

丸山の言う「他の要素との相互関係」のミニマムが、何かと何かの対立関係、つまり**二項対立**です。逆に言えば、無数の二項対立が組み合わさった全体として、ある言語の法則の体系は成り立っている。この、言語の法則の体系全体のことを、ソシュールは**ラング**と名づけました。

ただし、このラングという概念を理解するには、その対概念としての**パロール**の理解が不可欠です。端的に言えば、パロールとは実際に発された個人の発話のこと。しかし、その個人の発話が意味をなすメッセージとなるためには、そこに意味を付与する法則が必要ですよね。それがすなわちラングであり、その最もイメージしやすい典型が文法です。パロールは、差異の体系としてのラングの規定を受けて、初めて意味を持つことができるのですね。

なお、通時的な観点から言うと、パロールの次元における言い間違いなどが、ラングに新たな法則を書きこんでいくことになります。それがもちろん、言語の変化につながる。つまり、ラングとパロールは、相互依存的な関係にあるということです。

読んでみよう

竹田青嗣《せいじ》『現代思想の冒険』（一九八七年）デカルト以降の近代哲学と対照しながら、「現代思想」と呼ばれる一連の考え方を俯瞰《ふかん》する。ソシュールについては、現代思想の源流として解説。パロールとラングの関係性を図で示した資料がわかりやすい。

丸山圭三郎『ソシュールを読む』（一九八三年）「ソシュール：『一般言語学講義』を読む」という講演を活字にした一冊。ほぼ「です」「ます」体で親しみやすいが、内容は本格的。ある程度勉強してから挑戦してみるとよい。

ポイント

ラングとは、ある一言語の法則の体系全体のこと。パロールとは、ラングに基づいて個々人が実際に発話した一つひとつの言葉のことである。ラングとパロールは、相互依存的な関係にある。

54 分節化

私たちが世界を認識するしくみである「分節化」とは、どのようなものだろうか。

言語学者の広瀬友紀《ゆき》は、著書『ちいさい言語学者の冒険』（岩波書店）の中で、幼児の言語習得について、次のような興味深い問いを投げかけています。

子どもが新しい語を覚えるとき、当然いちいち辞書をひくわけではないですよね。（中略）ある単語の意味の範囲がどこからどこまでか、今どうもこの語が指しているらしい状況や対象のどの部分や側面を切り取っているのかを、どうやって正確に把握し、整理するのでしょう。

例えば、親が車を指差して「車だよ」と教えてあげたとき、幼児は、そのときその指が指している対象のことは、〈車〉だと理解するでしょう。でも、もしその車が乗用車だった場合、その子は大型バスを同じ〈車〉として認識することができるでしょうか。一方、最初の指差しで〈車＝人が道路で使う速い乗り物〉と認識した場合、道を走る自転車を見たときも「車！」と呼ぶかもしれません。幼児にとって、言葉とそれが指し示す意味の範囲を正確に把握することは、かなり難しいことであると推察できます。

ここで、後者、すなわち〈車〉という語が、車と自転車のどちらも表しうる語なのだと認識されている例に着目してみましょう。この幼児は、この段階では、車と自転車とを区別せずに世界を見ています。しかしいずれ、〈自転車〉という語を覚え、〈車／自転車〉という分類のコードを手に入れるはずです。するとこの子は、車と自転車とを区別する世界を生きることになる。

□コード
規則。決まり。特に言語学で、記号表現と記号内容を結びつけ、記号として成立させるための規則。↓P.130 記号

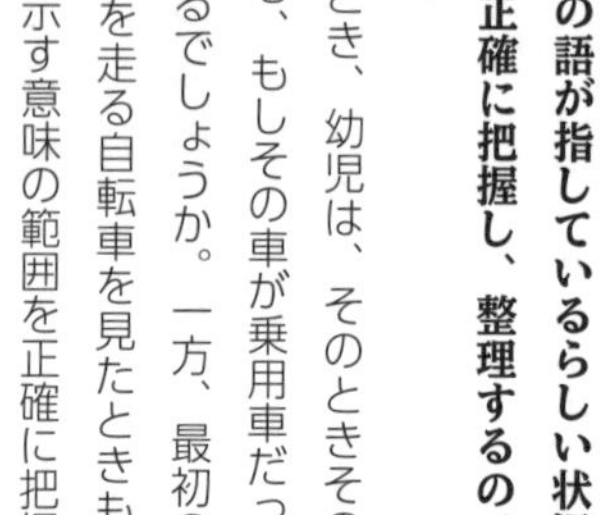

□分節【ぶんせつ】
ひと続きのものを、部分に切り離して分けること。

□カオス
すべてが一つに入り混じり、区別も秩序もない状態。混沌。

つまり、これまでは混同していた対象を、分けて捉えるようになったということです。このように、世界を分節し、秩序を与えていく働きのことを、**分節化**といいます。

しかし逆に考えれば、〈自転車〉という語を覚えて分節化する以前、世界に車と自転車とを分ける秩序は存在しなかった。これを突き詰めて言えば、言葉によって分節化される以前、世界には、あらゆる境界線の融解した混沌《こんとん》＝カオスだけがあったということになるはずです。

あらゆる知覚や経験、そして森羅万象は、言語の網を通して見る以前は連続体である。

丸山圭三郎《けいざぶろう》『ソシュールの思想』（岩波書店）

丸山の言う「連続体」とは、**混沌**＝カオスのこと。それを「言語の網を通して見る」、すなわち言葉によって分節化することで、世界には**秩序**＝コスモスが作り出されるということです。

この指摘は、ある衝撃的な仮説につながります。〈自転車〉という言葉で自転車を分節化する以前、その子にとって自転車は存在していたのでしょうか。もちろん、のちに自転車と呼ばれることになるものは、そこに存在したはずです。しかし分節化される前には、それは自転車として認識されていない。となると、その段階では、自転車は存在していない。逆に言えば自転車は、〈自転車〉という言葉で車から分節化されて初めて、自転車として存在することになるわけです。言うなれば、自転車の「発見」ですね。言葉による分節が、対象を存在せしめる。

再び丸山の言葉を引くなら、こう、結論されることになります。

コトバ以前には、言葉が指《ゆび》さすべき事物も概念も存在しないのである。

（同前）

対 **コスモス**

□コスモス

秩序と調和のある世界。また、そのような宇宙。対 **カオス**

読んでみよう

広瀬友紀『ちいさい言語学者の冒険』（二〇一七年）幼児がどのように言葉を獲得し、世界を分節していくのか。実際の幼児の言葉を紹介しながら、わかりやすく、おもしろく解説してくれる。

丸山圭三郎『ソシュールの思想』（一九八一年）ソシュール理解の決定版と言える一冊。決して平易ではないが、わかるところだけわかればいい。ぜひ読んでみてほしい。

ポイント

分節化とは、事物を切り分けて認識し、世界に区切りと秩序を与えていくことである。つまり、分節化されるまでは、その人にとってその事物は存在しないと言える。

55 言語相対論

「言語相対論」とは、どのような考え方だろうか。

栽培用の品種改良をこころみたものを沙果《サグワ》、山野に自生の小粒のりんごを林檎《ヌングン》と大別して呼んだ故郷の記憶

宗《チョン》 秋月《チュウォル》『猪飼野《いかいの》タリョン』（思想の科学社）

在日朝鮮人二世である詩人が、一世の思いを代弁した言葉です。つまりここで言う「故郷」とは、一世にとっての生まれ育った地、朝鮮を指しています。そこにおいては、日本語で〈りんご〉と呼ばれるものが、〈サグワ／ヌングン〉とさらに分節されているのですね。

ここで、前回の**54「分節化」**での学習を振り返ってみましょう。

私たちは言葉で世界を分節化します。そして対象Xは、「X」という語で分節化されて初めて、そこに存在することになる。つまりは、言葉による分節が、対象を存在せしめるわけです。

とするならば、日本語で分節された世界には、〈サグワ〉も〈ヌングン〉も存在しないということになります。朝鮮の言葉でそのように呼ばれるもの自体はもちろん存在しますが、それらはひとくくりに、〈りんご〉として存在する。逆に、朝鮮の言葉で分節された世界には、〈サグワ〉と〈ヌングン〉は、それぞれ異なるものとして存在するということです。

つまり、日本語を通じて世界を知覚している人と、朝鮮の言葉を通じて世界を知覚している人は、それぞれ異なる世界を見て、生きていることになる。これを煎じ詰めれば、人は、自身の習得した言語によって世界をどう見るかを決定されているということであり、言い換えれば、

□在日朝鮮人【ざいにちちょうせんじん】
一九一〇年からの日本による朝鮮の植民地支配を背景に、日本に移住し、あるいは連行され、第二次世界大戦後も日本に暮らしている、朝鮮にルーツを持つ人々。また、その子孫。

□二世【にせい】
外国などに移住した人の子で、その地で生まれた人。

□一世【いっせい】
外国などに移住した最初の世代の人。

□共時的【きょうじてき】
時間の流れやそれに沿った変化を考えず、ある一時点の静止した状態で物事を捉える様子。
対 通時的

□恣意的【しいてき】
根拠や必然性がない様子。好き勝手に物事を行う様子。

世界観の形成においては、その人の習得した言語が大きな影響力を持つ、ということです。これが**言語相対論**という考え方ですね。

ここで考えたいのは、世界には、今この一瞬を共時的に考えただけでも、無数の言語体系が存在するということです。「ドイツ語」「中国語」のように「国名＋語」で呼ばれる体系のみならず、例えば、方言、特定の業界でしか用いられない言葉、世代による差異などを考えれば、膨大な数の言語体系があるということはすぐにわかる。そして繰り返しますが、個々の言語体系は、それを習得した人間の世界観を形成する。となると、世界には、その無数に存在する言語体系と同じ数の世界観が存在することになる……！

では、言語Xによって分節化された世界と、言語Yによって分節化された世界と、どちらがより正確に世界の真の姿を捉えていると言えるのか。

答えは、どっちもどっち。冒頭の例で言うなら、対象を〈りんご〉とひとくくりにするのも、〈サグワ〉と〈ヌングン〉に分節するのも、それはたまたまそうなっただけで、そう分けることに必然性はない。つまり、どちらも恣意《しい》的な分け方に過ぎない、ということになります。すなわち、世界に無数に存在する言語を通して形成された無数の世界観は、皆、それぞれに恣意的なものにすぎず、それぞれの世界観のあいだに、優劣など存在しない、ということ。この考え方は、例えば**42**で学習した**エスノセントリズム**（**自民族中心主義**）を批判する、有力な考え方になっていくわけです。

なお、実はこの言語相対論はその後厳しい批判にさらされてきたのですが、近年見直されてきているようです。言語相対論が多くの人々を魅了するのには、それなりの理由があるということですね。

読んでみよう

柳《やな》父《ぶ》章《あきら》『翻訳語成立事情』（一九八二年）文明開化の時期、欧米の多くの概念が日本語へと翻訳されることになるが、そのとき、日本語には存在しない概念を、日本語の新たな語として翻訳する必要がしばしばあった。その悪戦苦闘を振り返る一冊。

鈴木日出男『高校生のための古文キーワード100』（二〇〇六年）古文読解のカギとなる心情表現を中心に、古語を解説する。例えば「あはれ」や「かなし」など現代にも残る語の、現代語と古語での分節のずれがおもしろい。

ポイント

人は、習得した言語を通して世界を認識し、世界観を形成するという考え方が「言語相対論」である。これによれば、世界には、無数の言語体系と同じ数の世界観があるということになる。

56 構造主義

20世紀後半に現れ、現代の思想の新たな潮流となっていった「構造主義」とは、どのような考え方だろうか。

かまいたち、という妖怪を知っていますか？ 風に乗ってやってきて、人を切りつける悪いヤツです。誰かが普通に歩いているときなどに、突然、鎌で切られたような傷が開くことがある。昔の人は、その原因を「かまいたちのしわざだ」と考えたのです。

非合理的な考え方だなぁ、と、そう思うでしょうか。

確かに妖怪などは空想の産物です。現代の科学なら、こうした現象については、例えば、急激な気圧の変化によるもの、などと説明することでしょう。

でも、ちょっと考えてみてください。実はこの「妖怪」説と「科学」説は、個々の具体的な要素を捨象すれば、〈不思議な現象↓原因を考察↓仮説を立てる〉という考え方の形式——つまりは思考の構造に還元することができます。この点は、両者に共通する。となると、自然現象を妖怪で説明するという方法についても、あながち非合理的なものとは言えなくなります。なぜなら、理性的な営みを自認する科学と、思考の構造自体は共通するのですからね。

自然界の不思議さは原始人類にとっても、二十世紀の科学者にとっても同じくらいに不思議である。その不思議を昔われらの先祖が化け物へ帰納したのを、今の科学者は分子原子電子へ持って行くだけの事である。

寺田寅彦《とらひこ》「化け物の進化」（『寺田寅彦随筆集』第二巻、岩波文庫）

□捨象【しゃしょう】
対象から、ある要素や性質を抜き出す際に、他の不必要な要素を捨てること。関連 **抽象**

□還元【かんげん】
複雑な物事を、それを成り立たせている単純なものに戻して捉えること。

□抽象的【ちゅうしょうてき】
物事から、ある要素や性質だけを抜き出して捉えている様子。

□虚妄【きょもう】
事実でない、ばかげたこと。

□潜在【せんざい】
表には現れないが、内部に隠れて存在すること。対 **顕在**

□一世《いっせい》を風靡《ふうび》する
ある時代に広く知れわたり、大流行する。

□超常【ちょうじょう】
普通の状態を超えていること。

□元凶【げんきょう】
悪事を行う中心人物。転じて、悪

このような考え方は、実は、前回学んだ言語相対論とともに、**エスノセントリズム**（**自民族中心主義**）、とりわけ**西洋中心主義**に批判を加える有効な武器となりえます。合理的な思考の体現者を自称した西洋から見た際、いわゆる「未開」の文化は、非理性的・非合理的なものと映りました。しかし抽象的な構造に還元して比較してみると、こうした「未開」の文化にもまた、西洋のいわゆる理性的な思考と同様のものを見いだすことができる。ならば、西洋中心主義など虚妄であるはずだ——そういうことですね。社会学者の橋爪大三郎《だいさぶろう》は、著書『はじめての構造主義』（講談社現代新書）の中で、以下のように述べています。

西欧近代の知も「未開」社会の知も、同型（おなじこと）である、と証明してしまった。

具体的な現象ばかりに目を奪われず、そこに潜在する構造に着目する。このような知の方法を、**構造主義**といいます。20世紀の後半に一世を風靡《ふうび》した思想です。構造という概念のモデルの一つは言語における**ラング**なので、**53**の解説を、再度読み返しておきましょう。

もう少し、冒頭の「かまいたち」の事例にこだわってみます。ここには、この世界のありようを、〈超常／日常〉という二項対立の構造で捉えるという発想が認められます。世界には人知の及ばない領域があると考えているわけですね。こうした認識からは、**17「人間中心主義」**で考察した、自然に対する人間の優位を説くような考え方は生まれてきません。となると、人間の傲慢《ごうまん》を引き起こし、自然破壊をもたらした元凶とも言える西洋近代的な価値観よりも、すぐれたものの見方であるとも言える。「未開」文化のこうした捉え方もまた、現象の構造に着目して西洋中心主義に揺さぶりをかける、構造主義的な批判の一例であるわけです。

いことを引き起こす根本の原因。

読んでみよう

内田樹《たつる》『寝ながら学べる構造主義』（二〇〇二年）構造主義には多様な切り口があるが、この本は、「個々の文化を成り立たせている構造の違いに着目することで文化間の優劣を否定する」という、言語相対論にもつながる考え方を、かなり詳しく説明してくれる。

橋爪大三郎『はじめての構造主義』（一九八八年）構造という概念について、徹底的に掘り下げて解説してくれる伝説の名著。「ちょっと進んだ高校生、いや、かなりおませな中学生の皆さんにも読んでいただけるように、書いてみました」との筆者の言葉に応答したい。

ポイント

構造主義とは、現実の具体的な現象に潜在する「構造」に着目し、探究しようとする知の方法。西洋中心主義や人間中心主義への批判となった。

57 文化人類学

レヴィ=ストロースが構造主義の思想を展開した「文化人類学」とは、どのような学問だろうか。

顕在的な現象、例えばある地域の文化の基底には、言語におけるラングのような体系、すなわち潜在的な構造がある。その構造を抽出すると、一見非合理的に思える風習などの中にも、実は、理にかなった思考を見いだすことができる。そうした分析を通じて、自民族中心主義や西洋中心主義を批判していく——。このような**構造主義**を代表する学問が、**文化人類学**です。

文化人類学は、人類が形成する社会や文化について、研究者が実地に赴《おもむ》き、フィールドワークを通じて研究する学問です。かつては、いわゆる「未開」の社会の調査・研究が主でした。代表的な人物はレヴィ=ストロース。彼は、例えばオーストラリアのカリエラという先住民族の婚姻制度を分析しました。カリエラ族は四つのグループを形成するのですが、どのグループに生まれるかによって、どのグループの人間と結婚できるかが決まってしまいます。一見すると、非常に前近代的な、非理性的で蒙昧《もうまい》な因習に思えますよね。ところがこの婚姻制度を分析していくと、そこに、クラインの四元群と呼ばれる代数の法則と同じ構造が見いだされることがわかりました。カリエラ族は、西洋文明が長らく発見することのできなかった数学的な法則を、大昔から制度の中に持ち、自らの社会を維持してきたわけです。

先端的な現代数学の成果とみえたものが、なんのことはない、「未開」と見下していた人びとの思考に、先回りされていたのだ。

橋爪大三郎《だいさぶろう》『はじめての構造主義』（講談社現代新書）

□フィールドワーク
現地での調査や研究。野外調査。現地調査。

□レヴィ=ストロース
〔一九〇八―二〇〇九〕
フランスの文化人類学者。構造主義の考え方と構造人類学を確立した。

□先住民族【せんじゅうみんぞく】
ある地域に先に住んでいた民族。先住民。

□フレキシブル
融通がきく様子。事態に柔軟に対応できる様子。
類 **可塑《かそ》的**…粘土などのように、自由に形を変えることができる様子。

□ラディカル
根本的である様子。また、急進的で過激な様子。

こうなると、**20「直線時間」**で学んだような進歩主義的な歴史観は、もはや通用しなくなる。そうした歴史観を背景に、最も理性を体現していると自認していた西洋のエスノセントリズム（自民族中心主義）も、妄想に過ぎなかったということになる。

同じくレヴィ＝ストロースが、いわゆる「未開」社会の人々に特徴的な思考様式として考えた概念に、**ブリコラージュ**があります。ブリコラージュとは、何かしらの事態が生じたとき、ありあわせの材料を寄せ集めて必要なものを作り、事態に対処しようとする発想や態度を指します。このとき利用される「ありあわせの材料」は、それらが本来有していた役割に縛られてはいません。非常にフレキシブルな考え方、そして実践であることがわかりますね。文明人をきどる人々もまた、こうした思考に学ぶ必要があるのではないでしょうか。

さらに、文化人類学における**参与観察**、すなわち研究者自身が研究対象となる社会に赴き、そこで人々とともに生活をしながら研究をするというフィールドワークの方法は、**16**で学んだような近代の典型的な思考法、**主客二元論**に揺さぶりをかけます。主客二元論は、何かをする主体と何かをされる客体とに分断して物事を考える思考法ですが、参与観察においては、研究する主体が研究される客体、すなわちその社会にどっぷり漬かって研究することになりますから、当然、その社会の価値観などに影響を受けます。あるいは、その社会の人々とて、研究者からさまざまな影響を受けるでしょう。つまり、研究する主体と研究される客体とが相互に影響を与えあい、明確な分断線を引くことができなくなるわけですね。

構造主義と密接に関係する**文化人類学**は、右のような面でもまた、西洋の近代が築き上げた価値観やイデオロギーを相対化し、解体する、ラディカルな装置として機能してきたわけです。

読んでみよう

松村圭一郎《けいいちろう》『はみだしの人類学』（二〇二〇年）近代が生んだ価値観やイデオロギーは、いまなお、私たちの「常識」を強く支配する。それを批判し相対化する文化人類学の意義は、現代も大きい。本書はその最良の入門書。ぜひ、文化人類学的な知に触れてみよう。

小田亮《まこと》『レヴィ＝ストロース入門』（二〇〇〇年）レヴィ＝ストロースの主著『親族の基本構造』などを丁寧に読み解く。決して平易ではないが、誠実な一冊。第4章「ブリコラージュ vs 近代知」だけでも読んでみてほしい。

ポイント

文化人類学とは、人類の社会や文化をフィールドワークを通じて研究する学問である。構造主義とともに、西洋近代の価値観やイデオロギーを相対化し、解体する装置として機能してきた。

58 中心／周縁

〈中心／周縁〉とは何だろうか。また、それにより、文化や社会はどのように展開していくのだろうか。

塀《へい》と電柱との隙間《すきま》を見つけると必ずその狭い空間を通ったり、段差があると必ず登ったり、子どもって、時折、「なんで?」って思うような行動をすることがありますよね。

幼い人たちがしばしば示す、とりとめなく、不定形な動き、あるいは曖昧なもの、分類し難いものへの執着。それらは、彼ら自身にとって充分に意味深く大切げに見えているのだが、私ども大人の意味の範疇《はんちゅう》に位置づけられず、多くの場合「意味不明」として葬《ほうむ》り去られる。

本田和子《ますこ》『異文化としての子ども』（ちくま学芸文庫）

このように、子どもという存在にある種の不可解さを感じるとき、私たちは、子どもを自分たちとは異なるもの、すなわち**他者**として認識していることになります。

他者として認識する。

それは要するに、自分や自分たち大人とは異なる、相容《あいい》れない存在として位置づける、ということでもあります。つまりは、〈大人／子ども〉という二項対立で考える、ということですね。そして、私たちの住む社会は、基本的に、大人をその〈中心〉的な担《にな》い手として形成されています。逆に言えば、子どもとは、社会の〈周縁〉に追いやられた存在であるということ。これを図式的に見れば、〈中心＝大人／周縁＝子ども〉と整理することができます。

文化人類学者の山口昌男《まさお》は、このような〈**中心**／**周縁**〉の二項対立的構造を、人間の文化の

□範疇【はんちゅう】分類の一つひとつの枠。同じ種類のものが属する部門。カテゴリー。

□周縁【しゅうえん】あるものや範囲のまわりの部分。ふち。

□山口昌男【やまぐちまさお】［一九三一―二〇一三］文化人類学者。構造主義人類学の考え方を日本に導入し、一九七〇年代以降の思想や文化に大きな影響を与えた。

□動的【どうてき】動きがあり、変化・進展していく様子。対 **静的**

□マンネリ化【―か】同じ型が繰り返され、新しさや独創性がなくなること。

□ダイナミズム 物事が持つエネルギーが作用しあい、状況が変化していくこと。

さまざまな領域に見いだすことができると指摘しました。例えば〈クラシック音楽／ポピュラー音楽〉、〈文学／漫画〉、〈純文学／大衆文学〉など、それこそ枚挙にいとまがありません。ある文化領域には、〈中心〉的なものと、そこから外へと押しやられる〈周縁〉的なものが存在する。このことについては、皆さんも納得がいくのではないでしょうか。

しかし、ここで早とちりをしてはなりません。文化を〈中心／周縁〉の構造で捉えるといっても、それは〈周縁〉に位置するものを下に見よ、ということではない。むしろ逆で、文化とは、〈中心〉に位置するものと〈周縁〉に位置するものとのせめぎあいの中で、動的に展開するものなのです。例えば、〈中心〉の文化がマンネリ化し、停滞した際には、〈周縁〉の文化の要素をあえてとりこみ、活性化するというように。そうなると逆に、〈周縁〉は文化のダイナミズムにおいて絶対に不可欠だ、ということになります。であればこそ、児童学者の本田和子は、先の引用箇所のすぐ後で、次のように述べるのです。

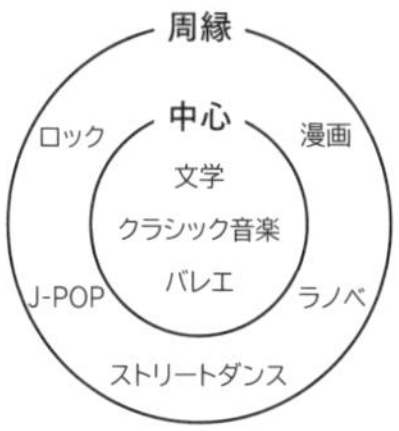

にもかかわらず、それらは、私どもの身体の奥深いところに働きかけ、密《ひそ》やかな振動を引き起こしたりする。

「意味不明」な子どもという存在を〈周縁〉に押しやりつつも、その存在は、「身体の奥深いところ」で私たち大人を揺さぶってくる――。もし、大人中心の今の社会が行きづまっているとするなら、私たちは、子どものありようにおおいに学ぶ必要があるのかもしれませんね。

読んでみよう

ミヒャエル・エンデ『モモ』（一九七三年）円形劇場の遺跡に住みついた、みすぼらしい身なりの少女、モモ。彼女こそ、近代文明社会にとって〈周縁〉の存在である。しかしこの少女の活躍によって、世界は救われるのだ。

畑中章《あき》宏《ひろ》『日本疫《えき》病《びょう》図説』（二〇二一年）前近代、感染症は、共同体の外部からやってくる、忌《い》むべき〈周縁〉的存在であった。反面、そうした感染症とのせめぎあいの中で、民間信仰や芸能、工芸品なども創造されてきたのである。

ポイント

〈中心／周縁〉とは、文化のさまざまな領域に存在する、二項対立の構造である。文化や社会は、〈中心〉に位置するものと〈周縁〉に位置するものとのせめぎあいの中で、動的に展開していく。

59 異化

「文学とは何か」を捉えるための画期的な概念の一つであった「異化」とは、どのようなものだろうか。

ポケットからこぼれた舌が足元に転がった

草野理恵子「ポケット／舌」（『黄色い木馬／レタス』土曜美術社出版販売）

右は、とある詩の一節です。皆さん、これを読んで、今、どんなことを感じたでしょうか。

使われている言葉は、何一つ、難しいものはありません。「ポケットからこぼれた」という言い方はやや比喩的ではありますが、とりたててめずらしい表現というわけでもない。また、「ポケットからこぼれた」ものが「足元に転がった」というのも、日常生活で起こりうる、ごくごく普通の現象です。ところが、「ポケットからこぼれた」もの、あるいは「足元に転がった」ものが「舌」とくれば、「ええっ!?」「どういうこと!?」と、ギョッとしたのではないでしょうか。

仮に、ここに置かれる名詞が「舌」でなくて……そうですね、「あめ玉」だったらどうか。

「ポケットからこぼれたあめ玉が足元に転がった」

うん、全然不思議じゃない。違和感もない。私たちが使う、ごくごく普通の言い回しですよね。でも、であればこそ、私たちはこの「ポケットからこぼれたあめ玉が足元に転がった」という一節には、別段何も感じないし、おそらくは、さして注目もせずに流してしまうでしょう。

ところが、こぼれたのが「舌」ともなれば、放ってはおけない。途端に、言葉が、異様な存在感を持って迫ってくる。「どういうことだ?」と、その意味を解釈せずにはいられなくなる。

「こぼれた」に「あめ玉」を持ってくるような、日常的で普通の言い回しのことを、「**自動化**

□比喩的【ひゆてき】
物事を直接に表現するのではなく、他のものにたとえて表現する様子。

□違和感【いわかん】
何かが合わない感じ。しっくりしない感じ。（「異和感」と書くのは間違い。）

□新奇【しんき】
目新しくて変わっている様子。

□ロシアフォルマリズム
一九一〇年代半ばにロシアで起こった文学運動。文学作品は現実から離れた自律的なものであると主張し、形式や方法の研究を重視した。「フォルマリズム」ともいう。

□シクロフスキー［一八九三―一九八四］
ロシア及び旧ソビエト連邦の文芸批評家・作家。ロシアフォルマリズムの中心メンバーの一人。

された表現」などと言います。自動という概念は、いちいち考えずとも、こうくればこう、ああくればああみたいに、すらすら言えてしまう、そんなイメージで捉えておいてください。

逆に、「こぼれた」に「舌」を持ってくるような、非日常的でギョッとするような言い回しのことを「**異化**された表現」などと言います。ギョッとしますから、私たちはついつい、その表現に目を奪われたり、その意味についてあれこれ考えてみたり、あるいは、何かしら新奇なイメージをそこに見いだしたりするわけです。20世紀初期の文学・芸術運動であるロシアフォルマリズムを率いた一人、シクロフスキーの唱えた概念ですね。「異化された言語こそが、言葉の連なりを詩あるいは文学にする」、そう考えたわけです。詩とは何か、あるいは文学とは何かについて、「非日常的な言葉の組み合わせ」「自動化された文脈からの切断」など、形式すなわち構造の次元で考察したので、フォルマリズムは、56で学んだ**構造主義**の土台となった考え方の一つとも言われます。

異化には、他にも例えば、このようなものもあります。

「ここで泳いではいけません」

え？　全然奇妙じゃない？　では、この言葉がもし映画館の壁に貼ってあったらどう思いますか？　「はぁ!?」ってなりますよね。ほら、何の変哲《へんてつ》もないと思われた表現が、途端に、存在感を増しました。文学研究者の大橋洋一は、『新文学入門』（岩波書店）の中で、異化について次のように説明しています。

基本的には、慣れ親しんだものを、それとは異なるものにすることです。

読んでみよう

草野理恵子『黄色い木馬／レタス』（二〇一六年）　現代詩は難しい。そう感じたことがあるなら、その感覚は、正しい。なぜなら現代詩とは、異化を徹底する表現であるからだ。まずは言葉の組み合わせの意外性を楽しみ、その質感を味わうところから始めてみよう。

亀井秀雄《ひでお》監修・蓼沼《たでぬま》正美著『超入門!・現代文学理論講座』（二〇一五年）　フォルマリズムの「異化」という概念は、いわゆる文学理論と呼ばれるものの一つだ。異化を含む、現代の文学理論を学ぶための入門書といえば、まずはこの一冊を推す。

ポイント

「異化」とは、非日常的でギョッとするような言葉の組み合わせを用いることにより、慣れ親しんだ事物を、新奇で異様なものとして認識させる手法である。ロシアフォルマリズムで唱えられた。

60 物語の型

古今東西の物語を構造主義の観点から見ると、どのようなことが言えるだろうか。

漫画『ONE PIECE』（尾田栄一郎作）の主人公ルフィたちの戦い方には、ある一定の型があります。敵側に、ボスと幹部一番手、幹部二番手がおり、ボスをルフィが、幹部一番手を剣豪ゾロが、そして幹部二番手をコックのサンジが倒す、というパターンです。もちろん倒される敵のキャラクターや、ルフィたち「麦わらの一味」の戦い方などは各編で違う。けれども、そこに潜在するパターンを抽出すると、同じ型の反復が認められるのです。

……それってつまり、**構造**っていうこと？

はい、そのとおりです。**56「構造主義」**や**57「文化人類学」**などで「構造」という概念を学びましたが、ここで言う「パターン」「型」とは、まさに「構造」ということです。つまり『ONE PIECE』で描かれる〈各編における多様な戦いのありよう＝顕在的な事象〉は、冒頭に示したような〈潜在的な構造〉を共有していると言える。

さて、『ONE PIECE』の事例は、一つの物語の中での構造の反復という話でした。では、物語における構造の反復は、一つの物語内においてしか見られないものなのでしょうか。

ここで、『竹取《たけとり》物語』にある、月の都からかぐや姫を迎えに来た天人の言葉を見てみましょう。

（なお、引用文中の「かくや姫」とはかぐや姫のことです。）

かくや姫、罪を作り給《たま》へりければ、かく、賤《いや》しきをのれが許《もと》に、暫《しば》しおはしつるなり。

上坂信男《のぶお》『竹取物語　全訳注』（講談社学術文庫）

□抽出【ちゅうしゅつ】特定のものを抜き出すこと。
□反復【はんぷく】繰り返すこと。
□清浄【せいじょう】けがれがなく、清らかなこと。「しょうじょう」とも読む。
□零落【れいらく】落ちぶれること。身分や生活の程度がすっかり下がって、みじめな状態になること。
□折口信夫【おりくちしのぶ】［一八八七－一九五三］日本の国文学者・民俗学者・歌人。日本の古典文学や芸能などを、民俗学の視点から研究した。
□類型【るいけい】複数のものに共通している、性質や特徴などの型。
□カンフル剤【－ざい】だめになりかけた物事を回復させるための、強力な手段。カンフル注射。

かぐや姫は、罪を犯しなさったので、こうして、卑《いや》しいお前のところに、しばらくのあいだいらっしゃったのだ――。天人は、竹取の翁《おきな》にそう言っています。「卑しいお前のところ」というのは、翁の屋敷のみならず、月の世界から見た下界、すなわち地上の世界も指しています。つまりここには、〈月＝清浄な世界／地上＝汚れた世界〉という二項対立がある。要するにかぐや姫は、もともとは清浄な世界の住人でありながら、落ちぶれて地上の世界に下ってしばらく過ごし、再び清浄な世界へと戻る、というキャラクターとして描かれているわけです。

高貴な者＝貴種《きしゅ》がいったん零落し、再度高貴な地位へと復活する――。実は、古典作品や民間伝承の中には、こうした構造を持つ物語がたくさんあるのですね。民俗学者の折口信夫《おりくちしのぶ》は、こうした物語の類型を**貴種流離譚**《きしゅりゅうりたん》と呼びました。同様の構造は、例えばデンマークの童話作家アンデルセンの『みにくいアヒルの子』にも見られますし、あるいは、大ヒットしたロールプレイングゲーム「ドラゴンクエスト」も、勇者の血筋に生まれながら庶民として生き、しかし、のちに勇者としての栄光を得る――という、典型的な貴種流離の構造を有しています。

どうやら、物語には、古今東西において反復され、共有される構造がある。

こうしたことを考えるのも、**構造主義**における一つの大きなテーマなんですね。

世界中の物語に共有される構造としては、**トリックスター**の活躍も有名です。トリックスターとは、対立する二つの世界の境を越え、自在に行き来できる存在で、その行動によって物語世界の秩序が乱されます。逆に言えば、物語が動的に展開するきっかけを作り出す、カンフル剤のようなキャラですね。水木しげるの漫画『ゲゲゲの鬼太郎《きたろう》』に登場する、妖怪界と人間界を自由に行き来して事件を引き起こしてばかりのねずみ男は、その典型です。

読んでみよう

小林真大《まさひろ》『文学のトリセツ』（二〇二〇年）誰もが知る物語、「桃太郎」を教材に、難解な文学理論をわかりやすく解説してくれる教科書。現代思想を学ぶ一冊としても、きわめて優れた内容となっている。

廣野《ひろの》由美子『批評理論入門』（二〇〇五年）悲しき怪物の物語『フランケンシュタイン』を素材に、さまざまな文学理論が小説の読みにどのように適用できるのか、詳しく解説してくれる。広範な理論が紹介されているのもうれしく、何より、読んでいて楽しい一冊。

ポイント

古今東西の物語は、一定の型、つまり「構造」を共有し、反復していることがある。そのような構造の例としては、「貴種流離譚」や「トリックスター」などがある。

61 記号

現代思想における最重要概念の一つ、「記号」とはどのような考え方だろうか。

皆さん、〈neko〉という音を聴いて、頭の中に何を思い浮かべますか？「何を言っているのか。そんなもの〈猫〉に決まっているじゃないか」と思った人、なるほど、それはそうなのかもしれません。でも実は、今皆さんの脳内で生じた現象は、現代思想における極めて大切な一つの考え方、それを理解するための大きなヒントとなるのです。

どういうことか。

〈neko〉は、単なる音です。けれどもその音は、今、皆さんの脳内で、〈猫〉の概念と結びつきました。つまり、〈音〉と〈概念〉との結合です。ここでもまた言語学者ソシュールに登場してもらうのですが、ソシュールは、語というものを、このような〈音／概念〉の結びつきとして捉えたのですね。このとき、〈音〉は、何かしらの〈概念〉を表現するものだと言えます。これを**記号表現**（**シニフィアン**）と呼びます。逆に〈概念〉は、〈音〉すなわち〈記号表現〉によって表現されるもの。これを**記号内容**（**シニフィエ**）と呼びます。つまり、「語とは〈記号表現〉と〈記号内容〉の結びつきによって成り立つもの」と、こう措定することができる。

でも、ちょっと待ってください。そうした組み合わせなら、例えば、×という形は、「不正解」という意味を表すことができますよね。となると、〈×という形＝記号表現／不正解＝記号内容〉というふうにも考えられる。あるいは、蝉《せみ》の声を聴いて夏の訪れを感じたのなら、〈蝉の声＝記号表現／夏の訪れ＝記号内容〉といった解釈だって成り立つ。要するに、何かしらの事象に何かしらの意味を解釈したら、その瞬間に、〈記号表現／記号内容〉の組み合わせが成立する

□ソシュール →P.112

□措定【そてい】
ある事物の存在や、内容を、「これこれこういうものだ」として定めること。

□モデル
①型。模型。②手本や見本になるもの。③物事の内容や構造を、単純な図式にしてわかりやすく捉えたもの。

□宮沢賢治【みやざわけんじ】
〔一八九六―一九三三〕
詩人・童話作家。農民生活や自然との交感、宗教心に根ざした数多くの作品を残した。『やまなし』は一九二三年発表の短編童話。

ことになるわけで、こうした組み合わせのことを、〈**記号**〉と考える――ソシュールは、そうしたことも主張したのです。ここでは、語もまた、そうした記号の一つの例ということになります。語をモデルとして「記号」という考え方が編み出され、今度はその語が、記号という大きなまとまりの中の一例となった、ということですね。

さて、皆さんはきっと、宮沢賢治の『やまなし』という作品を知っているでしょう。たとえ覚えていなかったとしても、次のせりふには、「ああ、あれか!」ってなると思います。

クラムボンはわらったよ。

「クラムボンって誰だよ」「クラムボンってなんだよ」――このお話を読んだとき、皆さん、そんなことを思ったのではないでしょうか。もしそう思ったなら、それは、「クラムボン」という〈記号表現〉に対応する〈記号内容〉が見つからないから、と説明できるはずです。では、なぜ見つからないのか。

それは、「クラムボン」という〈記号表現〉にはこのような〈記号内容〉が結びつくよ、という規則が存在しないからです。逆に言えば、ある〈記号表現〉が何かしらの〈記号内容〉と結びついて〈記号〉となるには、両者を結びつけるための**規則**（**コード**）が必要である、ということですね。冒頭で、〈ｎｅｋｏ〉という音を聴いて〈猫〉の姿をすぐに思い浮かべることができたのは、「〈ｎｅｋｏという記号表現〉は〈猫という記号内容〉と結びつくという規則＝コード」を、皆さんが持っていたからなんですね。

読んでみよう

池上嘉彦《よしひこ》・山中桂一《けいいち》・唐須《とうす》教光《のりみつ》『文化記号論』（一九九四年）　記号に関する基礎的な知識を懇切丁寧に説明したのち、それを実際に、さまざまな対象を解釈するツールとして応用してみせる。日常も、非日常も、私たちの生きるこの世界は、無数の記号にあふれているのだ。

川本茂雄《しげお》『ことばとイメージ』（一九八六年）　記号という考え方を用いて、詩や絵画を自在に解釈する。かなり難しい知識についても言及しているが、わかるところだけわかればいい。「Ⅱ　詩の言語」だけでも目を通してほしい。

ポイント

ソシュールが考えた「**記号**」とは、**記号表現**（**シニフィアン**）と**記号内容**（**シニフィエ**）とが結びついて成り立つもの。記号表現と記号内容が結びついて記号となるためには、コードが必要である。

62 テクスト

ロラン・バルトが唱えた「テクスト」とは、どのような考え方だろうか。

前回、記号について学びました。その際に、〈記号表現＝neko／記号内容＝猫の概念〉という組み合わせから成る〈猫〉という記号を例としたわけですが、人によっては、この〈猫〉という記号に、「自由」という意味を読みとるかもしれません。このとき、今度は〈記号表現＝猫という記号／記号内容＝自由〉という形で、新たな記号が成立していることがわかるでしょうか。〈記号表現＝neko／記号内容＝猫の概念〉なる組み合わせが記号の成立の第一段階なら、〈記号表現＝猫という記号／記号内容＝自由〉なる組み合わせは、その第二段階。前者が表す意味をデノテーション、後者が表す意味をコノテーションといいます。

あるいは、記号は、コンテクストによっても多様な意味を持ちえます。例えば、「ないものはない！」というメッセージを一つの記号と考えると、それは「なんでもあるよ！」という意味にも「ないって言っているでしょ？」という意味にもなる。実は、記号表現と記号内容の結びつきは、恣意《しい》的なものでしかないんですね。参照するコードやコンテクストによって、記号表現は、さまざまな意味と結びつく。先ほどは〈猫〉に「自由」という記号内容を解釈しましたが、文脈によっては「ずるい」「すばしこい」などの意味を持つことも可能なわけです。

ここで、現代思想の超重要人物、ロラン・バルトの言う**テクスト**という概念について触れなければなりません。テクストとは、簡単に言ってしまえば、記号がたくさん集まって作り出す一つのまとまりのことです。記号の代表的な例が語であることを考えると、テクストの代表例も、語の集合すなわち文章ということになります。

□デノテーション
直接示されている、文字どおりの意味。明示的意味。

□コノテーション
直接には表れていない、暗示的な別の意味。類 **含意**

□コンテクスト
「文脈」（↓P.106）のこと。「コンテキスト」ともいう。

□ロラン・バルト［一九一五―一九八〇］
フランスの批評家・記号学者。構造主義に基づき、テクスト論や記号学の思想を展開した。

□痕跡【こんせき】
過去にそこにあった事物が残した跡。類 **形跡**

□作者【さくしゃ】
作品を生み出し統括する特権的な存在として想定される、近代に確立される概念。
関連 **作家作品論**…作品を作り出したのは作者であり、そこにしかし、バルトのテクストという概念を、単に文章のことだと理解してはいけません。それは、記号、つまり、コードやコンテクストの転換によって多様な意味を持ちうる記号が無数に集まって織り成されるものなのです。要するに、テクストもまた、さまざまな意味を生産する場となるということ。しかもバルトは、このようなことまで言ってのけてしまう。

テクストとは、無数にある文化の中心からやって来た引用の織物である。

ロラン・バルト「作者の死」（花輪 光《ひかる》訳、『物語の構造分析』みすず書房）

着目したいのは、テクストを「**引用の織物**」と定義する点です。引用とは、自分以外の誰かが使った言葉を引っ張ってくること。つまりバルトは、テクストとしての文章を、他の無数の人々が使ってきた記号＝言葉が引用され、一つの文章へと織りあげられたものであると言っているわけですね。確かに、言葉は常に、不特定多数の誰かがどこかで使ったものであるわけです。だから、言葉を使って編まれたテクストは、「引用の織物」ということになる……。

である以上、テクストの中の記号＝言葉は、それまでの無数の使い手の癖や痕跡が刻まれたものだと言える。例えば「桜」という記号を目にしたとき、平安貴族たちが儚《はかな》さの象徴として歌に詠んだことを知っていると、私たちはそのイメージをどうしても読みとってしまう。

記号の集合としてのテクストは、多様な意味を産出します。かつ、そこに編みこまれた記号群には、これまでの使用の痕跡が刻まれている。となると、テクストとは、それを書いた作者の意図を表現したものとは言えなくなる。読者がさまざまに解釈し、意味を与えるものだということになるわけです。バルトはそうしたありようを「**作者の死**」と象徴的に表現しました。

こめられた意味は、すなわち作者の意図である。ゆえに作品を読むとは作者の意図を解読することなのだ、とする考え方。

読んでみよう

ロラン・バルト『物語の構造分析』（花輪光訳、一九七九年）難解な文章だが、「作者の死」という短いエッセイに目を通してみよう。いくつかのフレーズの意味をなんとなくつかめれば十分だ。

渡辺祐真／スケザネ『物語のカギ』（二〇二二年）読むことを楽しむ方法を、さまざまな角度からレクチャーしてくれる。「作者の死」は第一章の最後に言及され、その先の理論にも踏みこんでいる。

ポイント

バルトの言う「テクスト」は、多様な意味を持ちうる記号が無数に集まって織り成されるもの。それは「引用の織物」であり、作者ではなく読者こそが意味を与えるものである。

63 ポスト構造主義

ポスト構造主義は、どのような考え方によって、構造主義の限界を乗り越えようとしたのだろうか。

構造主義とは、顕在的な事象を成り立たせている潜在的な「構造」に着目する考え方でした。その構造のミニマムが、二項対立でしたね。構造とは「無数の二項対立が織り成す体系」であるわけです。そして、この構造主義がとりわけ力を発揮した学問が、**57**で学んだ文化人類学でした。いわゆる未開と呼ばれる地域の風習も、抽象的な構造へと還元すると、そこには極めて理性的なシステムや思考を認めることができる。そうなれば、西洋の近代を特徴づける世界観、すなわち、**41「オリエンタリズム」**で確認したような〈自分たち西洋＝文明／他者たる東洋＝未開〉という西洋中心主義は、もはや成り立たなくなる。

あるいは、構造主義的な考え方は、**15「理性と近代合理主義」**で学んだような、人間の理性を特権化するデカルト的思考それ自体を批判することにつながります。例えば「構造」の基礎的モデルとなったソシュールのラングは、言葉を言葉として機能させる抽象的法則のことでした。逆に言えば、私たちが言葉を用いてする行為、すなわち発話も、そして思考――つまり理性の運用――もまた、ラングという体系に規定されていることになります。もちろんラングは、個人をはるかに超越した巨大なシステムです。となると、私たちの理性の運用、すなわち思考は、私たち個人を凌駕《りょうが》する体系なしには実践できるものではない。つまり私たちの理性は、自ら考えているのではなく、超個人的な構造であるラングに、考えさせられている――。

20世紀後半に隆盛を極めた構造主義のもくろみは、どうやら西洋近代的な思考の枠組みを揺さぶることにあったようですね。その詳細は、**66「ポストモダン」**で解説します。

□凌駕【りょうが】
他のものをしのいで、その上に立つこと。

□隆盛【りゅうせい】
勢い盛んに栄えること。

□静態的【せいたいてき】
静止した状態である様子。 対 **動態的**

□本質化【ほんしつか】
本質とすること。変わることのない根本的なものと考えること。

□ドゥルーズ〔一九二五―一九九五〕
フランスの哲学者。差異、欲望、分裂などの思想を展開した。

□ガタリ〔一九三〇―一九九二〕
フランスの精神分析医・哲学者。ドゥルーズとの共著が多い。

□ジャック・デリダ〔一九三〇―二〇〇四〕
フランスの哲学者。「差延」「エクリチュール」などの概念で西洋のロゴス中心主義を批判した。

しかし、やがてこの構造主義は、ある意味で自己批判的に、次のステージをめざしていくことになります。いわく、構造それ自体を静態的に捉える構造主義の見方では、構造というものを本質化してしまうことになる。それでは、事象の背後に普遍的な真理を探究してきた近代の態度と、結局は同じことになってしまうではないか——。

全体を統合する中心も階層もなく、二項対立や対称性の規則もなく、ただかぎりなく連結し、飛躍し、逸脱し、横断する要素の連鎖があるだけである。

宇野邦一《くにいち》『ドゥルーズ　流動の哲学』（講談社）

ドゥルーズとガタリという思想家たちが唱えた、**リゾーム**という概念を解説する一文です。リゾームとは、竹やシダやハスなどの地下茎《ちかけい》のこと。地下茎は、一見すると、ぐちゃぐちゃにこんがらがった不定形の広がりのように思えます。しかし、決してカオスではありません。近代が追究した真理＝中心も持たなければ、構造主義が想定した二項対立のような整然としたシステムでもありませんが、地下茎は地下茎なりの論理と「秩序」を持っています。どこまでも自由に「飛躍し、逸脱し、横断する」ような、動的な秩序を。構造をこのようなイメージで捉えれば、構造主義の限界を乗り越えていけるのではないか——。

構造を、静態的なものでなく動的に生成変化するものと捉え、よりラディカルに、西洋近代的な思考の枠組みの解体を図る思考法。それが、**ポスト構造主義**です。ドゥルーズやガタリの他には、人間の二項対立的な認識の枠組みを延々とずらしていくことを主張した、**脱構築**批評のジャック・デリダなどが代表的論客ですね。

読んでみよう

丸山圭三郎《けいざぶろう》『言葉と無意識』（一九八七年）構造主義の思想的基盤の一つがソシュールの言語学だが、丸山は、構造を動的に生成変化させていくポスト構造主義的発想が、ソシュールの段階ですでにあったことを指摘する。

千葉雅也《まさや》『現代思想入門』（二〇二二年）ポスト構造主義について、これ以上イメージしやすく、かつ、誠実に解説する入門書は、もう現れないのではないか。第七章「ポスト・ポスト構造主義」は難しく感じられるかもしれないので、今は読み飛ばしてもいい。現代思想入門の決定版である。

ポイント

構造主義は、「構造」を本質化する点で、普遍的真理を探究した近代と同様だと言える。ポスト構造主義は、構造を静的なものでなく動的に生成変化するものと捉え、近代的思考の枠組みの解体を図った。

64 アイデンティティ

日常的にもよく使われる「アイデンティティ（自己同一性）」という言葉は、どのような意味なのだろうか。

例えばあなたが、○○高校3年A組の生徒であったとしましょう。でも、放課後には○○高校吹奏楽部の副部長であるかもしれません。そして家に帰れば、○○家の第一子でもあります。あなたの帯びる社会的な属性は、このように、さまざまに分裂していることがわかります。

あるいは、私たちの体を構成している細胞は、新陳代謝によって日々入れ替わっている。十年前の自分と、今の自分、そして十年後の自分は、物質的にはほとんど別のものなのです。このように、体を構成する物質の面でも、自分が複数に分裂するものであることは明らかです。

けれども私たちは、基本、「それでも自分は自分なんだ」という意識を持っています。無数に分裂する自己は、しかし自己という一つのまとまりとして存在している――このような意識や状態のことを、**自己同一性**、あるいは**アイデンティティ**といいます。言い換えるなら、自分が自分であるという根拠、自分は他の誰でもなくこの自分なのだという意識、自己の固有性、自己の代替不可能性、自分は何者かという意識、あるいは自己の存在意義。なじみのある言い方では「自分らしさ」とか「個性」くらいの、軽いニュアンスで使われることもありますね。

「自分らしさとか個性とか、それを『軽い』だなんて言わないでください！」

そんな言葉が返ってくるかもしれません。今そう思った人は、きっと、自分らしさや個性、つまりはアイデンティティを一所懸命に追求している人なのだと思います。あるいは、周りの大人たちから「個性を持ちなさい！」「自分らしく生きよ！」などと言われ、プレッシャーに感じている人なのかもしれません。そしてそれはきっと、「自分はいったい何者なのか」「今の

□ニュアンス
言葉などの表現の、微妙な意味合い。

□揶揄【やゆ】
皮肉や、ばかにする気持ちとともに、相手をからかうこと。

□強迫観念【きょうはくかんねん】
いくら払いのけようとしても心につきまとって離れない、不安な気持ちや考え。

□躍起【やっき】
焦《あせ》って、むきになること。

□関数【かんすう】
一方の値が変化すると、それに応じて他方の値も変化するような関係のこと。

□可変的【かへんてき】
変えることができる様子。また、変わることができる様子。

□汲々《きゅうきゅう》とする
一つのことだけに、あくせくと一生懸命になる。

自分なんて自分じゃない」「本当の自分が見つからない」などという不安に苛《さいな》まれているということでもあるのでしょう。自己同一性を希求しながらも、それを見つけられずに心が動揺すること。そうした状態を、**アイデンティティクライシス**といいます。

ＩＤカードぐらい引き出しにしまっておきなさいよ

山田詠美《えいみ》「文學界新人賞 選評」（『文學界《ぶんがくかい》』一九九七年十二月号、文藝春秋《ぶんげいしゅんじゅう》）

一九九七年、とある文学新人賞が発表された際の、選考委員の一人、山田詠美の言葉です。「IDカード」とは身分証明書のことで、要するに、自分は誰なのかを証明するカードです。山田は、新人賞の応募作品にアイデンティティをテーマとする小説が多すぎることを揶揄《やゆ》して、そんなつまらないことはもう書くな、と助言しているのですね。逆に言えばこの時代、とりわけ若者たちは、「本当の自分」という強迫観念に囚《とら》われ、それを追い求めることに躍起になっていたということです。皆さんは、どうでしょうか。

かつて、近代的な理性中心主義や個人主義が強固に信じられていた時代には、自分らしさの根拠は、自己の内側にあるものと考えられていました。けれども、**52「差異の体系」**で学んだように、物事の価値や意味は他者との関係性の中で画定されるものです。だとするとアイデンティティもまた、他者との関わりの中で認識されていくことになる。しかし、他者はもちろん、無数に存在します。となると、そうした他者の関数としてのアイデンティティもまた、どこで誰と関わっているかによって異なってくる、可変的なものなのかもしれない。もしそうならば、自分らしさの追求などということに汲々《きゅうきゅう》とする必要はないのかもしれませんね。

読んでみよう

平野啓一郎『私とは何か』（二〇一二年）　芥川《あくたがわ》賞作家の平野が説くアイデンティティ論。平野はまさに、自己を「他者との関係から成る可変的な存在」として捉え、「本当の自分」という観念を否定する。人は、他者との関わりの中で無数の自己を生成させる「分人《ぶんじん》」なのである。中高生必読の書。

温又柔《おんゆうじゅう》『真ん中の子どもたち』（二〇一七年）　自己のルーツを意識する、あるいは意識せざるを得ない環境や人生を生きる人々にとって、「アイデンティティ」は切実な主題となる。複数のルーツを持つ登場人物たちの思いとは。

ポイント

「アイデンティティ」とは、「自分が一つのまとまりとして存在している」という、そのまとまりの意識をいう。**それは、他者との関わりで定まる、可変的なものかもしれない。**

65 身体論

「身体論」とは、どのようなものだろうか。

漫画家の松本大洋《たいよう》に、『花男《はなおとこ》』という作品があります。主人公は、成績優秀だけどさめた感じの小学三年生、茂雄。茂雄は夏休みのあいだ、別居中の父親、花男《はなお》と過ごすことになります。花男は、三十歳になっても定職に就かず、プロ野球のジャイアンツに入団する夢を持つ変わり者。クールな茂雄はそんな花男に翻弄される日々に辟易《へきえき》しつつ、次第に共感を抱《いだ》くようになります。そして、ついに花男はジャイアンツに入団し、ホームランを打つのですが、そのとき茂雄は興奮して、観客席からグラウンドにジャンプし、こう叫ぶのです。

ビリビリしたァ!!

松本大洋『花男』第三巻（小学館）

©松本大洋／小学館

高いところからジャンプして、足が痺《しび》れる感覚。茂雄はそこに、確かなものを感じとっています。成績はオール5、県の統一テストでも十位以内にランクインする茂雄は、それまでは〈知の人〉でした。しかしこのせりふからは、身体を通じて自分の存在の確かさを、あるいは生きているという実感を味わっていることがわかりますね。

15「**理性と近代合理主義**」では、近代という時代には、人間存在における理性が特権化され、非理性的と判断されるものが排除されてきたという話をしました。**16**「**主客二元論**」では、さ

□翻弄【ほんろう】
思うままに振り回し、もてあそぶこと。

□辟易【へきえき】
うんざりして、嫌になること。

□措く【おく】
とりあえず、脇に置いておく。ほうっておく。

□営為【えいい】
人が仕事などとして行うこと。いとなみ。

□間主観的【かんしゅかんてき】
間主観性に関わっている様子。間主観性とは、複数の主観があり、それらが共通に認識するものとして（いわば、複数の主観の「あいだ」に）客観的世界が成り立っているという考え方。

□模索【もさく】
いろいろと試しながら、手探りするように探し求めること。

らに、そのような理性の宿る精神を特権化し、「人間存在の本質は精神にあって、身体はそれに従属するものにすぎない」とする**心身二元論**についても触れました。こうした近代的な価値観と茂雄の「ビリビリしたァ!!」という言葉は、まさに対照的ですよね。何しろ、「頭で考える前に身体で感じろ！」というメッセージを含んでいるのですから。

ここで再度、**50「神は死んだ」**で紹介した、19世紀末の哲学者ニーチェに登場してもらいましょう。

創造する身体がその意志の道具として、精神を創造したのである。

ニーチェ『ツァラトゥストラはこう言った』上巻（氷上英廣《ひかみひでひろ》訳、岩波文庫）

難しいところは措《お》き、「身体」が自分の「道具」として「精神」を創造した、という構文に着目してください。ここでは身体が主で、精神が従となっています。つまりニーチェのこの言葉は、近代における合理主義や心身二元論を否定して、身体の重要性を訴えるものなのですね。

身体の重要性。近代において精神より劣るものとして見下されてきた身体について、その意義を思索する哲学的な営為のことを、**身体論**といいます。

むろん、身体論にも多様な観点があります。例えば右の『花男』の例のように、「身体的感覚を通じて生きていることの実感をつかむことができる」という主張はしばしば目にします。あるいは前回の話と併せて考えるなら、身体感覚をこそ、ばらばらに分裂していく自己を統合するアイデンティティの根拠と捉えるような発想もあります。さらには、身体の感覚を伝えあうことで他者との間主観的なつながりを模索する考え方も魅力的です。

読んでみよう

伊藤《いとう》亜紗《あさ》『きみの体は何者か』（二〇二一年）体を通じた他者との間主観的なつながり。それを理解するための入門の入門として、これほどにすばらしい一冊もなかなかにない。10代に向けたノンフィクションシリーズ「ちくまQブックス」から刊行されている。

鷲田《わしだ》清一《きよかず》『ちぐはぐな身体』（一九九五年）「ファッション」を通じて、人間の身体、特にアイデンティティについて考察する。身体論の入門書として、まずは読んでおきたい一冊。極めてわかりやすく書かれており、論の展開を追う訓練にも最適。

ポイント

近代の価値観では、**人間の「理性」や「精神」が特権化され、「身体」はそれに従属する劣ったものとみなされてきた。**現代において、逆に**身体を重視し、その意義を哲学的に考えるものを「身体論」という。**

66 ポストモダン

一般に「ポストモダン」と総称される思想の潮流とは、どのようなものなのだろうか。

西洋の17世紀あたりから始まった**近代＝モダン**とは、人間の理性を特権化し、それまでの因習的な体制から人間の可能性を解放する時代でした。科学の飛躍的な発展が、人々の生活を信じられないほど豊かにしました。人権や平等など、今日でも大切にされる理念が、たくさん概念化され、理論化されました。

しかし、同時に近代は、そうした理性的な文明を築くことに成功した自分たち西洋を進化の頂点に据え、異文化を未開と位置づけるような差別的なまなざしを生み出してもいきます。「啓蒙《けいもう》」という大義名分の下《もと》に植民地支配を正当化し、暴力で他者を蹂躙《じゅうりん》していったのです。あるいは、科学技術の発達に伴う兵器の革新は、人類史上かつてない大量殺戮《さつりく》に帰結しました。ナショナリズムや、20世紀前半の全体主義も、おびただしい数の人々を殺しました。

近代＝モダンは、確かに多くの光をもたらしました。けれども同時に、果てしなく深い闇も生み出しました。それゆえ、近代的な価値観をこのまま未来へと手渡すわけにはいかない――20世紀の後半、多くの人々が、そう考えたのです。近代の生み出した価値観や諸制度を批判的に検証し、近代を乗り越えていくことが企図されたのですね。それが、**56**で見た**構造主義**や、**63**で学んだ**ポスト構造主義**などです。これらを代表とする、近代を批判する思想の潮流を総称して、**ポストモダン**（ポストモダン思想、ポストモダニズム）などと呼ぶことがあります。

ポストモダンの思想家の多くは、例えばニーチェの哲学を再評価します。ニーチェは**神の死**を宣言することで、西洋近代に至るまでの形而上学《けいじじょう》を否定したからです。あるいは、フロイ

□援用【えんよう】自説の根拠や助けとして、他の人の説や資料を引用したり、内容にとり入れたりすること。
□不可知【ふかち】人間には知ることができないこと。
□示唆【しさ】それとなく示すこと。ほのめかすこと。
□聖域【せいいき】神聖な領域。踏みこんだり変えようとしたりしてはいけないとされる問題や領域。
□脆弱性【ぜいじゃくせい】弱くてもろく、壊れやすい性質。
□終焉【しゅうえん】人の命が終わること。また、長く続いたものが、勢いを失って終わりを迎えること。

トの精神分析学を援用する論者も現れます。**無意識の発見**により、近代が特権化した理性もまた、心の奥底にある不定形で不可知の領域に従属していることがわかったからです。同じく、人間の思考すなわち理性の運用が、潜在的な言語法則（＝ラング）という巨大なシステムに束縛されている可能性を示唆したソシュールの言語学もまた、ポストモダンの思想に大きな影響を与えます。あるいは、マルクスの理論を発展的に継承する思想家もいました。マルクスの思想はある意味では近代哲学の到達点とも言えるのですが、**44**で確認した〈上部構造／下部構造〉という捉え方は、人間の思想や文化が経済という物質的なものに規定されていることを示しました。この考え方から、フロイトの無意識やソシュールのラングと同様に、デカルト以来の近代哲学が聖域としてきた「理性」なるものの脆弱《ぜいじゃく》性を指摘する理論が導かれたわけですね。

いま「ポストモダン」の現代に生きる僕たちにとって、「近代」がすでに過去の思想になりつつあることは紛れもない事実だ。まだ「近代」に取って代わる新しい大きな物語ははっきりと顔を見せていないが、「近代」の呪縛から解き放たれつつあるいま、僕たちの前には多様な思想が現れ始めた。

石原千秋『教養としての大学受験国語』（ちくま新書）

近代が長らく追求してきた理念が終焉《しゅうえん》したとすれば、人類には、「これが正しい」という絶対の価値が存在しないことになります。さまざまな価値観が乱立する時代。右の文章は、その状況を「僕たちの前には多様な思想が現れ始めた」と言っているのですね。この本の刊行が二〇〇〇年。では、今のこの世界は、はたしてどうでしょうか。皆さんは、どう思いますか？

読んでみよう

石原千秋『教養としての大学受験国語』（二〇〇〇年）タイトルのとおり、大学入試で実際に出題された評論文を批判的に分析しながら、近代とポストモダンとの対照を理解させてくれる教養の書。設問の解説もあるので、もちろん、現代文の対策にもなる。

岡本裕一朗《ゆういちろう》『教養として学んでおきたい哲学』（二〇一九年）ポストモダンの思想は、近代までの哲学との対比の中で学ばないと、なかなか具体的にイメージできない。本書は明瞭《めいりょう》な筆致で、その流れを見渡し、解説してくれる。

ポイント

ポストモダンとは、近代が生み出した価値観や諸制度を批判的に検証し、乗り越えようとする思想の潮流である。ニーチェ、フロイト、ソシュール、マルクスなどの思想をもとにした、多様な思想がある。

67 フェミニズム

「フェミニズム」とはどのような思想であり、何に抗し、何を批判してきたのだろうか。

「国体の本義」という冊子があります。一九三七（昭和十二）年に文部省が発行した、天皇主権のイデオロギーを国民に説く出版物です。その中の一節を、ちょっと引用してみましょう。

我が国は一大家族国家であつて、皇室は臣民の宗家にましまし、国家生活の中心であらせられる。臣民は祖先に対する敬慕の情を以《もつ》て、宗家たる皇室を崇敬《すうけい》し奉り、天皇は臣民を赤子《せきし》として愛《いつく》しみ給《たま》ふのである。

文部省『国体の本義』

国家を家族に見立てていることがわかりますね。こうした考え方を**家族国家**といいます。「天皇は臣民を赤子として」ともあります。「赤子」とは子どもという意味です。つまりこの文言からは、〈天皇＝国民の親／国民＝天皇の子ども〉というアナロジーを読みとることができます。そして、天皇は親として国民を愛し、国民は子どもとして親たる天皇をうやまい、慕うべきだと説かれているわけです。ここには、**06「儒家と道家の思想」**で学んだ儒教的道徳観に基づき、それを国民の統制に利用しようというあからさまな意図が見られますよね。

こうした家族国家的イデオロギーにおいては、家族制度が、国民統制のための装置として機能します。家族内での〈主＝家長／従＝その他の家族〉という上下関係を徹底することで、それを国家規模での〈主＝天皇／従＝国民〉という構造へと敷衍《ふえん》できるという論理です。そして

□文部省【もんぶしょう】一八七一（明治四）年に設置された、教育や文化を担当した国の行政機関。一九四五年の敗戦まで、教育の国家統制を強力に推し進めた。二〇〇一年に文部科学省に移行した。

□崇敬【すうけい】非常に立派なものとして尊敬すること。

□被る【こうむる】 ↓P.158

□論難【ろんなん】相手の論や考え方の誤りについて論じ、非難すること。

□不朽【ふきゅう】そのものの価値がいつまでも失われず、後世に残ること。

□参政権【さんせいけん】国民が、直接または間接に、国の政治に参加する権利。

□赴く【おもむく】ある場所や方向に向かって行く。

当時、家長とはほぼ男性でした。この、男性の家長が家族を絶対的に支配する体制を**家父長制**（**父権制**）といいます。子どもはもちろん家長としての父親に従う存在ですが、それでも男性なら、いずれ独立して自分の家を持ち、家長になることができます。しかし女性は、嫁として男性の家に入るという婚姻形態ゆえに、原理的に、いつまでも従属者の位置にあることを強いられます。つまり家父長制的家族制度やそれを利用する家族国家は、女性を永続的に抑圧する構造を前提としているわけです。ですから、女性が被るあらゆる差別や不利益、抑圧をなくすことをめざす**フェミニズム**の思想家たちは、しばしば、こうした体制を徹底的に批判するのです。

この制度の支持者は、女性の隷属《れいぞく》的地位を固定化、合理化するために、その家父長制をもって、原初からの固有のものであるときめてしまっている。

高群逸枝《たかむれいつえ》「女性史研究の立場から」（『日本の名随筆　別巻99　歴史』網野善彦《よしひこ》編、作品社）

「この制度」とは、この文章が書かれた一九四六年当時の日本の家族制度を指しています。

もちろん、フェミニズムが論難するのは、家父長制的家族制度だけではありません。そもそも、近代という時代は、あらゆる人間に生まれつき備わっているものとして**人権**を考えたのではなかったか。すべての市民が対等な関係で社会を営む**市民社会**、**民主主義**を不朽の理念として追求してきたのではなかったか。それならばなぜ、女性は女性というだけで、男性に対して従属的な立ち位置を常に強いられねばならないのか。女性には、参政権すら認められていないではないか――。日本で初めて女性が投票に赴《おもむ》いた日は、一九四六年の四月でした。歴史的に考えれば、つい最近のことにすぎません。

読んでみよう

大越《おおこし》愛子『フェミニズム入門』（一九九六年）　フェミニズムは、決して、一枚岩の思想ではない。その誕生以来、さまざまな実践や挫折、その克服などを経て、多様に展開してきた。その歴史の推移を体系的に解説する一冊。

岡真理『彼女の「正しい」名前とは何か』（二〇〇〇年）「第三世界フェミニズム」という考え方がある。従来のフェミニズムは、その実、西洋中心主義的な枠組みを再生産してしまっているのではないかという批判の下《もと》に展開される。その実践として、本書の持つ意義は非常に大きい。

ポイント

「フェミニズム」とは、女性が被るあらゆる差別や不利益、抑圧をなくすことをめざす思想である。家長が家族を絶対的に支配する「家父長制」と、それに基づく国や社会の体制に抵抗し、批判してきた。

68 LGBT《エルジービーティー》

性的マイノリティを指して言われる「LGBT」とは、どのような概念なのだろうか。

なぜ「異性愛診断《しんだん》テスト」はないのに、「同性愛診断テスト」は必要とされ続けるんだろう?

牧村朝子『同性愛は「病気」なの?』(星海社新書)

世界にはさまざまな「**同性愛**診断テスト」があるそうです。けれども確かに、「**異性愛**診断テスト」は聞いたことがない。それはなぜか。

「女性参政権」という言葉があります。でも、「男性参政権」という言い方はしません。前回言及したように、この社会では長らく女性に参政権はありませんでした。つまり女性に参政権が認められるのは、歴史的に見れば〈特別〉な出来事であったわけです。それを、女性参政権という言葉で表現する。つまり、その社会で何かしら〈特別〉と考えられる物事については、あえてその〈特別〉性を明示する形で言葉にする傾向があるのだと言えそうです。となると、「同性愛診断テスト」はあるのに「異性愛診断テスト」はないというのも、現在の世界では、同性愛というものが〈特別〉とみなされていることを示しているのかもしれません。

「そもそも、異性愛という言い方に違和感。愛といえば、ふつう、異性同士のそれでしょ?」

そう思う人もいるかもしれません。でも、その発想が怖い。何かを〈普通〉とみなすということは、そこからあぶれるものを右の例のように〈特別〉と考えることですよね。そしてそこに差別的な意図が入りこむと、〈特別〉は即〈異常〉という認識に転化してしまう。となると〈普通〉もまた、〈正常〉ということになる。ここに、〈正常/異常〉という二項対立が成立してし

□スティグマ
身分・経歴・外見・障害などによって社会から貼られる、ネガティブで差別的なレッテル。汚名。烙印《らくいん》。

□一枚岩【いちまいいわ】
平らで大きな一枚の板状の岩のように、集団がしっかりまとまっていたり、メンバーが同じ考え方だったりすること。

□LGBTQ【エルジービーティーキュー】
「LGBT」に、クィア(=自分が性的マイノリティであることを肯定的にいう言葉)またはクエスチョニング(=性自認や性的指向が定まらないこと)を加えた呼び方。

□LGBTQ+【エルジービーティーキュープラス】
「LGBTQ」に、その他の多様な性のあり方すべてを加えた呼び方。

まい、当然、〈異常〉のスティグマを押された人々を、苦しめることになるわけです。

性的指向という言葉があります。これは、「どの性別の人に対して恋愛感情や性的な欲望を感じるか」を表す概念です。例えば、自分は男性で性的指向は女性に向かう場合、異性愛ということになります。自分は女性で性的指向が男性に向かう場合も同じですね。逆に、自分は女性で性的指向が女性である場合、その人は女性同性愛者＝**レズビアン**(**L**)、あるいは自分は男性で性的指向が男性である場合、その人は男性同性愛者＝**ゲイ**(**G**)ということになります。さらに、その人の性別にかかわらず、性的指向が男性と女性の両方に向かうなら**バイセクシュアル**(**B**)ですね。つまり、性別と性的指向とを分けて考えると、その組み合わせの中で、いろいろな性のありようを説明することができる。すると、異性愛も、そうした多様な性のありようのうちの一つのパターンにすぎないということがわかるわけです。

また、**性自認**という言葉もあります。これは、「自分の性別がどのようなものかという認識」を意味する概念です。自らの身体的な性に即して社会からあてがわれる〈男らしさ／女らしさ〉のイメージや規範と、自らの性自認が合致しない人は、**トランスジェンダー**(**T**)と呼ばれます。なお、ジェンダーという概念については、次の**69**で詳しく説明します。

LGBTとは、右に整理した**性的マイノリティ**のそれぞれを表す言葉の、頭文字をとった表現です。人間の性の多様性を表象する概念ですね。だからこそ、この言葉については、それぞれの性的マイノリティの違いを捨象し、その存在を一枚岩のものとして括《くく》ってしまうような使い方をしないよう、気をつけなければなりません。実際には、LGBTのいずれにも属さない性を生きる性的マイノリティもいるのです。LGBTを発展的に継承したLGBTQやLGBTQ＋といった表記は、そうした性の多様性や流動性を示すためのものなんですね。

読んでみよう

牧村朝子『同性愛は「病気」なの？』(二〇一六年)「同性愛」という概念は、自明のものではない。あくまで特定の時代に作られたものにすぎないのだ。その経緯を、平易な言葉で、具体例を用いながら丁寧に説明してくれる。まずはこの一冊から学びたい。

森山至貴《のりたか》『LGBTを読みとく』(二〇一七年)今回の解説については、この本の内容をかなり参照させてもらっている。知るということの重要性、そして、ポスト構造主義などの現代思想は決して思考の遊戯などではなく、切実な実践たりえることを教えてくれる。絶対に読んでほしい名著である。

ポイント

「LGBT」とはレズビアン・ゲイ・バイセクシュアル・トランスジェンダーのことで、**性的マイノリティを指す表現。人間の性のあり方の多様性を表象する概念である。**

69 ジェンダー

「ジェンダー」とは、どのようなものだろうか。

夫は何処《どこ》か女性的な、口数を利《き》かない人物であつた。

芥川龍之介《あくたがわりゅうのすけ》『秋』

「口数を利かない」、つまりはあまりおしゃべりをしない寡黙な人物である「夫」について、この小説の語り手は、「女性的な」と表現しています。この言い方からは、この作品が書かれたり読まれたりした時代や社会、あるいはこの作品の小説世界において、〈女性=口数の少ない者〉というイメージが通念として定着していたということを読みとることができますね。つまりは、女性という性にまつわるステレオタイプなイメージの一つが、このようなものであったということです。

気をつけなければいけないのは、このようなイメージは、しばしば規範性を帯びるということ。〈女性=口数の少ない者〉というステレオタイプは、容易に、「女性は人前であまりしゃべってはいけない」だとか「女性は慎《つつ》ましやかであるべきだ」とかいったような「教訓」へと転化してしまいます。性差にまつわるイメージが、それに基づく「かくあるべし」という規範(コード)を含意することになる、ということですね。

では、例えばこの〈女性は慎ましやかであるべきだ〉という性差にまつわるイメージや規範は、あらゆる時代や社会において共有されるような普遍的なものでしょうか。もちろん、そんなわけはありません。また、こうしたイメージは、はたして現実の男女のありように正確に即

□寡黙【かもく】
あまりしゃべらないこと。

□通念【つうねん】
世間一般に共通して持たれている考え。

□ステレオタイプ ↓P.88

□即する【そくする】
その時の状況や事態、内容に合う。あてはまる。
同音異義 則する…ルールや理論など、基準となるものに従う。のっとる。

□染色体【せんしょくたい】
細胞が分裂するときに現れる、二本で一対のひも状のもの。遺伝子を含む。

□恣意的【しいてき】
根拠や必然性がない様子。好き勝手に物事を行う様子。

していると言えるのか。これもまた、否《いな》、と言わざるを得ません。さらに、仮に「慎ましやか」なことが美徳であるとしても、それは別に女性に特化したものでなどありえない。別に男性であったって、控え目で遠慮がちな態度を評価されたっていいじゃありませんか。つまり、「女ならこうあれ」、あるいはもちろん「男ならこうあれ」という性差にまつわるイメージや規範は、決して本質的なものではなく、その時代、その社会において構築されたものにすぎない、ということです。このような、特定の時代や社会において構築される、イメージや規範としての性差のことを、**ジェンダー**といいます。

そもそも人間の性は、〈男性／女性〉などという二項対立で簡単に分節することができるような、そんな単純なものではありません。

もし染色体や外性器によって性別を「男／女」の二つに分けるとするならば、どちらにも属さない人が一定数存在するのです。

一橋大学社会学部佐藤文香《ふみか》ゼミ生一同『ジェンダーについて大学生が真剣に考えてみた』（明石書店）

だとするなら、ジェンダーとは、本来流動的であるはずの性を、〈男／女〉として固定化し、のみならずそれぞれのイメージを価値づけて規範化する、極めて恣意《しい》的なものであるということになります。結果として、その社会、その時代に共有されているジェンダー規範、ジェンダーのステレオタイプに、自らの性自認が一致しない人たちが現れる。ここでもう一度、**68「LGBT」**を読み返してみてください。特に、**トランスジェンダー**の説明について。

読んでみよう

一橋大学社会学部佐藤文香ゼミ生一同『ジェンダーについて大学生が真剣に考えてみた』（二〇一九年）ジェンダーに関する質問に大学生が答えるという形式。質問への回答がHOP／STEP／JUMPと構成され、段階的に理解を深めることができる。

太田啓子『これからの男の子たちへ』（二〇二〇年）二人の男の子の母親でもある弁護士の筆者が、この社会における「男らしさ」というジェンダーイメージを分析する。その上で、性表現、性暴力、そして性交について、さまざまな角度から提言する一冊。

ポイント

ジェンダーとは、特定の時代や社会において構築される、イメージや規範としての性差である。本来は流動的な性のあり方を男女に固定し、イメージを価値づけて規範化する、恣意的なものだと言える。

70 構築主義／本質主義

「構築主義」と「本質主義」とは、それぞれどのような考え方だろうか。

ノーベル文学賞作家の大江健三郎に、『静かな生活』（講談社文芸文庫）という連作小説の作品があります。語り手の「私」は、成人したばかりの女性です。

なにくそ、なにくそ！

「私」は胸の内で憤《いきどお》ります。それは、新聞にしばしば、「精神障害者の性的な『暴発』」といった言葉を目にするからです。「私」には、脳に障害を持つ四歳年長の兄がいます。「私」は、兄や同じ境遇にある人々をそのように表象する世の中が許せない。たとえ兄たちが性的な衝動を見せようとも、それは、「健常な若者たち」にくらべて「ひかえめな」ものにすぎないのに。

ここには、障害を持つ人々への社会的な偏見が描かれています。偏見とは一方的な思いこみであり、虚構のイメージにすぎません。しかしながら、人々は、まるでそれが彼らの本質であるかのように表象する。「私」の怒りは、まさにそうしたところに由来しているわけです。

特定の事象について、それがあたかも本質であるかのように語られる何かしらの観念は、しばしば、その時代、その社会において構築されたフィクションにすぎない――このような観点から、本質化されたさまざまなイメージを脱本質化しようとする考え方を、**構築主義**といいます。反対に、何かしらの観念を本質化して捉えようとする考え方が、**本質主義**です。

「今話したことって、前回勉強したジェンダーについても言える？」

□偏見【へんけん】
かたよった見方。客観的な裏づけなしに抱く、好意的でない見方や判断。類 **先入観**

□本質【ほんしつ】
物事の根本の性質。大切で、欠くことのできない性質。

□脱本質化【だつほんしつか】
本質化した状態から抜け出す（または、抜け出させる）こと。「脱」はその状態から抜け出す意味を表す。

□本質化【ほんしつか】
本質とすること。変わることのない根本的なものと考えること。

□論拠【ろんきょ】
論の根拠となるもの。

□論法【ろんぽう】
議論を進めていくときの筋道の立て方。論の運び方。

□鑑みる【かんがみる】
先例や規範、実情などに照らしあわせて考える。

そう思った人、鋭い。まさにジェンダーとは、社会的に構築されたイメージや規範としての性差のことでした。しかししばしば人は、そのジェンダー規範やジェンダーのステレオタイプを、性にまつわる本質的な性質と錯覚してしまいます。そのような通念に対して、さまざまな論拠を挙げながら、「ジェンダーとは、社会的に構築されたフィクションにすぎない」と指摘する。それが、構築主義的なジェンダー批評の典型的な論法ですね。

なお、こうした文脈での「～とはフィクションにすぎない」といった言い方では、「フィクション」の同義表現として**虚構**・**空想**・**幻想**・**想像**・**物語**・**神話**などの語句を置くこともあります。「〈女らしさ／男らしさ〉とは、社会的に構築された神話にすぎない」など。頻出する言い回しですから、覚えておきましょう。また、ここまで学習してきたテーマに鑑みるなら、構築主義は、ジェンダー以外に例えば、人種・民族・国民などについて、それらが「物語にすぎない」などと指摘することが多いです。「民族という幻想」といった言い回しもよく見られますね。

最後に、少し変わった角度から、構築主義的な考え方を一つ、紹介します。

障害は社会がうみだすものなのだ。

あべ・やすし『ことばのバリアフリー』（生活書院）

例えば、車いす用のエレベーターを備えた建物であれば、足の動かない人も、そこを訪れ利用することが普通にできます。そこでは足が動かないということは、障害にはならない。しかし逆に言えば、エレベーターがなければ、障害になってしまう。ということは、障害とは、そうした人々への配慮を欠いたこの社会が作り出すものである、ということになるはずですね。

読んでみよう

あべ・やすし『ことばのバリアフリー』（二〇一五年）障害とは人の属性ではなく社会によって作られるものであるという観点から、言葉や図書館などのあり方について提言する一冊。「点字」の対義語は何か。「普通の字」と思った人は、今すぐ読んでほしい。

五十嵐大《いがらしだい》『ろうの両親から生まれたぼくが聴こえる世界と聴こえない世界を行き来して考えた30のこと』（二〇二一年）「聴こえない親の元で育った、聴こえる子どもたち」を意味する「コーダ」。著者はまさにその一人として、本書を執筆する。

ポイント

ある事象や、人の属性などについて、それは社会的に作られたフィクションだとする考え方を「構築主義」という。逆に、その事象や属性は、元からある決定的なものだとする考え方を「本質主義」という。

71 レイシズム

「レイシズム」とは、どのような考え方だろうか。

「人種」とは、人類を、基本的には身体的な特徴に基づいて分類する考え方です。「基本的には」というのは、この概念には曖昧なところがあり、時代や用いられる文脈によって、定義が揺れることがあるからです。ただ、この**人種**（**レイス**）という概念が近代という時代に定着していったことは、多くの論者たちが指摘しています。

なぜ、近代か。

20「**直線時間**」で、人類の社会の変化を、〈程度の低い状態＝未開〉から〈程度の高い状態＝文明〉への進歩と捉える社会進化論について触れました。こうした歴史認識の中で、近代の主人公であった西洋は、自分たちを〈文明〉の側に位置づけることになります。そしてここに、人種の概念を重ねあわせる。つまり、西洋のマジョリティである「白人種」こそが最も高度な文明を築くことのできる優等な人種であり、それ以外の人種は、生物学的に劣る存在だ、と喧《けん》伝《でん》することになるわけです。「生物学的に」というところを強調しましたが、それは、こうした言説の構築や流布に、生物学や人類学などの科学がおおいに「貢献」したからです。科学もまた、近代に飛躍的に発達した学問でしたね。

こうした人間観は、**36**「**帝国の欺瞞**《ぎまん》」などで言及したような、植民地支配の正当化に用いられます。人種として劣った連中を、自分たち優等な人種が支配するのは当然である、というエゴイスティックな論理ですね。また、グローバルに展開する資本主義を支えた奴隷制という非道も、このような傲慢《ごうまん》な人間観なしには行えるものではありません。

□喧伝【けんでん】
盛んに言いふらすこと。

□流布【るふ】
世間に広く行き渡ること。

□助長【じょちょう】
①力を貸して、成長や発展を助けること。②相手の悪い傾向や性質を強めてしまうこと。（本文では②の意味）

□アーリア人種【―じんしゅ】
「アーリア人」は、もとはインド・ヨーロッパ語族の人々を指すが、それをナチ・ドイツが人種の概念として利用したもの。

□シンティ・ロマ
ヨーロッパなどに住む少数民族で、「ジプシー」とも呼ばれた。ロマと、ロマと同系統のシンティのこと。ナチにより三十〜五十万人が殺害されたという。

□超克【ちょうこく】
困難を乗り越え、打ち克《か》つこと。

□跳梁跋扈【ちょうりょうばっこ】

あるいは、**28「国民国家」**や**29「国民統合」**、**30「ナショナリズム」**で扱った「国民」という概念にも、人種という考え方が複雑に絡んできます。国民を形成する集団として「民族」というものが考えられたことは**29**などで言及しましたが、民族という概念は「言語や文化などを共有するグループ」として想像されます。この「民族」や「国民」に、「人種」というカテゴリーをかぶせて考えるわけですね。こうした考え方は、当然、**31「国民国家の功罪」**で解説した、マイノリティの抑圧・排除という暴力を助長する装置になる。

さらには、**46「全体主義」**で触れたナチ・ドイツが、アーリア人種の優等性を主張し、その血を汚《けが》す人種としてユダヤ人やシンティ・ロマを大量虐殺したことは、あまりにも有名です。

人類を人種（レイス）というカテゴリーで分け、人種間の優劣を前提として差別や暴力を促すことを**レイシズム**（**人種主義**）といいます。その猛威が吹き荒れた近代の延長にある、この現代を生きる私たちにとって、レイシズムの超克は全世界規模での課題と言えます。ゆえに、ユネスコ（国連教育科学文化機関）は、例えば二〇〇一年の「反人種主義・差別撤廃世界会議」において、人種主義、否《いな》、人種という概念そのものの非正当性について、こう述べるのですね。

科学、特に現代の遺伝子学は常に人類の一体性を確認し、「人種」の概念の根拠を否定してきた。

現在では、このように、科学的観点から人種という枠組みを否定する考えが有力です。しかし残念ながら、世界中にレイシズムは今も強固に存在し、多くの人々の尊厳を傷つけ、時に、命を奪っています。そしてレイシズムという悪魔は、この日本にも、跳梁跋扈《ちょうりょうばっこ》しています。

跳梁跋扈：悪人などが勢力をふるい、好き放題にのさばること。

読んでみよう

梁《リャン》英聖《ヨンソン》『レイシズムとは何か』（二〇二〇年）上の解説の参考とした一冊。人種概念の形成の経緯をたどり、自在に姿を変えるレイシズムのありようと、それへの具体的な対抗策を解説する。レイシズムを考える重要基礎文献。

『現代思想　二〇二〇年一〇月臨時増刊号　総特集＝ブラック・ライヴズ・マター』アフリカ系アメリカ人への差別に対する運動BLMが国を超えて展開していくなかで組まれた特集。まずは森達也《たつや》、金村詩恩《かねむらしおん》らのエッセイから読み始めるとよい。

ポイント

レイシズムとは、人類を人種（レイス）というカテゴリーで区分し、人種には優劣があると考えて、差別や暴力を促すような考え方をいう。

72 ルッキズム

現代の社会のさまざまな場面で現れる「ルッキズム」とは、どのようなものだろうか。

太郎は鏡の中をおそるおそる覗《のぞ》いてみて、おどろいた。色が抜けるように白く、頬《ほお》はしもぶくれでもち肌であった。眼はあくまでも細く、口髭《くちひげ》がたらりと生えていた。

太宰治『ロマネスク』

庄屋《しょうや》の息子、太郎は、仙人の使う仙術の本を見つけ、さまざまな動物に化ける術を身につけます。そしてある時、恋に落ち、好いた娘に惚《ほ》れられたくて、仙術で「よい男」に生まれ変わろうと試みます。しかしいざ術をかけてみると――結果が、右に引用した一節です。その本は天平《てんぴょう》時代のもので、太郎は古代の「よい男」に生まれ変わってしまったというわけです。

なるほど、何が美しいかという基準は、その時代その社会によって全然違います。天平時代の美男子と、太郎の時代の美男子は、似ても似つかぬものだったのでしょう。あるいは、**06**で学んだ道家《どうか》の思想家なら、〈美《び》／醜《しゅう》〉の価値判断などしょせんは人間のものの見方にすぎず、自然にはそのような区別はない、と喝破するに違いありません。さらに、**05**で学んだ仏教思想なら、すべては変化し続け、やがて滅する。美しい者もすぐに老いる。死んでしゃれこうべとなれば皆同じだ。ならば美への執着など捨てよ、と説くことでしょう。

しかし、私たちの多くは、やはり、外見の美醜というものにこだわってしまう。その人の内面や性格なども、見た目で判断してしまいがち。自分自身についても、理想の体型や顔つきなどをイメージし、それに近づくために、時には体を傷つけることすらためらわない――。

□喝破【かっぱ】
真実や本質を見抜いて、それをきっぱりと言い切ること。

□懊悩【おうのう】
悩み、もだえること。

□絶対視【ぜったいし】
他と比較することなく、それが最高で決定的なものだと捉えること。

□プロポーション
つりあい。比率。特に、体の全体的なつりあい。

□拒食症【きょしょくしょう】
摂食障害の症状の一つ。心理的な理由で、ものを食べることや、それにより体重が増えることを拒む症状。関連 **過食症**

□流暢【りゅうちょう】
言葉がすらすらと出て、よどみなく話す様子。

容姿や外見を何よりも重視し、それによって人を評価したり差別したりするような態度のことを、**ルッキズム**といいます。

40「ステレオタイプ」で、他者が自分に対して作り上げた差別的なステレオタイプを内面化してしまい、自己否定や葛藤に陥ってしまう、「劣等コンプレックス」という心性について説明しました。〈美／醜〉に関するステレオタイプもまた、例えば次のような劣等意識を引き起こす可能性があります――社会に流布する理想的な外見のイメージ＝ステレオタイプを美的な規範として内面化するも、その表象と自らとのギャップに苦しみ、少しでも規範に近づこうと懊悩《おうのう》する。場合によっては、体を壊すほどに。規範的な〈美〉のステレオタイプを絶対視し、それに囚《とら》われてしまうのですね。理想のプロポーションを掲げる美容広告を電車でふと見た人が、「痩せなきゃ……！」という思いにとり憑《つ》かれ、過激なダイエットを続けた結果、拒食症などになってしまい――最悪の場合、命を落とす。そんなことも起こってしまう。

「なみちえ」というアーティストがいます。アフリカにルーツの一つを持つ人物で、神奈川県茅ケ崎《ちがさき》市の出身です。なみちえは、兄と車を買いに出かけたところ、販売員に「出身はどちらですか？」「日本語がご流暢《りゅうちょう》なので」などと言われます。

もしも私たちの外見がいわゆる〝日本人〟だったとしたら同じ質問をしたであろうか。

なみちえ「私を手玉に取る〝肌色〟の手」（『現代思想　二〇二〇年一〇月臨時増刊号』青土社）

見た目が典型的な「日本人」とは異なるゆえに、この社会の他者として扱ってしまう。ここには、たとえ無自覚であれ、ルッキズムやレイシズムの暴力が現れてしまっています。

読んでみよう

外川浩子《とがわひろこ》『人は見た目！と言うけれど』（二〇二〇年）顔や体にあざや傷、その他さまざまな特徴を持つ、「見た目問題」の当事者たちの言葉を紹介する。もちろん、筆者の考えも述べられる。一人ひとりの言葉に真摯《しんし》に耳を傾けたい。

山口真美《まさみ》『こころと身体の心理学』（二〇二〇年）十代の子どもたちを苛《さいな》む、身体とこころの不安定さ。それとどう折りあいをつけていけばいいのか、心理学的な知見から教えてくれる。ルッキズムについては、「第2章　魅力的なカラダとは？」を熟読したい。

ポイント

ルッキズムとは、容姿や外見を何よりも重視し、それによって人を評価したり差別したりする態度をいう。ルッキズムにより、美醜のステレオタイプを過度に内面化し、心身を損なうこともある。

73 ヘイトスピーチ

近年、大きな社会問題となっている「ヘイトスピーチ」とは、何だろうか。

ヘイトとは憎悪のことです。スピーチは演説などの意味ですから、ヘイトスピーチというのは、誰かへの憎悪をこめた演説のこと――そう定義できそうですが、ちょっと違うんですね。

ヘイト・クライムもヘイト・スピーチもいずれも人種、民族、性などのマイノリティに対する差別に基づく攻撃を指す。「ヘイト」はマイノリティに対する否定的な感情を特徴づける言葉として使われており、「憎悪」感情一般ではない。
師岡康子《もろおかやすこ》『ヘイト・スピーチとは何か』（岩波新書）

つまり、「誰かへの憎悪」の「誰か」というのは、マイノリティのことを意味しているわけです。ヘイトスピーチとは、特定の人種、民族、性、あるいは宗教などに属する社会的な弱者に対する、憎悪をこめた言葉の暴力のことなのですね。

何度も確認してきたように、近代国家のモデルとしての国民国家は、国民という均質な集団を想像することによって成り立ちます。その際、その均質性をイメージさせるための装置が、民族あるいは人種という枠組みでした。たとえ直接顔を合わせなくとも、「自分たちは同じ言語や文化を共有する一つの民族である」とか、「同じ身体的な形質を共有する一つの人種である」とか、そうした言い方によって、「均質な集団としての国民」という観念が形成されていく。

とても悲しいことに、この同質性を維持あるいは強化するのに、ヘイトスピーチは大きな効

□クライム
「犯罪」の意。

□醜怪【しゅうかい】
ぞっとするほど、醜いこと。

□罵詈雑言【ばりぞうごん】
ひどいののしりの言葉や、さまざまな悪口。

□流言飛語【りゅうげんひご】
世間に広がるいい加減なうわさ。
類 デマ

□ジェノサイド
大量の人を虐殺すること。特に、ある民族・人種・宗教に属する人々などを計画的に大量に殺すこと。
類 ホロコースト…大虐殺。特に、ナチ・ドイツによるユダヤ人などの大虐殺。

□非人道的【ひじんどうてき】
人の生命や尊厳を守るなど、人として行うべき道に従わない様子。対 人道的

果を発揮することになります。つまり、同じ社会の中に他者を見いだし、その他者を敵として攻撃することによって、攻撃する側の一体感を高めていく、ということですね。

あるいは、同質性を基盤とする社会であるために、その同質性を乱すと考えられる存在に対して、マジョリティの側が激しい攻撃性をむき出しにするのだとも言える。特に、不況が続くなど社会が不安定な時期、そうした暴力は現れやすいようです。

あまりにおぞましい言葉ばかりゆえ、ヘイトスピーチの例を引用するのは控えます。ただ、この国においても、いまだなお、特定の民族集団などに向け、醜怪な罵詈《ばり》雑言を吐き散らす蛮行は日常的に見られます。現実の世界であれ、インターネットの世界であれ。

詩集『月に吠《ほ》える』や『青猫』で有名な、日本の口語自由詩の開拓者である萩原朔《はぎわらさく》太郎《たろう》が、「近日所感」という詩を残しています。

朝鮮人あまた殺され／その血百里の間に連なれり／われ怒りて視《み》る、何の惨虐《ざんぎゃく》ぞ

関東大震災の後、根も葉もない流言飛語により、多くの朝鮮人が、市民の手により各地で虐殺《ぎゃくさつ》されました。マイノリティへの攻撃は、ヘイトスピーチすなわち言葉による暴力にとどまらず、実際にジェノサイドを引き起こしてしまう可能性があるのです。たとえ直接的な虐殺ではなくとも、非人道的な言葉によって尊厳を破壊されることで、自ら命を絶つ、あるいは人間的に暮らせなくなるまでに精神的に追い詰められる人々もいると聞きます。地震が起きるたび、SNSには、かつて関東大震災で多くのマイノリティを死に追いやったのと同様の文言が数多く投稿される、という現状を、最後に付記しておきます。絶対に許されないことです。

読んでみよう

師岡康子『ヘイト・スピーチとは何か』（二〇一三年）ヘイトスピーチの撲滅《ぼくめつ》には、何が有効なのか。海外のとりくみや、「法規制」と「表現の自由」という考え方との関係などにも言及しながら考察する。著者は差別問題にとりくんできた弁護士。

森達也《たつや》『フェイクニュースがあふれる世界に生きる君たちへ』（二〇一九年）ヘイトスピーチや差別と闘っていく、あるいは差別の扇動に加担しないようにするためには、メディアに正しく接していくためのリテラシーが不可欠である。メディア論入門の決定版。

ポイント

ヘイトスピーチとは、特定の人種、民族、性、宗教などに属する社会的な弱者に対する、憎悪をこめた言葉の暴力をいう。社会の中の他者をヘイトスピーチで攻撃することで、攻撃側は一体感を高める。

74 ダイバーシティ

多様性＝ダイバーシティとはどのようなものであり、今、どのような捉え方が必要だろうか。

20 **「直線時間」**でダーウィンの進化論について説明したとき、ダーウィンの言う「進化」とは、程度の低い状態から程度の高い状態への進歩ということではなく、単に「変化」のことだった、という点に触れました。例えば、一つの集団に「Xという身体的特徴を持つもの」がマジョリティとして存在し、それとは異なるマイノリティとして「Yという身体的特徴を持つもの」が存在したとしましょう。ところが、自然環境の激変が生じ、新たな環境ではXが生き続けることができなくなった場合、生き残ったYが、次のマジョリティへとシフトすることになる。かなり雑に言えば、この遷移が「進化」につながるわけです。しかし、自然環境の変化など、事前に予想できることではありません。また、それがどのような変化なのかも予測は不可能です。となると、生物は、異なった身体的形質を有する個体をなるべく多様に生み出していくほうが、地球での生存において有利になる。XとYしかいない場合、その両者が死滅するような環境変化が起こると、その集団は絶滅します。けれどもそこに「Zという身体的特徴を持つもの」が存在すれば、その集団が次の世代へと進化する可能性がそのぶん増すわけです。

自然界には、正解がありません。ですから、生物はたくさんの解答を作り続けます。それが、多様性を生み続けるということです。

稲垣栄洋《ひでひろ》『**はずれ者が進化をつくる**』（ちくまプリマー新書）

□遷移【せんい】
自然科学などで、ある状態から他の状態へと移り変わること。

□焦点化【しょうてんか】
関心や注意をそこに集中させること。

□矮小化【わいしょうか】
物事を、本質的でない観点から、実際より小さく見ること。

□少子高齢化社会【しょうしこうれいかしゃかい】
生まれてくる子どもの数が減る一方、高齢者の割合が高くなっている社会。日本が代表例。

□方途【ほうと】
目的を実現するために進むべき道。方法。手だて。

□包摂【ほうせつ】
その物事を、自分の範囲の中にとりこんでしまうこと。類 包含

□可視化【かしか】
目に見えない事象や情報、構造などを、目に見える形に表すこ

多様性（ダイバーシティ）とは、すなわち、生物にとって生き残りや進化の可能性をより確実にするための、種全体の生存戦略であるわけですね。

ところが人間は、**71「レイシズム」**で見たとおり、本来は種の区分の指標にならないはずの身体的形質の差異に基づいて人種などというカテゴリーを本質化し、最悪の場合にはヒトラーのように、自分たちの人種とは異なるものとして分節化した他の「人種」の「絶滅」を図りさえする。まさに、多様性の否定。これは、生物における生存戦略という観点から見た場合、最悪の愚行だということになります。

いや、生存戦略というところにあまりに焦点化しすぎるのはよくないかもしれません。というのもこの言い方では、多様性＝ダイバーシティを、「何らかの目的のための手段」という文脈に矮小《わいしょう》化してしまう危険があるからです。実際この概念は、しばしば、少子高齢化社会において労働者を確保する手段として使われることも多い。例えば、「年齢や出自や国籍などにこだわらず多様な人材を採用することで、労働力の不足を補える」といった考え方です。つまり多様性＝ダイバーシティもまた、資本主義の論理＝お金もうけの方途に包摂されてしまう。

考えてみてください。**68「ＬＧＢＴ」**で性の多様性について考察しましたが、それは、最近になって新しく誕生したものなのでしょうか。そんなわけはありません。性の多様性は、昔からあった。にもかかわらず、もしそれを「新しいもの」と感じるなら、それは、私たちの社会が、ずっとそこにあり続けてきた性の多様性を隠蔽《いんぺい》してきただけなのです。

多様性は、「すでにそこにあるもの」です。いや、「あり続けてきたもの」です。ならば、それを一つでも可視化し、多様性を持つという、人類の本来の姿に見合った社会を構築していくことこそ、私たちにとって、自然なありようなのではないでしょうか。

と。

読んでみよう

望月優大《ひろき》『ふたつの日本』（二〇一九年）例えば海外から集めた技能実習生を劣悪な環境で働かせ、搾取《さくしゅ》する。これはこの国における構造的暴力である。さらに多様化していく日本の未来を考える上で大きな示唆《しさ》を与えてくれる一冊。

渡辺大輔《だいすけ》『性の多様性ってなんだろう？』（二〇一八年）中学生との対話を通じて、性の多様性を考察する一冊。そのための重要概念を解説し、性の多様性を前提とした社会で、人はどう生き、他者とどう関わっていくべきかを説く。巻末の参考資料がかなり充実。

ポイント

生物にとって多様性とは、集団としての生存戦略である。一方、現代の人間社会では、何かに役立てるという視点ではなく、すでにある多様性をただ認め、その姿に見合った社会を作ることが求められる。

75 多文化共生社会

「多文化共生社会」とはどのような社会であり、どうすれば実現できるのだろうか。

次の二つの文を読み比べてみてください。どちらも、庵功雄《いおりいさお》『やさしい日本語』（岩波新書）から引用したものです。なお、A・Bという記号は、こちらで便宜的につけたものです。

A　**容器をご持参の上、中央公園にご参集ください。**

B　**入《い》れるものを持《も》って、中央公園《ちゅうおうこうえん》に集《あつ》まってください。**

「ん？　どちらも同じことを言ってるよね」と思った人、そのとおりです。ですが、そう思えるのは、あなたが日本語の母語話者だから、あるいはそうでなくとも日本語を相当なレベルで習得しているからではないでしょうか。でも、日本語を母語とせず、流暢《りゅうちょう》に使いこなせない人々――そうした人々は、この社会にたくさんいます――は、おそらく、Aの文の意味はわからない。ところがBのように簡単な表現に直せば、文意をつかめる可能性はかなり高くなるはずです。日本語非母語話者にも理解できるようにわかりやすく言い換えた、このような日本語の使い方を「やさしい日本語」と呼ぶのですね。

では、なぜ「やさしい日本語」が必要なのか。

そこにはいろいろな理由が考えられますが、やはり何よりもまず、今の日本の社会がさまざまな出自や国籍の人々が暮らす社会であり、よって、互いの文化の違いを認めあい、対等な関

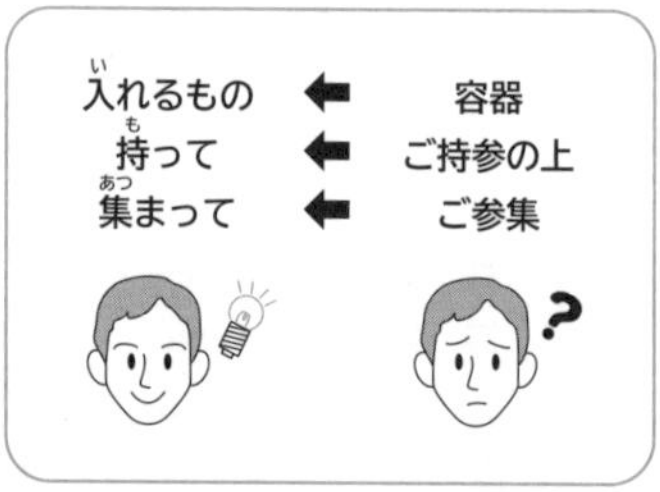

□便宜的【べんぎてき】
その場の都合にあわせて、とりあえずそうする様子。

□母語話者【ぼごわしゃ】
その言語が母語（＝生まれて最初に身につけた言語）である人。対 **非母語話者**…その言語が母語ではない人。外国語として学んだ人など。

□出自【しゅつじ】
人の、生まれたところ。出どころ。出身。

□証左【しょうさ】
ある事実を証明する拠りどころとなるもの。証拠。

□被る【こうむる】
①恩恵など、よいことを身に受ける。いただく。②損害・被害など、悪いことを身に受ける。（本文では②の意味）

係で暮らすことのできる**多文化共生社会**がめざされるべきだからです。そのためには、使う言語の異なる人々がコミュニケーションに用いる共通語が必要です。「英語でよいのでは?」と思う人もいるかもしれませんが、日本語を母語としない人たちの皆が英語を使えるわけではないですし、日本語の母語話者の側も、英語を苦手とする人は多いでしょう。多様な出自を持つ人たちと、この社会に古くから住んできた人たちとが一緒に豊かな社会を構築していくためには、やはり「やさしい日本語」が必要だということになります。ちなみにこの「やさしい日本語」は、一九九五年の阪神・淡路大震災の際、日本語が理解できないために必要な情報が得られず、避難できなかった非日本語母語話者がいたことを反省し、考案されたものだそうです。

ただし、**74「ダイバーシティ」**で述べたように、多様性とはこの社会にすでにあるものであり、あるいは、あり続けてきたものです。逆に言えば、今の社会でこの「やさしい日本語」が新しい考え方に思える、もしくは奇妙なものに感じられてしまうなら、それは、これまでこの国が、すでにある多様性から目を背け、この社会に暮らすすべての人々とともに生きていこうとする多文化共生の理念をきちんと追求してこなかったことの証左ということになります。

例えば、この社会には、海外の出身である、あるいは親が日本語の母語話者ではないなどの理由で、日本語を十分に使いこなせない子どもたちがいます。日常生活での会話くらいなら差し支えないけれど、学校で授業を受けられるレベルには習熟していない、ということもよくある。こうした子どもたちは、この同じ社会に暮らしながら、勉強についていくことができなかったり、高校への進学率が日本語の母語話者に比べて異常に低かったりと、さまざまな不利益を被《こうむ》っているわけです。これではとてもではないですが、日本が多文化共生社会であるなどと、胸を張って言うことはできませんよね。

読んでみよう

庵功雄『やさしい日本語』(二〇一六年) 上では「やさしい日本語」について、日本語非母語話者に役立つものとして紹介した。しかし庵は、例えばろうなどの障害を持つ人や、あるいは障害を持たない日本語母語話者にとっても、極めて有益だと説く。

黒川裕子『となりのアブダラくん』(二〇一九年) 小学六年生のハルのクラスに、パキスタンからの転校生「アブダラくん」がやってくる。異文化が接触したときのあつれきや相互理解の可能性などを描く児童文学。ジェンダーについて考えさせられるくだりもある。

ポイント

多文化共生社会とは、多様な出自や国籍の人々が、互いの文化の違いを認めあい、対等な関係で暮らすことのできる社会をいう。その構築のため、例えば共通言語の整備など、具体的な対策が必要である。

76 文化相対主義

「文化相対主義」とはどのような考え方であり、どのような難しい問題を含んでいるだろうか。

相対的とは、他のものとの関係や比較によって成り立つということ。もし森羅万象《しんらばんしょう》がそうであるとするなら、そこには特権的な中心が存在しないということになります。誰が偉いというわけでもない。その体系をなす個々の要素すべてが、対等な関係で並ぶということですね。これを「文化」の捉え方にあてはめると、**文化相対主義**ということになります。個々の文化のあいだには、ただ差異が存在するだけであり、そこに優劣などない。すべての文化は対等であり、したがって、あらゆる文化が尊重されなければいけない。あの悪《あ》しき**自民族中心主義**とは正反対の捉え方です。

しかし、この文化相対主義、実はさまざまな限界が指摘されています。

例えば、他者の文化を尊重するということは、逆に言えば他者の文化に口出しをしないということでもあります。するとそこには、「私たちもオマエたちの文化に口を出さないから、オマエたちも私たちの文化に割りこんでくるな」という言い方が成り立ってしまう。両者は価値観のまったく異なる者同士として、分断されてしまうのですね。そしてこの論法は、移民や難民などに対して、「オマエたちは私たちと異なる文化を持つ者であり、私たちの文化圏にやってきたとて、わかりあえるわけなどない。出て行け」と言い放つ裏づけとすらなってしまうことがある。実際に、**73「ヘイトスピーチ」**で見たような、非道な言葉を他者に対して放つ排外主義的団体は、しばしば、文化相対主義的な論理を逆手にとって、移民排斥を訴えています。

あるいは、こんなケースもあります。他の文化に属する人々が、自分たちの文化の基準から

□移民【いみん】
他の国に移り住む人。多く、永住するつもりの移住者をいう。

□難民【なんみん】
①人種・宗教・国籍・政治的意見などの理由で、自国内では迫害される可能性があるため、他の国に逃れた人。②災害や戦争などのため、他の土地に逃れた人。

□排外主義【はいがいしゅぎ】
他の国・地域の人や文化などを嫌い、追い出そうとする考え方。

□排斥【はいせき】
受け入れず、追い出そうとすること。

□裁断【さいだん】
物事の善《あ》し悪しや適否を、はっきりと判断し、定めること。

□アポリア
ある問いに対して、互いに相反《あいはん》する二つの答えが成り立つこと。解決できない難題。

考えると非人道的なことを実践しているとしましょう。そのとき、その国に「許せない!」と抗議することは、いったいどのような行為であることになるか。すぐにわかると思いますが、そのような抗議は、文化相対主義の理念に背反《はいはん》することになります。他の国や社会に対し、「あなたたちがしていることはおかしい」と批判するとき、その「おかしい」と判断する基準は、あくまで自分たちの文化においてのみ共有されている、相対的なものにすぎませんよね。それなのに、その相対的であるはずの自文化の基準をもって相手を「おかしい」と裁断するのは、自文化中心主義ということになってしまうのです。

イスラーム地域研究者の内藤正典《まさのり》が著した『教えて! タリバンのこと』(ミシマ社)の帯に、次のような文言《もんごん》が印刷されています。

民主主義、自由、人権を、戦闘機とともに運ぶのはもうやめよう。

イラクやアフガニスタンでのように、アメリカは他国を爆撃する際、その国に「民主主義、自由、人権」をもたらすためという大義名分を標榜《ひょうぼう》してきたわけですが、それが成功したためしはありません。逆に、それらの導入は現地に混乱をもたらすばかりです。それは、「民主主義」や「人権」などの〈正義〉は西洋近代に由来するものであり、それらを例えばイスラームという異文化に無理やりに押しつけることは、まさに自文化中心主義的な暴力であるからです。

しかし、私たちは例えば「人権」という価値観を、すべての人間が享受《きょうじゅ》すべきものと信じています。だからこそ、他者と共有したい。しかし、それを強引に移植するのは自文化中心主義の暴力である——このアポリアに、私たちはどう向きあっていけばいいのでしょうか。

読んでみよう

内藤正典『教えて! タリバンのこと』(二〇二二年) 異なる文化や価値観を持つ者同士が、このたった一つの世界に共生するには、どのようなことが大切なのか。アフガニスタンの今を紹介し、それを模索する。未来を考える重要なヒントが詰まった一冊。

伊藤和子《いとうかずこ》『人権は国境を越えて』(二〇一三年) 弁護士であり人権活動家でもある著者が、世界の極限的な地域の悲惨な現状を紹介する。「人権」という西洋由来の思想を、人類の普遍的理念とすることはできるのか。多くの示唆《しさ》を与えてくれる一冊。

ポイント

文化相対主義は、個々の文化のあいだに優劣はなく、どれも尊重されるべきという考え方である。これは、排外主義に利用されたり、他の文化圏での非人道的な行為に介入できなかったりする問題もある。

77 対話

互いに相手を尊重しつつ、共有しうる考え方を見いだしていくための「対話」には、何が必要だろうか。

異なる文化と文化が対峙《たいじ》するとき、相手を尊重しつつも互いに共有しうる考え方を見いだしていくためには、どのようなことが必要なのか。まずは前回も紹介した内藤正典《まさのり》『教えて！タリバンのこと』（ミシマ社）にある、次の言葉を見てみましょう。

人間どうし、信頼のないところに対話はありませんし、対話のないところに平和は絶対あり得ないというのが、この経験から得た確信です。

二〇一二年、京都の同志社大学で、アフガニスタンに平和を構築するための国際会議が開かれます。そこでは、当時のアフガニスタン政権とタリバンという、敵対する者同士が同席することになりました。会議は紛糾したようですが、その後で店に場所を移し皆で鍋を囲むと、なんと、殺し殺される者同士であった両陣営のあいだで、和《なご》やかな談笑が交わされたそうです。

右に引用したのは、そうしたエピソードを紹介したあとに述べられた、締めの言葉なんですね。その文脈で読むと、とても深い言葉だとわかります。たとえ敵対しあう者同士であったとしても、そこに信頼を醸成することができれば、そこから対話の可能性が生まれ、そして、その先に平和を構築できるかもしれない――。前回話したような文化相対主義のアポリアを乗り越えるための方途は、やはり、何かしらの小さなきっかけの積み重ねで信頼を培い、そこに対話の契機を見いだしていくということ以外にはありえないのかもしれません。

□タリバン
イスラームを信奉する組織の一つ。一九九六年にアフガニスタンの政権をとるが、二〇〇一年のアメリカ同時多発テロ事件の首謀者ビンラディンをかくまったとして、同年にアメリカ軍などの攻撃を受け、政権を失った。二〇二一年、アメリカ軍の完全撤退ののち、再び政権を奪取した。ターリバーン。

□紛糾【ふんきゅう】
意見などが対立し、もつれ乱れること。

□醸成【じょうせい】
①原料を発酵させ、酒などを造ること。②ある雰囲気や情勢を徐々に作っていくこと。

□培う【つちかう】
時間をかけて、養い育てる。

□浅薄【せんぱく】
考えや知識などが浅く、薄っぺらい様子。

もちろん、**対話**とは、一方的に自分たちの正義を押しつける行為ではありません。まず何より、相手の言葉にじっくり耳を傾けることが大切になります。ただし、「相手の言葉を聴く」といった際に、気をつけなければならないことがあります。

ここでいう「声」には、発言だけでなく、沈黙や所作など、非言語の行為も含まれる。

和泉真澄《いずみますみ》・坂下史子《ふみこ》・土屋和代《かずよ》・三牧《みまき》聖子・吉原《よしはら》真里の共著『私たちが声を上げるとき』（集英社新書）の一節です。この本は、アメリカの現代史において女性たちが上げたさまざまな声をとりあげ、「声を上げる」という行為について考察しています。そして引用箇所で著者らが訴えるのは、「声を上げる」といった際の「声」とは、実際に発された言葉のことだけではないということ。むしろ、言葉に詰まり目じりから流した一筋の涙こそが、その人の思いを雄弁に語っているかもしれません。相手の表情、発する熱、皮膚の震え、とまどい――そういったすべてを、聴き手は全身で感受しなければならないのです。そうした態度をもって言葉を交わしあううちに、人は、互いに、自分がそれまでのありようから変わっていることに気づくでしょう。

古代ギリシャ哲学の研究者納富信留《のうとみのぶる》は、『対話の技法』（笠間書院）の中で、対話とは、

自分のあり方や存在そのものが根底から揺るがされて変容する体験

であると述べています。それこそが、「対話の醍醐味《だいごみ》」であると。論破などという浅薄な次元ではなく、こうした対話の先に、人類の未来が初めて見いだされるのかもしれません。

読んでみよう

納富信留『対話の技法』（二〇二〇年）世に流布《るふ》している対話のイメージを覆し、真の対話とは何かということを考察する。この社会や人類の未来を考える上で大切なヒントが詰まった一冊。

山野弘樹《ひろき》『独学の思考法』（二〇二二年）哲学研究者が、論理的な思考法と、考えたことを他者に伝える方法を具体的に解説する。対話については第二部に詳説。特に、チャリタブル・リーディングという考え方は、思考の上でも文章を書く上でも、そして創造的な対話を心がける上でも重要だ。

ポイント

対話においては、まず、相手の言葉にじっくり耳を傾けることが大切だ。しかし、実際に発される言葉だけではなく、相手の表情や、体の様子、微妙な感情などのすべてを、全身で感受することが必要である。

78 翻訳

「翻訳」は、異なる文化間の対話の可能性について多くのことを示唆《しさ》してくれるが、それはなぜだろうか。

作家のリービ英雄《ひでお》に、『英語でよむ万葉集』（岩波新書）という著書があります。文字どおり『万葉集』を英訳するその試行錯誤を綴《つづ》った一冊なのですが、その中に、「古《いにしへ》思ほゆ」という一節をどう訳すか、悩むくだりがあります。「思ほゆ」の「ゆ」はいわゆる〈自発〉、「意図せずとも自然にそうなってしまう」という意味を表します。となると、いくら「思う」系の動詞だといっても、「考える」にも通じるthinkで訳すのはしっくりこない。というわけで、著者はさまざまに訳出を工夫するわけです。その詳細は、ぜひ『英語でよむ万葉集』を読んでみてください。ここでは、その訳を案出したあとの著者の言葉を引用してみたいと思います。

傑作を翻訳するために、ときにはラディカルで思いきったことをしなければならない。

著者にしてみても、相当に冒険した翻訳であったことがわかります。そしてこのことから、私たちは、翻訳をめぐる二つの主題を導き出すことができるのです。

一つは、翻訳の不可能性という観点です。なぜリービは「思ほゆ」の訳出に苦心惨憺《さんたん》したのか。それは英語に、この語に対応する動詞や表現がなかったからです。**55「言語相対論」**で学んだように、各言語における世界の分節化のありようは異なります。個々の言語は、それぞれ独自の文法や語彙の体系を持ち、世界を意味づけています。とするならば、言語Xの表現を言語Yの表現へと置き換えることは、原理的に不可能ということになってしまう。「思ほゆ」を

□試行錯誤【しこうさくご】まずやってみて、失敗を重ね、だんだんと成功や解決に近づくこと。

□案出【あんしゅつ】工夫して、考え出すこと。

□苦心惨憺【くしんさんたん】あれこれ心を悩ませ、苦労しながら物事をする様子。
惨憺…①見ていられないほど無残で、痛ましい様子。②心を悩ませ、苦労する様子。（「苦心惨憺」では②の意味）

□特異性【とくいせい】他のものと特に違っている性質。 類 **特殊性**

□普遍性【ふへんせい】すべてのものに広くあてはまる性質。 類 **一般性** 対 **特殊性**

英語に訳した語句は、どんなに工夫して訳しても、おそらく、「思ほゆ」それ自体の表す意味とは正確には重ならないわけですね。必ず、ズレが含まれてしまう。

しかし、冒頭のエピソードから得られる二つ目の主題は、今述べたこととは対照的なものです。翻訳において、原語とのあいだに必ずズレが含まれるということは、逆に言えば、重なる部分もあるということですよね。まったく対応していないもの同士のあいだには、ズレは発生しません。完全には一致せずとも、かなりのところで重なる部分があればこそ、両者のあいだにはズレが生じるのです。つまり、異なる二つの言語は、何かしらの考えや思念を共有できるかもしれない。翻訳は、そのことを明白に示しているのですね。

翻訳家の鴻巣友季子《こうのすゆきこ》が、『翻訳教室』（ちくま文庫）の中で、西アフリカのフルベ族の用いる「イェーウトゥゴ」という言葉を紹介しています。なんとこの一語だけで、「夜の闇のなかで寂しくしている人をその寂しさから解放するために声をかける」という意味を持つとのこと。しかし日本語には、このような行為を一語で分節する発想はありません。よっておそらくこの「翻訳」も、原語とぴったり重なりあうものではないでしょう。でも、私たちは、こうした世界の切りとり方に、「なるほど!」と膝を打つことはできる。鴻巣は、こう言います。

言葉には、こうして特異性と普遍性というものが同居しているものです。

翻訳は、まさに、そのことを私たちに教えてくれるものなのではないでしょうか。となれば、前回のテーマであった、異なる文化間における対話の可能性について、**翻訳**という営みは、きっと多くのことを示唆《しさ》してくれているはずなのです。

読んでみよう

牧野成一『日本語を翻訳するということ』（二〇一八年）芭蕉《ばしょう》の「古池やかはづ飛び込む水の音」の「かはづ」つまり蛙《かえる》は、英語に訳すなら単数形か複数形か……この問いに興味を覚えた人は、今すぐこの一冊を読んでみよう。多くの知的興奮を得られるだろう。

鴻巣友季子『翻訳教室』（二〇一二年）小学生に「翻訳」を教えるイベントの書籍化。著者と小学生とのやりとりがおもしろく、翻訳と対話との深いつながりを教えてくれる。「わたしは世田谷線」というお題の作文が課題に出されたら、あなたは何をどう書くか。

ポイント

異なる言語はそれぞれ固有なもので、どんな訳語も原語と完全には対応しないという翻訳不可能性があるが、そのようなズレとともに、何らかの共有可能性もある。このことは、対話の可能性にも通じる。

「リテラシー」とは何だろうか。また、今、それを育てることが大切なのはなぜだろうか。

言葉の複雑さをよく示す例の一つはアイロニーです。「Aだ」と言いながら、同時に「Aじゃない」と言える機能です。「おいしいね」と言いながら、その文脈や言い方次第で「まずいね」を示してしまう。小学生でも操れる「ウソの力」です。

阿部公彦《あべまさひこ》『病んだ言葉　癒《い》やす言葉　生きる言葉』（青土社）

確かにこの程度のアイロニーなら、小学生でも操れます。しかし引用文中にもあるとおり、言葉は複雑なもの。「嫌い」が「好き」の意味になることもあれば、「寒い」の一声が「暖房をつけて」という意味になることもある。そこにこめられた意図や、あるいは文と文との筋道立ったつながり、つまり論理を理解するのは、場合によっては相当に難しい。だからこそ私たちは、しばしば他者とのコミュニケーションで誤解やトラブルを起こしたり、あるいは、現代文のテストで登場人物の気持ちがわからない、などということに頭を抱えたりするのです。

ということは、文字で書かれた情報を読み、理解し、そして自らもまた文章を書くことができる能力＝**リテラシー**を鍛えていかないことには、**77**で考察したような「対話」を実践していくことなど、とてもじゃないが覚束《おぼつか》ない、ということになります。

あるいは、次のような事態も考えられます。（なお、以下の内容については、橋本陽介『使える！「国語」の考え方』（ちくま新書）で紹介される事例と分析を、参照、援用しています。）

「教育勅語《ちょくご》」という、一八九〇（明治二十三）年に出された勅語、すなわち天皇の言葉があ

□アイロニー
レトリックの一つ。本当に言いたいこととは反対のことを言って、真意を暗に伝える方法。
類 **反語**…①言いたいことと反対のことを、疑問形で述べる方法。「～であろうか（いや、～ない）」の形。②＝アイロニー
皮肉…意地悪く遠回しな言い方で、相手をけなしたり、非難したりすること。

□覚束ない【おぼつかない】
うまくいくかどうか、疑わしい。うまくいきそうにない。

□是非【ぜひ】
正しいか、正しくないかということ。
関連 **是々非々**《ぜぜひひ》…よいことはよい、悪いことは悪い、と公平な立場で判断すること。

□涵養【かんよう】
水が自然にしみこむように、ゆっくりと養い、育てること。

ります。ある時、この勅語をめぐり、SNSなどのメディアで、その理念に賛同する人たちと反対する人たちとの論争が生じました。その際、肯定派の多くが、それが現代にも通じる普遍的な道徳を語っていると主張したのです。例えば、「教育勅語には『義勇心を持つ』ことが大切だと書いてあるが、それは現代でも同じだろう?」という意見です。

どう思いますか? 確かに、「義勇」の心が大切だということには、多くの人が賛同するかもしれません。しかし、教育勅語からこの「義勇心」云々《うんぬん》に該当する箇所を引用すると、

一旦緩急《いったんかんきゅう》アレハ義勇《ぎゆう》公《こう》ニ奉《ほう》シ以《もっ》テ天壌《てんじょう》無窮《むきゅう》ノ皇運《こううん》ヲ扶翼《ふよく》スヘ《べ》シ

とあります。難しく感じられるでしょうが、「教育勅語」の「勅語」が天皇の言葉を意味するという日本史や古文の知識、そして、引用箇所における「皇運」の「皇」が天皇や皇室を指しているということに気づけば、最低限、これが単なる義勇心ではなく、「義勇の心をもって天皇に尽くせ」という意味であることは読みとれるはずです。

ここでこの考え方の是非は問いません。が、仮に皆さんが、戦前の天皇中心の国家に戻ることに反対する立場だったとしましょう。でも、教育勅語に対する肯定論を目にした際、実際に教育勅語を自分で読んでみて、その意味を右のように読みとることができなければ、皆さんは「確かに教育勅語はすばらしい!」と思ってしまうかもしれません。つまりリテラシーの涵養《かんよう》は、ますます高度に発達するメディア、そしてそこにあふれる情報に翻弄されず、自分の意見を確立するために、決定的とも言えるほどに大切なものなのですね。

読んでみよう

阿部公彦『病んだ言葉　癒やす言葉　生きる言葉』(二〇二一年)

著者は、言葉というものの御《ぎょ》しがたさを訴え、それを簡単に扱えてしまうかのように述べる言説に警《けい》鐘《しょう》を鳴らす。一筋縄ではいかない言葉なるものと、それでも向きあうこと。リテラシーは、その中で初めて育まれるものなのだ。

橋本陽介『使える!「国語」の考え方』(二〇一九年)

国語や文学理論について考察を深めながら、リテラシーを鍛えるための具体的な方法を教えてくれる。上に述べた教育勅語の事例については、第七章に詳しく説明されている。

ポイント

リテラシーとは、文字で書かれた情報を読み、理解し、文章を書ける能力をいう。今、メディアにあふれる情報に翻弄されず、自分の意見を確立するために、リテラシーは決定的に大切である。

80 文学

他者とわかりあおうとする私たちにとって、「文学」とはどのような意義を持つものだろうか。

言葉は、とても複雑なものです。前回も紹介した阿部公彦《あべまさひこ》『病んだ言葉　癒《い》やす言葉　生きる言葉』（青土社）から再び引用するなら、言葉とは、

使い手の匂いが付着し、情緒だけでなく思惑《おもわく》やイデオロギー、ときには勘違いや失敗なども含むような

ものであり、「汚れや雑音にまみれた」ものなのです。文法的に正しければ相手に伝わる、というわけでもありません。「私はコーラをおいしいと思う」という文法的にはなんら問題ない表現より、「やっぱコーラ!」なんていう言い方のほうが気持ちをうまく伝えられることもある。あるいは、**77「対話」**でも触れたとおり、言葉は、発話の際の身ぶりや手ぶり、表情、抑揚、さらには言葉の紡《つむ》ぎ方、沈黙……など、そういった非言語的なものを含めた総合的な捉え方でしか解釈することはできません。当然、コンテクストというものも必須です。

なぜ生きる　死ぬとどうなる　そんなことよりもこのお茶めっぽううまい

浜田蝶二郎《ちょうじろう》『わたし居なくなれ』（角川書店）

冒頭に「なぜ生きる」と哲学的テーマを掲げながら、「そんなことよりも」とちゃぶ台をひっ

□思惑【おもわく】意図や期待を含んだ、心の中の考え。

□抑揚【よくよう】話し言葉の、声の上がり下がりの調子。イントネーション。

□コンテクスト「文脈」（↓P.106）のこと。

□卑近【ひきん】日常的でありふれていること。身近でわかりやすい様子。

□思弁【しべん】実際の経験によるのではなく、頭の中だけで、考えを論理的に組み立てること。

□豊饒【ほうじょう】土地が肥え、作物が豊かに実る様子。豊かな様子のたとえ。

□畢竟【ひっきょう】結局。つまりは。

□近似的【きんじてき】状態や数値がよく似ていて近い様子。

くり返し、「このお茶めつぽううまい」と卑近な話題に着地させる。ユーモラスな短歌ですよね。けれどもこの短歌が、病床《びょうしょう》の歌人による絶詠《ぜつえい》──すなわち死の間際に詠《よ》まれた歌であり、その原稿が「ベッドでの執筆で文字も判読しがた」いものであったと知るならば、どうでしょう。歌の趣《おもむき》も、がらりと変わるのではないでしょうか。形而上《けいじじょう》的な思弁などより、「このお茶」のうまさ、今目の前にある具体的なこの世界そのものに寄せる愛着。胸に迫るものがありますよね。

もちろん、これがこの歌に対する解釈の正解、というわけではありません。**62「テクスト」**で述べたように、解釈とは、無数の読者の主体的な参入によって展開されるものであり、そこからは、多様で豊饒《ほうじょう》な意味が汲《く》みとられることになるのですから。でも、そのことは逆に言えば、私たちは言葉を発した人の真意や胸の内を究極的には知ることができない、ということでもありますよね。繰り返しますが、言葉は複雑なんです。どれほどリテラシーを鍛え、他者との相互理解に至ろうと対話を重ねても、畢竟《ひっきょう》、互いは互いの心の内を知ることはできない……。

助川幸逸郎《すけがわこういちろう》・幸坂健太郎《こうさかけんたろう》編著『文学授業のカンドコロ』（文学通信）は、そのことを、

究極的には理解できない他者

と概念化しています。ここでいう「他者」が文学作品中の登場人物のことであれ現実の他者のことであれ、それはとても悲しいことですよね。

ただし、同書はそれに続けて、文学を読むことを通じ、私たちはそうした他者を「近似的に想起することができます」とも述べています。ならば**文学**とは、究極的にはわかりあえない他者に、それでも近づこうとするための知的鍛錬《たんれん》の場でもあるのかもしれません。

読んでみよう

助川幸逸郎・幸坂健太郎編著『文学授業のカンドコロ』（二〇二二年）副題に「迷える国語教師たちの物語」とあるが、中高生にも楽しめる一冊。難解なはずの文学理論を、これ以上は無理というほどにわかりやすく解説する。『ごんぎつね』の読解は、目から鱗《うろこ》。

難波博孝《なんばひろたか》『ナンバ先生のやさしくわかる論理の授業』（二〇一八年）文学を読む上で大切になる論理とは、具体的にどのようなものか。教師に向けて書かれた本だが、高校生が、国語の授業をより主体的に受けるための視点が満載。

ポイント

言葉は複雑なもので、相手が発した言葉からも、その心中は究極的にはわからない。しかし文学は、そうした他者を近似的に想起できる場であり、それでも他者に近づこうとする知的鍛錬の場と言える。

81 カルチュラルスタディーズ

「カルチュラルスタディーズ」とは、どのような学問領域だろうか。

アニメの『サザエさん』を見たことがありますか。日曜夕方の放送ゆえ、番組が終わると「明日は月曜日か……」だなんて憂鬱になったものですが、皆さんは、どうでしょうか。

さてその『サザエさん』ですが、主人公サザエの父である波平《なみへい》、ときに子どもたちに向かってクドクドとお説教をしたり、駅前でたまたま出くわした甥《おい》っ子と酒を飲んでぐでんぐでんに酔っぱらって帰ってきたりする。連れ合いのフネが夕食を作って待っているだろうに、電話の一本もよこさずに。もちろん、家のことなど何もしない。こうした波平の態度って、**67「フェミニズム」**で解説した家父長制の家長を、そのまんま体現しているんですよね。家父長制的家族制度が女性を永続的に抑圧する構造であることも、同じところで確認しました。

けれどもこの『サザエさん』あるいは波平一家（……この言い方がすでに家父長制的家族制度そのままなのですが）、世の中ではしばしば、「古き良き家庭のありかた」の象徴のようにイメージされ、受容されていると感じませんか？　もしそうだとすると、アニメ『サザエさん』は、作者や制作会社の意図はどうあれ、この社会に家父長制的家族制度という女性を抑圧する構造を反復再生産する、極めて政治的な装置であることになる。

いや、わかりやすいかなと思って例として選んだだけで、『サザエさん』と同じような政治的機能を果たすアニメや漫画は、他にも無数にあります。もちろん、アニメや漫画だけではありません。文学だって、映画だって、テレビドラマだって、あるいは政治家のスピーチだって、はたまた広告のたった一行の中にも、同様の事例を見つけ出すのにさして苦労はしないでしょ

□再生産【さいせいさん】
繰り返し生み出すこと。

□性別役割分業【せいべつやくわりぶんぎょう】
性別によって、期待される役割や仕事が異なること。

□メインカルチャー
ある社会の中で、主流として広く受け入れられている文化。

□サブカルチャー
正統で主流の文化に対し、一部の人々だけの独特な文化。若者文化、大衆文化など。下位文化。
関連 **カウンターカルチャー、ハイカルチャー**

□機運【きうん】
物事をするのにちょうどいい時。

□レインボー
性的マイノリティのコミュニティの象徴とされる六色のレインボーフラッグ（旗）とその色。

□横断的【おうだんてき】
異なる領域をまたがる様子。

う。例えば、レトルト幼児食の広告に「無添加だからママも安心!」という謳《うた》い文句があったなら、その広告は、子育てや料理をするのは女性だという性別役割分業を自明視していることになります。性別役割分業は、家父長制的家族制度を構成する重要な軸の一つですよね。

映像、活字、音声などのあらゆるメディア、文化ならメインカルチャーもサブカルチャーも、すなわちすべての社会的な事象を対象とし、それらを分け隔てなく等しい視線で分析する。そしてそこに潜在するさまざまな権力構造やイデオロギーを可視化し、社会変革の機運を見いだす。それが、**カルチュラルスタディーズ（文化研究）**と呼ばれる学問領域です。単なるサブカル研究ではないということは覚えておいてください。

わたしたちの日々のふるまいや考え方が、社会の影響から「自由」ではないこと、そして、わたしたちのふるまいや考え方が、社会を作り、社会そのものを変えていく、ということ

ケイン樹里安《じゅりあん》・上原健太郎編著『ふれる社会学』（北樹出版）

この『ふれる社会学』、「現代的なテーマを扱った社会学の教科書」なのですが、全十五章において扱うテーマが、なんと、スマホ・飯《めし》テロ・就活・労働・観光・スニーカー・よさこい・身体・レインボー・「外国につながるこども」・「ハーフ」・差別感情・「障害」・「魂」・百年前の社会学……! さまざまな文化を横断的に対象としていますよね。そしてそこから、「わたしたちの日々のふるまいや考え方」を束縛するような「社会」の構造を可視化し、それを変革する糸口を見いだそうとしている。カルチュラルスタディーズを銘打つ本ではありませんが、そのありように「ふれる」ことのできるコンテンツであることは間違いありません。

読んでみよう

ケイン樹里安・上原健太郎編著『ふれる社会学』（二〇一九年）大学一、二年生がとりくむような難度なので、読めそうな章を選んで読むといい。例えば「スニーカー」を通じ、いったいどのような社会が見えるのだろうか。社会学入門の決定版。

ウェルズ恵子『魂をゆさぶる歌に出会う』（二〇一四年）かつて日本でも、ちょっとワルな若者たちのあいだで流行《はや》った「腰パン」スタイル。あの着こなしにはどのような意味があるのか。多様な黒人文化を横断的に分析し、その背景を読みとる。

ポイント

カルチュラルスタディーズとは、文化などすべての社会的事象を対象に研究する学問。多様な事象に潜む権力構造やイデオロギーを可視化して、社会変革の機運を見いだそうとする学問領域である。

82 ポストコロニアル理論

「ポストコロニアル理論」とは、どのような学問領域だろうか。

なにゆえにわが倭歌《やまとうた》に依《よ》り来《こ》しやとおき祖《おや》らの声つまづける

新城《しんじょう》貞夫《さだお》という歌人の歌です。岡本恵徳《けいとく》『「沖縄」に生きる思想』（未來《みらい》社）の中に紹介されています。新城は、一九三八年、かつて日本が統治していたサイパンに生まれました。けれども敗戦後、沖縄に移住しています。まだ幼少の頃ですね。そしてこの歌の収められた歌集が出版されたのは、一九七一年。つまり、沖縄返還の前年です。

しかしここには、沖縄——琉球《りゅうきゅう》をめぐる、もっと長きにわたる歴史が刻印されています。

批評する岡本の言葉を借りるなら、この歌には、「自分自身を支える〝倭歌〟と、内なる〝とおき親の声〟にひき裂かれて絶句」する、詠み手の内面が表出されている。「倭歌」とはもちろん和歌、短歌のことで、ここでは日本文化の象徴といったような意味合いが付与されています。詠み手は、日本の伝統と重ねあわされる短歌という形式を用い、そこに自らの思いを託そうとしてきたわけです。しかしそれは、「とおき祖らの声」、すなわち、自らの内に潜在する、沖縄——いや、琉球の言葉ではありません。つまり、短歌で思いを表現することは、自らの精神的なルーツである琉球の言葉を抑圧し、否定するような営みであるということになってしまう。それに気づいた歌人は、心を引き裂かれ、「絶句」するのです。

なぜ、このようなことが生じるのか。

琉球王国が解体され、日本の領土として組みこまれたのは一八七九（明治十二）年のこと。い

□沖縄返還【おきなわへんかん】
敗戦後、日本本土から分離され、アメリカの占領下にあった沖縄の施政権が、一九七二年に日本に返還されたこと。

□琉球【りゅうきゅう】
沖縄のこと。15世紀に琉球王国が成立し、中継貿易で栄えたが、江戸時代には日本と中国の両方に服属。一八七二年に明治政府により王国が廃されて琉球藩が置かれ、一八七九年、沖縄県として日本に併合された。（＝琉球処分）

□批評【ひひょう】
事物の良し悪しなどについて、評価や意見を述べること。

□同化政策【どうかせいさく】
↓P.80

□苛烈【かれつ】
つらくてたまらないほど、厳しく激しい様子。

□心性【しんせい】 ↓P.174

わゆる、琉球処分と呼ばれる一連の処遇です。これにより琉球は日本の沖縄県となるわけですが、もちろんこの地には、この土地固有の文化や歴史、そして言語が存在しました。けれどもそうした諸々《もろもろ》は、近代国家日本の国民統合という政策の中で、抑圧されていくことになります。いわゆる、同化政策ですね。**36「帝国の欺瞞《ぎまん》」**で説明した方言札——学校などで「方言」を用いると、罰として、この札を首から下げて過ごさなくてはいけない——は、特にこの沖縄で、苛烈に実施されたといいます。つまり、歌人新城貞夫にとっての「とおき祖らの声」とは、日本の**植民地主義**あるいは帝国主義の展開の中で抑圧され、排除された琉球の伝統的な言葉のことであり、彼はそこにこそ、自らの精神的なルーツを感じている。それなのに、それを暴力的に否定してきた「日本文化」の象徴とも言える、短歌で思いを述べている自分——ここには間違いなく、**40「ステレオタイプ」**で言及した劣等コンプレックスに深いところでつながる心性を読みとることができるでしょう。

しかし、繰り返しますがこの歌集の刊行は、沖縄返還の前年。つまり日本の敗戦から、約四半世紀も経った年です。歴史の区分では、植民地主義も帝国主義もとうの昔に終焉《しゅうえん》を迎えているはずの「現代」ですね。にもかかわらず、かつての日本の植民地主義やその拡張としての帝国主義は、いまだ人々を苦しめ苛《さいな》んでいるわけです。このような視座から、社会や文化、文学や芸術などについて考察していく学問領域を、**ポストコロニアル理論**といいます。

つまり、〈ポスト（＝以降）〉＋コロニアル（＝植民地主義の）〉とはいっても、植民地主義をもう終わったものとして捉えるのではありません。逆に、植民地主義の終焉以降もその負の遺産がいまだ多くの人々を苦しめているという現実に着目する視点をいうことに、注意を払いましょう。現代を、植民地主義の影響が続く、その延長線上の時代として捉えるわけですね。

読んでみよう

渡部泰明《わたなべやすあき》・平野多恵・出口智之《ともゆき》・田中洋美《ひろみ》・仲島ひとみ『国語をめぐる冒険』（二〇二一年）「国語」というテーマについて、さまざまな角度から考察する一冊。ポストコロニアル理論については、第五章「言葉の地図を手にいれる」を熟読すると理解が深まる。国民国家の言語政策についても詳説。

崎山《さきやま》多美《たみ》『クジャ幻視行』（二〇一七年）現代の沖縄の架空の町「クジャ」を舞台にした短編集。各作品に幻想的なモチーフが扱われている。ポストコロニアルとしての現代を痛切に感じさせる一冊。

ポイント

ポストコロニアル理論とは、植民地主義の負の遺産が今も残り、多くの人々を苦しめているという現実に着目し、そのような観点から社会や文化、文学、芸術などを考察する学問領域である。

83 クレオール

植民地で多く生まれた「クレオール語（クレオール）」とは、どのような言語だろうか。

イギリスやフランスなどがカリブの島々を領有し、アフリカから連れてきた奴隷を働かせる。もちろん、そこで生産された砂糖などの商品を売ることで得た利益は、イギリスやフランスが独占する——**35「植民地主義」**や**37「世界システム論」**などで、そんな話をしました。

とすると、カリブの島々の砂糖農園では、例えばフランスからやってきた管理者と、アフリカの各地域出身の奴隷とが空間を共にすることになります。しかし奴隷たちは、出身地によって使う言語も違います。だから、意思の疎通ができない。しかたなく農園の管理者が使うフランス語、つまり宗主国の言語を覚えてコミュニケーションをとろうとするわけです。

しかし、もちろんここで話される「フランス語」は、発音も文法も、極めて単純化されたものになります。しかもそこに、奴隷たちが使うそれぞれの言語の語彙《ごい》や文法や発音なども混《こん》淆《こう》する。つまり、**異種混淆性**（**ハイブリディティ**）にあふれた表現となるのですね。このような言語のことを、**ピジン語**といいます。そしてピジン語は次第に体系的な規則を持つようになり、ピジン語話者の子どもたちの代になると、それはもはや、自分たちの母語や共通語となっているわけです。この段階に入った元ピジン語が、**クレオール語**（**クレオール**）です。

ピジンとクレオールはどこがちがうかということを、ひとことで言えば、「ピジンが母語になったもの」と言えるでしょう。

田中克彦《かつひこ》『クレオール語と日本語』（岩波書店）

□疎通【そつう】考えや気持ちなどが相手によく通じること。

□混淆【こんこう】性質の違うものが入り混じること。「混交」とも書く。

□真正【しんせい】真実であり、正しい様子。間違いなく本物であること。正真正銘。

□贋物【がんぶつ】本物に似せて作ったもの。まがいもの。「にせもの」とも読む。

□心性【しんせい】心のありよう。また、メンタリティ。

類 **メンタリティ**…特定の社会・集団の人々に共通する、考え方や感じ方の傾向。心的傾向。

けれどもいくら母語となったところで、宗主国の人間たちから見れば、クレオール語など——ものすごく嫌な言い方をあえてしますが——自分たちの言語の「劣化コピー」にすぎないということになります。つまりここに、〈宗主国の言語＝真正／クレオール語＝贋物《がんぶつ》〉という、非常に差別的な考え方が構築されてしまう。そしてそうした意識は当のクレオール語話者たちにも内面化され、彼らは激しい自己否定の感情に苛《さいな》まれることになる……。

20世紀の末、クレオール語話者たちの中から、こうした心性を打破し、自分たちの言語としてのクレオール語の創造的な価値を主張する声が現れます。その象徴が、ジャン・ベルナベ、パトリック・シャモワゾー、ラファエル・コンフィアンが著した『クレオール礼賛《らいさん》』という一冊でした。彼らは例えば「クレオール性」という概念を打ち立て、それを、

> **保持された多様性に対する非全体主義的な意識を表現すること**
> **『クレオール礼賛』（恒川邦夫《つねかわくにお》訳、平凡社）**

と定義しています。クレオール語の異種混淆性に着目するなら、それは、一つの起源に遡行《そこう》することのできないモザイク状の体系であり、すなわち、多様性を象徴する言語であるということになります。それゆえに、このクレオール語は、20世紀の生み出した最悪のイデオロギーである全体主義へのカウンターとなる可能性を持つ。そう読むことができそうです。

しかし、『クレオール礼賛』の出版が20世紀末であったということは、クレオール語をめぐる彼らの葛藤が、今なお現在進行形で存在していることを意味しています。まさに、その終《しゅう》焉《えん》後も続く植民地主義の負の影響、**ポストコロニアル**な状況を象徴する事例とも言えます。

読んでみよう

山本冴里《さえり》編『複数の言語で生きて死ぬ』（二〇二二年）国民国家や植民地主義での言語政策なども含め、人と言語とのあいだに生じるさまざまな出来事をテーマとする。クレオール語については、第二章「夜のパピヨン」に詳しい。各章が短く、非常に読みやすい。

金時鐘《キムシジョン》『猪飼野《いかいの》詩集』（一九七八年）「在日朝鮮人の代名詞のような町」猪飼野での生活をうたった詩集。日本語で綴《つづ》られた詩句に、時折朝鮮語の語彙が現れる。そこにはクレオール性が萌芽《ほうが》しているのかもしれない。

ポイント

クレオール語とは、二つの言語、例えば宗主国の言語と奴隷の言語が混淆したピジン語が体系的になり、母語となったものである。一つの起源にさかのぼれない多様性を持つクレオール性は、全体主義へのカウンターともなりうる。

84 歴史修正主義

「歴史修正主義」とは、歴史に対するどのような態度や行いをいうのだろうか。

文部科学省の告示する、小・中・高等学校などの教育課程や教育内容の基準を、学習指導要領といいます。同じく文部科学省から、その学習指導要領の「解説」も公開されています。ここでは、『小学校学習指導要領（平成二十九年告示）解説』の「社会編」を参照してみましょう。「第六学年の目標」として、どのような資質や能力の育成をめざすのかを述べている箇所です。「解説」は、社会という教科を通じて養うべきものの一つとして、

我が国の歴史や伝統を大切にして国を愛する心情

ということを挙げています。いわゆる、愛国心ですね。教育を通じてそうした心性を陶冶することの是非は、ここでは問いません。さまざまな考えがあるでしょう。

けれども時に、こうした「国を愛する心情」を育むという大義に拘泥するあまり、倒錯した思惑《おもわく》が働いてしまうことがあります。いわく、子どもたちに愛国心を育むためには、この国の良いところを、教育を通じてたくさん知ってもらわなければいけない。逆に、かつてこの国が犯した悪行は、たとえそれが史実だとしても、隠さなくてはいけない。子どもたちにはこの国の誇れる歴史を教え、そうして彼らの心に国を愛する心情を育てていけばいいのだ——。

ただ隠蔽《いんぺい》するのみならず、時にはその事実を否定したり、あるいは自分たちにとって都合のいい歴史を捏造《ねつぞう》したりもする。このように、何かしらの政治的な意図があって、歴史的事実を

□陶冶【とうや】
人の能力や性格を、鍛えて育て上げること。

□拘泥【こうでい】
物事にこだわること。そのことに過度にとらわれること。

□倒錯【とうさく】
心理や行動が、ゆがんだ形であらわれること。

□歪曲【わいきょく】
ゆがめること。事実をゆがめ、偽《いつわ》った形で伝えること。

□喝破【かっぱ】
真実や本質を見抜いて、それをきっぱりと言い切ること。

□知見【ちけん】
経験や勉学などで得る知識や考え方。

□アカデミズム
大学など学術の世界での伝統や権威を尊重し、学問の確かさを守っていこうとする考え方。

否定したり歪曲《わいきょく》したり捏造したりすることを、**歴史修正主義**といいます。

西洋の歴史修正主義とそれに対する抵抗をテーマとする、その名もズバリ『歴史修正主義』という本が、中央公論新社の中公新書から出ています。著者は、ドイツ現代史やホロコーストの研究者、武井彩佳《あやか》です。武井はこの歴史修正主義というイデオロギーの本質を、歴史学という学問のありようと対照することで暴き出します。まず、歴史学については、

過去が全体としてどうであったかを示す学問であり、一点から、一側面からのみ解釈することはしない。また複数の証拠を突き合わせることで判断する。

と説明します。これに対して歴史修正主義については、「全体のごく一部しか見えていない」のにそれを歴史的事実と強弁し、「自身の考えと矛盾する事実」は「無視することが多い」ものと喝破する。すなわち、

学術的にはきわめて稚拙であるだけでなく、事実に対して不誠実なのだ。

ということです。

となれば、私たちが歴史について考える際には、歴史学の知見を必ず参照することが求められるということですね。まずは、歴史学という分野で真摯《しんし》に調査研究を重ね、アカデミズムの中で実績を評価されている研究者の言葉に耳を傾ける、逆に言えば、単なる歴史好きの有名人の語りやネットの世界にあふれる匿名の情報を鵜呑《うの》みにしない、それが大切だということです。

読んでみよう

武井彩佳『歴史修正主義』（二〇二一年）西洋での歴史修正主義の展開、そしてそれへの抵抗のありようを詳説する。歴史学がいかにして歴史修正主義に勝利を収めることができたかを語る、第5章「アーヴィング裁判」が、特に興味深い。研究者としての責任感のみなぎる一冊。

梁澄子《ヤンチンジャ》『「慰安婦」問題ってなんだろう？』（二〇二二年）まずは、著者が「慰安婦」という言葉を括《かっ》弧《こ》でくくるわけを理解しよう。実際に「慰安婦」であった女性について、日常的な逸話などにも多く触れるのは、きっと、その具体的な記述を通じて彼女の生のかけがえのなさを表すためだろう。

ポイント

歴史修正主義とは、政治的な意図により、歴史的事実を否定、歪曲、あるいは捏造することをいう。歴史学とは似て非なるものである。

85 新自由主義

現在の世界経済の主流である「新自由主義」とは、どのような経済思想だろうか。

32「資本主義」で、**自由放任主義**について触れました。「個々人が自由にお金もうけに勤《いそ》しめば、経済や社会は安定・発展していく」という、近代資本主義の代表的な考え方ですね。それは言い換えれば、経済や市場への国家の介入は極力抑えるべき、ということでもあります。

しかし、この自由放任主義では、一九二九年に始まる世界恐慌に対処できませんでした。そこで、**45**で学んだ**修正資本主義**という考え方が出てくる。社会保障制度に代表される福祉政策を重視することなどを通じて、国家が市場を管理する、というシステムでしたよね。その典型例が、アメリカのフランクリン・ローズヴェルト大統領の実施したニューディール政策でした。

ということで、20世紀の後半まで、資本主義といえば修正資本主義がその主流であったわけですね。何しろ新たな超覇権国家アメリカの採用した政策ですから。そしてイギリスもまた、「ゆりかごから墓場まで」と言われるほどに充実した社会保障制度を整備しました。

しかし、この修正資本主義にも問題はあった。

まず、福祉政策を充実させたり、あるいは公共性の高い事業などを国家が管理したりする体制は、お金がかかります。国家財政の大きな負担となる。あるいは、市場に国家が介入すればするほど、民間の企業は自由に商売できなくなります。自由競争が抑えられてしまうので、経済活動が停滞してしまう可能性もある。そうなれば、イノベーションも期待できない。さらには、「そもそも人間ごときに市場などという巨大なシステムを管理することなど不可能だ」という指摘もなされました。つまり、国家による経済への介入はやめて、資本家や企業の自由な

□覇権【はけん】
勝者・征服者として得る権力。

□イノベーション
①革新。特に、技術革新。②新しい製品や生産技術の開発、市場の開拓、組織や経営方法の刷新など、経済を発展させる多様な革新。

□台頭【たいとう】
勢力を増してくること。

□移譲【いじょう】
権限・事業などを譲り渡すこと。

□ミルトン・フリードマン
〔一九一二―二〇〇六〕
アメリカの経済学者。ケインズ経済学に反対し、新自由主義を支える経済思想を主張した。

□称揚【しょうよう】
ほめたたえること。

□格差【かくさ】
価格・水準・程度などの差。
関連 **格差社会**…人々の経済的・社会的な格差が拡大した社会。

経済活動に徹底して任せるべきであるとする、**新自由主義（ネオリベラリズム）**が台頭してくるわけです。一九八〇年代頃から、アメリカ、イギリス、そして日本もまた、こうした体制への転換を図ります。具体的には、社会保障制度を薄くしたり、それまで国が管理してきた公共性の高い事業について、それを民間に移譲したりする。日本で言うなら、一九八七年の国有鉄道（国鉄）民営化、さらには一九九〇年代末から二〇〇〇年代にかけての郵政民営化などがそれに該当します。二〇〇〇年代に始まる国立大学の法人化も、この流れでとられた施策ですね。

新自由主義の代表的論客は、ミルトン・フリードマン。自由を徹底的に称揚するその思想を象徴するものとして、インフォビジュアル研究所『図解でわかる　14歳から考える資本主義』（太田出版）は、彼のこんな言葉を紹介しています。

私は麻薬の取り締まりには反対だ。麻薬の快楽と、中毒の苦しみを選択するのも、個人の自由だからだ

修正資本主義
（1930年代〜）
国家が経済に介入
福祉国家
⇩
新自由主義
（1980年代〜）
自由競争・民営化・規制緩和
自己責任論・格差社会

ここには、ネオリベラリズムにおける「自由」という観念の意味づけが象徴的に表れています。それは、「何をやっても自由だけれど、その結果については知らないよ」という、**自己責任**の論理ですね。となれば、経済活動で失敗しても、かつてと比べて国家による保障は薄くなる。結果、再起を果たせない。すると当然、貧富の格差が拡大する。失業者も増える。人々はモノが買えなくなり、経済は破《は》綻《たん》する――**45「修正資本主義」**で、アメリカの第四十六代大統領バイデンがニューディール政策への回帰を唱えたと述べましたが、そこにはこういった背景があったのですね。

読んでみよう

長谷川貴彦《たかひこ》『イギリス現代史』（二〇一七年）第二次世界大戦から現代に至るまでのイギリス現代史を俯瞰《ふかん》する。第一章「福祉国家の誕生」と第五章「サッチャリズム」を比べながら読むと、修正資本主義と新自由主義それぞれの性質が、より深く理解できるだろう。
内田樹《たつる》・寺脇研《けん》・前川喜平《きへい》『教育鼎談《ていだん》』（二〇二二年）教育政策に深く関わってきた三人の討論。Ⅳ「自由化のもとで起きていること」を読めば、新自由主義の教育への浸透について具体的に知ることができる。論者たちは、学校教育の市場化に警鐘《けいしょう》を鳴らしている。

ポイント

新自由主義とは、国家は経済に介入せず、企業などの自由な活動に任せるべきだとする考え方。一九八〇年代頃から台頭し、社会保障の削減や公共事業の民営化などが進んだが、貧富の格差が拡大した。

86 グローバリゼーション

世界の経済・社会の大きな流れとしての「グローバリゼーション」とは、どのような現象だろうか。

グローバリゼーションという言葉を聞いて、どのようなことを想像しますか？「グローバル」は「地球的な規模である」ということですから、人や物の移動が全世界にわたるようなあり方、つまりは国際化、といった程度の意味を思い浮かべた人もいるでしょう。別に、間違いというわけではありません。「このグローバリゼーションの時代にあってはサ〜」などと、日常的な会話などでこの言葉を用いるときには、だいたいはそんな感じで使っていますよね。

けれども、この言葉はしばしば、もう少し厳密な文脈で使われることがあります。

前回、一九八〇年代から、アメリカ、イギリス、そして日本――すなわち当時の資本主義陣営の経済大国が、修正資本主義から新自由主義への転換を図ったという話をしました。実は、この一九八〇年代というのがポイントなんです。世界史という観点から見るならば、この時期は、冷戦の末期に該当するわけですよね。

第二次世界大戦後、資本主義を掲げるアメリカと共産主義を掲げるソビエト連邦とが対立しました。しかし、両国とも核保有国であったために、直接の軍事衝突は避けざるを得なかった。核戦争になれば世界は終わってしまいますからね。こうした均衡状態が、つまりは冷戦です。

しかし、その冷戦も終結に向かい、一九九一年には決定的な出来事が起きる。そう。共産主義を掲げていたソ連の解体です。つまりこの時点で、世界で資本主義に対抗しうる勢力は、実質的にはほぼいなくなってしまった。となると、資本主義は、世界のすべてを併呑《へいどん》しようとします。そしてこの時代の資本主義の主流は、**新自由主義**（**ネオリベラリズム**）だったわけで

□冷戦【れいせん】
軍事衝突はしないが、厳しく対立している状態。第二次世界大戦後のアメリカ（西側）とソ連（東側）の、核戦力を背景とした対立をいう。一九八九年、アメリカのブッシュ大統領とソ連のゴルバチョフ大統領の「冷戦終結」宣言、一九九〇年の東西ドイツ統一、翌年のソ連の解体で完全に終結した。

□ソビエト連邦【―れんぽう】
一九一七年のロシア革命で誕生し、一九二二年に成立した、世界初の社会主義国家。一九九一年に解体した。ソ連。

□併呑【へいどん】
強いものが弱いものを自分の勢力下に置くこと。

□大航海時代【だいこうかいじだい】
15〜17世紀の、西欧諸国が新航路・新大陸を発見し、世界進出と植民地支配を始めた時代。

す。つまり20世紀後半からの資本主義の世界化とは、新自由主義が世界を隈《くま》なく包摂《ほうせつ》していく現象のことであり、これをこそ、多くの論者たちは**グローバリゼーション**と呼ぶのですね。なお、研究者によっては、大航海時代や近代の植民地主義、帝国主義などの展開をグローバリゼーションと呼ぶこともあるので、そこらへんについては文脈をきちんと確認してください。

さて、前回述べたように、新自由主義は**自由競争**を基本とします。そして、そこでは**自己責任**の論理が重んじられる。つまり、負けたら誰も助けてくれない。その結果、富める者と貧しい者との格差が、ぐんぐんと開いていくことになるわけです。そんな性格の新自由主義が世界化すればどうなるか。もちろん、それまでの資本主義や植民地主義の結果としてすでに存在している世界レベルでの貧富の**格差**が、ますます拡大していくことになる。

考えてもみてください。この時代、私たちが経済活動をするということは、グローバルな新自由主義の巨大なネットワークに個人として直接参与することを意味します。例えば町の小さな本屋さんも、Amazonという世界的な巨大資本と直接に競争しなければならない。勝負になりませんよね。結果として、富はますます少数の大富豪のもとに集まり、世界には、貧困にあえぐ人々がどんどん増えていくことになるわけです。

いま、地球上には78億人の人たちが住んでいます。この全員が食べていけるだけの食べ物は十分、生産されています。でも、飢餓があいかわらず発生しているのは、なぜなのでしょう？　それは、食べ物＝お金であり、お金がない人には食べ物を手に入れることができないからです。

井出留美《いでるみ》『ＳＤＧｓ時代の食べ方』（ちくまＱブックス）

読んでみよう

平賀緑『食べものから学ぶ世界史』（二〇二一年）「食」の歴史を古代から近代、現代へとたどり、その中で資本主義の展開を詳説する。グローバリゼーションを理解する上で最良の入門書。

山岡信幸《のぶゆき》『教養としての地理』（二〇二一年）当然のことながら、地理の知識は、人間の歴史や今を考える上で非常に大切である。グローバリゼーションについては、第2部「お金の流れの変化から激変する世界を読み解く」が極めて重要。ポイントや重要語がつかみやすい構成になっているのもうれしい。

ポイント

20世紀後半から、資本主義の大国が新自由主義に転換し、さらに冷戦の終結により資本主義の対抗勢力がなくなって、新自由主義が世界中を支配していった。これを特に「グローバリゼーション」と呼ぶ。

87 ポピュリズム

現代の社会に広がる「ポピュリズム」とは、どのようなものだろうか。

第四十五代アメリカ合衆国大統領、ドナルド・トランプの発した言葉で最も有名なものは、

Make America Great Again

ではないでしょうか。再び、アメリカを偉大に。勇ましい。大統領選挙の際に何度も叫び、あるいはTwitterに投稿しました。

Twitterといえば、トランプは、こんな言葉もツイートしていました。

「国へ帰って、壊れて犯罪にまみれた場所を解決するのを助けたらどうだ」
安田聡子《さとこ》「トランプ大統領はどんな差別発言をしてきたのか。70年代からこれまでの言動を振り返ってみた」（「ハフポスト日本版」二〇二〇年十一月三日）

この攻撃的な言葉は、民主党の四人の女性議員に向けられたものです。四人は皆、アメリカ国籍を持っています。ただ、白人ではなく、一人はソマリア出身でした。**71「レイシズム」**や**73「ヘイトスピーチ」**で言及した排外的なレイシズムがここに見られることは、明らかですよね。これ以外にも、トランプのエキセントリックな発言はしばしば批判されてきました。

けれども忘れてはならないのが、そのトランプがアメリカの大統領に選ばれた、という事実

□排外的【はいがいてき】
他の国・地域の人や文化などを嫌い、追い出そうとする様子。
類 **排他的**…自分たちの仲間以外のものを嫌い、追い出そうとする様子。

□エキセントリック
行動や性格が風変わりな様子。常識から外れている様子。

□覇気【はき】
物事に自分からとりくもうとする気持ちや意気込み。

□カリスマ
大衆を魅了するような強い魅力や能力を持つ人。

□扇動【せんどう】
過激な言動などで人々をあおり、ある行動を起こすよう仕向けること。

□迎合【げいごう】
相手に調子を合わせ、気に入られるような言動をすること。

です。つまり彼は、数多くの**大衆**の支持を得たのです。では、彼を支持したのは、例えばどのような人たちだったのか。ここでもう一つ、トランプの言葉を参照します。今度はTwitterではなく、大統領就任時の演説での言葉です。

この国の忘れられた人々は、もうこれ以上、忘れられることはありません。

（「【米政権交代】『アメリカ第一』トランプ新大統領の就任演説　全文と和訳」「BBC NEWS JAPAN」二〇一七年一月二十一日）

「忘れられた人々」という言い方で、おおよその察しはつくのではないでしょうか。トランプの支持者には、高い学歴を持たない、白人の低所得者層が多くいたと言われます。

27「民主主義」で、現行の代議制民主主義では、代弁されざる人々を作り出してしまうという可能性について触れました。その中にはおそらく、多くの貧しい人たちが含まれることでしょう。新自由主義やグローバリゼーションの中で、富める者はますます富む。そしてそういった人間の声ばかりが政治に届けられ、自分たちは見捨てられている——そう感じた人たち、つまり「忘れられた人々」の多くが、勇ましく、覇気やカリスマ性にみなぎり、しばしば過激な言葉で自分たちに直接語りかけてくるトランプに魅了された。そんな彼をこそ、自分たちのリーダーであると受けとったわけです。

自分たちの声がないがしろにされている——そう感じる大衆に向け、カリスマ性にあふれる人物が、過激な、時に差別的な言葉やパフォーマンスで、扇動するように語りかける。「大衆迎合主義」とも訳されるこうした政治的態度を、**ポピュリズム**といいます。

読んでみよう

水島治郎《じろう》『ポピュリズムとは何か』（二〇一六年）現代の世界を席巻《せっけん》するポピュリズムについて、その成立の経緯や、各国での具体的なあり方などを解説する。ポピュリズムを一方的に弾劾《だんがい》するのではなく、さまざまな角度から検証する、ポピュリズム入門の決定版。

筒井清忠《きよただ》『戦前日本のポピュリズム』（二〇一八年）ポピュリズムは一般に現代世界の政治現象として説明されるが、著者は、この大衆扇動型の政治を、対米戦争に至るまでの日本にも見いだす。特に、マスメディアに向けた視線が厳しい。日本の戦争を振り返る上でも重要な一冊。

ポイント

ポピュリズムとは、カリスマ性あふれる人物が、現状に不満を持つ大衆に向かって過激な言葉やパフォーマンスを用いて語りかけ、支持を得ようとする政治的な態度をいう。

88

規律訓練型権力

ミシェル・フーコーが論じた「規律訓練型権力」とは、どのような権力だろうか。

「ツーブロック禁止しないで！」　広がる校則見直し

氏岡《うじおか》真弓による記事見出し（「朝日新聞デジタル」二〇二一年五月三十日）

この記事で話題となっている学校では、ツーブロックという髪型を校則で禁じていたことがわかります。では、このルールには、何か合理的な理由があるのでしょうか。

世論では、この校則を批判する声が優勢だった感があります。生徒の自由を不当に侵害する無意味なルール、ルールのためのルールである。そんな論調をよく目にしました。

ただ、合理的な理由が見あたらないかといえば、実はそうとも言えない。なぜならここには、ミシェル・フーコーという哲学者が指摘した、近現代社会に典型的な特徴が見られるからです。

フーコーは、ベンサムという思想家が18世紀に考案した**パノプティコン**（**一望監視施設**）という刑務所のシステムに着目します。この建物の構造が、近現代社会の権力のありようを象徴している、と考えたのです。

周囲に円環状の建物が造られ、その中心には塔が設置されています。建物は独房ごとにひとつひとつ区分けされています。

桜井哲夫『知の教科書　フーコー』（講談社）

□侵害【しんがい】
他人の権利や領土などを侵し、損害を与えること。

□論調【ろんちょう】
議論の進め方の調子。また、議論や評論の傾向。

□ミシェル・フーコー〔一九二六―一九八四〕
フランスの哲学者。歴史学的な手法により、権力・知・理性（狂気）・性などをめぐる近代西洋のあり方をラディカルに問い直す議論を展開した。

□ベンサム〔一七四八―一八三二〕
イギリスの哲学者。社会や法は「最大多数の最大幸福」の実現のためにあるべきだとする功利主義を唱えた。

□規律【きりつ】
社会や集団の秩序を保つための、守るべき行為の規準。

これがパノプティコンなのですが、この「塔」というのは、監視塔です。「円環状の建物」の中心にあるので、三六〇度、すべての「独房」を監視することができます。重要なのは、独房からは、この監視塔の中が見えないしくみになっていること。つまり、囚人には、監視者の姿を確認することができない。できないけれど、いや、できないゆえに、逆に、常に監視されているという意識を持たざるを得なくなる。すると、囚人たちは自主的に、模範的な囚人たるべく規律に則した行動をとっていくことになる。こうして、

自ら進んで規律に服する主体

重田園江《おもだそのえ》『ミシェル・フーコー』（ちくま新書）

が形成されるというわけです。

ベンサムの計画したパノプティコンは実現しませんでした。けれどもフーコーは、この、常に監視されているという意識を人々に植えつけることで徹底的に規律を内面化させ、自主的に服従する主体を作り上げていくような権力のありよう、すなわち**規律訓練型権力**を、近現代社会のさまざまな場、例えば軍隊、工場、そして学校などに見いだすのです。

ツーブロックが悪いということには、おそらく合理的な理由はありません。しかし規律訓練型の権力にとってみれば、日常のささいな物事も徹底的に管理するということに、合理的な理由がある。その目的は、いつも監視の対象になっているという感覚を人々に染みこませ、従順な主体を作り出すことなのですから。この観点から言えば、教室の区画、机の配置、出席簿、時間割、成績管理、内申書……すべては、そのための装置であるということになります。

読んでみよう

桜井哲夫『知の教科書　フーコー』（二〇〇一年）フーコーの著作はかなり難解であり、入門書が必須と言えるが、この一冊が平易さという点では出色。特に、「フーコー思想のキーワード」と「知のみなもとへ——著作解題」がありがたい。

重田園江『ミシェル・フーコー』（二〇一一年）フーコーの『監獄の誕生』を精読する。重田は、難しいことを安易に単純化はしない。そして、わからないことはわからないと言う。とても誠実な書き手である。本書は、**89**で扱う生権力・生政治について理解する上でも極めて大切な示唆《しさ》を与えてくれる。

ポイント

規律訓練型権力とは、常に監視されているという意識を人々に植えつけ、規律を内面化させて、自主的に服従する主体を作り上げていくような権力をいう。

前近代
近代
現代
重要語ミニ辞典
ブックガイド

89

生《せい》権力・生《せい》政治

フーコーの言う「生権力」「生政治」とは、どのような考え方なのだろうか。

愛されるより畏《おそ》れられる事　それこそが支配者に必要な世評だ

大窪晶与《おおくぼあきよ》『ヴラド・ドラクラ』第一巻（KADOKAWA）

吸血鬼ドラキュラのモデル、「串刺し公」と呼ばれた、現ルーマニアのワラキア公国ヴラド三世を主人公とする漫画のひとコマです。引用したのはヴラド三世自身のせりふですが、この言葉を権力というものの象徴として読む人も多いのではないでしょうか。己の力を民衆に見せつけるために、反逆する者には死を与え、時に公開で拷問《ごうもん》し、処刑する——。

けれども前回**88**で見たフーコーの言う**規律訓練型権力**に、そのようなイメージはあるでしょうか。常に誰かに監視されているという意識を植えつけて規律を徹底的に内面化させ、自らの意志で規律に従う主体を作り出す。このような権力は、おそらく、超越的な存在としての権力者がそれとわかるような形で行使するものではなく、むしろ、よくよく考えればその所在がわからないような、そんな権力であるのではないでしょうか。例えば、時間割に象徴されるような緻密なスケジュール管理、生徒の能力や資質を数値化して格付けする成績システム、体育の授業における一糸乱れぬ「前倣《まえなら》え」——それらすべてが、規律訓練型の権力の作動する装置であり、すなわちこのような権力は、それとして目に見えない形で遍在するものである——どうやらそういうことになりそうですね。

かつての強権的な権力との対照性は、それだけではありません。かつての権力は、反逆者

□超越的【ちょうえつてき】①普通のレベルや枠をはるかに超えている様子。②人間の理解や自然の法則をはるかに超えている様子。（本文では①の意味）

□所在【しょざい】それがある場所。ありか。

□遍在【へんざい】広く行きわたって存在していること。
対 **偏在《へんざい》**…あるところだけに、偏《かたよ》って存在すること。

□強権的【きょうけんてき】上の立場のものが下の立場のものに強い権力を振るう様子。

□福祉国家【ふくしこっか】国民が健康で充足した生活を送れるよう、社会保障制度の整備、完全雇用、教育の充実などを重視・実践する国家。↓P.99

に「死」を与えることで自らの権威を維持し、高めようとしたのに対し、近現代社会の権力は、むしろ人々の「生」に介入しようとする。規律の内面化を通して、人々の生を、例えばより健康で頑強なものとして生きさせるような、そんな権力であるのです。このような権力のことを、フーコーは**生権力**と呼びました。

血圧が130台になると血圧高めゾーンに。すぐに始められる血圧ケアとは？

Twitter「血圧LIFE通信」の投稿より

Twitter上の広告からの引用で、特定保健用食品＝トクホの宣伝文句です。何気なくアプリを開いてタイムラインをスクロールしているうちに、たまたまこの広告が目に入ったとしましょう。そのとき、「ラーメン食べようと思ってたけど、塩分高いしやめよう……」とでも思ったなら、まさに、生権力が求めるような、頑健な身体を作るという規律に自ら服したことになるわけです。遍在する不可視の権力の、わかりやすい事例と言えるのではないでしょうか。

では、なぜ生権力か。それは、規律を通した身体や生の健全化は、例えば労働者や兵隊を、よりその仕事にふさわしい存在へと鍛えていくことを意味します。必然的に、国力の強化につながりますよね。こうして近現代の政治は、生権力を通じてより健全な国民や社会を作り出し、例えば富国強兵・殖産興業を図る、**生政治**として展開することになるわけです。この意味で、**45「修正資本主義」**で言及した福祉国家というありようは、生政治の一つの例とも言えます。

なお、生権力・生政治においては、人間は個々の具体的な存在としてではなく、統計などの抽象的な数値としてデータ化され、全体として管理の対象となることも覚えておきましょう。

読んでみよう

檜垣《ひがき》立哉《たつや》『生と権力の哲学』（二〇〇六年）フーコーの生権力・生政治を解説するのみならず、その影響を受けたネグリやアガンベンなど後継者たちの思想についても言及する。次の**90**で扱う「剝《む》き出しの生」という概念を理解する上でも有用な一冊。

紅野《こうの》謙介《けんすけ》『国語教育 混迷する改革』（二〇二〇年）近年の教育改革において喧伝《けんでん》される「主体的・対話的で深い学び」という標語には、人間の生や内面を訓育の対象とするような、生政治的な欲望が潜んでいると筆者は言う。第6章「国語教育の原点に立ちかえる」に詳細な言及がある。

ポイント

生権力とは、死を与えることで支配したかつての権力と異なり、規律の内面化を通して人々の生に介入する権力である。生政治は、生権力によって健全な国民や社会を作り出し、国力の強化などを図る。

90 剥《む》き出しの生

強制収容所などでの「生」を語るときに用いられる「剥き出しの生」とは、どのような概念だろうか。

したがって、分配のあいだじゅう、相手はまたたきもせずに、一方の手許《てもと》を凝視していなければならない。

石原吉郎《よしろう》という詩人の随想、「ある〈共生〉の経験から」（『石原吉郎詩文集』講談社文芸文庫）の中の一節です。石原は、第二次世界大戦での敗戦後、満州でソ連軍に抑留され、強制収容所に送られました。そこでは最低限以下の食事しか与えられず、石原たちは皆、飢えに苦しむことになります。引用したのは、食事をする際の二人組の片方が、与えられた食事を分配するもう片方の様子を凝視している箇所です。少しでも自分に多く盛らないか、監視しているのです。

人は、動物や昆虫ではありません。それぞれの人が人として築いてきた、それぞれに固有の生を生きる存在であるはずです。

人は誰しも、他の何者によっても侵すことのできない尊厳を持っているはずです。人は、人である限り誰もが生まれながらに、基本的人権を有している。それが近代以降の世界の考え方であったことは、**23「人権」**で学んだはずです。

では、飢えを少しでも和らげるという、ひたすらそのためだけに、食事をとり分ける相手の手をまたたきもせずに凝視するこの存在に、その人に固有の生、尊厳、人権の存在などを見いだすことはできるでしょうか。できませんよね。ここにあるのは、ただただ生きているという事実、それのみです。動物や昆虫について「生きている」というときの生と、同じ生。現代イ

□凝視【ぎょうし】目を凝《こ》らして見つめること。

□随想【ずいそう】自然と心に浮かぶ思いを記した文章。類 随筆、エッセイ

□抑留【よくりゅう】他国の人や船などを、自国内に強制的にとどめ置くこと。第二次世界大戦終了時、満州《まんしゅう》などでソ連軍の捕虜となった約五十七万人の日本軍人らが、シベリアの強制収容所などに移送・抑留され、過酷な労働を強いられて、約六万人が死亡した。

□ジョルジョ・アガンベン［一九四二―］イタリアの哲学者。フーコーの「生政治」の考え方を批判的に継承している。

□アウシュヴィッツ 第二次世界大戦中、ナチ・ドイツがポーランド南部に建設した強制収容所。ユダヤ人など百五十万人以上が虐殺された。

タリアの哲学者、ジョルジョ・アガンベンであるならば、こうした生について、こう言うでしょう。それは、宗教からも政治からも、そして共同体の文化からも締め出され、あらゆる法的保護から見放された生、ただ単に、生き物としての生を生きるだけの生、すなわち、

あらゆる権利を奪われた剝き出しの生へと還元されている。

ジョルジョ・アガンベン『ホモ・サケル』（高桑和巳《かずみ》訳、以文社）

と。

例えばアウシュヴィッツにおいてユダヤ人たちが強いられていた生は、このような**剝き出しの生**そのものであったはずです。石原吉郎の経験した強制収容所であっても、同じことでしょう。そしてこうした場において、人間は単なる記号です。数値です。そうした抽象的なデータとしての生、もちろん剝き出しの生を、最もコストパフォーマンスのいい労働力として、権力が監視し、コントロールする——このあり方には、前回**89**で学んだ**生政治**に通じるものがあるのではないでしょうか。いや、それはむしろ、生政治の一つの極限形態であるとすら言える。

今この瞬間にも、世界には、剝き出しの生を生きることを強いられる、おびただしい数の人々がいます。例えば、基本的人権は人類に普遍的なものだとどれだけ言ったところで、現実には、人が人として生きる権利をその人に保障するのは国家です。つまり、現行の世界秩序が主権国家体制である以上、自らの所属していた国家が国家として機能しなくなってしまえば、実際問題として、人権は、人としての生は、保障されないということになってしまうのです。

読んでみよう

岡真理『ガザに地下鉄が走る日』（二〇一八年）イスラエルによる国家的暴力にさらされ続けてきたガザ。その地でパレスチナの人々は、いったいどのような生を生きているのか。ここに描かれていることは、歴史上の出来事ではない。今、私たちの生きるこの世界で起きていることなのだ。絶対に読んでほしい一冊。

内藤正典《まさのり》『外国人労働者・移民・難民ってだれのこと？』（二〇一九年）剝き出しの生を生きる人々は、この日本社会にも存在する。例えば、外国人労働者、あるいは難民申請をする人々などに、人権は保障されているのだろうか。

ポイント

アガンベンの唱えた「剝き出しの生」とは、宗教や政治、共同体の文化から締め出され、あらゆる法的保護から見放され、あらゆる権利を奪われた生であり、ただ生き物として生きるだけの生である。

91 これからの民主主義

代議制民主主義はどのような難問を抱えているのか。そしてそれは、どうしたら乗り越えられるだろうか。

27「**民主主義**」で言及した、**代議制民主主義**における**代弁の不可能性**という難問。つまり、選挙を通じて選ばれた政治家が、議会という場で市民を代表し、その意見を代弁する、というこのシステムが、実際には機能不全に陥ってしまうという現実。社会には、自分たちの意見や考えを代弁してもらえないと感じている人々が、数多く存在します。

いや、日本の選挙における投票率の異様な低さに鑑《かんが》みるに、むしろ、「投票などしても、自分の意見が政治に反映されることなどない」と思う人は、かなりの数に上るのではないでしょうか。この社会のマジョリティですらそう思っているなら、いわんやマイノリティをや。そもそも在日の外国人などは、日本国籍を持つ人々と同じように税金を払い、あるいは経済活動に勤《いそ》しむことでこの社会を共に支えているにもかかわらず、国政での投票権を持たないのです。

代議制民主主義の限界を超克《ちょうこく》する。

これは、この社会にとって、喫緊の課題です。

では、どうすべきか。一つ、はっきりと言える解決策があります。代弁されざる人々を作り出してしまうのが現行の民主主義であるならば、選挙や代議制というシステムから漏れてしまうそうした人々の声を、社会の多くの成員で分かち持つということです。そうすれば、マイノリティの声も、少なくとも今よりは政治に届く可能性が出てくる。

そのためには、まず、声を上げられる人が声を上げることが大切です。そして、今のままでは声を上げることのできない人々が、声を上げられる場所を作ることも。あるいは、そうした人々

□在日【ざいにち】
外国から来て、日本に住んでいること。（本文では、日本国籍を持たない在日外国人を指す。）

□喫緊【きっきん】
差し迫っていて、非常に大切なことである様子。

□成員【せいいん】
団体・組織などを構成している人。メンバー。

□インフラ
「インフラストラクチャー」の略。道路・鉄道・水道・発電所・通信設備など、生活や産業の基盤となる施設や設備。

□デモ
「デモンストレーション」の略。政治的・社会的な要求を掲げて行進などを行い、民意の力を示すこと。

□ファシズム
全体主義的で独裁的な政治体制。
↓P.100

に向かってこちらから耳を傾け、その声——時に無言の声——に、じっと聴き入ること。そこで何かしらのメッセージを受けとることができたなら、それを、世に問うこと——例えば、各政党のウェブサイトやSNSなどを通して意見書を提出することもできます。ネットで署名を集める活動も、今ではよく見られる方法ですよね。そこまでせずとも、ブログやSNSなどで、社会へのメッセージとして発信することもできる。コロナ禍《か》以降インフラと言えるほど普及したWeb会議ツールを用いて、勉強会を開くことも可能です。もちろん、自分たちの考えを世に訴える手法としては伝統的とも言える、デモだって有効です。

選挙制度だけでは民意は反映しきれないとはいえ、投票率を上げることも大切です。さまざまな声を社会の皆で共有し、その上で投票率を上げることができれば、もしかしたら、政治に、そのさまざまな声を届けることができるかもしれません。ならば、友人や家族と政治的なテーマについて話してみたり、投票を棄権しようとする家族や友人がいたなら一緒に行こうと誘ってみたりする。そうしたことだって、民主主義の未来へとつながる、立派な政治活動です。

評論家の大塚英志《えいじ》は、『「暮《くら》し」のファシズム』(筑摩書房)の中で、こう述べています。

その「新体制」は経済、産業のみならず、教育、文化、そして何より「日常」「生活」に及んだのである。

「その『新体制』」とは、戦時下日本のファシズム体制を指しています。ファシズムは、民主主義の最大の敵です。それが何より「日常」「生活」の領域で成り立つのなら、そうした領域での主体的な政治活動は、民主主義を守り、鍛えていく大きな契機となるはずです。

読んでみよう

和泉《いずみ》真澄《ますみ》・坂下史子《ふみこ》・土屋和代《かずよ》・三牧《みまき》聖子・吉原《よしはら》真里『私たちが声を上げるとき』(二〇二二年)五人のアメリカ研究者が、「声を上げる」という行為について考察する。それは言い換えれば、発された声をどう聴くのかという問いでもある。新しい民主主義を模索する上で、大切な教えに満ちた一冊。

小熊《おぐま》英二《えいじ》『社会を変えるには』(二〇一二年)代議制民主主義の限界をどのように超えていくか。そのための具体的な方法をレクチャーしてくれる。この国のかつての社会運動のあらましや、政治哲学なども詳しく解説。

ポイント

代議制民主主義は「代弁の不可能性」という難問を持つ。その超克のためには、代弁されざる人々の声を皆で分かち持つこと、また、投票率を上げるなど、日常での主体的な政治活動が重要となる。

92 医療倫理

現代の医療にはどのような倫理的な問題があるだろうか。その解決には、どのようなことが重要だろうか。

医師であり、芥川《あくたがわ》賞作家でもある南木佳士《なぎけいし》の作品『冬への順応』（『ダイヤモンドダスト』文春文庫）に、次のような印象的な一節があります。

人工栄養と人工呼吸で生かし続け、まわりで見ている家族ですら、いったいどこまで生きていて、どこで死んだのか分からないような最期を、今井はいつもどおりに作り出すつもりなのだろう。数字の上だけの延命効果のデータが残り、そういうものをまとめて今井は論文を書く。

「今井」とは、この小説の語り手「ぼく」の先輩医師です。その先輩医師に対して、「ぼく」は明らかに、疑念を抱いています。医療データを収集するための資料として患者を扱い、そのために、「人工栄養と人工呼吸」で延命処置を行う。この語りからは、現代医療についてしばしば指摘される倫理的な問題を、いくつかとり出すことができます。

まず、医療という現場において、医師が患者の生死やその質を決定するような、絶対的な権威として存在すること。このようなありかたを、**パターナリズム**といいます。そこでは、患者は医師に対してなされるがまま、徹底的に受け身の存在であることを強いられます。

あるいは、患者をデータ収集の資料として扱うということは、逆に言えば、その患者の固有性、つまり経歴や人格や性格や生活や、その他諸々《もろもろ》の人間的な生を、すべて捨象してしまうと

□延命【えんめい】
寿命を延ばすこと。
関連 **延命治療**…回復の見込みがない患者に対し、人工呼吸器や人工栄養などを使って、生命を維持するだけの治療を行うこと。

□然るべき【しかるべき】
適切な。それにふさわしい。

□ジャーナル
ここでは「学術雑誌」のこと。最新の研究成果を伝える論文が投稿され、掲載される。

□フレーム
物事の枠組み。

□パラダイム
ある時代の常識となっている、ものの見方や考え方の枠組み。
↓P.37

いうことです。ここに描かれる死には、人間性や人間としての尊厳など、微塵《みじん》もありません。

もちろんこの作品はフィクションですが、もしここに描かれるような日常が医療の現場に実際にあるとするならば、その理由は、いったいどのようなものなのか。さまざまな答えがありましょうが、ここで考えたいのは、今井が、集めたデータを「論文」にまとめていることです。

論文とは、学術的な考察や研究の成果などを文章にしてまとめたものです。それを然《しか》るべき学会やジャーナルで公表し、そこに示された内容――ここでは、「延命効果のデータ」ですね――が真に価値あるものかどうか、他の研究者たちに検討してもらう。そしてその有効性が認められれば、今井は医学に貢献したことになるのです。**19「科学の時代」**で言及した、科学という学問のあり方と完全に重なりますね。そう。近現代の医学は、科学の一分野なのです。

科学は、例えば**主客二元論**に立って、主体たる観察者と客体たる自然とに世界を分断して捉えます。この構造は、パターナリズムにおける〈主体＝医師／客体＝患者〉というありようと同一です。そしてそうした客体としての患者から、余計な要素をそぎ落として必要なデータのみを抽出するありようは、そのまま、**15**で学んだ**近代合理主義**のありようにあてはまります。まさに、医学は科学なのです。

もちろん、医学の発展は私たちに莫大《ばくだい》な恩恵をもたらしてくれました。その点を過小評価することは、絶対にできません。しかしながら、現代の医療には、ここに示したものや、もちろんそれ以外にも、数多くの問題点が指摘されています。そして、その多くは、医学という以上に、より大きなフレームとして科学の思考に由来する。さらにその科学は、近代的な価値観の体現であると言える。とするならば、人間にとってより適切な医療をめざす上で、科学、あるいは近代的パラダイムの見直しは、極めて重要なことであると理解できるはずです。

読んでみよう

小林亜津子『QOLって何だろう』（二〇一八年）　QOLとは「クオリティオブライフ」、すなわち生命の質（生活の質、人生の質）という概念である。人間が人間であるために不可欠なQOLの観点から、医療やケアを考察する一冊。

手塚治虫《おさむ》『ブラック・ジャック』（一九七三～八三年）　医療を題材とした傑作漫画は多々あれ、やはりこの作品は挙げなければいけない。天才外科医ブラック・ジャックの、医をめぐる葛藤を見つめよう。特に、安楽死を是《ぜ》とするキリコとの対立は、医療倫理を考える多くの観点を教えてくれる。

ポイント

現代の医療は、〈主体＝医師／客体＝患者〉という主客二元の構造により、パターナリズムや、患者をデータとして捉え人間性を捨象するなどの倫理的問題がある。近代科学のパラダイムの見直しが重要だ。

93 生と死の倫理

人間の生と死をどう扱うべきかという「生と死の倫理」の問題には、例えばどのようなものがあるだろうか。

『ジョニーは戦場へ行った』という映画を知っていますか? 原作の小説は一九三九年の発表ですが、一九七一年、原作者ダルトン・トランボ自身の監督・脚本で映画化されています。

この映画の主人公は、将来ある若者でした。が、第一次世界大戦の戦場で砲弾の餌食《えじき》となります。結果、触覚以外の五感をすべて失ってしまう。のみならず、運ばれた病院で、手も足も全部、切断されてしまいます。ただし――想像するだけでも恐ろしいのですが――彼には、意識があった。彼は、そのあまりにむごい現実に絶望し、自分を殺してくれと訴えます。どうやってか? それはぜひ、この映画を観《み》てください。観るのはとてもつらい作品ですが……。

考えてみてください。もし皆さんが医師や看護師で、この主人公から、「自分を殺せ」というメッセージを受けとる当事者だとしたら、どうしますか。その願いを聞き届けますか。聞き届けませんか。中には、聞き届けてあげたいけど、聞き届けるということは殺人罪を犯すということになってしまい、それは嫌だから、聞き届けないという人もいるでしょう。では、仮にこのケースでは殺人罪に問われないとしたら、どうでしょう。例えば、安楽死というものを認める国であった場合、あなたが医師なら合法的に彼の願いをかなえることができますし、看護師でも、彼の思いを医師に伝え、どうか殺してやってくれと愁訴することはできるはずです。

わたくしは剃刀《かみそり》の柄をしっかり握って、ずっと引きました。

□当事者【とうじしゃ】
その事柄に直接関係している人。
関連 **第三者**…その事柄に直接の関係のない人。
傍観者《ぼうかん》…自分は手を出さず、ただ見ているだけの人。

□安楽死【あんらくし】
回復の見込みがない患者を、本人の意思に基づき、薬など苦痛の少ない方法で楽に死なせること。オランダやベルギーなどでは合法化されている。
関連 **尊厳死**…回復の見込みがない患者に対し、本人の意思に基づいて延命治療をやめ、尊厳をもって自然に死なせること。

□愁訴【しゅうそ】
つらさなどを嘆き訴えること。

□背反【はいはん】
相容《あいい》れず、食い違うこと。

□一般意志【いっぱんいし】
↓P.60

森鷗外《おうがい》『高瀬舟』の中の一文です。病身で、兄にこれ以上迷惑をかけたくないと悩んだ弟が、自死を試みて剃刀《かみそり》で喉を裂くも、力及ばず、最後まで引ききることができない。そんな弟に「早く抜いてくれ」、つまりは早く殺して楽にしてくれとお願いされた兄は、ついに、その願いを聞き届ける。引用したのは、まさにそのくだりです。この兄の選択は、人間として正しいことなのか。それとも、間違ったことなのか。あるいは、法的には罰せられるとしても、人としては許されるべき行為なのか。だとすると、法と人の道とは、背反する関係にあるのか。

生と死の倫理というものを主題とすると、そんな難しい問いが、後から後から出てきます。事は安楽死の問題には限りません。例えば、私たちの倫理は、人の命をかけがえのないものとして扱うことを命じます。そして私たちは、そのことを信じている。だからこそ、人の命を奪うような人間に対して、それが赤の他人であったとしても、激しく憎む。憎んで、「**死刑**にしろ！」と叫びたくなるわけです。しかしそこには、解消不能な矛盾が立ち現れます。そう。人の命がかけがえのないものであるならば、人間の手で作られた法、市民の一般意志が具現化したものとしての法に基づいて死刑が執行され、一人の命が絶たれるということは、人の命がかけがえのないものであるという私たち自身の大切にしてきた倫理を、否定することになってしまう。いや、しかし、それでもやはり、人の命を奪った人間を許すことなどできない。いや、それでも――葛藤は、尽きることを知りません。

最後に、死刑をテーマとする漫画、郷田《ごうだ》マモラ『モリのアサガオ』(双葉社)から、過去、多くの死刑執行に携わった刑務官、若林勇三の言葉を引用しておきます。

ほんまに「死刑」って何なんやろな……

読んでみよう

森達也《たつや》『ぼくらの時代の罪と罰』(二〇一二年)　著者ははっきりと、死刑制度に否《いな》と言う。しかし、その意見を決して押しつけようとはせず、賛成するにせよ反対するにせよ、まずは死刑について知ることが大切だと力説する。死刑について考える上で最良の入門書。

福岡伸一『生物と無生物のあいだ』(二〇〇七年)　生と死の倫理という主題からはズレるかもしれないが、「生物とは何か」を分子生物学の知見から論じる本書は、人の命について考える上で多くのヒントを与えてくれる。何より、読み物としてすこぶるおもしろい。

ポイント

例えば「安楽死」は、日本では罪になるが、人として許されない行為と言い切れるだろうか。また、「死刑」は、人の命を奪ったことへの罰として命を奪うことであり、解消不能な矛盾と葛藤を抱えている。

94 優生学・優生思想

20世紀の前半に流行した「優生学」あるいは「優生思想」とは、どのような考え方だろうか。

なんて美しい子達なんだ……　この子達が……人類の未来を担う子供達なのですね。

漫画家、浦沢直樹の作品『MONSTER』第十六巻（小学館）のひとコマです。ここで「美しい子達」「人類の未来を担う子供達」と呼ばれているのは、「人種、頭脳、骨格、運動能力」などの観点から「選び抜かれた」男女のあいだに、作為的に誕生させられた双生児なのです。

もちろん、この作品はフィクションです。けれども、遺伝的な側面からの人類の「改良」を唱える思想、**優生学**あるいは**優生思想**は、物語ではありません。19世紀末から20世紀前半にかけて、現実の世界において大きな影響力を持っていた考え方なのです。

遺伝的な側面から人類を「改良する」ための優生学的方法とは、例えば、人類やその社会集団にとって「望ましくない」と判断された遺伝因子を排除することです。すなわち、〈劣等〉な性質を有するとされた人々との結婚を制限する、そうした人々を一定の施設に隔離したり、生殖機能を手術によって除去してしまったりする、あるいは、〈優等〉な性質を持つとされた人々同士での結婚や出産を促すような法体制・社会体制を整備する、など。

気づいた人もいるかと思いますが、ここには、これまで学習してきたさまざまな近代的イデオロギーを見いだすことができます。例えば、人間を〈優等／劣等〉に分けて捉える思考法には、**71「レイシズム」**で学んだ人種差別的発想が見られます。あるいは、人類の「改良」という考え方は、**20「直線時間」**で見た社会進化論に通じますよね。さらには、例えば生殖器の除

□作為的【さくいてき】
物事をわざと行う様子。

□因子【いんし】
ある結果を成り立たせる、原因となる要素。

□隔離【かくり】
別の場所に引き離すこと。特に、感染症の患者などを、外部との接触を避けて別の場所に置くこと。

□優生保護法【ゆうせいほごほう】
「不良な子孫の出生」の「防止」と、母体の健康保護のため、生殖を不能にする手術や人工妊娠中絶について定めた法律。一九四八年制定。一九九六年、優生思想に基づく部分を削除し、名称を母体保護法として改正された。
優生…「良い」遺伝を残そうとする考え方。

去、すなわち断種などには医療が深く関わることを考えると、**19「科学の時代」**や**92「医療倫理」**で学んだ内容も直接的に関係してくる。加えて、人の生命のありように介入するという点を考えれば、それは端的に言って、**89「生権力・生政治」**で考察した問題でもあります。そして、〈劣等〉の烙印《らくいん》を押され施設などに強制的に隔離された人々は、社会で普通に暮らすことも許されず、断種政策や強制中絶などによって子孫を残す道も奪われる。つまり、人が人として生きていくための諸条件を否定されるのです。ここには、**90「剝き出《む》しの生」**で学んだテーマが顕著に現れています。人間性を剝奪《はくだつ》された生。最悪の場合、それは生命そのものからの隔離、すなわちジェノサイドにすらつながる可能性がある。その典型が、ナチ・ドイツの行ったユダヤ人やシンティ・ロマなどの虐殺でしょう。

しかしながら、ナチの優生学の犠牲になったのは、ユダヤ人やシンティ・ロマだけではありません。ヒトラーの実行したT４作戦は、遺伝的な病気を持つ人や心身に障害を持つ人――そこには当然、子どもも含まれます――を、施設で安楽死させるという政策だったのです。

ただし、優生学といえばナチ・ドイツ、という発想は危険です。なぜなら、こうした考え方は、それ以前から多くの国々――その中には、遅れてきた大国アメリカも含まれます――においても、科学者や政治家たちの絶大な支持を集めたのですから。もちろん、日本でも。

では、現在のこの世界、この社会において、優生学・優生思想は、すでに過去のものとなったのか。否《いな》。この日本で、遺伝性の障害者や「病的性格」とされた者などに対して断種や妊娠中絶を強制した優生保護法が母体保護法へと改正されたのは、一九九六年です。つい最近ですね。

二〇一六年七月二十六日、神奈川県の知的障害者施設「津久井《つくい》やまゆり園」で、一人の人間の手によって多くの命が奪われました。犯人は、あからさまな優生思想の持ち主でした。

読んでみよう

フィリッパ・レヴィン『14歳から考えたい 優生学』（斉藤隆央《さいとうたかお》訳、二〇二一年）優生学の歴史や、他の諸ジャンルとの関係、現代における位置づけなどを総合的に俯瞰《ふかん》する。難しいと感じたところは飛ばしながらでもかまわないので、目を通してみてほしい。

保坂展人《ほさかのぶと》『相模原事件とヘイトクライム』（二〇一六年）二〇一六年の津久井やまゆり園事件について概括する。優生思想は、決して過去の遺物ではなく、現代、そして他ならぬこの社会の抱える病弊なのだ。優生思想を考える上で、まず読みたい一冊である。

ポイント

優生学・優生思想とは、遺伝的な面での人類の「改良」を唱える思想である。〈優等〉な遺伝を残そうとし、〈劣等〉とされる人々から人らしく生きる条件や権利を奪うものだが、根絶したとは言えない。

95 有用／無用

現代の社会で、〈有用／無用〉という二項対立の価値観は、どのようなものとして働いているだろうか。

74「ダイバーシティ」で、「多様性は、『すでにそこにあるもの』です。いや、『あり続けてきたもの』です」と述べました。しかし、例えば性的多様性に関する話題がメディアでとりあげられるようになり、LGBTという概念がポピュラーになったのは、実際にはつい最近のこと。ようやく、この社会の多様性を形作るマイノリティの存在が可視化されるようになってきたのです。その意味で、社会は少しずつ、良くなってきているのかもしれません。

しかし、昨今の「ダイバーシティ」の語られ方に、ある種の不安を覚える人たちもいます。社会学者のケイン樹里安《じゅりあん》は、アフリカなどにルーツの一つを持つ「ハーフ」のアスリートに対する言説の中に、看過できない危険性を見いだしました。彼らの活躍について語る言葉に、

> **「役に立つ／役に立たない」という基準で、「ハーフ」や海外ルーツという他者を評価し、区別することで、人々を「役に立つ」側と「役に立たない」側に分断する視線**
>
> **「ちぎりとられたダイバーシティ」（「WEZZY」二〇一八年九月二十五日）**

を察知したのです。すなわち、我が国のスポーツの発展、国際的な舞台での躍進のためには、海外にルーツを持つ、能力のある「日本人」をより積極的に「受け入れていく」必要がある、という論法を。つまり、「国益」という観点からのダイバーシティ＝多様性の受容、という考え方ですね。ここにはもちろん、**30**で見たような**ナショナリズム**の欲望が働いています。多様

□看過【かんか】
よくない事態などに気がつきながら、そのままほうっておくこと。見過ごすこと。

□独善的【どくぜんてき】
自分だけが正しいと思っている様子。また、自分の利益だけを考えている様子。

□増長【ぞうちょう】
つけ上がって、自分を偉いと思いこむこと。高慢になること。

□恣意【しい】
好き勝手な考え。

□警鐘《けいしょう》を鳴《な》らす
危険やよくない状況が近づいていることを世間に知らせ、警戒を促す。警告する。

性を、国家にとっての有用性という観点から評価するという態度。こうした独善的なありように対し、憤《いきどお》りをこめて、ケインはそれを「ちぎりとられたダイバーシティ」と概念化しました。

ちぎりとられたダイバーシティ。

ここには明らかに、**〈有用／無用〉**という二項対立が働いています。社会によって有用な――つまり「生産性」のある人間なら、その存在を認めてあげる。そうした傲慢《ごうまん》で増長した視線が、ここには間違いなく、ある。そしてこうした視線と、前回に言及した「津久井《つくい》やまゆり園」事件の犯人の持つ**優生思想**――生産性のない人間は排除してかまわないという発想とのあいだには、明白な連続性を認めることができるのではないでしょうか。

85で**新自由主義**について学びました。自由競争による経済の活性化が喧伝《けんでん》される新自由主義の社会においては、そうでない社会以上に、〈有用／無用〉の二項対立が力を持つことになります。そして、「有用性」「生産性」という観点から評価するとき、大学も、科学も、いや、科学だけでなく学問全体も、のみならず、人間存在も、すべては単なる金もうけのための道具となってしまう。さらに、役に立たないと判断された者は、もはや、この社会で生きていく場所を得ることはできない。そうした社会に、私たちは生きているのです。**06**で学んだ古代中国の道家《どうか》思想においては、〈有用／無用〉の二項対立など人間の恣意《しい》にすぎないことが説かれました。それから二千数百年、人類は、はたして進歩していると言えるのでしょうか。

二〇二二年五月、恣意的な「ダイバーシティ」の称揚《しょうよう》に警鐘を鳴らしたケイン樹里安のあまりにも早すぎる逝去《せいきょ》が伝えられたとき、彼のことを直接または間接に知る人たちから、悲しみの声があふれました。彼はもう、この世にはいません。けれども、彼の遺《のこ》した言葉は、なおいっそう、その重みを増して私たちに訴えかけます。〈有用／無用〉という観点の恐ろしさを。

読んでみよう

荒井裕樹《ゆうき》『まとまらない言葉を生きる』（二〇二一年）言葉における「効率性」というものに、真っ向から抗《あらが》う一冊。〈有用／無用〉という二項対立がどれほど人間を追いつめるかについては、第七話「『お国の役』に立たなかった人」を熟読してほしい。

初田《はつだ》哲男・大隅良典《おおすみよしのり》・隠岐《おき》さや香・柴藤亮介《しばとうりょうすけ》『「役に立たない」研究の未来』（二〇二一年）科学をめぐる「役に立つ／立たない」という言説について、科学に携わる研究者たちがさまざまな角度から考察する。科学研究のこれからにまつわる重要な提言が満載。

ポイント

現代社会では、「生産性のある人間なら存在を認めてあげる」という、ナショナリズムや新自由主義に基づく〈有用／無用〉の優生思想的な価値観が、有用でない人は切り捨てる暴力として働いている。

96 機械／人間

機械と人間との関係性を象徴的に示す「シンギュラリティ」とは、どのような概念だろうか。

科学、そしてその応用としての科学技術を用い、主体たる人間が客体たる自然を制御する。このようなプロジェクトとして、科学は近現代を牽引《けんいん》してきました。例えば岩石をショベルカーで除去するとき、その岩石という自然を本来の位置から動かすという意味で、人間は自然を制御していることになります。もちろんこのショベルカーという**機械**は、科学技術の結晶です。つまり自然の制御とは、具体的には、人間の産み出す機械によってなされるわけです。

以上を踏まえるなら、機械とは、何か。本来、自然に存在するものを動かすのは、私たちの腕力です。それは、私たち人間の内部に備わっている能力ですよね。ということは、機械は、人間が自分たちの内側に持っている能力を外部化したものであると考えることができます。さらに、ショベルカーの例で言うなら、それは私たちの内部に備わる腕力よりも、格段に強い力を発揮できる。つまり機械とは、人間の能力を外化し、強化したものであると言えるわけです。

けれども実は、人間の能力を外化・強化し、自然を制御するというあり方は、原始時代の人たちが獲物を捕るために石を用いたときから、すでに始まっています。獲物という自然を、人間の能力のみでは意のままに捕らえることができないので、能力を外化・強化したものとして、石を投げつけるわけです。つまりこの意味で、機械は、人間が有史以前から用いてきた最も単純な道具の延長線上にあるということになります。

だからこそでしょう。人間の能力を外化・強化したものである機械もまた、人間によって操られる道具にすぎないという意識を私たちがどうしても持ってしまうのは。

□牽引【けんいん】
①重いものを機械などで引っぱること。②皆の先に立ち、引っぱっていくこと。（本文では②の意味）

□有史【ゆうし】
文字で記された記録があり、その時代の歴史がわかること。
関連 **先史**…文字による記録や文献が現れる前の時代。有史以前。

□黙示録的【もくしろくてき】
世界の終末を示すようなものである様子。
黙示録…『新約聖書』の最後の一書、『ヨハネ黙示録』のこと。この世の終末と最後の審判、新しい世界の到来が預言される。

□AI【エーアイ】
「人工知能」のこと。学習・判断・推論など、人間の頭の働きに近い能力を備えたコンピューターシステム。

しかし現実問題、機械の進歩は凄《すさ》まじい。人類を死滅に追いやるかもしれない核兵器もまた、そうした機械の一つとも言えます。その黙示録的な破壊力を知る人類は、いつしか、機械に対して底知れない不安を抱《いだ》くようになりました。「実は機械は、産みの親である人間の手を離れ、すでに私たちの手に負えるものではなくなってしまっているのではないか」、と。

漫画家の手塚治虫《おさむ》が、ロボットという機械の反逆やコンピューターによる人間の蹂躙《じゅうりん》をモチーフとしていくつもの名作を描いてから数十年、今私たちは、人間の作り出した道具、機械の延長であるはずの人工知能＝AI《エーアイ》が、人類の知能を超えるその瞬間、すなわち**シンギュラリティ**について考え始めています。ある者は、それがもたらす豊かな未来を想像し、そしてある者は、言いようのない不気味さを感じながら。皆さんは、どちらでしょうか。

最後に、機械と人間とをめぐる新たな観点を紹介しておきましょう。久保明教《あきのり》という人類学者の著した、『機械カニバリズム』（講談社）という本の中の一節です。

数値的思考は物語的思考を相対化し、物語的思考は数値的思考を相対化する。

「数値的思考」はAIの思考、そして「物語的思考」は人間の思考を指しています。つまり著者は、両者を次元の異なる者同士として想定しているわけです。そして互いが互いに影響を与え、それぞれが何か別のものへと変容していく。ここには、機械を人間の能力の延長線上に捉える見方はありませんね。こうした観点からすると、AIが人類の知能を超えるというシンギュラリティの理論も、おかしいということになります。そもそも両者はまったく異なる存在。超えるとか超えないとか、そういう比較が成り立つ相手ではないということですね。

読んでみよう

鈴森康一『ロボットはなぜ生き物に似てしまうのか』（二〇一二年）工学入門として格好の読み物。科学技術の結晶であるロボットが、生き物の身体の構造に近づいていくという不思議——このような現象から、ロボットや生き物、そしてその関係性について考察する。

久保明教『機械カニバリズム』（二〇一八年）AIの将棋ソフトと人間の棋士との戦いを分析し、AIあるいは機械と人間の、これまでには考えられなかったような関係性を明らかにする。両者はまったき他者同士であり、そして相互に影響を与えつつ、今とは異なる何かへと変容しているのだ。

ポイント

人間の作り出した道具や機械の延長であるはずの人工知能＝AIが、人類の知能を超えるという、これから訪れるかもしれない瞬間を「シンギュラリティ」という。

97 人新世

新たな地質時代の区分として唱えられている「人新世」とは、どのような時代だろうか。

地質時代といえば、地球に地殻《ちかく》ができてからの時代を指す概念で——と説明するより、「古生代とか中生代とかの、アレ」と言ったほうが、イメージは湧きますよね。こうした区分に従うと、現代は新生代。もう少し細分化するなら、新生代第四紀の完新世——という、私たちがこれまで学んだ常識に対して、二〇〇〇年、クルッツェンというノーベル賞を受賞した化学者が、新たな地質時代の区分を提唱しました。それが、**人新世**（じんしんせい／ひとしんせい）です。地質時代はすでに完新世を終え、人新世に入っている。そう、唱えたのですね。

では、人新世とは、具体的にはどのような地質時代か。

人類の活動は、とりわけ近代の**産業革命**以降、さまざまな環境の変化を引き起こしてきました。その一例として私たちにとって実感しやすいのが、二酸化炭素などの温室効果ガスの排出に起因すると言われる、**地球温暖化**でしょう。他にも、さまざまな自然破壊や、あるいは核実験や核廃棄物による環境汚染など、いくつもその事例を挙げることができます。それら諸々《もろもろ》の要因が、この惑星の自然環境に、もはや元に戻すことのできない激変をもたらしてしまった。そうした時代を、完新世後の地質時代、すなわち人新世として分節する、ということですね。

最初は中部アフリカ。次いで大西洋を越えた。ウイルスは数十年の沈黙の後に世界的流行に成功した。

ジャック・ペパン『エイズの起源』（山本太郎訳、みすず書房）

□地質時代【ちしつじだい】
地球が誕生し、地殻ができてから現在までの約四十六億年の時代。地層や化石をもとに区分される。

□新生代【しんせいだい】
約六千六百万年前から現在までの地質時代。「完新世」はそのうちの、約一万千七百年前から現在までの時代。

□ウイルス
病原体の一つ。電子顕微鏡でないと見えないほど小さく、他の生物に寄生して増殖する。

□最後通牒【さいごつうちょう】
話し合いによる交渉を打ち切り、実力行使に出る前に、相手に最後に突きつける要求。

□パンデミック
感染症が全世界の規模で大流行すること。関連 エピデミック

□宿痾【しゅくあ】
長いあいだ治らない病気。

ここで言う「ウイルス」は、ヒト免疫《めんえき》不全ウイルスすなわちHIV《エイチアイブイ》のことです。「唐突にHIVの話？　それは人新世に関係ないよね？」と思う人もいるかもしれません。しかしこの本『エイズの起源』によると、サル免疫不全ウイルスがヒト免疫不全ウイルスとなりアフリカで感染拡大したのには、西洋によるアフリカ植民地支配の政策が大きく関与していると言います。そしてウイルスはアフリカから遠くカリブ海へと運ばれ、ついに、「世界的流行」に至る。ここにも当然、資本主義の世界化としての植民地主義が、直接に関係している。

この近代資本主義の世界化のなかで、例えば前回学んだように、人間は機械を用いた自然の統御をもくろみました。それは端的に言い換えれば、自然の開発――いや、乱開発です。その結果として不可逆の環境変動がもたらされ、同時に、未知のウイルスのグローバルな大流行も生じたということですね。そしてそれらは複合的に絡みあい、人類に襲いかかる。〈人間／自然〉という二元論を前提とする近代の人間中心主義に、あたかも最後通牒《つうちょう》を突きつけているかのようです。二〇一九年に発生した新型コロナウイルスによるパンデミックの原因もまた、自然の乱開発による未知のウイルスとの遭遇がきっかけとなったという説がありますよね。

01「アニミズム的世界観」で、水俣《みなまた》病に取材した石牟礼《いしむれ》道子の代表作、『苦海浄土《くがいじょうど》』を紹介したことを覚えているでしょうか。工場の排水に含まれた有機水銀で、海が、そして魚や猫や、もちろん、人間も壊されていく。水俣病は、まさに人新世の宿痾《しゅくあ》そのものと言えます。

水俣病は文明と、人間の原存在の意味への問いである。

石牟礼道子『苦海浄土』（講談社）

読んでみよう

井出留美《いでるみ》『ＳＤＧｓ時代の食べ方』（二〇二一年）食料は過剰なほど生産されているのに、地球上には、飢餓に苦しむ人が無数に存在する。この矛盾はどこから生じるのか、そして私たちにできることはあるのか、平易な言葉で解説する。ちくまQブックスの一冊で、一気に読み切れる難度と分量。

中満《なかみつ》泉『未来をつくるあなたへ』（二〇二一年）国際連合事務次長として軍縮問題を担当する著者が、核兵器、難民、ジェンダー、気候変動やパンデミックについて考察する。岩波ジュニアスタートブックスからの刊行で、読書に不慣れな人でも読破できるだろう。

ポイント

人新世は、完新世に続く時代として提唱された。特に産業革命以降の人類の活動が、地球の自然環境に元に戻すことのできない激変をもたらしてしまった現在の時代をいう。

98 カルト

「カルト」とは何だろうか。また、その存在は、私たちのどのような心理と関連すると考えられるだろうか。

が、その東京の町々の燈火《ともしび》が、幾百万あるにしても、日没と共に蔽《おお》いかかる夜をことごとく焼き払って、昼に返す訣《わけ》には行きますまい。ちょうどそれと同じように、無線電信や飛行機がいかに自然を征服したと云《い》っても、その自然の奥に潜んでいる神秘な世界の地図までも、引く事が出来たと云う次第ではありません。

芥川龍之介《あくたがわりゅうのすけ》『妖婆《ようば》』

「東京の町々の燈火」「無線電信」「飛行機」。これらはすべて、科学技術を象徴する記号です。そしてそれらが「自然を征服した」という言い方は、まさに、主客二元論に基づく人間中心主義そのものを言っている。しかしここで着目したいのは、こうした科学技術がどれだけ発達しても、「夜」や「自然の奥に潜んでいる神秘な世界」をなくすことはできない、という指摘です。どうしてか。なぜ、なくすことができないのか。

物理的に不可能、ということもあるでしょう。物理学者の寺田寅彦《とらひこ》なども、科学がどれほど進歩しようと自然の不思議はまったく減じない、という旨《むね》のことを述べています。いや、逆に科学が発展すればするほど、自然はさらに不思議になるとすら言える。例えば、天体望遠鏡が発明されたことにより、人が知ることのできる宇宙の範囲はそれまでに比べて一気に拡張したはずです。そうなると、ますます、「わからないこと」も増えたことでしょう。

と同時に、私たち人間の、心理的な原因もあるのではないでしょうか。**19「科学の時代」**で、

□バックラッシュ
ある思想や政治の動きに反発して起こる、反動や揺り戻し。

□オウム真理教【―しんりきょう】
一九八〇年代末から一九九五年にかけて、地下鉄サリン事件など多くの殺人事件やテロを実行した新興宗教団体。

□教祖【きょうそ】
ある宗教や宗派を始めた人。

□転覆【てんぷく】
①船などがひっくり返ること。また、ひっくり返すこと。②政府や国家などが倒されること。また、倒すこと。（本文では②の意味）

□無差別テロ【むさべつ―】
多数の一般市民に対して無差別に行われるテロ行為。
テロ…「テロリズム」の略。暗殺や暴行などの暴力行為によって、政治的目的を達成しようとする考え方。また、その行為。

「科学がますます発展していった19世紀の西洋では、逆に、科学的な合理主義が絶対に認めるはずもない、神秘主義やオカルティズムがブームとな」ったことについて、お話ししました。そしてその理由として、「科学や合理主義ばかりの世界は、人間にとって、必ずしも生きやすいものではないのかもしれません」と述べたことを覚えているでしょうか。あるいは**38「ロマン主義」**でも、近代の理性中心主義へのバックラッシュとして、理性によって駆逐《くちく》された神秘や幻想をとり戻そうとする一大潮流が生まれたことに触れました。

人間は、どうやら、理性や論理のみの世界に息苦しさを覚える生き物であるらしい。このような仮説を立てるなら、あのオウム真理教の信者や幹部に、東京大学や京都大学などの有名な大学や大学院に進学したエリートが多くいたことにも、納得がいくかもしれません。理系の研究者や、なんと医師までもが、教祖の唱える妄想に心酔《しんすい》し、その「物語」の世界の住人になろうとしたのです。

「あのオウム真理教」と言われても、皆さんの多くにとっては、教科書などで知った歴史上の存在なのかもしれません。しかし、20世紀末というつい最近に、この狂信的カルト集団が国家転覆を図り、暗殺や無差別テロなどで多くの命を奪ったことは紛れもない事実です。今なお、テロに用いられたサリンの後遺症に苦しむ人もいます。遺族の悲しみが癒されることも、ないでしょう。つまり、オウム真理教事件は、現在も進行中の出来事であるということです。

宗教を名乗り、何かしらの教えや教祖を狂信する集団。つまり**カルト**とは、近現代社会の基盤である理性中心主義的な価値観への懐疑から生まれたものなのだと、もしかしたら言えるのかもしれない。こう考えるとき、カルトは決して「向こう側」の出来事ではなく、今、私たちの立つ「この場、この日常」の出来事なのだ、ということも実感できるのではないでしょうか。

読んでみよう

森達也《たつや》『「A」 マスコミが報道しなかったオウムの素顔』（二〇〇二年） 一連の事件を受け、過熱するオウム報道。そのありように疑問を抱いたドキュメンタリー作家の著者が、あえてオウムの側の視点に立ち、この社会の病巣《びょうそう》をえぐる。衝撃の作品。

江川紹子《しょうこ》『「カルト」はすぐ隣に』（二〇一九年） 副題は、「オウムに引き寄せられた若者たち」。普通の若者たちが、なぜ、あのような凶行を引き起こしてしまったのか。カルトを長年追い続けてきたジャーナリストの著者が、綿密な取材に基づき、事件の詳細を語る。

ポイント

カルトとは、宗教を名乗り、何かしらの教えや教祖を狂信する集団である。その存在は、近現代の理性中心主義的な価値観への懐疑に起因する部分があるのかもしれない。

99 ケアの倫理

「ケアの倫理」とは、どのような思想だろうか。また、ケアにおける関係性はどのような意義を持つだろうか。

67「フェミニズム」で、家父長制的家族制度が女性を虐《しいた》げてきたことについて言及しました。そして**81「カルチュラルスタディーズ」**では、例えば「家事は女性の仕事」というような性別役割分業が、この家父長制的家族制度を構成する重要な軸の一つであることにも触れました。〈男性＝社会に出て仕事をする存在／女性＝家庭内で育児や介護、家事などをする存在〉というジェンダーイメージが女性の抑圧につながっているとするなら、その解体は、現代を生きる私たちにとって、大きな目標の一つとなるはずです。

同時に、こうしたイメージの底に、〈家庭の外での労働＝仕事／家庭の内での労働＝仕事ではない〉という偏見が働いていると感じることはないでしょうか。資本主義、とりわけ新自由主義においては、「お金」を産み出す行為が「生産性」のある行為として評価されます。逆に言えば、育児、介護、家事といった家庭内労働のように、直接的なもうけにつながらない労働は、劣ったものとして下に見られる。これはおかしなことです。どんな人間だって、生まれてから一定期間のあいだは必ず面倒をみてもらう、すなわち**ケア**を受けますし、年老いてからも、それは同様です。いや、乳幼児や老人でなくとも、病気になったりけがをしたりして誰かのケアを受けることは、誰しもあるはずです。つまり、ケアは、人間が人間として生きるために、ということは人間の社会が人間の社会として維持されるために、絶対に不可欠なものであるわけです。それを「劣った労働」とみなすのは、あまりにもナンセンスですよね。

家庭内労働を脱ジェンダー化すること、のみならず、家庭内労働にポジティブな意義を見い

□性別役割分業【せいべつやくわりぶんぎょう】 ↓P.170

□介護【かいご】
病人や高齢者などの日常生活を助け、世話をすること。

□ナンセンス
意味がないこと。ばかげていること。ノンセンス。

□脱ジェンダー化【だつ-か】
ここでは、ジェンダーのイメージにとらわれずに物事を捉え、役割分担などを考えることの意味。

□エンパワメント
人と人が関わりながら共に作っていく社会の中で、自分のことは自分の意思で決め、生きていく力を獲得していくこと。差別や抑圧により、本来持っている力を出して自己決定していくことができずにいる人々の状況を変えていこうとする考え方。エンパワーメント。

だしていくこと。これらは私たち皆にとって、とても大切な課題となるはずです。

> **普通、介護というと、「する側」が「される側」を励ましたり温めたりするもの、とイメージする人が多いはずだ。でも、ここでは、お母様の介護をしている川口さんが、お母様の肌の温《ぬく》もりに淡《あわ》く心を温められている(と、ぼくは読んだ)。**
>
> **荒井裕樹《ゆうき》『まとまらない言葉を生きる』(柏《かしわ》書房)**

一般に介護＝ケアと言うと、〈する側／される側〉という〈主体／客体〉関係、つまりは一方通行の主客二元論的関係が想像されるのではないかと思います。けれどもここに紹介される事例は、ケアをする側が、むしろケアをされる側に救われている、ということを示唆《しさ》していますよね。となると、ケアをめぐる〈する側／される側〉という二元論は、動揺する。なぜなら、互いが互いに助けあう相互の関係性が認められるのですから。ここには、近代的な主客二元論や個人主義とは異なる、新たな人と人との関係のありようが開かれている可能性があるのです。

人と人とはどのように関わっていけばよいのか。人と人との関わりはどうあるべきなのか。それを追究する学問が、**倫理**です。ケアという営みを通してこうした主題について考える**ケアの倫理**は、今後ますます、重要な思想系となっていくでしょう。

> **近代社会にとって、あるいは資本主義社会にとって、「ケアの倫理」が〝異質〟だからこそ、今の行き詰まった社会の状況を変えていく原動力になると信じている。**
>
> **小川公代《きみよ》『ケアの倫理とエンパワメント』(講談社)**

読んでみよう

小川公代『ケアの倫理とエンパワメント』(二〇二一年) ケアという営みに着目し、人と人との新しい関係性を切り拓《ひら》く道を模索する。〈主体／客体〉〈能動／受動〉という近代の二元論的な思考から、私たちは自由になるべきなのだ。

鷲田清一《わしだきよかず》『感覚の幽《くら》い風景』(二〇〇六年) 人は、誰かにとっての特定の宛て先になっていることを感じられて初めて、自己の存在を確信することができる。そうした人間関係が直接に現れるのが、ケアの現場なのだ——ケアをめぐる哲学的な思索を綴《つづ》るエッセイ集。

ポイント

人の世話、介護などの「ケア」を通して、人と人との関わりのあり方を考えるのが「ケアの倫理」である。人と人が互いに助けあうケアは、近代の主客二元論や個人主義と異なる新たな関係の可能性を開く。

100 レジリエンス

「レジリエンス」とは何だろうか。それは、現代の私たちにとって、どのような意味を持つものだろうか。

二〇一一年三月十一日に起こった東日本大震災は、多くの人命を奪い、人々の暮らしを破壊しました。とりわけ津波の被害は甚大でした。その力をむき出しにした自然の前には人間の文明などひとたまりもない――この圧倒的な現実に、皆、ただただ打ちひしがれるばかりでした。

しかしそれでも、人間は生きていきます。いや、生きていかねばなりません。

もちろん未来にも、また地震は起きます。津波がやってくることもあるでしょう。ではそのとき、自分や、自分たちの子どもや孫や、次の、またその次の世代が少しでも津波の被害を免れることができるようにするには、いったいどうすればいいか。

『津波のあいだ、生きられた村』という本に、興味深い事例が紹介されています。この本で調査対象となったのは岩手県大船渡《おおふなと》市三陸町綾里《りょうり》という地区で、その小石浜《こいしはま》集落では、将来の津波に備え、東日本大震災の津波の記憶を未来の人々とも共有し、継承していくことを考えました。具体的には、津波の到達地点に、その旨《むね》を記した碑《ひ》を立てることにしたのです。

さて、ここで考えてみてください。もし皆さんが、津波の記憶を未来へと継承するために碑を立てるとしたら、素材には何を選びますか? おそらく、石、つまりは石碑《せきひ》を立てると答える人が多いでしょう。そしてその理由には、「石碑なら耐久性が高いので、遠い将来まで残していけるから」という点を挙げるのではないでしょうか。ところが、小石浜集落は、あえて木を選んだそうです。つまり石碑ではなく、木造の碑にした。そしてその理由の一つが、

□甚大【じんだい】程度がとても大きい様子。ふつう、よくないことについて用いる。

□堅牢【けんろう】堅く、しっかりしていて壊れにくいこと。

□執拗【しつよう】しつこい様子。いつまでもあきらめない様子。

□謳歌【おうか】恵まれた境遇にあることを喜び、存分に楽しむこと。

□弊害【へいがい】あることの実現に伴って生じる、他に対する悪い影響。

耐用年数は10年程度であるが、それくらいの周期で新しいものに取り替えていくことが、集落の中で記憶を継承していくことにもつながる
饗庭伸《あいばしん》、青井哲人《あきひと》、池田浩敬《ひろたか》、石榑督和《いしぐれまさかず》、岡村健太郎、木村周平、辻本侑生《つじもとゆうき》著、山岸剛《たけし》写真『津波のあいだ、生きられた村』（鹿島出版会）

ということだったというのです。なるほど、木造の碑では耐久性はない。すぐに腐ってしまう。つまり、物質としては弱い。弱いゆえに、短期間のサイクルで交換することが求められる。するとそのたびに津波の記憶は想起されることになり、結果として未来にまで伝えられる――。

ここには、一般に考えられる「強さ」とはまったく別の強さを認めることができます。堅牢で、どのような力を加えられても変形しない不屈の強さ――ではなく、それ自体は柔らかく、すぐに変形してしまうけれども、それでも、いや、そのしなやかさゆえに、逆に生き続け、あるいは回復することのできるような強さ。つまり、**レジリエンス**ですね。

本書でも執拗《しつよう》に述べてきたように、私たちの生きるこの現代社会は、近代という時代を基盤として成り立っています。そして近代とは、ある意味で「強さ」を追求し続けてきた時代でした。例えば、科学技術による自然の統御、経済や軍事の力をもってする他国の支配。そして、競争の勝者のみが力と富を謳歌《おうか》できる、自由放任主義としての資本主義。

しかし今、私たち人類は、このような「わかりやすい強さ」がもたらしたさまざまな弊害――環境破壊による自然災害、圧倒的な格差や貧困、戦争、パンデミックなど――に苦しめられています。だとするならば、近代の求めた強さとは別の強さ、すなわちしなやかなレジリエンスにこそ、人類が生き延びるためのヒントが隠されているのかもしれません。

読んでみよう
池亀彩《いけがめあや》『インド残酷物語』（二〇二一年）激しい格差、貧困や差別、そして新型コロナウイルスの大流行――インドの底辺社会を生きる人々の現実は、悲惨だ。しかし彼らは、誇りを失わず、しなやかに強く生きている。社会人類学者である著者による記録の書。
「生きる力」編集委員会編『生きる力』（二〇〇六年）ALS＝筋《きん》萎縮性側索硬化症《いしゅくせいそくさくこうかしょう》の患者たちのしたためた文章をまとめた一冊。身体の機能を日々失っていく絶望の中で、患者たちはどのように生への意志を回復したのか。

ポイント
レジリエンスとは、その柔軟さゆえに、しなやかに生き続け、回復できる強さをいう。レジリエンスにこそ、近代の「強さ」の弊害に苦しむ私たち人類が生き延びるヒントがあるのかもしれない。

重要語ミニ辞典（索引）

◎次の中から合計約一二〇〇語を選定し、五十音順に並べています。
・本文中に現れる青字・**太字**の重要語
・本文下欄に現れる類語・対語・関連語・同音異義語
・評論文読解に役立つその他の重要語
◎見出しとページ番号が青字＝本文でのキーワード（詳しく解説している語）
◎ページ番号が**太字**＝本文に重要語として出現　細字＝本文中や下欄に出現

□ **アーカイブ**
①記録や資料を保管すること。また、保管された大量の記録・資料や、保管する場所。アーカイブス。②コンピューターで、複数のファイルや大きなデータを圧縮する技術。また、その圧縮したファイル。
ポイント もとは公文書・古文書の意味。

□ **アーリア人**（―じん）……150
インド・ヨーロッパ語族の人々を指す、言語上の捉え方。
ポイント ナチ・ドイツが人種の概念として利用し、アーリア人の卓越性を主張して、ユダヤ人など他民族を虐殺した。

□ **アーレント**……**101**
〔一九〇六―一九七五〕ハンナ・アーレント。ドイツ出身のユダヤ人の政治哲学者。ナチ政権成立後、アメリカに亡命。『全体主義の起源』で、ナチズムなどの全体主義成立の原因を論じた。

□ アイデンティティ……70・**91**・136
「自己」「自分」という、一つのまとまりの意識。また、自分は何者かという意識。自己同一性。同一性。「―の危機／独立国家としての―」

□ **アイデンティティクライシス**……**137**
「自分は何者か」というアイデンティティを見失い、心が動揺すること。自己同一性の危機。

□ **アイデンティファイ**
同一のものであると確認すること。「これは〇〇である」と認定すること。「自己を―する」 類 同定

□ **アイヌ**……**89**
北海道・樺太《からふと》（サハリン）・千島（クリル）などに古くから住む先住民族。

□ **アイロニー**……**166**
レトリックの一つ。本当に言いたいこととは反対のことを言って、真意を暗に伝える方法。反語。類 皮肉

□ **アウグスティヌス**……**32**
〔三五四―四三〇〕アウレリウス・アウグスティヌス。初期キリスト教時代の最大の教父（＝教会に公認された神学者）。若い頃は放蕩《ほうとう》生活を送り、異端宗教を信じた末に回心した。

□ **アウシュヴィッツ**……**189**
ポーランド南部の都市、オシフィエンチムのドイツ語名。また、第二次世界大戦中、ナチ・ドイツがそこに建設した強制収容所。ユダヤ人など百五十万人以上が虐殺された。

□ **アウフヘーベン**
↓止揚（しよう）

□ **アウラ**
ある人や物、特にオリジナルの芸術作品が発する、独特の雰囲気。オーラ。
ポイント ドイツの思想家ヴァルター・ベンヤミンが一九三〇年代に、映画や写真などの現代の複製芸術に対し、伝統的な

芸術が有していた価値と権威の源泉として論じた概念。

アカデミズム ……177
大学など学術の世界での伝統や権威を尊重し、学問の確かさを守っていこうとする考え方。

アガンベン ……189
［一九四二─］ジョルジョ・アガンベン。イタリアの哲学者。フーコーの「生政治」の考え方を批判的に継承している。主著は『ホモ・サケル──主権権力と剝《む》き出しの生』。

アジール
犯罪人や奴隷などが逃げこみ、過酷な扱いを逃れて保護を受けられる場所。
ポイント 古代ギリシャの神殿、中世ヨーロッパの教会や自治都市など。

アソシエーション ……96
①共通の目的や関心によって自発的に作られる、会・教会・会社・学校などの組織。②結びつき。つながり。連合。提携。連帯。

アダム・スミス ……73
［一七二三─一七九〇］イギリスの経済学者・哲学者。「経済学の父」と呼ばれる。自由主義を重んじる古典派経済学を創始した。

アッラー ……30
イスラームの唯一絶対の神。
ポイント イスラームでは、アッラーの姿を図像に描くことは固く禁じられている。

アテネ ……22
ギリシャ共和国の首都。また、古代ギリシャの都市国家（ポリス）の一つ。紀元前5世紀頃に最も栄えた。当時は、成人男性なら誰でも参加できる民会で議決を行い、直接民主制による政治が行われた。アテナイ。

アナーキスト ……58
アナーキズムを信奉する人。無政府主義者。

アナーキズム ……58
国家・政府などのすべての権力を否定し、個人の完全な自由を実現しようとする考え方。アナキズム。無政府主義。

アナクロニズム
時代の流れに反したり遅れたりしていること。時代錯誤。時代遅れ。

アナログ
①数量を、連続的に変化する形で表すこと。「─時計（＝時刻を針で示す時計）」
対 デジタル
②コンピューターを使わずに、人間の手や頭を使って物事を行うこと。「─な作業／─に処理する」

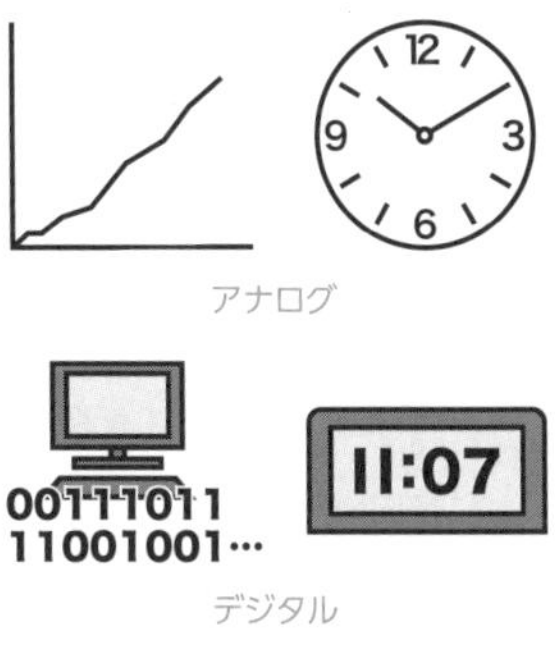

アナログ・デジタル

アナロジー ……45
二つの物事がよく似ているとき、一方で成り立つことは他方でも成り立つだろうと考える思考法。
類 類推、類比

アニミズム ……10
自然界に存在するあらゆるもの、自然界に生じるあらゆる現象に、霊や魂が宿っていると信じる世界観。

アフォリズム ……28
世の中の真理を簡潔に言い表した言葉。
関連 箴言《しんげん》、警句

アプリオリ ……38
①カント哲学で、認識や思考の枠組みが、

人間の心にあらかじめ備わっていること。先天的。対 アポステリオリ
②経験や検証をしなくても、明らかに正しいと判断できること。「彼が正しいとは—には言えない」対 アポステリオリ

□ **アポステリオリ**……38
カントなど近代哲学で、認識などが経験や学習によって得られるものであること。後天的。対 アプリオリ

□ **アポリア**……161
ある問いに対して、互いに相反《あいはん》する二つの答えが成り立つこと。解決できない難題。

□ **アリストテレス**……32・36・38
［前三八四―前三二二］古代ギリシャの哲学者。以後の西洋哲学の基礎となる学問体系を作った。

□ **アレゴリー**
ある意味を、直接表すのではなく、他のことにかこつけて示すこと。また、そのような表現技法や、たとえ話。類 寓意《ぐうい》、寓喩《ぐうゆ》、寓話《ぐうわ》

□ **案出**（あんしゅつ）……164
工夫して、考え出すこと。

□ **安全保障**（あんぜんほしょう）
国外からの侵略や攻撃に対して、自国の安全を守ること。「—条約」

□ **アンチテーゼ**……48
①ある考え方に反対する主張や考え。「能力主義の社会に—をつきつける小説」
②哲学で、テーゼ（＝論理展開の最初に置かれる主張）を否定する主張。反定立。
関連 テーゼ、止揚
ポイント ②は、ヘーゲルの弁証法では、三段階の発展の第二段階（＝反）。図↓弁証法

□ **アンチノミー**……16
↓二律背反（にりつはいはん）

□ **アンビバレント**
相反《あいはん》する感情や意見を同時に持つ様子。「憎悪と愛情の混ざった—な思いを抱《いだ》く」

□ **安楽死**（あんらくし）……194
回復の見込みがない患者を、本人の意思に基づき、薬など苦痛の少ない方法で楽に死なせること。関連 尊厳死
ポイント オランダ、ベルギーなどで合法化されている。

□ **イエス＝キリスト**……28
［前四頃―三〇頃］キリスト教の始祖。ユダヤ人で、ユダヤ教を批判し、神の絶対愛と隣人愛を説いた。

□ **異化**（いか）……126
文学や演劇の手法の一つ。非日常的でギョッとするような表現を用いることで、慣れ親しんだ事物を新奇で異様なものとして認識させる方法。
ポイント ロシアフォルマリズムで唱えられた。

□ **異義**（いぎ）……24
異なった意味。「同音—語」

□ **異議**（いぎ）……24
相手と違う意見。反対意見。「—を唱える」

□ **意義**（いぎ）……24
その物事の価値や重要性。「—のある話し合いだった」

□ **依拠**（いきょ）
そのものに基づくこと。拠り所とすること。「法律に—して処理する」

□ **意向**（いこう）……110
物事をどうしたいか、どうするつもりかという考え。

□ **異種混淆性**（いしゅこんこうせい）……174
違う種類のものが混じりあっている性質。ハイブリディティ。

□ **移譲**（いじょう）……179
権限・事業などを譲り渡すこと。

□ **イズム**……90
英語の接尾辞の「-ism」のこと。「〇〇主義」「〇〇説」などの意を表す。

□ **イスラーム**……13・30・33
7世紀にアラビア半島でムハンマドが創

始した宗教。アッラーを唯一の神とする。聖典は『クルアーン（コーラン）』。イスラム教。

□ **異性愛**（いせいあい）……144
自分とは異なる性の人を恋愛の対象にすること。ヘテロセクシュアル。関連 同性愛

□ **為政者**（いせいしゃ）……21
政治を行う者。

□ **依存**（いそん）……19
他のものに頼って成り立っていること。いぞん。「原料は輸入に―している」

□ **一義的**（いちぎてき）……87
①ただ一つの意味にしか解釈できない様子。一意的。「条文は―であるべきだ」対 多義的
②いちばん大切な意味を持っている様子。第一義的。「人生の―な目的」

□ **一元**（いちげん）
根本が一つであること。

□ **一元化**（いちげんか）
複数に分かれていた組織や仕事を一つにまとめること。「受付の窓口を―する」

□ **一元的**（いちげんてき）
物事がただ一つの原理や中心によって成り立っている様子。「―な組織／―には論じられない問題」対 多元的

□ **一元論**（いちげんろん）
すべての物事を、ただ一つの原理で説明しようとする考え方。すべては物質だと考える唯物論など。関連 二元論、多元論

□ **一望監視施設**（いちぼうかんししせつ）184
→パノプティコン

□ **一枚岩**（いちまいいわ）……145
平らで大きな一枚の板状の岩のように、集団がしっかりまとまっていたり、メンバーが同じ考え方だったりすること。

□ **一神教**（いっしんきょう）……12
ただ一つの神を信じる宗教。ユダヤ教、キリスト教、イスラームなど。対 多神教

□ **一世**（いっせい）……118
外国などに移住した最初の世代の人。

□ **一世を風靡する**（いっせいをふうびする）……121
ある時代に広く知れわたり、大流行する。

□ **逸脱**（いつだつ）
本筋や規範などから外れること。「本来の目的を―した行為」

□ **一般**（いっぱん）
①広く共通していること。「世間―の意見／今年は―に価格が高い」類 普遍 対 特殊
②特別なものでなく、普通であること。また、普通の人々。「―市民／庭園を―に公開する」

□ **一般意志**（いっぱんいし）……60・195
誰かの特殊な利益を優先するのではなく、共同の利益や幸福をめざす、社会全体の意志。
ポイント 18世紀フランスの思想家ルソーが論じた考え方。一般意志を表現したものが「法」であり、民主主義の国家は法によって運営される。

□ **一般化**（いっぱんか）
広く行き渡るようになること。また、広く全体にあてはめること。「オンライン授業が―する／この問題を―して考えてみよう」

□ **一般性**（いっぱんせい）……47・164
広く共通してあてはまる性質。「―のある事例／この解釈は―を有している」類 普遍性 対 特殊性

□ **一般的**（いっぱんてき）
広く共通してあてはまる様子。「―な考え方／―な傾向／平日は、―には観光客は少ない」類 普遍的

□ **イデア**……26・32
プラトンやソクラテスの哲学で、不完全な現実界の事物に対し、それらの原型で

ある、完全で理想的な実在。また、それらがある真実の世界。

ポイント 事物が形を持ち、知覚することができる現実の世界に対し、イデアは知覚できない抽象的（形《けい》而《じ》上《じょう》的）なものである。

「ペンのイデア」

イデア（例）

□ **イデオロギー**……92
政治上の行動や態度などを支える、ものの考え方や思想の体系。

□ **遺伝子**（いでんし）
細胞の染色体の中にあり、親から子へと形質（＝生物としての形態や機能の特徴）を伝えるもの。本体はＤＮＡ（＝デオキシリボ核酸）。

□ **異同**（いどう）
比べた時にわかる、異なる点。ちがい。「初版と第二版の—を調べる」 類 相違、差異

ポイント 「同」は調子を整えるために添えられた字で、意味はない。

□ **イニシアチブ**……22
主導権。集団で何かを行う際に、先頭に立ってリードすること。

□ **委任統治**（いにんとうち）……79
第一次世界大戦後、敗戦したドイツなどの旧植民地を、戦勝国が国連の委任を受けて統治したこと。

ポイント これにより日本は、サイパンなどのマリアナ諸島（グアムを除く）、マーシャル諸島、パラオ諸島などのミクロネシアの島々を委任統治領として獲得した。

□ **イノベーション**……178
①革新。特に、技術革新。
②新しい製品や生産技術の開発、市場の開拓、組織や経営方法の刷新など、経済を発展させる多様な革新。

□ **いびつ**……26
形がゆがんだり曲がったりしていること。

□ **畏怖**（いふ）……10
おそれ、おののくこと。

□ **遺物**（いぶつ）……57
無用になったり時代遅れになったりした、過去のもの。

□ **移民**（いみん）……160
他の国に移り住む人。多く、永住するつもりの移住者をいう。

□ **医療倫理**（いりょうりんり）……192
医療に関わる者が、患者に医療を提供するときに従うべき行動の規範。

□ **違和感**（いわかん）……126
何かが合わない感じ。しっくりしない感じ。

ポイント 「異和感」と書くのは間違い。

□ **因果応報**（いんがおうほう）……18
仏教の考え方の一つ。前世または過去の行いが原因となって、現在の幸不幸が生じるという考え方。

□ **インクルーシブ**
すべてを含んでいる様子。包括的。「—教育（＝障害の有無にかかわらず、それぞれのニーズに応じた配慮を受けながら、すべての子どもが共に学ぶ教育）」

□ **インクルージョン**
中に含めること。包含。包摂。

□ **因子**（いんし）……196
ある結果を成り立たせる、原因となる要素。「環境—を分析する」

□ **因習**（いんしゅう）……58
昔から続いている習慣やしきたり。

ポイント 多く、よくない意味で用いる。

□**インタラクティブ**
お互いに作用しあう様子。また、通信やゲームなどで、相互に情報をやりとりできる様子。双方向的。「―な授業」

□**因縁**（いんねん）……19
物事が生じる直接的な原因（＝因）と、その過程で作用する間接的な条件（＝縁）のこと。仏教では、すべての事象は因縁によって生じ、変化し、消えるとする。

□**インフラ**……191
「インフラストラクチャー」の略。

□**インフラストラクチャー**……80
道路・鉄道・水道・発電所・通信設備・病院・公園など、生活や産業の基盤となる施設。インフラ。関連 社会資本

□**隠蔽**（いんぺい）……80
知られては都合の悪い物事を、覆い隠すこと。「犯した罪を―する」

□**隠喩**（いんゆ）
比喩の一種。「〜のような」などの言葉を使わず、たとえに使うものを直接結びつけて表現する方法。「人生は旅だ」「時は金なり」など。メタファー。

□**引用の織物**（いんようのおりもの）……133
ロラン・バルトが唱えたテクストの概念。テクスト（≒文章）を、無数の人々が使ってきた記号＝言葉が互いに引用されながら織りあげられていくものと捉える考え方。→テクスト

□**ウイルス**……203
①病原体の一つ。普通の顕微鏡では見えないほど小さく、他の生物に寄生して増殖する。
②コンピューターウイルスのこと。

□**ウォーラーステイン**……82
［一九三〇―二〇一九］イマニュエル・ウォーラーステイン。アメリカの社会学者。一九七〇年代より、近代世界システム論を展開した。

□**ヴォルテール**……57
［一六九四―一七七八］フランスの文学者で、代表的な啓蒙《けいもう》思想家。理性の自由を重んじ、教会の迷妄や非寛容と闘った。

□**烏合の衆**（うごうのしゅう）……105
カラスの群れのように、規律もなくただ集まっただけの群衆。

□**うそぶく**……24
①とぼけて知らないふりをする。「やってないよと―」
②偉そうなことを言う。豪語する。「自分は知者だと―」

□**営為**（えいい）……139
人が仕事などとして行うこと。いとなみ。

□**永遠回帰**（えいえんかいき）……109
19世紀の哲学者ニーチェの哲学の根本思想。現実世界は無意味な出来事の無限の反復であると考え、それでも生きることを決意し肯定する「生の哲学」の思想。永劫《えいごう》回帰。

□**永劫**（えいごう）……15
限りなく長い間。

□**永劫回帰**（えいごうかいき）……109
→永遠回帰（えいえんかいき）

□**AIDS**（エイズ）
HIV（ヒト免疫不全ウイルス）が感染して起こる病気。血液や精液などから感染し、免疫機能が破壊されてしまう。後天性免疫不全症候群。

□**HIV**（エイチアイブイ）……203
ウイルスの一つ。人間の免疫の働きを弱め、エイズを発症させる。一九八三年に発見された。ヒト免疫不全ウイルス。エイズウイルス。

□**AI**（エーアイ）……201
「人工知能」のこと。学習・判断・推論など、人間の頭の働きに近い能力を備えたコンピューターシステム。

□**エートス**……40
①個人の持つ持続的な性格や習性。関連 パトス

②ある社会や民族が共有している習俗や道徳。

ポイント ①はアリストテレスに発する概念で、一時的な心の動きである「パトス」に対置される。②は社会学者のマックス・ウェーバーが唱えた概念。

□ **エキセントリック** ……182

行動や性格が風変わりな様子。常識から外れている様子。「—な人」

□ **エキゾチシズム** ……90

外国のめずらしい文物を好み、あこがれること。また、異国的な感じ。異国情緒。エキゾチスム。エクゾティシズム。

□ **エキゾチック**

異国ふうの雰囲気や情緒がある様子。「レンガ造りの—な建物」

□ **エクリチュール**

①書くこと。書かれたもの。文字や筆跡。②ある集団の人々が用いる、独特な語り方や言葉づかい。「政治家の—」

ポイント ①について、フランスの哲学者デリダは、西欧の音声中心主義・ロゴス中心主義をエクリチュールの概念を用いて批判した。

□ **エゴイスティック**

利己的である様子。自分の利益ばかりを考える様子。「—な態度」

□ **エゴイズム** ……51

「利己主義」のこと。

□ **SNS**（エスエヌエス）

インターネット上のサービスの一種。多くは会員制（登録制）で、多様な人とつながり、コミュニケーションをしたり情報を提供しあったりできる。「ソーシャルネットワーキングサービス」の略。

ポイント 日本ではTwitter、Facebook、LINE、Instagramなどが利用されている。

□ **SDGs**（エスディージーズ）

二〇一五年の国連サミットで採択された、世界を持続可能でより良いものへと変革していくための目標のこと。二〇三〇年までに達成するよう、十七のゴールなどが定められている。

ポイント「Sustainable Development Goals（持続可能な開発目標）」の略称。

□ **エスニシティ** ……66

民族性。言語・慣習・歴史・信仰などの、ある集団が長く共有し、それによって一つの「民族」として結びついている、文化的な特性。「我々は○○人だ」という意識。

□ **エスニックグループ** ……66

エスニシティを共有している人々の集団。民族。特に、ある国家の中の（少数派の）民族集団。

□ **エスノセントリズム** ……92・119・121

自らの属する文化や集団（民族）を優越したものとし、他の文化や集団を劣ったものとみなす考え方。自民族中心主義。

□ **Xジェンダー**（エックスー）

性的マイノリティの一つ。自分の性は女性・男性のどちらにもあてはまらないとする人。類 ノンバイナリー

□ **エッセイ** ……188

「随筆」のこと。

□ **エドワード・サイード** ……90

→サイード

□ **エピデミック** ……202

感染症が、限られた地域で流行すること。

関連 パンデミック

□ **エポックメーキング** ……70

新しい時代を開くような、大きな意義を持っている様子。「—な発見」類 画期的

□ **LGBT**（エルジービーティー） ……144

性的マイノリティである、レスビアン（L）・ゲイ（G）・バイセクシュアル（B）・トランスジェンダー（T）の総称。

□ **LGBTQ**（エルジービーティーキュー） 145

LGBTに、クィア（＝自分が性的マイノリティであることを肯定的にいう言葉）またはクエスチョニング（＝性自認

や性的指向が定まらないこと）を加えた呼び方。

□**LGBTQ＋**（エルジービーティーキュープラス）……145
LGBTQに、その他の多様な性のあり方すべてを加えた呼び方。

□**演繹**（えんえき）
原理や法則に従って推論し、結論を導き出すこと。「前提から―して考える／―法」対 帰納

ポイント 例えば、地球の自転と公転の法則から「太陽は毎日昇る」と推論するのが演繹。「今まで毎日太陽が昇った」という複数の事実から「太陽は毎日昇る」という法則性を推論するのが帰納。

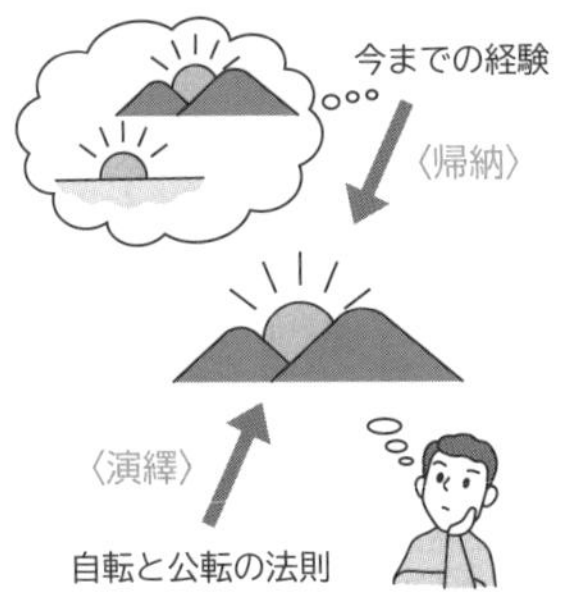

演繹・帰納

□**円環時間**（えんかんじかん）……14
時間は、ひとめぐりすると元の状態に戻り、まためぐるという循環を延々と繰り返すものだ、という時間の捉え方。関連 直線時間

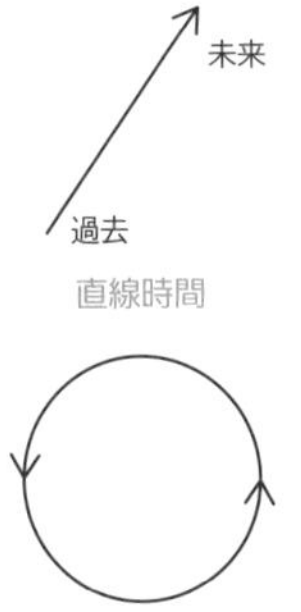

円環時間・直線時間

□**遠近法**（えんきんほう）……34
絵画などで、三次元空間の遠近感を、実際に見るのと同じように二次元の平面上に表す方法。透視図法。

□**エンゲルス**……96
［一八二〇―一八九五］フリードリヒ・エンゲルス。ドイツの思想家・経済学者。マルクスの親友で、科学的社会主義（マルクス主義）を共同で創始した。

□**淵源**（えんげん）……33
物事がそこから成り立っているみなもと。根源。

□**厭世**（えんせい）
世の中や人生を嫌なものだと思い、生きているのが嫌になること。「―的になる／―観（＝ペシミズム）」

□**エンパワメント**……207
人と人が関わりながら共に作っていく社会の中で、自分のことは自分の意思で決めながら生きていく力を獲得していくこと。エンパワーメント。

ポイント 差別や抑圧により、本来持っている力を出して自己決定していくことができずにいる人々の状況を変えていこうとする考え方。

□**延命**（えんめい）……192
寿命を延ばすこと。

□**延命治療**（えんめいちりょう）……192
回復の見込みがない患者に対し、人工呼吸器・人工栄養などを使って、生命を維持するだけの治療を行うこと。

□**援用**（えんよう）……141
自説の根拠や助けとして、他の人の説や資料を引用したり、内容にとり入れたりすること。

□**横溢**（おういつ）……88
あふれるほど盛んだったりたくさんあったりすること。「気力が―する／古き良き時代の雰囲気が―する映画」

□**謳歌**（おうか）……209
恵まれた境遇にあることを喜び、存分に楽しむこと。「青春を―する」

□**往還**（おうかん）……15
道を行き来すること。往復。「東西を―する／時代を―する」

□**横断的**（おうだんてき）……171
異なる分野や領域をまたがる様子。「―な調査」

□**懊悩**（おうのう）……153
悩み、もだえること。

□**欧米**（おうべい）
ヨーロッパとアメリカのこと。「―諸国」
類 西洋

□**オウム真理教**（―しんりきょう）……205
一九八〇年代末から一九九五年にかけて、教祖の麻原彰晃《しょうこう》のもと、地下鉄サリン事件など多くの殺人事件やテロを実行した新興宗教団体。

□**大きな政府**（おおきなせいふ）……99
役割が大きな政府。政府が経済に介入し、公共投資や福祉制度などが充実するが、国民への課税は重くなる。対 小さな政府 関連 福祉国家

□**オカルティズム**……47
超自然的な力を信じ、探究する学問や技。魔術、心霊術など。

□**沖縄返還**（おきなわへんかん）……172
第二次世界大戦の敗戦後、日本本土から分離され、アメリカの占領下にあった沖縄の施政権が、一九七二年に日本に返還されたこと。

□**オクシデント**……90
（ヨーロッパとアメリカの両方を含めた）西洋。欧米。もとはラテン語で「日没」の意。対 オリエント

□**貶める**（おとしめる）……89
相手を、実際より劣った者として扱う。蔑《さげす》む。

□**オプティミズム**
この世は基本的に良いものだとする世界観。また、物事を常に明るく良いほうに捉える考え方。楽観主義。楽天主義。対 ペシミズム

オプティミズム
この世は良いものだ！きっと大丈夫！
この世は悪いことばかり…
ペシミズム
オプティミズム・ペシミズム

□**赴く**（おもむく）……143
ある場所や方向に向かって行く。

□**思惑**（おもわく）……168
意図や期待を含んだ、心の中の考え。

□**オリエンタリズム**……90・92
①東洋の文化・言語・宗教などを研究する学問。東洋学。
②西洋において、東洋に興味関心を持ち、文学や絵画などに東洋の要素をとり入れること。東洋主義。東洋趣味。
③西洋による、東洋に対する差別的でステレオタイプなイメージや捉え方。
ポイント ③は文学研究者サイードが唱えた概念。西洋は、東洋を「未開」の他者とするオリエンタリズムにより、「文明」の側である自らの力とアイデンティティを確認し、植民地支配を正当化した。

□**オリエント**……90
東洋。東方。もとはラテン語で「日の出」の意。対 オクシデント

□**折口信夫**（おりくちしのぶ）……129
［一八八七―一九五三］日本の国文学者・民俗学者・歌人。日本の古典文学や芸能などを、民俗学の視点から研究した。著書に『古代研究』『死者の書』など。

□**温室効果**（おんしつこうか）
→地球温暖化（ちきゅうおんだんか）

□ **カール・マルクス** ……74
→マルクス

□ **懐疑**（**かいぎ**）
①疑いを持つこと。「—の念」
②哲学で、人間の知識や認識の確実性を疑い、客観的で普遍的な真理があるかどうかは人間には知ることができないと考えること。
ポイント ②の立場は懐疑論（懐疑主義）と呼ばれ、古代ギリシャから存在する。デカルトも、すべてを徹底的に疑う「方法的懐疑」によって「我思う、ゆえに我あり」という原理を得た。

□ **階級**（**かいきゅう**）……96
社会の中で、同じような地位・財産などを持つ人々の層。

□ **介護**（**かいご**）……206
病人や高齢者などの日常生活を助けたり、世話をしたりすること。「祖母の—をする」 関連 看護

□ **外在**（**がいざい**）
あるものの外に存在すること。また、外界に存在すること。「子どもの成長は、—する諸条件に大きな影響を受ける／客観的に—する事物」 対 内在

□ **蓋然**（**がいぜん**）
ある程度、確かであること。 関連 必然

□ **蓋然性**（**がいぜんせい**）
そのことが実際に起こるかどうか、また、確実であるかどうかの度合い。確からしさ。プロバビリティ。「この実験が事故を起こす—は極めて低い／—の乏しい意見」 関連 必然性

蓋然性＝「確実だ」「こうなりそうだ」と考えられる、確実さの度合い。（それまでの経験やデータなどに基づく。）
例：「この薬品は健康への影響が生じる蓋然性が高い」

可能性＝物事が実現する、あるいは今実際にそうである見込み。
例：「彼は欠席の可能性がある」
「実験は失敗した可能性が高い」

蓋然性・可能性

□ **蓋然的**（**がいぜんてき**）……24
ある程度、確かである様子。そのことの起こる可能性が高い様子。「—な知識／—な判断」 関連 必然的

□ **ガイドライン**
政策や事業、交渉などを行う際に示される、基本方針や数値的な目安。「労使交渉で、賃上げの—が示される」

□ **概念**（**がいねん**）……10
言葉や図、記号などで表される、まとまった意味内容のこと。 関連 観念、理念

概念
「イヌとはペットとなるほ乳類で、多くワンワンと鳴く動物である」
観念
「イヌはどう猛だ」
観念
「イヌはかわいい」
理念
「イヌと人間はなかよくすべきだ」
「イヌは従順であるべきだ」

概念・観念・理念

□ **傀儡**（**かいらい**）……79
他人に思いどおりに操られ、利用されている者。「—国家（＝実質的には他国に支配されている国家）」
ポイント 一九三二年に成立した中国東北部の満州国は、日本の傀儡国家だった。

□ **カウンターカルチャー** ……170
既存の支配的な文化を否定し、対抗する文化。対抗文化。 対 メインカルチャー
関連 サブカルチャー、ハイカルチャー
図 →カルチャー

□ **カオス** …… 12・117
ギリシャ神話で、万物が生成する前の秩序のない状態。類 混沌《こんとん》 対 コスモス

□ **科学革命**（かがくかくめい）…… 36・39・43・46・48
16〜17世紀に、コペルニクス、ガリレイ、ニュートンなどの業績により、近代的な自然観・宇宙観に基づく科学が成立したこと。

□ **科学技術**（かがくぎじゅつ）…… 43
産業などに役立てるための、科学を応用した技術。テクノロジー。

□ **可逆的**（かぎゃくてき）…… 14
元に戻ることができる様子。対 不可逆的

□ **画一的**（かくいつてき）
すべてが同様である様子。すべてを同じように扱う様子。「—な教育」

□ **格差**（かくさ）…… 179・181
価格・水準・程度などの差。「教育の—が広がる」

□ **格差社会**（かくさしゃかい）…… 178
人々の経済力の格差や、社会的な地位の格差が拡大した社会。

□ **拡充**（かくじゅう）…… 99
組織・設備・制度などの規模を大きくし、充実させること。「被災者への支援策を—する」

□ **革新**（かくしん）
旧来の制度・内容・考え方・方法などを変えようとすること。特に政治で、既存の体制を改革しようとする立場。「—政党／技術—」対 保守 比較→保守

□ **隔絶**（かくぜつ）…… 53
遠くへだたること。遠く離れて、つながりがなくなること。「社会から—した生活」

□ **画定**（かくてい）…… 113
物事の境界や範囲を定めること。

□ **革命**（かくめい）…… 96
①物事が根本的に変化・発展すること。「エネルギー—」②被支配階級が支配階級を打倒し、新しい政治や社会の体制を作ること。「フランス—」

□ **隔離**（かくり）…… 196
別の場所に引き離すこと。特に、感染症の患者などを、外部との接触を避けて別の場所に置くこと。

□ **可視**（かし）
目に見えること。「—光線」対 不可視

□ **可視化**（かしか）…… 157
目に見えない事象や情報、構造などを、目に見える形に表すこと。

□ **過食症**（かしょくしょう）…… 152
摂食障害の症状の一つ。ストレスや心理的な理由から、短時間に大量のものを食べ、その後自分で嘔吐《おうと》したりする症状。
関連 拒食症

□ **家族国家**（かぞくこっか）…… 142
「家族」を国家の基本単位とし、また、国家を大きな家族に見立てて人々を統治・支配する国家体制。
ポイント 明治憲法下の日本は、〈天皇＝親／国民＝子〉というアナロジーでの家族国家観に基づいて国民を統治した。

□ **加速度的**（かそくどてき）…… 14
ますます速度が増していく様子。

□ **可塑性**（かそせい）
物体の、力を受けると形が変わって元に戻らない性質。そこから、人の性質などの、柔軟に変化する可能性。

□ **可塑的**（かそてき）…… 122
粘土などのように、自由に形を変えることができる様子。類 フレキシブル

□ **ガタリ** …… 135
〔一九三〇—一九九二〕フェリックス・ガタリ。フランスの精神分析医・哲学者。ドゥルーズとの共著が多い。

□ **加担**（かたん）…… 89
（悪事などに）力を貸したり味方したり

すること。

□**画期的**（かっきてき）……70
新時代を開くような新しさや大きな価値を持っている様子。「―な発見」類 エポックメーキング

□**喝破**（かっぱ）……152・177
真実や本質を見抜いて、それをきっぱりと言い切ること。「政策の本質的な矛盾を―する」

□**活版印刷術**（かっぱんいんさつじゅつ）……34・106
活字（＝金属製などの字型）を並べて版を作り、印刷する方法。一四五〇年頃にドイツのグーテンベルクが始めた。
ポイント これにより、聖書や書物が安価・迅速に普及するようになり、宗教改革の広がりに、また知識や文化の普及に大きな影響を与えた。

□**カテゴリー**……82
分類の一つひとつの枠。同じ種類のものが属する部門。範疇《はんちゅう》。

□**カトリック**……35
ローマカトリック教会のこと。キリスト教の最大の教派で、ローマ教皇を首長とする。旧教。関連 プロテスタント

□**カトリック教会**（―きょうかい）……64
→カトリック

□**可能性**（かのうせい）
①物事が実現する見込み。これからそうなる見込み。「成功の―はまだある／彼女は参加する―が高い」
②実際にそうである見込み。「彼は遭難している―がある」
③これから発展していく見込み。「子どもは無限の―に満ちた存在だ」
比較 →蓋然《がいぜん》性

□**下部構造**（かぶこうぞう）……97
マルクス主義での、社会や歴史の捉え方の一つ。ある社会の基盤となる、物質的な経済（生産）関係の構造のこと。この上に成り立つ上部構造（思想や文化など）を規定する。図 →上部構造
ポイント マルクス主義の「史的唯物《ゆいぶつ》論」における考え方。

□**家父長制**（かふちょうせい）……143
男性の家長が他の家族を絶対的に支配・統率する家族のあり方。類 父権制

□**可変的**（かへんてき）……137
変えることができる様子。また、変わることができる様子。

□**寡黙**（かもく）……146
あまりしゃべらないこと。「―な人」

□**カリスマ**……183
①人々を心服させ、支配するような、超人的な強い資質。「―のある指導者」
②大衆を魅了するような強い魅力や能力を持つ人。「―美容師」

□**ガリレイ**……36
［一五六四―一六四二］ガリレオ・ガリレイ。イタリアの物理学者・天文学者。自作の望遠鏡で天体を観測し、地動説を支持した。

□**カルチャー**
文化。教養。

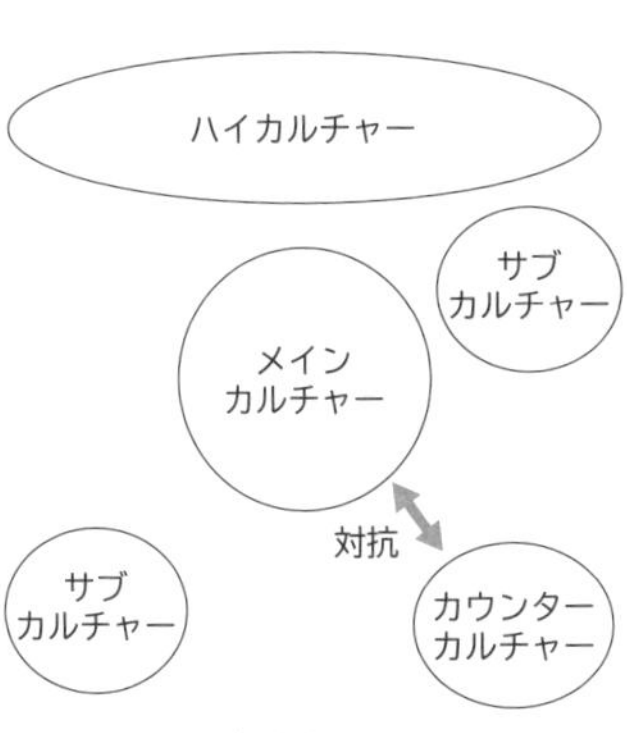

カルチャー

□**カルチュラルスタディーズ**……170
文化などすべての社会事象を研究する学問領域。多様な事象に潜む権力構造やイデオロギーを可視化して、社会変革の機

運を見いだそうとする。文化研究。

ポイント 一九六〇年代にイギリスで始まり、世界中に広まった。

□**カルト** ……204
①宗教的な儀式や崇拝。
②狂信的な宗教集団。
③ある事物を熱狂的に支持・崇拝すること。「—ムービー（＝一部のファンに熱狂的に支持される映画）」

□**苛烈**（かれつ）……173
つらくてたまらないほど、厳しく激しい様子。

□**含意**（がんい）……23・104・132
直接には表れていない、別の意味を含んでいること。また、その意味。類 コノテーション

□**看過**（かんか）……198
よくない事態などに気がつきながら、そのままほうっておくこと。見過ごすこと。「そんな不正は—できない」

□**鑑みる**（かんがみる）……149
先例や規範、実情などに照らしあわせて考える。「社会情勢に—て判断する」

□**還元**（かんげん）……120
①元に戻すこと。「利益を社会に—する／濃縮果汁—ジュース」
②複雑な物事を、それを成り立たせている単純なものに戻して捉えること。

□**看護**（かんご）
病人やけが人の手当てや世話をすること。「—師／負傷者の—にあたる」関連 介護

□**監視社会**（かんししゃかい）
国家権力や企業、あるいは個人によって、人々の行動が常に監視されている社会。

ポイント 監視カメラなどによる物理的な監視だけでなく、各種のカードの使用履歴やインターネット上での検索・閲覧・購買履歴など、情報を通した監視がますます進んでいる。

□**間主観性**（かんしゅかんせい）
客観的世界は、一つの主観が孤立的に認識するのではなく、複数の主観が共に認識するものとして（いわば、複数の主観の「あいだ」に）成り立つとする考え方。共同主観性。

ポイント 現象学を創始した哲学者フッサールが唱えた考え方。

□**間主観的**（かんしゅかんてき）……139
間主観性に関わっている様子。

□**関数**（かんすう）……137
一方の値が変化すると、それに応じて他方の値も変化するような関係のこと。「人々の消費行動は景気の—となっている」

□**感性**（かんせい）
①外界からの刺激を受け、感じとる能力。関連 理性
②感受性。「—の豊かな子」

□**間接民主制**（かんせつみんしゅせい）……63
国民が代表者を選び、その代表者を通じて自らの意思を政治に反映させるしくみ。通常、代議制民主主義（議会制民主主義）の形をとる。間接民主主義。関連 直接民主制

□**カント** ……57
［一七二四—一八〇四］ イマニュエル・カント。ドイツの哲学者。人間の理性、認識、義務や善などを論じ、近代以降の哲学の基礎となる思想を打ち立てた。

カント

□**観念**（かんねん）……10
ある物事について、頭の中に持つ考えや

イメージ。関連 概念、理念 比較→概念

□**観念的**（かんねんてき）
現実に基づかず、頭の中だけで考えている様子。「―でわかりにくい話」

□**観念論**（かんねんろん）
①万物の根源は物質ではなく、人間の精神の働きだとする考え方。「客観的な事物は存在せず、あるのは人間の意識に生じるさまざまな観念だけだ」と考える思想など。対 唯物論 関連 唯心論 ②現実離れした、単なる理想論。

□**官能的**（かんのうてき）……85
性的な感覚を刺激する様子。

□**看破**（かんぱ）
隠された真相や意図などを見破ること。見抜くこと。「相手の計画を―する」

□**贋物**（がんぶつ・にせもの）……175
本物に似せて作ったもの。まがいもの。

□**カンフル剤**（―ざい）……129
だめになりかけた物事を回復させるための、強力な手段。カンフル注射。

□**涵養**（かんよう）……167
水が自然にしみこむように、ゆっくりと養い、育てること。「思いやりの心を―する」

□**関連**（かんれん）……112
ある事柄と他の事柄の間につながりがあること。「ニュースに―した話題／―性を持つ」関連 連関

□**起因**（きいん）
それが原因となって、物事が起こること。「不注意に―する事故」

□**機運**（きうん）……171
あることをするのにちょうどいい時。時のめぐりあわせ。「改革の―が高まる」

□**帰依**（きえ）……30
神や仏などを深く信じ、その教えに従うこと。「仏教に―する」

□**議会制民主主義**（ぎかいせいみんしゅしゅぎ）……63
→代議制民主主義（だいぎせいみんしゅしゅぎ）

□**規格**（きかく）
製品の品質・サイズ・形などについての標準。「―外の農産物／部品を―化する（＝規格を定めてそれに統一する）」

□**記号**（きごう）……130
①ある意味を代行して表す、視覚的な形。「地図―」
②言語学や哲学で、記号表現（シニフィアン）と記号内容（シニフィエ）とが結びついたもの。言語などの基本的な単位となる。図→シニフィエ

ポイント ②の意味での記号が成立するには「コード」が必要である。

記号

□**記号内容**（きごうないよう）……130
言語学などで、記号を成立させる二つの側面のうちの、「意味されるもの」の面。類 シニフィエ

□**記号表現**（きごうひょうげん）……130
言語学などで、記号を成立させる二つの側面のうちの、「意味するもの」の面。類 シニフィアン

ポイント ソシュールの言語学では、言語の記号表現（＝シニフィアン、能記）は「音声」で、記号内容（＝シニフィエ、所記）は「意味（概念）」。図→シニフィエ

□**貴種流離譚**（きしゅりゅうりたん）……129
物語の型の一つ。若い神や高貴な人が、

故郷や都を離れてよその土地をさまよい、試練を克服して神や尊い存在となるもの。

ポイント 民俗学者の折口信夫《おりくちしのぶ》が命名した。

□ **規制緩和**（きせいかんわ）……179
政府や地方自治体が、経済を活発にするため、民間企業などに認可や届け出などを求める規制をゆるめたりやめたりすること。

ポイント 一九八〇年代以降、新自由主義の経済体制へと移行したアメリカやイギリスで行われ、日本でも進められた。

□ **帰属**（きぞく）
①ある組織などに所属し、従うこと。「共同体に—する／国家への—意識を持つ」
②物・財産・権利などが、特定の人や団体、国家などのものになること。「応募作品の著作権は主催者に—します」

□ **喫緊**（きっきん）……190
差し迫っていて、非常に大切なことである様子。「—の課題」

□ **企図**（きと）……107
ある目的に向けて計画すること。「自国の独立を—する」

□ **帰納**（きのう）
観察された個々の事実をもとに、一般的な原理や法則を導き出すこと。「実験の結果から規則を—する」 対 演繹《えんえき》

ポイント 「今まで毎日太陽が昇った」という複数の事実から「太陽は毎日昇る」という法則性を推論するのが帰納。地球の自転と公転の法則から「太陽は毎日昇る」と推論するのが演繹。 図 →演繹

□ **規範**（きはん）
行動や判断において従うべきとされる手本や規準。

□ **規範的**（きはんてき）……67
従うべき手本とされる様子。

□ **機微**（きび）
表面からは捉えることのできない、微妙な事情や心の動き、味わいなどのこと。「人生の—を知る」

□ **義憤**（ぎふん）……69
道理に反することや不正への、正義感からの憤り。

□ **詭弁**（きべん）……23
道理に合わないことを無理やりにこじつけ、正しいと思いこませるような話し方。「—を弄《ろう》する」

□ **基本的人権**（きほんてきじんけん）……55
→人権（じんけん）

□ **欺瞞**（ぎまん）……80
真実を隠してごまかし、人をだますこと。「—に満ちた言葉」

□ **義務**（ぎむ）……54
自分の立場に応じて、当然しなければならないこと。 関連 権利

□ **逆説**（ぎゃくせつ）……16
①一見、矛盾を含んでいるように思えるが、実は真理を言い当てている表現。「急がば回れ」など。パラドックス。
②矛盾を含んでいて、成り立たない表現。「クレタ人が『クレタ人はうそつきだ』と言う」など。パラドックス。
③成り立たないはずなのに、簡単には反論できない説。「アキレスと亀」の逆説など。パラドックス。

逆説①＝矛盾しているようだが、真理を突いている！
「急がば回れ」「負けるが勝ち」

逆説②＝矛盾していて成り立たない！
「クレタ人が『クレタ人はうそつきだ』と言う」

逆説③＝成り立たないはずなのに、反論できない！
「アキレスは亀に追いつけない」

□ **客体**（きゃくたい）……14・41
①他の行為の対象となり、作用を及ぼされる側のもの。類 対象 対 主体 図 →主体
②人間の意識とは無関係に存在する、外界の事物。類 客観

□ **客観**（きゃっかん）……41・46
①人間の認識の対象となるもの。対 主観 図 →主体
②人間の認識とは無関係に存在する、外界の事物。類 客体
③自分だけではない、第三者の立場からの見方や考え方。「—に基づく意見」対 主観

□ **客観的**（きゃっかんてき）……39・46
自分の立場や考えにとらわれず、第三者の視点から物事を見たり考えたりする様子。対 主観的

□ **救世主**（きゅうせいしゅ）……28
人類の救い主。特にキリスト教のイエス＝キリストをいう。
ポイント ヘブライ語で「メシア」、ギリシャ語で「クリストス」（キリスト）という。

□ **糾弾**（きゅうだん）……75
罪や責任を問いただし、とがめること。「政治家の不正を—する」

□ **『旧約聖書』**（きゅうやくせいしょ）……12・28
ユダヤ教とキリスト教の聖典。
ポイント 「旧約（＝神との古い契約）」とは『新約聖書』も聖典とするキリスト教側からの言い方で、ユダヤ教では『旧約聖書』とは呼ばない。

□ **教育勅語**（きょういくちょくご）……95
明治天皇による、当時の日本の教育の基本理念を示した言葉。

□ **教化**（きょうか）……71
人を教え導き、望ましい方向に向かわせること。「宣教師が人々を—する」

□ **狭義**（きょうぎ）……86
ある言葉の意味の範囲に幅があるときの、中心的な狭い意味。対 広義

□ **供給**（きょうきゅう）……78
品物やサービスを売るために市場に出すこと。対 需要

□ **強権的**（きょうけんてき）……70・186
上の立場のものが下の立場のものに強い権力を振るう様子。「—な大統領」

□ **共産主義**（きょうさんしゅぎ）……97
①社会主義思想の一つ。社会のすべての財産を皆で共有し、平等な理想社会をつくろうとする思想。
②マルクス主義で、革命の末に人類が到達する、階級のなくなった真に平等な社会体制。

□ **矜持**（きょうじ）……76
自分の能力に自信と誇りを持った、堂々とした気持ち。類 自負、プライド

□ **凝視**（ぎょうし）……188
目を凝らして見つめること。

□ **共時的**（きょうじてき）……113・114・119
時間の流れやそれに沿った変化を考えず、ある一時点の静止した状態で物事を捉える様子。「各地の方言を—に比較する」対 通時的

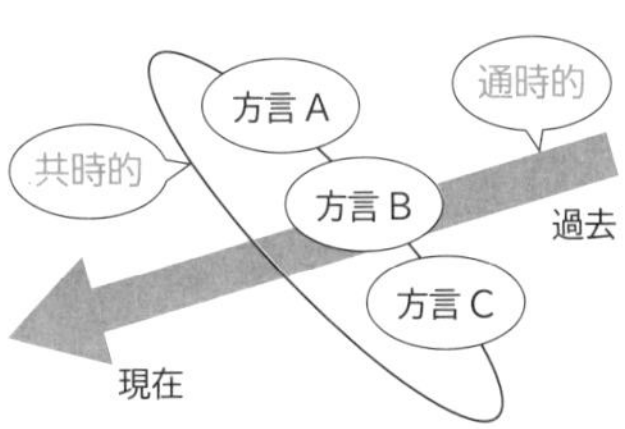

通時的＝ある方言の時代による変化を見る
共時的＝同時代における、方言のバリエーションを見る

共時的・通時的

□ **教条主義**（きょうじょうしゅぎ）
権威のある思想や原理原則にこだわり、

融通のきかない様子。ドグマティズム。

□ **教祖**（きょうそ）……205
ある宗教や宗派を始めた人。また、そのように熱狂的にあがめられる人。

□ **共通語**（きょうつうご）
①異なる言語を話す人々のあいだで、コミュニケーションに使われる言語。多民族国家インドにおける英語など。
②一国の中で、どこでもだいたい通じる言語。現在の日本では東京語。関連 標準語
ポイント ②は、人為的に整備され規範性を持つ「標準語」に比べ、自然に広く用いられている言葉をいう。

□ **共同社会**（きょうどうしゃかい）
→ゲマインシャフト

□ **共同主観性**（きょうどうしゅかんせい）
→間主観性（かんしゅかんせい）

□ **共同体**（きょうどうたい）……69
地縁や血縁、または共通の利益・目的・考え方などによって結びついた人々の集団。類 コミュニティ

□ **強迫観念**（きょうはくかんねん）……137
いくら払いのけようとしても心につきまとって離れない、不安な気持ちや考え。

□ **強弁**（きょうべん）……24
筋の通らないことを、無理に理屈をつけて言い張ること。

□ **虚構**（きょこう）……149
現実にはないことを作り上げたもの。フィクション。「—の物語／サンタクロースは—の存在だ」

□ **巨視的**（きょしてき）
①人間の感覚で捉えられるくらいの大きさである様子。「—な世界」対 微視的
②物事の全体を大きく捉えようとする様子。「世界の経済を—に捉える」対 微視的

□ **拒食症**（きょしょくしょう）……153
摂食障害の症状の一つ。心理的な理由で、ものを食べることや、それにより体重が増えることを拒む症状。関連 過食症

□ **虚無主義**（きょむしゅぎ）……109
→ニヒリズム

□ **虚妄**（きょもう）……121
事実でない、ばかげたこと。

□ **キリスト**
「イエス＝キリスト」のこと。
ポイント ギリシャ語で「救世主」の意。

□ **キリスト教**（—きょう）……13・28・32
イエスを救世主と信じる、一神教の宗教。『旧約聖書』と『新約聖書』が聖典。ユダヤ教をもとにパレスチナに起こり、三九二年にローマ帝国の国教となった。

□ **規律**（きりつ）……185
①社会や集団の秩序を保つための、守るべき行為の規準。
②一定の決まりや秩序。「—正しい生活」

□ **規律訓練型権力**（きりつくんれんがたけんりょく）……184・186
常に監視されているという意識を人々に植えつけ、規律を内面化させて、自主的に服従する主体を作り上げていくような権力のこと。
ポイント フランスの哲学者フーコーが『監獄の誕生』（一九七五年）で唱えた概念。

□ **キルケゴール**……95
［一八一三—一八五五］セーレン・キルケゴール。デンマークの哲学者。『死に至る病』『不安の概念』などを書き、実存主義の先駆者とされる。

□ **近似値**（きんじち）
真の値に近い値。実際上、それで代用できる値。

□ **近似的**（きんじてき）……169
状態や数値がよく似ていて近い様子。「—なモデル」

□ **近代**（きんだい）……11・35・37・49・56・140
時代区分の一つ。一般的には、西洋の17世紀以降の時代を指すことが多い。類 モダン

□ **近代化**（きんだいか）……79・94
社会のしくみや考え方などが、近代の西洋のような合理的・民主的・資本主義的なものになること。

□ **近代合理主義**（きんだいごうりしゅぎ）……38・47・193
理性を最も重視し、すべてを理性と論理に基づいて捉える考え方。西洋近代の世界観の基礎となった。
ポイント 感情や情念、神秘的なもの、偶然性など、理性に合わないものは排除する側面を持つ。

□ **クィア**……144
〈男性／女性〉の二項対立や異性愛の規範にあてはまらない、すべての性的マイノリティのこと。自分が性的マイノリティであることを肯定的にいう言葉。
関連 LGBTQ
ポイント もとは男性の同性愛者などを侮蔑的に呼ぶ言葉だった。

□ **クィアスタディーズ**
一九九〇年代に始まった、性の多様性を研究する学問領域。

ポイント「性を固定したものと捉えず、それぞれの差異を尊重する」「それまで否定的・差別的なニュアンスで使われていた表現や概念をあえて積極的に用いることで、価値観の転倒を図り、性の多様性を肯定する」などの特徴がある。

□ **寓意**（ぐうい）
ある意味を、直接表すのではなく、他のことにかこつけて示すこと。アレゴリー。「ブリューゲルの絵は―に満ちている」

□ **偶然**（ぐうぜん）
理由なく、たまたまそうなること。対 必然

□ **偶然性**（ぐうぜんせい）……109
理由なく、たまたまそうなるという性質。対 必然性

□ **偶像**（ぐうぞう）
①神仏の姿をかたどって作り、信仰の対象にする絵や彫刻などのこと。②人々の崇拝や信仰、あこがれの的になる人。「現代の若者の―」

□ **偶像崇拝**（ぐうぞうすうはい）……31
神仏をかたどった絵や彫刻など、目に見える物質的なものを信仰の対象として崇拝すること。
ポイント ユダヤ教・キリスト教・イスラームでは禁じられている。

□ **寓喩**（ぐうゆ）
比喩法の一つ。ある意味を、直接表すのではなく、他のことにかこつけてそれとなく示す表現技法。アレゴリー。「この場面の雨は、主人公の悲しみの―だ」

□ **寓話**（ぐうわ）
人生の教訓などを、他のことにかこつけて語る物語。『イソップ寓話』など。アレゴリー。

□ **クエスチョニング**……144
自分の性や性的指向がわからなかったり、定まらなかったりすること。また、その人。関連 LGBTQ

□ **具象**（ぐしょう）……46・62
目に見えるような姿や形を持っていること。具体的な事物であること。類 具体
関連 抽象
ポイント「具象（具体）」から特定の要素や性質だけを抜き出すのが「抽象」。その際に他の要素や性質を捨てるのが「捨象」。図→抽象

□ **苦心惨憺**（くしんさんたん）……164
あれこれ心を悩ませ、苦労しながら物事をする様子。

□ **具体**（ぐたい）……46・62
人間の感覚で捉えられる形や内容を持っていること。「―例／―案を示す」類 具象 関連 抽象 図→抽象

□ **具体的**（ぐたいてき）
実際のありさまや内容がよくわかる様子。「―に説明する」対 抽象的

□ **駆逐**（くちく）……84
すっかり追い払うこと。

□ **『クルアーン』**……30
イスラーム（イスラム教）の聖典。ムハンマドが天使ジブリール（ガブリエル）を通して神から受けたとされる啓示を記したもの。コーラン。

□ **クレオール**……174
複数の言語（特に植民地での宗主国の言語と、奴隷や現地住民の言語）が、一方をベースにして混じりあい、母語として話されるようになった言語。クレオール語。関連 ピジン
ポイント 母語話者がいる点でピジンと異なる。

□ **クレオール語**（—ご）……174
→クレオール

□ **グローバリゼーション**……180
①経済や文化などの活動が、国境に関係なく、地球規模で一体化して進んでいくこと。
②特に、20世紀後半からの、新自由主義の経済体制が世界中を支配していった動きのこと。

□ **グローバル**
地球規模・全世界規模である様子。「—企業／情報の—化」

□ **群衆**（ぐんしゅう）……52
群がり集まった、多くの人々。「広場に—が押し寄せる」関連 公衆、大衆、民衆

□ **群集**（ぐんしゅう）……52
人や生物が一か所に群がり集まること。また、その集まり。

□ **ケア**……206
①人の世話や、介護・看護などをすること。また、人を気づかい、寄り添ったり回復を助けたりすること。「在宅—／被災者への心の—」
②物の手入れや手当て。「ヘアー—／アフター—」

□ **ケアの倫理**（—りんり）……206
世話、介護などの「ケア」を通して、人と人との関わりのあり方を考える倫理学。
ポイント 互いに助けあい、与えあう相互の関係性に基づくケアの倫理は、近代の主客二元論や個人主義に基づくものとは異なる、人と人の新たな関係性を開く可能性がある。

□ **ゲイ**……145
同性愛の人。特に、自分は男性で、男性に対して恋愛感情や性的な欲望を持つ人。関連 LGBT

□ **契機**（けいき）……27
ある物事を起こしたり変化させたりする要因となる物事。きっかけ。

□ **警句**（けいく）……28
真理や教訓などを鋭く言い表した短い言葉。関連 箴言《しんげん》、アフォリズム

□ **迎合**（げいごう）……183
相手に調子を合わせ、気に入られるような言動をすること。「権力者に—する」

□ **啓示**（けいじ）……30
人間の力では知ることができない真理を、神が人間に示すこと。

□ **形而下**（けいじか）
感覚で捉えられる、物質的で具体的なもの。「空腹を満たすという—の問題」対 形而上

□ **形而上**（けいじじょう）……32
感覚では捉えられず、思考や直観によってしか捉えられない、抽象的なもの。「—の存在」対 形而下

□ **形而上的**（けいじじょうてき）……109
感覚で捉えられるような形を持たず、思考や直観によってしか捉えられない様子。

□ **形質**（けいしつ）……49
生物分類の基準になるような、生物の体の形態や機能の特徴。

□**警鐘を鳴らす**（けいしょうをならす）……199
危険やよくない状況が近づいていることを世間に知らせ、警戒を促す。警告する。

□**形跡**（けいせき）……132
何かが行われた跡。「誰かが住んでいた―がある」 類 痕跡

□**形相**（けいそう）……32
アリストテレスの哲学で、事物に内在する、それが何であるかを表す本質。エイドス。 関連 質料

ポイント 例えば、「家とはどのようなものか」という観念が家の形相で、それが木材などの質料のあり方を限定して、現実の一つの家を形作る。

□**啓発**（けいはつ）……57
人を教え導き、物事の理解や意識のレベルを向上させること。 類 啓蒙《けいもう》

□**啓蒙**（けいもう）……57
人々に正しい知識を与え、教え導くこと。

類 啓発

□**啓蒙思想**（けいもうしそう）……56・81
18世紀のヨーロッパを中心に広がった思想。人々を「理性の光」で照らして無知や蒙昧《もうまい》から導き、社会を進歩させようとした。

ポイント イギリスのロック、フランスのルソー、モンテスキュー、ヴォルテール、ディドロ、ドイツのカントなどの思想家が有名。

啓蒙思想（理性の光）

□**ケインズ**……99
［一八八三―一九四六］ジョン・メイナード・ケインズ。イギリスの経済学者。修正資本主義を唱え、世界恐慌以降のアメリカやイギリスの政策に大きな影響を与えた。

□**激昂**（げきこう）……93
興奮して激しく怒ること。激高。

□**ゲゼルシャフト**……52
共通の目的や利益のために、意図的に作られる社会や共同体。会社、都市、国家など。「利益社会」ともいう。 対 ゲマインシャフト

□**解脱**（げだつ）……19
すべての煩悩《ぼんのう》をなくし、心安らかで自由な境地に達すること。悟ること。

□**訣別**（けつべつ）……100
きっぱりと別れること。決別。

□**ゲマインシャフト**……52
地縁や血縁、友情などにより、人々が自然に結びついて作られる社会や共同体。「共同社会」ともいう。 対 ゲゼルシャフト

□**牽引**（けんいん）……200
①重いものを機械などで引っぱること。「事故車を―する」
②皆の先に立ち、引っぱっていくこと。「ベテラン選手がチームを―する」

□**懸隔**（けんかく）……89
二つの物事がかけ離れていること。懸け隔て。隔たり。「両国の認識には大きな―がある」

□**元凶**（げんきょう）……121
悪事を行う中心人物。転じて、悪いことを引き起こす根本の原因。

□**牽強付会**（けんきょうふかい）……24
自分に都合のいいように、道理に合わないことを無理にこじつけること。

□**言語相対論**（げんごそうたいろん）……118
人は、自分が使う言語を通して、その影響を受けながら思考・認識し、世界観を形成するという考え方。

ポイント 提唱者の名から「サピア・ウォー

フの仮説」とも呼ばれる。「言語こそが思考や認識を決定づける」とする「強い仮説」（言語決定論）と、「言語は思考や認識に何らかの影響を与える」とする「弱い仮説」がある。

□ **顕在**（けんざい）……75・120
はっきりと目に見える形で現れていること。対 潜在

□ **原罪**（げんざい）……28・30
キリスト教で、人類が最初に犯した罪。エデンの園《その》にいたアダムとイブが禁断の木の実を食べたこと。

□ **現象**（げんしょう）……19
物事がこの世界に現れること。人が感覚で捉えることのできる、すべての出来事。

□ **言説**（げんせつ）
①語ること。意見を述べたり説明したりすること。また、その言葉。「発言者の―を批判する」
②→ディスクール②

□ **幻想**（げんそう）……149
非現実的な、夢か幻のようなことを、心に思い描くこと。また、その想念。

□ **喧伝**（けんでん）……150
盛んに言いふらすこと。「功績を―する」

□ **憲法**（けんぽう）
国家の基本的なしくみを定めた、最高の法。

ポイント 近代以降の憲法は、人々の基本的人権を保障し、そのために国家権力をも規制・制限するものであり、民主主義の原理に根ざしている。

□ **権利**（けんり）……54
物事を自由に行ったり、他人に対して自分の利益を主張したりできる資格。関連 義務

ポイント 近代国家では、国民の権利は法によって定められる。

□ **原理**（げんり）……17
物事を成り立たせる、根源的な法則。

□ **堅牢**（けんろう）……209
堅くしっかりしていて壊れにくいこと。「―なボディの自動車」

□ **語彙**（ごい）
ある範囲で用いられる語の総体。

ポイント 「九州方言の語彙」「夏目漱石《そうせき》の語彙」「高校英語の基礎語彙」など、特定の言語・地域・分野・人・作品などの中で用いられる語の集合をいう。

□ **公益**（こうえき）……61
社会一般の利益。公共の利益。対 私益

□ **広義**（こうぎ）……86
ある言葉の意味の範囲に幅があるときの、広く解釈したほうの意味。対 狭義

□ **公共圏**（こうきょうけん）……58
個人が誰でも参加し、自由で平等な立場で言葉を交わすことのできる空間。

ポイント ハーバーマスなどが論じた考え方。近代に生まれた公共圏には、イギリスのコーヒーハウスやフランスのサロンなどがある。公共圏は公的空間と私的空間の中間にあり、世論が形成される。

□ **公共性**（こうきょうせい）
社会一般に広く関わる性質。「―の高い事業」

□ **口語**（こうご）
話すときに使う言葉。話し言葉。「―体／―で書かれた自由詩」対 文語

ポイント 「今風」「くだけた感じ」という含みを持つことが多い。

□ **功罪**（こうざい）……70
功績と、過ちや罪。また、良い点と悪い点。「―相半ばする（＝良い点と悪い点が同じくらいあり、良いとも悪いとも言えない）」

□ **孔子**（こうし）……20
［前五五一頃―前四七九］中国の春秋時代の思想家で、儒教の開祖。孔子とその弟子の言行録が『論語』。

□ **公衆**（こうしゅう）……52
一定の地域内に共に住み、その社会を

作っている人々。「―便所／―衛生」
関連 群衆、大衆、民衆

□**構造**（こうぞう）……128
全体を成り立たせている、各部分の組み合わせ。しくみ。「人体の―／建物の―」
関連 体系、システム

□**構造主義**（こうぞうしゅぎ）……120・122・127・129・134・140
顕在しているさまざまな事象の内に潜在している「構造」を見いだし、探究しようとする一連の思想。20世紀半ば頃に起こった。文化人類学者のレヴィ＝ストロースなどが有名。
ポイント 人間が信じている理性や主体性は、実は社会や文化の構造に規定されていることを示し、文明／未開の二項対立を揺るがして、西洋の自民族中心主義への決定的な批判となった。

□**巧遅**（こうち）……94
内容はすぐれているが、仕上がりが遅いこと。対 拙速

□**構築主義**（こうちくしゅぎ）……148
ある事象や人の属性など、「現実」だと捉えられているものは、実は社会的に作られるフィクションだとする考え方。社会構築主義。構成主義。対 本質主義
ポイント 例えば、人種は社会的に作られるものだと考えるのが構築主義、人種は生物学的に決定しているものだと考えるのが本質主義。

□**拘泥**（こうでい）……176
物事にこだわること。そのことに過度にとらわれること。「ささいなことに―する」

□**後天的**（こうてんてき）……38
①生まれた後に、経験や学習によって身につけたものである様子。対 先天的、生得的、天賦
②→アポステリオリ

□**荒唐無稽**（こうとうむけい）……17
でたらめで、根拠がないこと。

□**傲慢**（ごうまん）……11
思い上がり、他を見下してふるまう様子。

□**公民**（こうみん）……62
国や地方自治体の政治に参加する権利と義務を持っている者。類 市民

□**被る**（こうむる）……143・159
①恩恵など、よいことを身に受ける。いただく。「皆様のご愛顧を―」
②損害・被害など、悪いことを身に受ける。「迷惑を―／おしかりを―」

□**合理**（ごうり）……39
①道理に合い、筋が通っていること。対 不合理
②論理や理性に合っていること。論理や理性で捉えられること。対 非合理

□**合理主義**（ごうりしゅぎ）……42
①理性を最高の原理と考え、理性による認識のみが真の認識だと考える立場。合理論。
②すべてを「合理的であるかどうか」という点から捉え、論理や道理に合わないもの、むだなものを排除する考え方。

□**功利的**（こうりてき）……25
何かをする際に、効果や利益があるかどうかを最も重視する様子。

□**合理的**（ごうりてき）……37・76
①論理や道理に合っている様子。「―な法則性を導く」
②むだがなく、効率がいい様子。「―な方法で生産する」対 非合理的

□**コード**……116・131
①規則。決まり。規範。「放送―（＝放送番組の内容に関する規則）」
②情報に数字や文字を割りあてた符号の体系。「学生―／JIS―」
③暗号。「―ブック」
④言語学で、記号表現（シニフィアン）と記号内容（シニフィエ）を結びつけ、記号として成立させるための規則。
ポイント ④は、例えば〈neko〉とい

う音（＝記号表現）は、日本語のコードでは〈ニャーと鳴く小動物〉の概念（＝記号内容）と結びつき、記号として成り立つ（別のコードの体系では、同じ音でも別の記号となる可能性がある）。図↓
記号

□**『コーラン』**……30
『クルアーン』のこと。

□**古今伝授**（**こきんでんじゅ**）……94
室町時代以降、『古今和歌集』の解釈などを、師から弟子へと秘伝として伝えたこと。

□**国語**（**こくご**）……67
ある国で広く用いられ、公用語や共通語となっている言語。

□**国粋主義**（**こくすいしゅぎ**）……85
自国の伝統や文化を最も優れたものと考え、それだけを尊び守ろうとする排外的な思想や運動。

□**国体**（**こくたい**）……142
国の根本的なあり方。一九四五年以前の日本では、「天皇主権」という日本の根本原理を指した。

□**国民**（**こくみん**）……66
国家を構成する人々。
ポイント 多く、「一つの言語を持つ一つの民族が国民である」として統合される。

□**国民国家**（こくみんこっか）……64・66・70
確定した領土を持ち、国民が主権を有する国家。ネイションステイト。
ポイント 所属する人々の「国民」としての一体性や同胞意識をもとに成り立つ。

□**国民統合**（こくみんとうごう）……66・68
民族や出自などの異なる多様な人々を、国民として一つにまとめていくこと。

□**極楽往生**（**ごくらくおうじょう**）……19
仏教で、現世での死後、極楽浄土に生まれ変わること。「極楽浄土」は、阿弥陀《あみだ》仏《ぶつ》がいるという、一切の苦しみのない理想郷。「往生」は、現世で死を迎えたのち、仏の世界に生まれ変わること。

□**個人主義**（こじんしゅぎ）……50・53・55・100
一人ひとりの個人の存在を価値あるものとし、その自由や独立、権利を重んじる考え方。関連 全体主義
ポイント 近代に、個・自己に目を向け、その意味や価値を考えていく個人主義の流れが生まれた。

□**コスモス**……12・117
秩序と調和のある世界。また、そのような宇宙。対 カオス、混沌《こんとん》

□**国家**（**こっか**）……61
一定の領土とそこに住む人々から成る、統治のしくみを備えた政治的共同体。
ポイント 近代以降の国家は、領土・国民・主権の三つの要素で成立する。

□**コノテーション**……23・105・132
直接には表れていない、暗示的な別の意味。言外の意味。類 含意 対 デノテーション
ポイント 例えば、「寒いね」という言葉は、文脈によって「窓を閉めて」というコノテーションを持つ。

コノテーション
窓を閉めて
寒いね
寒い！
デノテーション

コノテーション・デノテーション

□**コペルニクス**……35・36
〔一四七三―一五四三〕ニコラウス・コペルニクス。ポーランドの天文学者・聖職者。天体観測により地動説を唱えた。
ポイント それまでの天動説を一八〇度転換させたコペルニクスの発想は「コペル

ニクス的転回」と呼ばれる。

□**コミュニティ**……69
①一定の地域内で、共同して社会生活を営む人々の集団。類 共同体 ②インターネット上などの、興味関心などを共有する人々の集まり。

□**固有**（こゆう）……42
そのものだけが元々から持っていること。類 特有

□**固有性**（こゆうせい）……76
そのものだけが持っている、かけがえのない性質。

□**コロニアリズム**……79
→植民地主義（しょくみんちしゅぎ）

□**権化**（ごんげ）……42
ある性質や観念が、具体的な姿を持って現れたような人やもの。
ポイント もとは、仏や菩薩《ぼさつ》が人の姿をとってこの世に現れることを指す。

□**混淆**（こんこう）……174
性質の違うものが入り混じること。混交。

□**痕跡**（こんせき）……133
過去にそこにあった事物が残した跡。「犯人の―」類 形跡

□**コンセンサス**
意見の一致。合意。同意。「国民の―を得る」

□**コンテクスト**……132・168
「文脈」のこと。コンテキスト。

□**コントラスト**……14
①とりあわせた二つのものの対比・対照。「赤と黒の―」 ②写真や画面などの、明暗の差。「―の高い写真」

□**混沌**（こんとん）……12・117
すべてが一つに入り混じり、区別も秩序もない状態。類 カオス 対 秩序、コスモス

□**差異**（さい）……112
ものとものとのあいだの違い。「制度には地域によって―がある／選手の実力に―はない」類 相違、異同

□**サイード**……90
［一九三五―二〇〇三］エドワード・サイード。パレスチナ系アメリカ人の文学研究者・批評家。西洋のオリエンタリズムを、東方（東洋）を一方的なイメージによって捉え、植民地主義を正当化するものとして厳しく批判した。

□**最後通牒**（さいごつうちょう）……203
話し合いによる交渉を打ち切り、実力行使に出る前に、相手に最後に突きつける要求。

□**再生産**（さいせいさん）……170
繰り返し生み出すこと。「格差の構造が―される」

□**採択**（さいたく）……55
いくつかあるものの中から選びとること。良いものだと認めて採用すること。「教科書を―する」

□**裁断**（さいだん）……161
①型に合わせて布や紙などを切ること。「生地を―する／―機」 ②物事の善し悪しや適否を、はっきりと判断して定めること。「上司の―を受ける」

□**在日**（ざいにち）……190
外国から来て、日本に住んでいること。「―外国人」

□**在日朝鮮人**（ざいにちちょうせんじん）……118
一九一〇年からの日本による朝鮮の植民地支配を背景に、日本に移住し、あるいは連行され、第二次世界大戦後も日本に暮らしている、朝鮮にルーツを持つ人々。また、その子孫。

□**差異の体系**（さいのたいけい）……112・115
一つひとつの要素のあいだの差異が互いに連関して作り出す体系のこと。
ポイント ソシュールは、言語とは差異の体系であると考えた。

□ **作為的**（さくいてき）……196
物事をわざと行う様子。

□ **錯誤**（さくご）……110
状況や事実に合わないことをしてしまうこと。間違い。ミス。

□ **作者**（さくしゃ）……133
文学論などで、作品を生み出し統括する特権的な存在として想定される、近代に確立される概念。関連 作家作品論

□ **搾取**（さくしゅ）……74・80・83・96
資本家（経営者）が、提供された労働力への対価として労働者に支払うべき正当な賃金を払わず、自分の利益とすること。「労働者を―する／―の構造」

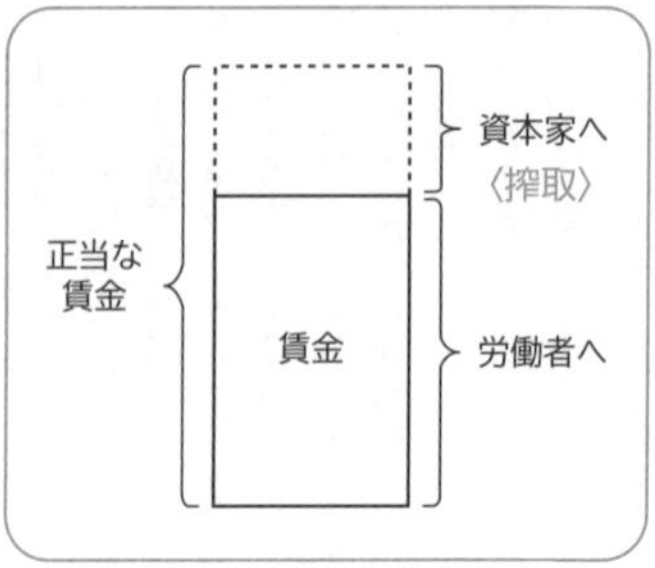

搾取

□ **サステイナビリティ**
→持続可能性（じぞくかのうせい）

□ **サステイナブル**
持続可能であること。特に、産業や開発を、自然環境を守りつつ継続できること。

□ **作家作品論**（さっかさくひんろん）……132
作品を作り出したのは作者であり、そこに込められた意味は、すなわち作者の意図である。ゆえに作品を読むとは作者の意図を解読することなのだ、とする考え方。関連 作者

□ **刷新**（さっしん）……35
それまでの悪い面をなくし、全く新しくすること。「人事を―する」

□ **サブカルチャー**……171
正統で主流の文化に対し、一部の人々だけの独特な文化。若者文化、大衆文化など。下位文化。対 メインカルチャー
関連 カウンターカルチャー、ハイカルチャー　図→カルチャー

□ **サロン**……58
17～18世紀のフランスで、貴族の夫人が客間を開放し、人々が集まって談話を楽しんだ社交の場。公共圏として機能し、世論形成の場となった。

□ **産業革命**（さんぎょうかくめい）……73・202
18世紀後半にイギリスで始まり、19世紀に世界に広まった、技術の革新と産業・経済・社会の大変革。
ポイント それまでは小規模な手工業が中心だったが、工場で機械を使う大規模な工業生産が始まり、資本主義経済が確立した。

□ **参政権**（さんせいけん）……143
国民が、直接または間接に、国の政治に参加する権利。

□ **惨憺**（さんたん）……164
①見ていられないほど無残で、痛ましい様子。
②心を悩ませ、苦労する様子。
ポイント「苦心惨憺」では②の意味。

□ **三段論法**（さんだんろんぽう）……38
二つの前提から一つの結論を導き出す推論のこと。「すべての人間は死ぬ」「ソクラテスは人間だ」→「ソクラテスは死ぬ」という類い。

□ **参与**（さんよ）……70
事業・職務・計画などに参加すること。「国政に―する」

□ **参与観察**（さんよかんさつ）……123
文化人類学や社会学などでの、社会調査の方法の一つ。研究者自身が調査対象の社会や集団に加わり、ともに生活をしながら調査・研究を行う。

□ **恣意**（しい）……199
好き勝手な考え。

□ **恣意的**（しいてき）……119・147
根拠や必然性がない様子。好き勝手に物事を行う様子。「—な解釈」

□ **シェーマ**
→スキーマ②

□ **私益**（しえき）……61
個人の利益。対 公益

□ **ジェノサイド**……155
大量の人を虐殺すること。特に、ある民族・人種・宗教に属する人々などを計画的に大量に殺すこと。類 ホロコースト

□ **ジェンダー**……146
特定の時代や社会において構築される、イメージや規範としての性差。「男らしさ」「女らしさ」などといった言葉で表現されるもので、社会や文化によって作られる。

□ **ジェンダーロール**
→性別役割分業（せいべつやくわりぶんぎょう）

□ **自我**（じが）……51
他人とは違う存在として意識される、自分自身。

□ **然るべき**（しかるべき）……193
適切な。それにふさわしい。

□ **此岸**（しがん）
仏教で、この世。現世。対 彼岸

□ **シクロフスキー**……127
［一八九三—一九八四］ヴィクトル・シクロフスキー。ロシア及び旧ソビエト連邦の文芸批評家・作家。ロシアフォルマリズムの中心メンバーの一人。

□ **死刑**（しけい）……195
犯罪者の生命を奪う刑罰。
ポイント 人の命を奪ったことへの罰として犯罪者の命を奪う死刑は、解消不能な矛盾と葛藤を抱えていると言える。そのため、世界では死刑制度への反対意見が多い。OECD（経済協力開発機構）に加盟する三十八の先進国のうち、死刑制度があるのは日本・韓国・アメリカのみで、韓国は一九九七年以降は執行しておらず、アメリカでは約半数の州で廃止または停止している。

□ **至高**（しこう）……13
この上なく高くすぐれていること。

□ **試行錯誤**（しこうさくご）……164
まずやってみて、失敗を重ね、だんだんと成功や解決に近づくこと。

□ **自己責任論**（じこせきにんろん）……103・179・181
人の行動やあり方が招く結果については、すべて当人が責任を負うべきだとする考え方。

□ **自己同一性**（じこどういつせい）……136
→アイデンティティ

□ **示唆**（しさ）……141
それとなく示すこと。ほのめかすこと。「立候補の可能性を—する／—に富む話」

□ **視座**（しざ）……55
そこから物事を見て、捉える立場。視点。「現代社会への—」

□ **思索**（しさく）……102
物事を深く考えること。

□ **示唆的**（しさてき）……93
はっきりとは表されないが、何事かをそれとなく示している様子。

□ **市場**（しじょう）……79
品物やサービス、証券、労働力などが売り買いされる場。マーケット。

□ **シスジェンダー**
身体的な性と、性自認（＝自分の性がどのようなものかという認識）とが一致している人。対 トランスジェンダー

□ **システム**
一つひとつの要素が互いに関連づけられ、全体として適切な働きをするもの。関連 体系、構造
「オンライン診療の—を作る／教育—」

□**死生観**（しせいかん）
死ぬことと生きることについての考え方。「仏教における—」

□**自然権**（しぜんけん）
自然法により、すべての人が普遍的に、生まれながらに持っているとされる権利。生命・自由・平等・財産の所有などに関する権利。比較→人権
ポイント 17～18世紀に、ホッブズ、ロック、ルソーなどが社会契約説とともに唱えた考え方。

□**自然人類学**（しぜんじんるいがく）
人類の生物学的な側面を研究する学問。進化・変異・適応などが研究の対象となる。関連 文化人類学

□**自然法**（しぜんほう）
人間の本性に基づき、時代や場所を超えてあらゆる人にあてはまり、守られるべき法がある、という考え方。対 実定法
ポイント 自然法の思想自体は古代ギリシャから存在するが、近代には、人間理性に根ざして存在し、自然権を保障するものとして考えられ、社会契約説や市民革命の基盤となった。

□**始祖**（しそ）……29
ある家系や血筋の最初の人。また、ある物事を始めた人。元祖。

□**持続可能性**（じぞくかのうせい）
地球の自然環境・経済・社会などが、適切に保全され、将来にわたって維持できること。サステイナビリティ。

□**桎梏**（しっこく）……103
人を厳しく束縛して、自由に行動させないもの。「古い法律が—となる」
ポイント もとは「手かせと足かせ」の意味。

□**実在**（じつざい）
①実際に存在すること。「—の人物をモデルにした小説」
②哲学で、人間の意識や認識に関わりなく、客観的に確実に存在するもの。
ポイント ②に関して、現実世界に現れる事物の不確実な姿に対し、事物それぞれの「観念や理念としての真実のあり方」をいうこともある。

□**実証主義**（じっしょうしゅぎ）
観察できる事実のみを思考や研究の対象とし、神やイデアなどの形而上《けいじじょう》的な存在は考えに入れない立場。

□**実存**（じつぞん）
いま生きているという、具体的で個別的な人間のあり方。

□**実存主義**（じつぞんしゅぎ）
人間を、合理的・一般的には捉えられない、具体的な実存として捉え、探究する哲学の立場。19世紀のキルケゴールに始まり、ヤスパース、ハイデガー、サルトルらに受け継がれた。
ポイント 合理主義や実証主義への反動として生まれた。

□**実体**（じったい）
①物事の、確かに存在する本当の姿。実質。正体。「この会社は—のない幽霊会社だった」
②哲学で、多様に移り変わる事物の根底にあり、ずっと変わらずに保たれているもの。

□**実定法**（じっていほう）
人間が定める法。法律などの制定法（成文法）のほか、判例法、慣習法などが含まれる。対 自然法

□**執拗**（しつよう）……209
しつこい様子。いつまでもあきらめない様子。「—な質問」

□**質料**（しつりょう）
アリストテレスの哲学で、あるものの素材・材料。ヒュレー。関連 形相

□**自動化**（じどうか）……126
①仕事や手続きなどを、機械やコンピューターで行うようにすること。「申し込みの受付を—する」

②何も考えずに、無意識に行うようになること。「―した挨拶」

□**シニフィアン** …………… 130
ソシュールの言語学で、言語の「記号」を成立させる二側面のうち、音声表現の面。能記。類 記号表現

□**シニフィエ** …………… 130
ソシュールの言語学で、言語の「記号」を成立させる二側面のうち、意味されるものの面。所記。類 記号内容

言語記号（シーニュ）

□**指標**（しひょう）…………… 114
物事を判断するための目印となるもの。

□**自負**（じふ）…………… 76
自分の能力や仕事などに自信と誇りを持つこと。類 矜持《きょうじ》、プライド

□**思弁**（しべん）…………… 169
実際の経験によるのではなく、頭の中だけで、考えを論理的に組み立てること。「―的な議論」

□**資本**（しほん）…………… 72
事業や商売を行い、利益を得ていくための資金。また、商品の生産手段（工場・機械・材料など）。

□**資本家**（しほんか）
資本を持ち、労働者を雇って商品を生産・販売し、利益を得る人。類 ブルジョア

□**資本家階級**（しほんかかいきゅう）72・96
ある社会における資本家の階級。ブルジョアジー。対 労働者階級

□**資本主義**（しほんしゅぎ）… 51・72・82・96
資本家が労働者から労働力を買って商品を生産・販売し、利益を得ていくしくみで成り立つ経済体制。私有財産制・経済活動の自由・自由競争などを原理とする。

□**『資本論』**（しほんろん）…………… 74
資本主義経済を分析したマルクスの主著で、社会科学の古典。第一巻は一八六七年刊行。マルクスの死後、エンゲルスの編集により第二巻が一八八五年、第三巻が一八九四年に刊行された。

□**シミュレーション**
実際に近い状態を作って試してみること。特に、コンピューターで、実際に近い数値的モデルを作って実験すること。「道路交通システムの―」

□**市民**（しみん）…………… 62
①市の住民。「―図書館」
②国や地域の政治に主体的に参加する、自立した個人。シチズン。「―社会」類 公民
③「ブルジョア」のこと。市民階級。

□**市民革命**（しみんかくめい）…………… 64
17〜18世紀に、力をつけた市民（ブルジョア）階級が、絶対王政と封建制を打倒し、資本主義に基づく近代の市民社会を成立させた一連の変革。
ポイント イギリスのピューリタン革命と名誉革命、アメリカの独立革命、フランス革命が代表例。

□**市民社会**（しみんしゃかい）…… 51・58・143
自立した個人が、自由で対等な関係において作っていく社会。
ポイント 市民革命によって封建的な身分制度を打倒して成立した、近代的な社会。

□**自民族中心主義**（じみんぞくちゅうしんしゅぎ）…… 92・119・121・160
→エスノセントリズム

□**自明視**（じめいし）…………… 15
それは明らかで当然なことだ、と考え、疑わないこと。

□**ジャーナル**……193
新聞などの定期刊行物。また、特に「学術雑誌」のこと。最新の研究成果を伝える論文が投稿され、掲載される。

□**社会契約説**（しゃかいけいやくせつ）
社会や国家は、自由で平等な個人同士が（または人民と主権者が）とり結ぶ「契約」によって成立する、とする考え方。社会契約論。
ポイント 17～18世紀にホッブズ、ロック、ルソーらが唱えた。特にロックは、契約によって成立した国家権力が逆に人民の自然権を侵す場合は、人民には革命を起こす権利があると主張して、アメリカ独立革命やフランス革命に大きな影響を与えた。

□**社会権**（しゃかいけん）
国民が国家に対して持つ、人間らしい生活を保障される権利。関連 自由権
比較 →人権
ポイント 資本主義が発達し、貧困や失業などは社会に責任があるとされて生まれた考え方で、20世紀的権利と呼ばれる。

□**社会構築主義**（しゃかいこうちくしゅぎ）
→構築主義（こうちくしゅぎ）

□**社会資本**（しゃかいしほん）……80
国や地方自治体が整備する、道路・鉄道・水道・発電所・公園などの公共施設。
関連 インフラストラクチャー

□**社会主義**（しゃかいしゅぎ）……97・98
①生産手段を社会全体で共有し、平等な社会を実現しようとする思想。共産主義、社会民主主義など。
②マルクス主義で、資本主義から共産主義に至る途中段階。

□**社会進化論**（しゃかいしんかろん）……49・81
人間の社会は一定の方向に進化・進歩し発展していくものだとする考え方。ダーウィンの進化論に特に影響を受け、適者生存などを主張したものは「社会ダーウィニズム」とも呼ばれる。
ポイント 19世紀の哲学者スペンサーなどが唱えた。社会進化論は、植民地主義やレイシズムを正当化する説として用いられ、ドイツやアメリカなどでは優生学にも結びついた。

□**社会保障制度**（しゃかいほしょうせいど）99
社会保障（＝疾病・老齢・貧困などに対し、国家が国民に最低限度の生活を保障すること）のための制度。
ポイント 現在の日本では、社会保険（年金や健康保険など）・公的扶助（生活保護）・社会福祉（子どもや障害者など社会的弱者への支援）・公衆衛生の四つ。

□**社会民主主義**（しゃかいみんしゅしゅぎ）
社会主義思想の一つ。革命ではなく、議会を通じて社会主義を実現しようとする。

□**捨象**（しゃしょう）……46・62・120
対象から、ある要素や性質を抜き出す際に、不必要な要素を捨てること。関連 抽象
ポイント 「具象（具体）」から特定の要素や性質だけを抜き出すのが「抽象」。その際に他の要素や性質を捨てるのが「捨象」。図 →抽象

□**ジャック・デリダ**……135
→デリダ

□**ジャポニズム**
19世紀のヨーロッパで流行した、浮世絵や工芸など主に美術界での日本趣味。

□**自由意志**（じゆういし）
他からの強制や干渉を受けず、自分の行動を自分自身で決める意志。

□**周縁**（しゅうえん）……124
あるものや範囲のまわりの部分。ふち。

「都市の一部／社会の一に生きる人々」

□**終焉**（しゅうえん）……141
人の命が終わること。また、長く続いたものが、勢いを失って終わりを迎えるこ

と。「長い歴史が―を迎える」

□ **醜怪**（しゅうかい）……155
ぞっとするほど、醜いこと。

□ **宗教**（しゅうきょう）……16
神や仏など、超越的な存在や原理を信じることによって、心の平安を得たり、世界や人生に意味を与えたりする営み。また、その教えの体系。
ポイント 仏教、キリスト教、イスラームの三つが「世界三大宗教」とされる。

□ **宗教改革**（しゅうきょうかいかく）……34・50
16世紀ヨーロッパで展開されたキリスト教の改革運動。ルターがローマカトリック教会の腐敗を批判し、聖書への回帰を説いてプロテスタントの設立を導いた。

□ **自由競争**（じゆうきょうそう）……181
制限なしに自由に競争すること。特に経済で、政府などからの規制なしに、売り手も買い手も自由に売買をして利益を追求すること。

□ **自由権**（じゆうけん）
個人の自由が、国家権力の介入や干渉を受けず、保障される権利。関連 社会権
比較 ↓人権
ポイント 基本的人権の中心となる権利で、18世紀的権利と呼ばれる。日本国憲法では精神の自由、身体の自由、経済の自由が定められている。

□ **修辞**（しゅうじ）……22
言葉をうまく使って、適切に、また効果的に表現すること。また、その技術。レトリック。

□ **自由主義**（じゆうしゅぎ）……72
個人の自由や権利を何よりも重んじる考え方。ロック、ルソー、アダム・スミスらが唱え、17～18世紀の市民革命と資本主義の成立により発達した。類 リベラリズム
ポイント 政治的には市民（個人）の自由を、経済的には主に自由放任主義を主張する。

□ **修正資本主義**（しゅうせいしほんしゅぎ）……98・178
資本主義が生むさまざまな問題を、国家による経済への介入と、資本主義経済のしくみの部分的修正によって解消し、国民の経済的な平等をめざす考え方。比較 ↓新自由主義

□ **愁訴**（しゅうそ）……194
つらさなどを嘆き訴えること。

□ **従属国**（じゅうぞくこく）……80
一部は自治を行うが、政治の多くを他の国（＝宗主国）によって支配されている国。対 宗主国

□ **周辺**（しゅうへん）……83
あるものをとりまく、まわりの部分。また、あるものの近く。「駅の―を歩く／政治学とその―の学問」

□ **自由放任主義**（じゆうほうにんしゅぎ）……73・75・98・103・178
資本主義の考え方の一つ。個人の経済活動に政府は干渉すべきではなく、市場の自由競争に任せるべきだとするもの。レッセフェール。
ポイント 18世紀イギリスの経済学者アダム・スミスなどが唱えた。スミスは、各人の自由な経済活動は、「神の見えざる手」に導かれ、経済と社会に安定をもたらすと論じた。

□ **蹂躙**（じゅうりん）……11
暴力でふみにじること。「人としての尊厳を―する」

□ **儒家**（じゅか）……20
中国古代の諸子百家の一つ。孔子が始めた儒教（儒学）の学派。孟子《もうし》、荀子《じゅんし》らに引き継がれ、中国の正統思想となっていった。

□ **儒学**（じゅがく）……20
儒教を研究・実践する学問。

□ **主観**（しゅかん）……46
①感じたり考えたりする意識のこと。対

象を認識する心の働き。対 客観 図↓

主体

②自分ひとりだけの考えや、ものの見方。「その意見はきみの—にすぎない」対 客観

□ **主観的**（しゅかんてき）……39・46

自分だけの考え方や感じ方に基づいている様子。対 客観的

□ **主客二元論**（しゅきゃくにげんろん）……40・46・123・193

世界の物事を、主体（＝何かをする側）と客体（＝何かをされる側）の二つに分けて捉えようとする考え方。

主客二元論（主体⇔客体）
主＝理性 ⇔ 客＝情念
主＝精神 ⇔ 客＝身体
主＝人間 ⇔ 客＝自然

□ **守旧**（しゅきゅう）

昔ながらの考え方や習慣、制度を守ること。「—派の政治家」

類 保守

□ **儒教**（じゅきょう）……20

孔子が始めた政治・道徳の思想。仁や礼などを根本とし、道徳で人を治める徳治主義を説いた。

□ **宿痾**（しゅくあ）……203

長いあいだ治らない病気。

□ **主権**（しゅけん）……62・64

国家の最高の権力。国のあり方を決める権利。「国民—の原則」

□ **主権国家**（しゅけんこっか）……64

独立した国家としての主権を持ち、他の国の干渉や支配を受けることのない国家。

□ **主権国家体制**（しゅけんこっかたいせい）……64

各国が主権国家であることを基本とする国際秩序。

ポイント 17世紀半ばの西洋で成立した。

□ **主権者**（しゅけんしゃ）……70

国の主権を持つ者。

ポイント 日本では、現行の日本国憲法では国民、それ以前の大日本帝国憲法では天皇が主権者。

□ **趣旨**（しゅし）……108

①物事を行う目的や理由。「制度改正の—を理解する」

②文章や話の主な内容。「論文の—をまとめる」

□ **主体**（しゅたい）……41・63

①他に対して何かをおこない、作用を及ぼす側のもの。対 客体

②その行為をする者。自分の意志と判断に基づいて、物事を行う存在。「市民こそが政治の—である」

③物事の多くを占め、中心になるもの。「筋トレを—とした練習メニュー」

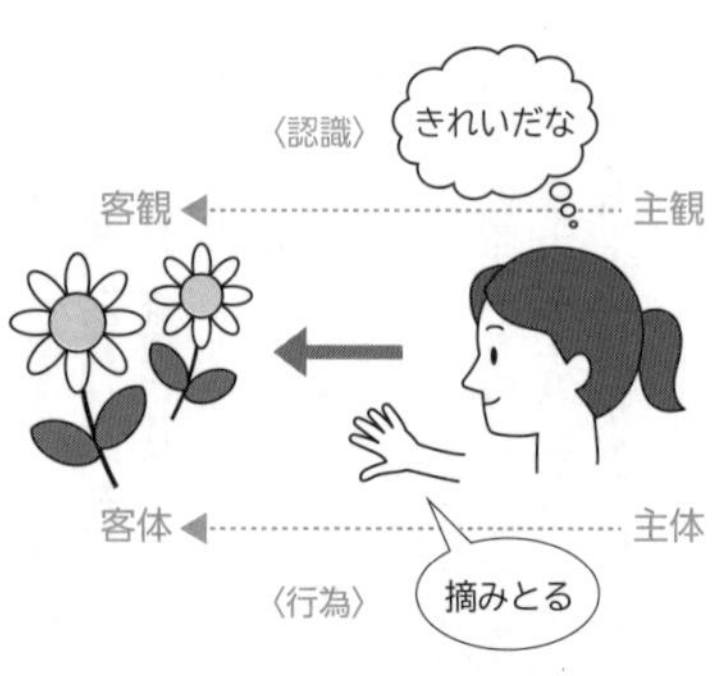

主体／客体、主観／客観

□ **主体的**（しゅたいてき）……57

自分自身の意志や判断に基づいて行動する様子。

□ **出自**（しゅつじ）……159

人の、生まれたところ。出どころ。出身。「朝鮮半島に—を持つ作家」

□ **受動**（じゅどう）

他から何かをされたり、働きかけられたりすること。受け身であること。「—態／—喫煙」対 能動

□ **受動的**（じゅどうてき）……104
他からの働きかけを受けるばかりである様子。対 能動的

□ **受難**（じゅなん）……29
苦難や災難を受けること。特にキリスト教で、イエス＝キリストが十字架にかけられたこと。

□ **呪物崇拝**（じゅぶつすうはい）
→フェティシズム①

□ **需要**（じゅよう）……78
品物やサービスを買うこと。また、買いたいという欲求。対 供給

□ **止揚**（しよう）……48・97
互いに矛盾・対立する二つの物事（テーゼとアンチテーゼ）を統合し、より高い次元のものへと発展させること。アウフヘーベン。関連 テーゼ、アンチテーゼ
ポイント ヘーゲルの弁証法で、三段階の発展の最終段階（＝合）に至るプロセスをいう。図 →弁証法

□ **昇華**（しょうか）……109
物事が高められ、より純粋な形で現れること。「生の苦悩が詩作品に―する」

□ **証左**（しょうさ）……159
ある事実を証明する拠りどころとなるもの。証拠。「この売れ行きが、彼女の人気の何よりの―だ」

□ **少子高齢化社会**（しょうしこうれいかしゃかい）……157
生まれてくる子どもの数が減る一方、高齢者の割合が高くなっている社会。
ポイント 日本は少子高齢化が急速に進み、六十五歳以上の高齢者の数は総人口の三十パーセント近くになっている（二〇二二年現在）。

□ **醸成**（じょうせい）……162
①原料を発酵させ、酒などを造ること。②ある雰囲気や情勢を徐々に作っていくこと。「発言しやすい雰囲気を―する」

□ **象徴**（しょうちょう）
形がない抽象的な事柄を、それを連想させるような具体的なもののイメージで表現すること。また、その表現。「不安定な時代を―する事件」

□ **象徴的**（しょうちょうてき）……17
形がない抽象的な事柄を、それを連想させるような具体的なもののイメージで表現している様子。

□ **焦点化**（しょうてんか）……157
関心や注意をそこに集中させること。「喫緊の課題に―して話し合う」

□ **情動**（じょうどう）……69
驚き・怒り・恐怖・喜び・悲しみなどの、急に湧き上がる激しい感情。エモーション。

□ **情念**（じょうねん）……41
愛情・喜び・悲しみ・憎しみ・うらみ・欲望など、心に湧き上がる強い感情や思い。類 パトス

□ **上部構造**（じょうぶこうぞう）……97
マルクス主義での、社会や歴史の捉え方の一つ。社会の土台となる下部構造（＝経済的構造）の上に形成される、人間の思想や諸文化、政治、宗教、芸術などのこと。
ポイント マルクス主義の「史的唯物《ゆいぶつ》論」における考え方。

□ **称揚**（しょうよう）……179
ほめたたえること。「自由を―する」

□ **諸行無常**（しょぎょうむじょう）……18
仏教の教えの一つ。この世のすべての事物・現象は常に変化し、生じては消えていき、永久不変のものは何もないという

考え方。

□**植民地**（しょくみんち）……78
国外で、国民が移住・開拓したり武力で征服したりして自国の領土とした地域。

□**植民地主義**（しょくみんちしゅぎ）……78・80・173
他国に植民地を獲得し、拡大しようとする政策。その国や地域に対する自らの暴力を隠蔽し、正当化する考え方を伴う。コロニアリズム。
ポイント 15世紀末からの大航海時代のスペイン・ポルトガルに続き、近代の成立する17世紀からはオランダ・イギリス・フランスも海外の植民地獲得に本格的に乗り出し、さらに19世紀末頃以降はアメリカや日本も加わって、強国による世界の分割支配が進んだ。

□**植民地帝国**（しょくみんちていこく）……79・80
世界の複数の地域を植民地とし、自国領を広げた強国。

□**所在**（しょざい）……186
それがある場所。ありか。

□**諸子百家**（しょしひゃっか）……20
春秋時代末から戦国時代にかけて現れた思想家や学問の派閥の総称。儒家、道家、法家、墨家などがある。
ポイント 「諸（もろもろの）＋子（先生）」＋「百（たくさんの）＋家（学問の派閥）」という意味。

□**助長**（じょちょう）……151
①力を貸して、成長や発展を助けること。②相手の悪い傾向や性質を強めてしまうこと。

□**所得の再分配**（しょとくのさいぶんぱい）……99
国民の経済格差を小さくする財政のしくみ。累進課税などによってお金持ちに高額の課税をし、社会保障などを通して低所得者に富を分配する。

□**ジョルジョ・アガンベン**……189
→アガンベン

□**ジョン・ロック**
→ロック

□**自律**（じりつ）……57
自分の立てた規範やルールに従って行動すること。対 他律

□**ジレンマ**……16
相反《あいはん》する二つの事柄のあいだで板挟みになること。

□**仁**（じん）……20
人と人のあいだの、愛や思いやりの心。儒教の基本的な徳目。

□**人為**（じんい）……66
人の手によって何かを行うこと。自然のままの状態に、人間が手を加えること。「—の及ばない自然の驚異」

□**人為的**（じんいてき）……21・67
自然のままでなく、人の手や意図が加わる様子。わざとそうする様子。「遺伝子を—に操作する」

□**侵害**（しんがい）……54・184
他人の権利や領土などを侵し、損害を与えること。

□**進化論**（しんかろん）……49
生物は、原初の単純な生命体から、長い年月をかけて現在の形態に変化してきたとする考え方。神の創造説を否定する。ダーウィンのものが有名。

□**新奇**（しんき）……127
目新しくて変わっている様子。「—な表現」

□**シンギュラリティ**……201
①人間の作り出したＡＩ（人工知能）が人間の能力を超える、将来訪れるかもしれない時点。②特定の日に、ある天候が高い確率で出現すること。「東日本では十一月三日は晴れる」など。特異日。
ポイント もとは「特異性」の意。

□**箴言**（しんげん）……28
人生のいましめや教訓となる短い言葉。

格言。関連 警句、アフォリズム

□ **人権**（じんけん）……54・100・143
人間が生まれながらにして持っている権利。基本的人権。
ポイント 国家権力からの自由を保障する自由権（18世紀的権利）を中心とし、それを実現するための参政権、平等権、人間らしい生活を国家に保障させる社会権（20世紀的権利）が含まれる。

17〜18世紀…自然権の思想
（ホッブズ、ロックなど）
18〜19世紀…自由権
（自由と平等）
20世紀…社会権
（生存権など）

人権思想の流れ

□ **信仰**（しんこう）……16
神や仏などの超自然的な存在を信じ、その教えに従って生きること。

□ **人工知能**（じんこうちのう）……201
→AI（エーアイ）

□ **人種**（じんしゅ）……150
皮膚や髪の色・形状、骨格など、身体の特徴によって人類を分類する考え方。
ポイント 現在では、遺伝学などにより、人類を生物的に明確に分けることはできず、人種は社会的に作られた概念だとする考え方が有力となっている。

□ **新自由主義**（しんじゆうしゅぎ）……178・180・199
経済における政府の役割を小さくし、企業などの自由な活動と競争に任せるべきだとする考え方。ネオリベラリズム。
ポイント 一九八〇年代頃からイギリス・アメリカ・日本などで台頭し、社会保障の削減や公共事業の民営化、企業などがより自由に事業を行えるようにするための規制緩和などが進んだが、貧富の格差が拡大した。

修正資本主義
（1930年代〜）
国家が経済に介入
福祉国家
⇩
新自由主義
（1980年代〜）
自由競争・民営化・規制緩和
自己責任論・格差社会

修正資本主義から新自由主義へ

□ **人種主義**（じんしゅしゅぎ）……151
→レイシズム

□ **人新世**（じんしんせい）……202
人類の活動が地球環境に大きな影響を与えるようになった時代以降の時代。農業や産業革命などにより、自然環境に元に戻すことのできない激変をもたらしてしまった現在の時代。ひとしんせい。
ポイント 二〇〇〇年に、化学者クルッツェンが完新世に続く地質時代として提唱した。

□ **心身二元論**（しんしんにげんろん）……41・45・139
精神と物質（身体）は別のものだと考え、世界の物事をその二つに分けて捉える考え方。デカルトが唱えた。物心二元論。

□ **真髄**（しんずい）……109
物事の最も大事な部分。神髄。

□ **心性**（しんせい）……58・173・175
①心のありよう。「孤独な—を表した詩」②「メンタリティ」のこと。「日本人に特有の—」

□ **真正**（しんせい）……175
真実であり、正しい様子。間違いなく本物であること。正真正銘。

□ **新生代**（しんせいだい）……202
約六千六百万年前から現在までの地質時

代。

ポイント 「完新世」はそのうちの約一万千七百年前から現在までの時代。

□ **真・善・美**（しん・ぜん・び）……27
認識における真、行為における善、感性における美。最高の理想とされる三つの価値。

□ **甚大**（じんだい）……208
程度がとても大きい様子。ふつう、よくないことについて用いる。「―な被害」

□ **身体論**（しんたいろん）……138
近代には「精神」や「理性」より劣るものとされてきた「身体」の意義を思索する、現代の哲学的な営為。

□ **シンティ・ロマ**……151
ヨーロッパなどに住む少数民族で、「ジプシー」とも呼ばれたロマと、ロマと同系統のシンティのこと。

ポイント 第二次世界大戦の頃、ナチにより三十～五十万人が殺害されたという。

□ **心的外傷**（しんてきがいしょう）
→トラウマ

□ **人道的**（じんどうてき）……154
人の生命や尊厳を守るなど、人として行うべき道に従う様子。対 非人道的

□ **神秘主義**（しんぴしゅぎ）……21・47
神や宇宙の原理などを、直接に体験して知ろうとする立場。

□ **シンメトリー**……14
左右対称であること。左右のつり合いがとれていること。図→対称

□ **『新約聖書』**（しんやくせいしょ）……12・29
『旧約聖書』とともに、キリスト教の聖典。イエス＝キリストを通して結ばれた神との新しい契約を記している。

□ **森羅万象**（しんらばんしょう）……11
この世に存在するありとあらゆる物事。

□ **神話**（しんわ）……16・149
①世界の起源や、神・英雄の活躍などについて、古くから語り継がれる物語。「創世―／ギリシャ―」
②たいした根拠もなく、人々に根強く信じこまれてきた事柄。「不敗の―が崩れた」

□ **推察**（すいさつ）
相手の気持ちや事情などをおしはかること。「手紙の内容から事情を―する」類 推測、推定

□ **随想**（ずいそう）……188
自然と心に浮かぶ思い。また、それを記した文章。類 随筆、エッセイ

□ **推測**（すいそく）
すでにある情報などをもとに、筋道に沿って「こうだろう」とおしはかること。「文脈から意味を―する」類 推察、推定

□ **推定**（すいてい）
筋道に沿って、結論や数値などを定めること。「犯行時刻を―する」類 推察、推測

□ **随筆**（ずいひつ）……188
見聞きしたこと、体験、感じたことなどを自由に書いた文章。エッセイ。類 随想

□ **スキーマ**
①コンピューターのデータベースの構造。
②過去のさまざまな経験から作られた、知識の枠組み。これがあるために、新たな経験にも対応することができる。シェーマ。

ポイント ②は、例えば初めて訪れる国で、駅や車両のしくみに多少の違いがあっても、切符を買い、電車に乗ることができるのは、それまでの経験で「乗車のスキーマ」が備わっているからである。

□ **スキーム**
事業などの、具体的なしくみの計画。「新事業の―を作成する」

□ **スコラ学**（―がく）……33
中世ヨーロッパの大学などで研究された、哲学やキリスト教神学、論理学、自

然学などの総称。

ポイント 難解で細かなことを論じたとされることから、「どうでもいいことにこだわる、無益な学問」といった負の意味合いを持つことがある。しかし、後世の学問への貢献を評価する声も多い。

□ **スターリニズム** ……100

20世紀前半のソ連の政治家スターリンの、独裁的な政治思想と政策のこと。

□ **スタティック**

動きや変化がなく、静止している様子。「—な構造」 類 静的 対 ダイナミック

□ **スティグマ** ……145

身分・経歴・外見・障害などによって社会から貼られる、ネガティブで差別的なレッテル。汚名。烙印《らくいん》。

□ **ステークホルダー**

その企業や団体などの活動によって利害を受ける者。例えば、企業の株主や従業員、顧客、取引先など。

ポイント 「ステーク」は「賭け金」の意味。

□ **ステレオタイプ** ……88・146

型にはまった考え方や行動のしかた。特に、ある対象についての型にはまった表象（イメージ）。紋切り型。ステロタイプ。「—な意見／世間にあふれる『サラリーマン』の—」

□ **スペクタクル**

①壮大な光景や見世物。

②映画や演劇の、豪華で大がかりな見せ場。「—映画」

□ **聖域**（せいいき）……141

神聖な領域。また、踏みこんだり変えようとしたりしてはいけないとされる問題や領域。「政治の—にメスを入れる」

□ **成員**（せいいん）……190

団体・組織などを構成している人。メンバー。

□ **西欧**（せいおう）

①ヨーロッパの西部の国々。イギリス・フランス・ドイツなど。西ヨーロッパ。 対 東欧

②ヨーロッパのこと。 類 西洋

□ **生権力**（せいけんりょく）……186

死を与えることで人々を支配したかつての権力（殺す権力）と異なり、人々の生を管理・統制する、「生かす権力」という近現代の権力のあり方。→生政治

□ **凄惨**（せいさん）……60

目を背けたくなるほど、ひどくむごたらしく痛ましい様子。

□ **性自認**（せいじにん）……145

自分の性がどのようなものかという認識。

□ **脆弱性**（ぜいじゃくせい）……141

弱くてもろく、壊れやすい性質。「災害により都市の—が露呈する」

□ **清浄**（せいじょう）……129

けがれがなく、清らかなこと。「しょうじょう」とも読む。「—な空気／—な空間」

□ **精神分析**（せいしんぶんせき）……110

フロイトが創始した、人間の心の深層を分析し、神経症を治療する方法と理論の体系。

□ **生政治**（せいせいじ）……186・189

人間の生命（誕生、病気、健康、老化、死など）を、福祉政策や公衆衛生などを通して管理・統制する、生権力による政治。権力にとって「使える」ような、より健全な国民や社会を作り出す。

ポイント 生権力・生政治は、フランスの哲学者フーコーが『知への意志』（一九七六年）で提示した考え方。

□ **生存権**（せいぞんけん）

人としての尊厳にふさわしい生活を営む権利。社会権の一つ。

ポイント 日本国憲法では第二十五条で「健康で文化的な最低限度の生活を営む権利」として定められている。

□ **静態的**（せいたいてき）……135

静止した状態である様子。また、動いて

いるものを、ある時点で静止したものとして捉える様子。「社会を―に捉える」
対 動態的

□**静的**（せいてき）……124
動きや変化がなく、静止している様子。「―な描写」類 スタティック 対 動的

□**性的指向**（せいてきしこう）……145
どのような性の人に対して恋愛感情や性的な欲望を持つかということ。

□**性的マイノリティ**（せいてき―）……145
性のあり方において、社会の中で少数派である人。性的少数者。セクシュアルマイノリティ。関連 LGBT、LGBTQ、LGBTQ+

□**制度**（せいど）
①国家・社会・団体を運営していく上で定められたしくみや決まり。「選挙―／健康保険―／教育―」
②ある社会で当然のものとして受けとめられ、人々の行動や思考を規定している、さまざまな慣習や考え方。「家族―」

□**正当化**（せいとうか）……80
自分のよくない行いなどについて、まるで正しいことのように理屈をこじつけて言うこと。「開き直り、自らの罪を―する」

□**生得的**（せいとくてき）……38
性格や性質などが生まれつきのものである様子。「―な能力」類 先天的、天賦
対 後天的

□**性別役割分業**（せいべつやくわりぶんぎょう）……171・206
性別によって、期待される役割や仕事が異なること。性的役割分業。ジェンダーロール。

□**生命工学**（せいめいこうがく）
→バイオテクノロジー

□**生命倫理**（せいめいりんり）
人間の生・健康・死を医療技術などによってどこまで管理・コントロールしてよいのかなどの問題を、倫理の問いとして考えること。バイオエシックス。
ポイント 近年、遺伝子組み換えなどのバイオテクノロジーや、臓器移植・体外受精・再生医療などの先端医療技術の発達により、生命倫理が多様に問われている。

□**西洋**（せいよう）……90
ヨーロッパやアメリカをまとめて呼ぶ言葉。類 欧米、西欧 対 東洋

□**セーフティネット**
危機に陥るのを防ぐための制度や対策。特に、市民が困窮しても生活できるようにするための、生活保護や雇用保険（失業保険）などの公的な制度や、地域の助け合いのしくみなどをいう。

□**世界恐慌**（せかいきょうこう）……98
一九二九年アメリカでの株価大暴落に始まった、世界的な不況と経済の大混乱。

□**世界システム**（せかい―）……82
世界全体を一つのシステム（ネットワーク）と捉える見方。特に、近代初頭に出現した、〈中核〉〈半周辺〉〈周辺〉地域から成る経済的ネットワーク。〈中核〉地域は〈周辺〉地域から資源や商品の原材料、労働力などを安く手に入れ、搾取する。〈半周辺〉は両者の中間に位置する地域。
ポイント 世界システム論は、アメリカの社会学者ウォーラーステインが、近代資本主義の一原理として一九七〇年代に唱えた。

□**世界資本主義**（せかいしほんしゅぎ）……101
世界の国々で一つのネットワークを作る資本主義経済の体制。
ポイント 強国が周辺国を搾取しやすい。

□**セクシュアリティ**
ある人の性のあり方のこと。生物学的な性、性的指向、性自認、ジェンダーの表現などを含む、幅広い概念。セクシャリティ。

□**セクシュアルマイノリティ**
→性的マイノリティ（せいてき―）

□**セクショナリズム**
自分の属する部門や立場の利害・権限にこだわり、他の部門や立場と張りあって、互いに協調しないこと。縄張り意識。セクト主義。

□**セクト**
宗教の宗派。また、思想や政治運動団体などの党派。分派。

□**是々非々**（ぜぜひひ）……166
よいことはよい、悪いことは悪い、と公平な立場で判断すること。「—で対応する」関連 是非

□**世俗化**（せぞくか）……34・50・103
社会が、神を絶対とするような宗教的な価値観の支配から脱すること。脱宗教化。

□**摂食障害**（せっしょくしょうがい）
主に心理的な要因から、ものが普通に食べられなくなること。拒食症・過食症などがある。

□**拙速**（せっそく）……95
内容はよくないが、早く仕上がること。
対 巧遅

□**絶対**（ぜったい）
それと比較できるものや対立するものが何もないこと。他の何物にも支配・制限されないこと。「—の権力」対 相対
比較→相対

□**絶対王政**（ぜったいおうせい）……64
16～18世紀、主権国家体制の形成期にスペイン、イギリス、フランスなどに現れた、王（君主）が絶対的な主権を持つ政治体制。

□**絶対化**（ぜったいか）……110
その物事を、他の何物にも支配・制限されないものとして捉えること。対 相対化

□**絶対視**（ぜったいし）……153
他と比較することなく、それが最高の決定的なものだと捉えること。「聖書の教えを—する」

□**絶対的**（ぜったいてき）……13
他の何物にも支配・制限されないものである様子。対 相対的

□**接頭辞**（せっとうじ）……34・86
単独では用いられず、いつも他の語の上に付いて、調子を整えたり意味を添えたりするもの。「お昼」の「お」など。接頭語。対 接尾辞

□**接尾辞**（せつびじ）……86
単独では用いられず、いつも他の語の下に付いて、意味を添えたり品詞を変えたりするもの。「少年たち」の「たち」、「秋めく」の「めく」など。接尾語。対 接頭辞

□**是非**（ぜひ）……167
①正しいか、正しくないかということ。「—を論じる」関連 是々非々
②強く願う気持ちを表す言葉。どうしても。必ず。「—おいでください」

□**遷移**（せんい）……156
①ある状態から他の状態へと移り変わること。「野原が雑木林に—していく」
②ウェブページが別のページに切り替わること。

□**先鋭化**（せんえいか）
考え方や行動などが、その目的や本質を早く実現しようと、急激に進んだり変化したりすること。「反対運動が—する」

□**前近代的**（ぜんきんだいてき）……46
近代以前のものである様子。古くさく、合理性に欠ける様子。

□**潜在**（せんざい）……74・121
表には現れないが、内部に隠れて存在すること。対 顕在

□**先史**（せんし）……200
文字による記録や文献が現れる前の時代。有史以前。「—時代」関連 有史

□**先住民族**（せんじゅうみんぞく）……122
ある地域に先に住んでいた民族。先住民。

□**染色体**（せんしょくたい）……147
細胞が分裂するときに現れる、二本で一

対のひも状のもの。遺伝子を含む。

□**全体主義**（ぜんたいしゅぎ）……100・103・107
国家や民族などの全体の利益を最優先し、個人の自由や権利を認めない思想や社会体制。関連 個人主義
ポイント ナチズム、ファシズム、スターリニズム、日本の軍国主義など。

□**先天的**（せんてんてき）……38
①性質などが生まれつき備わっている様子。類 生得的、天賦 対 後天的
②→アプリオリ①

□**扇動**（せんどう）……23・105・183
過激な言動などで人々をあおり、望みの方向に行動するよう仕向けること。「大衆を—する」

□**先入観**（せんにゅうかん）……148
前もって抱《いだ》いている思いこみ。先入見。類 偏見
ポイント それによって正しい判断や自由な発想ができなくなるものをいう。

□**先入見**（せんにゅうけん）
→先入観（せんにゅうかん）

□**浅薄**（せんぱく）……163
考えや知識などが浅く、薄っぺらい様子。「—な批判」

□**相違**（そうい）
異なる点があること。また、その異なる点。「意見の—／事実に—する発言」類 異同、差異

□**相関性**（そうかんせい）……15
複数のものの、互いに密接に関わりあっているという性質。

□**想起**（そうき）……27
前にあったことなどを思い起こすこと。ソクラテスやプラトンの哲学においては、生まれる前にイデア界で経験した真実の知識を思い出すこと。

□**総合**（そうごう）
個々別々のものを一つに合わせ、全体にまとめること。「—点／すべての意見を総合する」対 分析

□**相克**（そうこく）
対立する二つのものが、互いに勝とうとして争うこと。「理性と感情の—」

□**荘子**（そうし）……21
前4世紀頃の中国の思想家。老子が始めた道家の思想を受け継ぎ、大成した。

□**宗主国**（そうしゅこく）……80
他国に対し、その国の政治を支配する権限（＝宗主権）を持った国。対 従属国

□**創世**（そうせい）……12
世界を初めて創り出すこと。

□**『創世記』**（そうせいき）……12
『旧約聖書』の冒頭に置かれた書。

□**想像の共同体**（そうぞうのきょうどうたい）
「国民」などという政治的な共同体は、イメージとして作られた想像上のフィクションだとする考え方。
ポイント アメリカの政治学者ベネディクト・アンダーソンが、一九八三年に発表した『想像の共同体』で論じた。

□**相対**（そうたい）
他との関係や比較においてのみ成り立つこと。「—評価」対 絶対

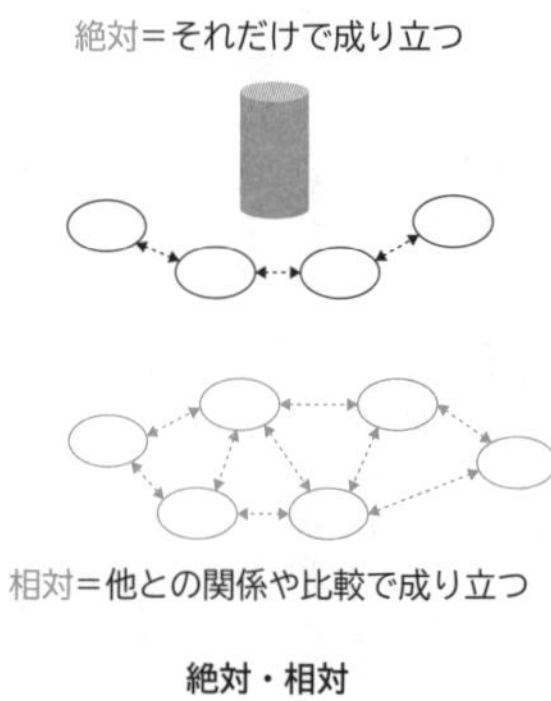

絶対＝それだけで成り立つ
相対＝他との関係や比較で成り立つ

絶対・相対

□**相対化**（そうたいか）……111
その物事を、他との関係や比較においてのみ成り立つ、複数ある選択肢のうちの一つとして捉えること。「自分の思いこみを—して考える」対 絶対化

□**相対的**（そうたいてき）……13
他との関係や比較においてのみ成り立つ様子。そうでなければならないものではない様子。対 絶対的

□**装置**（そうち）……71
①ある目的のために備えつける機械や器具。「救命―／脱出―」②社会の中の制度やしくみを成り立たせ、維持する機能を果たす、さまざまな物事。「学校という―／文化人類学は近代の価値観を解体する―として機能した」

□**増長**（ぞうちょう）……199
①（よくないことの）程度がだんだん大きくなること。②つけ上がって、自分を偉いと思いこむこと。高慢になること。

□**総統**（そうとう）……107
国などを統治する最高権力者。

□**造物主**（ぞうぶつしゅ）……13
自然界の万物を造った神。

□**ソーシャルネットワーキングサービス**
→SNS（エスエヌエス）

□**阻害**（そがい）……83
物事の進行をじゃますること。「草木の生長を―する薬剤」

□**疎外**（そがい）……76・96
①嫌って、仲間から排除すること。「パーティで―感を覚える」②人として本来あるべき状態から離されること。特に、人間が作り出した制度などによって、逆に人間が支配され、人間性や尊厳が奪われること。
ポイント ②について、マルクスは資本主義体制下の労働における人間の疎外を論じた。

□**即する**（そくする）……146
その時の状況や事態、内容に合う。あてはまる。

□**則する**（そくする）……146
ルールや理論など、基準となるものに従う。のっとる。

□**ソクラテス**……24・26
［前四六九頃―前三九九］古代アテネの哲学者。プラトンの師。著作を残さず、対話を通して「善く生きる」こと、「無知の知」の大切さなどを説いた。

□**遡行**（そこう）……112
川の流れをさかのぼること。物事をさかのぼってたどること。「大河を―する」

□**ソシュール**……112・130
［一八五七―一九一三］フェルディナン・ド・ソシュール。スイスの言語学者。言語を差異の体系として研究し、構造主義の祖となった。

□**疎通**（そつう）……174
考えや気持ちが相手によく通じること。

□**措定**（そてい）……130
ある事物の存在や内容を、「これこれこういうものだ」として定めること。「絶対者としての神の存在を―する」

□**ソビエト連邦**（―れんぽう）……180
一九一七年のロシア革命によって誕生し、一九二二年に成立した、世界初の社会主義国家。一九九一年に解体した。ソビエト社会主義共和国連邦。ソ連。

□**ソフィスト**……22・24
紀元前5世紀頃、アテネを中心に活躍した、市民に弁論術などを教えた知識人。
ポイント 議論に勝つことを重視し、時には詭弁《きべん》を用いたため、「詭弁学派」とも呼ばれるが、肯定的な評価もなされている。

□**尊厳**（そんげん）……43
人や物事が本来的に備えている、決して侵されてはならない尊くおごそかな価値。

□**尊厳死**（そんげんし）……194
回復の見込みがない患者に対し、本人の意思に基づいて延命治療をやめ、尊厳をもって自然に死なせること。関連 安楽死

□**ダーウィン**……49
［一八〇九―一八八二］チャールズ・ダーウィン。イギリスの博物学者。一八五八年に連名で進化論を発表。翌年『種の起源』を刊行した。

□**ダイアローグ**……54
二人の人物が交わす対話。関連 モノローグ

□**代議制民主主義**（だいぎせいみんしゅしゅぎ）……63・190
間接民主制の一つで、近現代の民主主義政治の一般的な形。国民や住民から選ばれた議員が議会で話し合い、多数決で意思決定を行う。「議会制民主主義」ともいう。

□**対極**（たいきょく）……41
正反対の側。

□**体系**（たいけい）……82・112
一つひとつの要素が互いに関連しあいながら形成する、その全体。関連 システム、構造

□**大航海時代**（だいこうかいじだい）……181
15～17世紀の、西欧諸国が新航路・新大陸を発見し、世界進出と植民地支配を始めた時代。

□**第三者**（だいさんしゃ）……194
その事柄に直接の関係のない人。また、自分と相手以外の人。対 当事者 関連 傍観者

□**対峙**（たいじ）……71
対立する二者が、じっとにらみあうこと。「挑戦者と―する」

□**大衆**（たいしゅう）……52・104・183
社会の大多数の、普通の人々。特に、社会の産業化、都市化などによって19世紀末頃から形成された、ばらばらに孤立していて組織されない匿名の無数の人々。関連 群衆、公衆、民衆

□**大衆運動**（たいしゅううんどう）……105
大衆を組織し、政治的・社会的な目的を量の力で実現しようとする運動。

□**対称**（たいしょう）……14
図形などが、ある線や点を境に、完全に向き合う形になっていること。類 シンメトリー

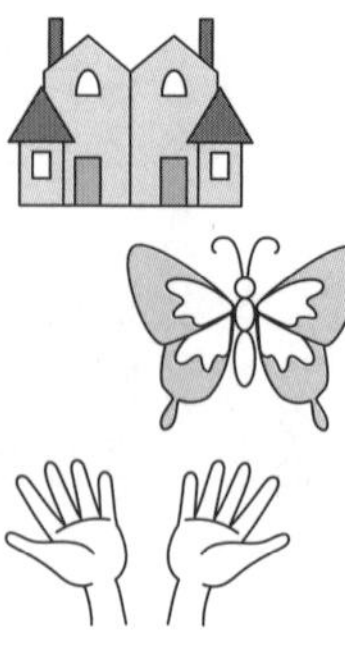

対称（シンメトリー）

□**対象**（たいしょう）……14・40
動作や認識などの相手となるもの。類 客体

□**対照**（たいしょう）……14
①二つのものを照らしあわせて比べること。②二つのもののはっきりした違い。類 コントラスト

□**対象化**（たいしょうか）
そのものを特にとりあげて、認識や思考などの対象とすること。「自分の中の隠れた願望を―する」

□**対照的**（たいしょうてき）……14
二つのものの違いがはっきりしている様子。

□**代替**（だいたい）……76
他のものでそのものの代わりとすること。

□**代替不可能性**（だいたいふかのうせい）
他のもので代えることができないこと。かけがえのない、唯一無二のものであること。

□**台頭**（たいとう）……179
勢力を増してくること。「新人が次々と―する」

□**ダイナミズム**……125
物事が持つエネルギーや力。また、それ

が作用しあい、状況が変化していくこと。

□**ダイナミック**
動いて変化していく様子。力強く、生き生きとしている様子。「―な演技／―な展開」類 動的 対 スタティック

□**大日本帝国**（だいにっぽんていこく）…100
一九四七年までの大日本帝国憲法（明治憲法）下での日本の国号。

□**ダイバーシティ**……156
多様性。
ポイント 「多様な人材の活用」という文脈で、企業や政府などによって用いられることが多い言葉。

□**代弁の不可能性**（だいべんのふかのうせい）……63・190
誰かが誰かの考えなどを代弁すること、あるいは集団から選ばれた代表が集団全員の意見を代弁することは、現実的には不可能であるということ。
ポイント 代弁する人間の欲望が介入してしまい、また、代弁する対象が集団である場合、集団を構成する人々はそれぞれ多様な考えの持ち主であるため。

□**大量生産**（たいりょうせいさん）……76
近代的な工場で、機械を使い、分業や流れ作業によって、規格化された製品を効率的にたくさん作ること。量産。マスプロダクション。

□**対話**（たいわ）……162
向かいあって話すこと。特に、異なる価値観を持つ者同士などが、考えを伝えあい、互いの言葉を受けとめながらやりとりをすること。「―の可能性を探る」

□**道**（タオ）……21
道家を開いた老子の思想で、万物を生み出す源である、宇宙の根本原理。

□**多義的**（たぎてき）……86
意味が複数ある様子。さまざまな意味に解釈できる様子。「―な言葉」対 一義的

□**多元**（たげん）
物事を成り立たせる原理や要素が複数あること。

□**多元的**（たげんてき）
物事が複数の原理によって成り立っている様子。「国際情勢を―に捉える」対 一元的

□**多元論**（たげんろん）
世界を、複数の原理によって成り立つものと捉える考え方。例えば、「万物は地・水・火・風の四元素から成る」と考える思想など。関連 一元論、二元論

□**他者**（たしゃ）
①自分ではない人。他人。
②哲学などで、あるものに対する他のもの。自己とは根本的に異なり、理解の及ばない存在。「―性」

□**多神教**（たしんきょう）……13
多くの神々を信じる宗教。古代ギリシャ・ローマの宗教や日本の神道など。対 一神教

□**タスク**……76
するべき仕事や任務、課題。「与えられた―をこなす／マルチ―（＝同時に複数の仕事を行うこと）」

□**脱構築**（だつこうちく）……135
フランスの哲学者デリダの唱えた思想。二項対立・階層的な秩序に基づいてロゴス・精神・理性・音声などに優位性を与えてきた西洋の伝統的な思考の枠組みを、内側から成立不能に追いこもうとする考え方。ディコンストラクション。

□**脱ジェンダー化**（だつ―か）……206
ジェンダーイメージにとらわれずに物事を捉えること。「家事労働を―する」

□**脱本質化**（だつほんしつか）……148
本質化した状態から抜け出す（または、抜け出させる）こと。

□**タブー**
信仰や社会の慣習などの上で、言ったりしたりしてはならないこと。「―を犯す／弟の前で受験の話は―だ」

□**ダブルスタンダード**……95
行動や判断の基準を、場合や対象によって変え、使い分けること。「彼の言うことは―だ」

□**ダブルバインド**
相反《あいはん》する二つの命令やメッセージを同時に受けて、どうしたらいいかわからなくなること。板挟み。例えば、親が「私を愛していないの?」と言いながら子どもを遠ざけるなど。
ポイント 人類学者のグレゴリー・ベイトソンが唱えた概念。

□**多文化共生社会**（たぶんかきょうせいしゃかい）……158
さまざまな出自や国籍の人々が、互いの文化の違いを認めあい、対等な関係で暮らすことのできる社会。

□**多様性**（たようせい）……157
皆が一様でなく、さまざまなものがあること。類 ダイバーシティ

□**他律**（たりつ）……57
自らの意志や判断によるのではなく、他からの命令や強制に従って行動すること。対 自律

□**タリバン**……162
イスラームを信奉する組織の一つ。一九九六年にアフガニスタンの政権をとるが、二〇〇一年のアメリカ同時多発テロ事件の首謀者ビンラディンをかくまったとして、同年にアメリカ軍などの攻撃を受け、政権を失った。二〇二一年、アメリカ軍の完全撤退ののち、再び政権を奪取した。ターリバーン。

□**小さな政府**（ちいさなせいふ）……98
役割が小さな政府。政府による経済への介入を最低限にし、財政支出を減らして、民間の自由競争による経済成長を図る。
対 大きな政府 関連 夜警国家
ポイント 税などの国民負担は減るが、社会保障制度も縮小され、貧困などは自己責任とされやすくなる。

□**地縁**（ちえん）……52
同じ地域に住むことで生まれる人々の関係性。

□**地球温暖化**（ちきゅうおんだんか）……202
温室効果により、地球の平均気温が急速に高くなっていく現象。
ポイント 「温室効果」とは、石油・石炭などを燃やすと発生する二酸化炭素などにより、地球の出す熱が吸収されて逃げにくくなり、地球全体が温室のようにあたためられること。

□**知見**（ちけん）……177
実際に見て知ること。また、経験や勉学などで得る知識や考え方。「―を広める／新たな―を得る」

□**地質時代**（ちしつじだい）……202
地球が誕生し、地殻ができてから現在までの約四十六億年の時代。地層や化石をもとに区分される。

□**秩序**（ちつじょ）……12・117
あるべき順序や決まりにきちんと従い、調和している状態。「社会の―を保つ」
対 混沌《こんとん》

□**地動説**（ちどうせつ）……37
地球が自転しながら太陽の周りを公転していると考える宇宙観。対 天動説
ポイント 16世紀にコペルニクスが唱えた。当時は天動説が支配的であり、地動説は教会に弾圧されたが、その後の観測や分析によって科学的に実証された。

□**中核**（ちゅうかく）……83
物事の中心。重要な部分。「組織運営の―を担う／自然公園の―をなす湖」

□**抽出**（ちゅうしゅつ）……128
特定のものを抜き出すこと。「共通する構造を―する」

□**抽象**（ちゅうしょう）……47・62・120
対象から、ある要素や性質だけを抜き出すこと。また、それをもとに、「これは○○だ」と概念で把握すること。「個々

の具体的な事例から、共通する本質を━する」 関連 捨象、具象、具体

ポイント 例えば、さまざまな人（＝具象・具体）を、それぞれの個性は無視して（＝捨象して）みな「人間」として把握するなども、抽象のプロセスの一例である。

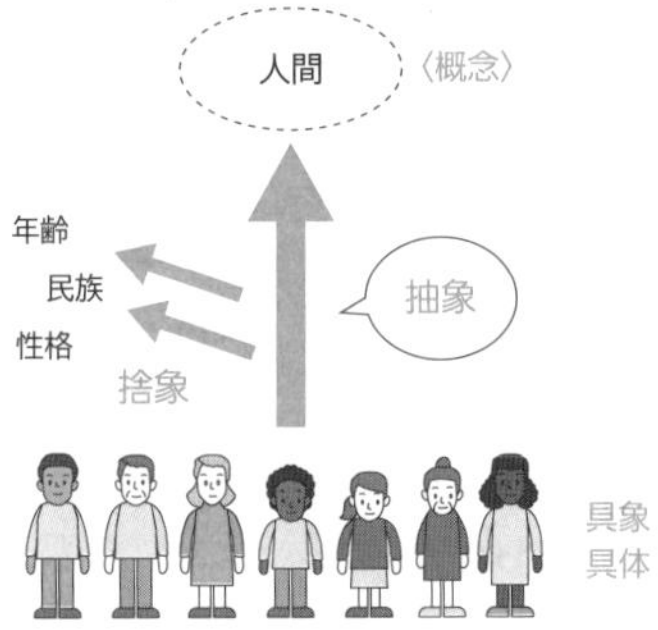

抽象／捨象／具象・具体

□ **抽象的**（ちゅうしょうてき）……121
①物事を抽象して捉えている様子。「風景を━に描く」 対 具体的 ②考えの上だけで捉えられ、現実の存在ではない様子。「神は━な存在だ」 対 具体的 ③頭の中だけで考えられていて、はっきりわからない様子。「━な説明」 対 具体的

□ **中心／周縁**（ちゅうしん／しゅうえん）……124
文化のさまざまな領域に存在する、二項対立の構造のこと。文化人類学者の山口昌男《まさお》が唱えた。
ポイント 文化や社会は、〈中心〉に位置するものと〈周縁〉に位置するものとのせめぎあいの中で、たえず動的に展開していく。

中心／周縁の文化（例）

□ **超越的**（ちょうえつてき）……109・186
①普通のレベルや枠をはるかに超えている様子。「━な演奏力」 ②人間の理解や自然の法則をはるかに超えている様子。「神の━な力」

□ **超克**（ちょうこく）……151
困難を乗り越え、打ち克つこと。「死への恐怖を━する」

□ **超常**（ちょうじょう）……121
人間にとって普通の状態を超えていること。

□ **超人**（ちょうじん）……109
①人並み外れた能力を持つ人。「━的な努力」 ②19世紀ドイツの哲学者ニーチェの哲学の中心概念。神なき時代のニヒリズムを克服して生を肯定し、「力への意志」によって人類を支配するという、理想とされた人間像。

□ **跳梁跋扈**（ちょうりょうばっこ）……151
悪人などが勢力をふるい、好き放題にのさばること。
ポイント 「跳梁」は躍り跳ねる意、「跋扈」は思うままにふるまう意。

□ **直接民主制**（ちょくせつみんしゅせい）……63
国民の一人ひとりが直接に政治に参加するしくみ。直接民主主義。 関連 間接民主制

□ **直線時間**（ちょくせんじかん）……14・48
時間を、過去から未来へと直線的に進むものと捉える考え方。 関連 円環時間
図 →円環時間
ポイント 「進歩」を価値として重視する社会では、時間は直線的なものと捉えられる。また、神による世界の創造から終

末に向かうキリスト教の世界観も、直線的な時間を持つと言える。

○キリスト教
世界の創造 → 終末
○科学革命に始まる、近代科学の進歩
○ヘーゲルの歴史観
世界は弁証法的に発展していく
○社会進化論

直線時間の思想（例）

□ **対概念**（ついがいねん）……115
一対になっている二つの概念。「善と悪は―だ」

□ **通時的**（つうじてき）……112・115・118
時間の流れや歴史の展開に沿って物事を捉える様子。「方言を―に研究する」 対 共時的 図 →共時的

□ **通念**（つうねん）……28・146
世間一般に共通して持たれている考え。

□ **津久井やまゆり園事件**（つくい―えんじけん）……197
二〇一六年七月二十六日、神奈川県相模原市の知的障害者施設「津久井やまゆり園」で、元職員の青年が入所者らを殺傷した事件。十九人が刺殺された。相模原障害者施設殺傷事件。
ポイント 犯人は優生思想的な考え方の持ち主で、「障害者は不幸を作ることしかできません」と書き、自らの残虐な犯行を世界のための行為だとしていた。

□ **培う**（つちかう）……162
時間をかけて養い育てる。「探究心を―」

□ **低開発**（ていかいはつ）……83
土地や資源の開発が進まず、経済があまり発展していない様子。開発途上。

□ **ディスクール**
①言葉による表現。言説。談話。
②時代や社会の中で、特定の事柄について表される言語表現の全体。言説。
ポイント ②は、20世紀フランスの哲学者フーコーが唱えた概念。英語では「ディスコース」という。日本語では一般に「言説」と訳されている。

□ **ディドロ**……57
［一七一三―一七八四］ドニ・ディドロ。フランスの文学者・啓蒙《けいもう》思想家。啓蒙思想の集大成である百科事典『百科全書』をダランベールとともに編集・刊行した。

□ **テーゼ**……48
①哲学で、論理展開の最初に置かれる主張。定立。関連 アンチテーゼ、止揚
②政治運動や社会運動での、活動の基本方針。
ポイント ①は、ヘーゲルの弁証法では、三段階の発展の最初の段階（=正）。図 →弁証法

□ **デカルト**……33・38・40・42・44・50
［一五九六―一六五〇］ルネ・デカルト。フランスの哲学者・数学者。人間理性を重んじる心身二元論を確立し、近代合理主義の祖とされる。

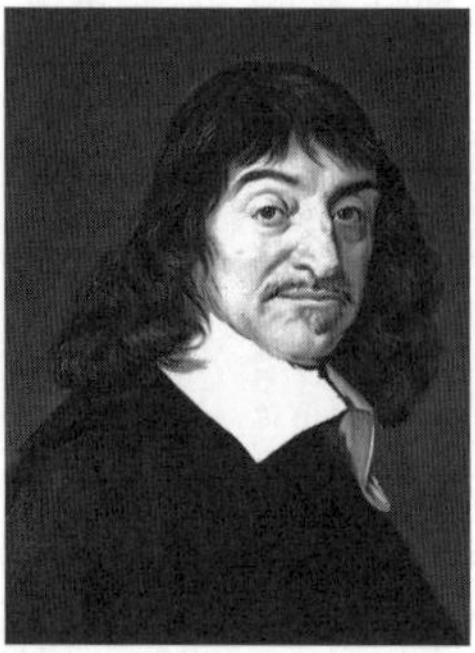
デカルト

□ **テクスト**……132
文芸評論などで、作品を、作者の意図の表現と捉えるのではなく、読者が解釈し、意味を与えることで成り立つものと捉える考え方。「テキスト」ともいう。
ポイント 一九六〇年代頃から、ロラン・

バルトらによりテクスト理論が展開された。バルトは「テクスト」を、単なる文章ではなく、多様な意味を持ちうる無数の記号が集まったまとまりとして捉え、それは「引用の織物」だと考えた。

□**テクノロジー**……43・73
「科学技術」のこと。

□**デジタル**
①数量を、数字で表すこと。「―時計／―表示」対 アナログ
②言葉・音・画像などの情報を、コンピューターで0と1の組み合わせに置き換えて保存・処理・伝達すること。「―放送／―家電」
図→アナログ

□**デノテーション**……104・132
ある言葉や表現の、直接示されている文字どおりの意味。対 コノテーション
図→コノテーション
ポイント 例えば、「寒いね」という言葉のデノテーションは「寒い」という事実だが、同時に、文脈によっては「窓を閉めて」というコノテーションも持つ。

□**デマ**……154
根拠のない、事実と異なるうわさ。意図的なものも含まれる。類 流言飛語
ポイント「デマゴギー」の略。

□**デモ**……191
「デモンストレーション」の略。政治的・社会的な要求を掲げて行進などを行い、民意の力を示すこと。

□**デモクラシー**……62
→民主主義（みんしゅしゅぎ）

□**デリダ**……135
［一九三〇―二〇〇四］ジャック・デリダ。フランスの哲学者。「脱構築」「差延」「エクリチュール」などの概念を唱え、西欧のロゴス中心主義を批判した。

□**テロ**……204
「テロリズム」の略。暗殺や暴行などの暴力行為によって、政治的目的を達成しようとする考え方。また、その行為。

□**典型**（てんけい）……32
同類のものの特徴を最もよく表しているもの。

□**天動説**（てんどうせつ）……36
地球が宇宙の中心であり、静止する地球の周りを他のすべての天体が回っていると考える宇宙観。対 地動説

□**天皇制**（てんのうせい）……95
天皇を国の君主（または国の象徴）とする国家体制。

□**天賦**（てんぷ）
天から与えられたものであること。生まれつき授かっていること。類 生得的、先天的 対 後天的

□**転覆**（てんぷく）……205
①船などがひっくり返ること。また、ひっくり返すこと。
②政府や国家などが倒されること。また、倒すこと。

□**同一性**（どういつせい）……71
①複数の物事が持っている、同じものだとみなせる性質。「犯人の残した痕跡に―がある」
②時や場所が変化しても、同じ一つのものであること。「自己の―を保つ」類 自己同一性、アイデンティティ

□**東欧**（とうおう）
ヨーロッパの東部の国々。ポーランド、チェコ、ハンガリーなど。対 西欧

□**投下**（とうか）……75
①物を投げ落とすこと。
②事業に資本を出し、使うこと。「新設備に資金を―する」

□**道家**（どうか）……20
中国古代の諸子百家の一つ。老子が始め、荘子らが受け継いで発展した学派。

□**同化政策**（どうかせいさく）……81・173
支配側の国が、植民地の人々や少数民族などに対して、自国の言語や生活様式な

どを強制し、一体化させようとする政策。

□ **同語反復**（どうごはんぷく）
→トートロジー

□ **倒錯**（とうさく）……176
心理や行動が、ゆがんだ形であらわれること。

□ **当事者**（とうじしゃ）……194
その事柄に直接関係している人。「事故の―／難病の―」 対 第三者

□ **同性愛**（どうせいあい）……144
自分と同性の人を恋愛の対象にすること。 関連 異性愛

□ **動態的**（どうたいてき）……134
物事が動き、変化している状態である様子。「人口の分布を―に分析する」 対 静態的

□ **同定**（どうてい）
同一のものであると確認すること。それが何かを見定めること。「本人であると―する／植物の種を―する」 類 アイデンティファイ

□ **動的**（どうてき）……125
動きがあり、変化・進展していく様子。「歴史を―に捉える」 類 ダイナミック 対 静的

□ **東方**（とうほう）……90
ヨーロッパから見て東の国々、特にアジア諸国を指す言葉。東洋。

□ **同胞**（どうほう）……68
同じ祖国を持つ者同士。同じ国民や、同じ民族。

□ **陶冶**（とうや）……176
人の能力や性格を、鍛えて育て上げること。「人格を―する」

□ **東洋**（とうよう）……90
アジアの国々、特に日本・朝鮮・中国・インド・東南アジアなどの国々をまとめて呼ぶ言葉。 対 西洋

□ **ドゥルーズ**……135
［一九二五―一九九五］ジル・ドゥルーズ。フランスの哲学者。差異、欲望、分裂などの思想を展開した。

□ **トートロジー**
同じ意味を繰り返しているだけの言い回し。「悪いものは悪い」「寒い日は暖かくない」など。同語反復。

□ **特異**（とくい）
他のものと特に違っていること。「―な才能」 類 特殊

□ **特異性**（とくいせい）……165
他のものと特に違っている性質。 類 特殊性

□ **独我論**（どくがろん）……51
世界に存在しているのは自分だけで、他の事物や他人はすべて、自分の意識の中にあるにすぎない、とする考え方。

□ **特殊**（とくしゅ）
①他のものと特に違っていること。特別。「―な薬品」 類 特異
②すべてにではなく、限られたものだけにあてはまること。「―なルールを適用する」 対 普遍、一般 比較 →普遍

□ **特殊性**（とくしゅせい）……47・164
他のものと特に違っている性質。限られたものだけにあてはまる性質。 類 特異性 対 普遍性、一般性

□ **独善的**（どくぜんてき）……199
自分だけが正しいと思っている様子。また、自分の利益だけを考えている様子。「―なふるまい」

□ **ドグマ**
①宗教の教義・教条。
②原理原則や自分の信念にこだわり、現実を無視した、凝り固まった考え。

□ **ドグマティック**
原理原則や自分の信念にこだわり、他の考えを認めない様子。融通のきかない様子。教条主義的。独断的。「―な人」

□ **特有**（とくゆう）……42
そのものだけが特に持っていること。「この地域―の気候」 類 固有

常世（とこよ）……14
「常世の国」のこと。日本の古代人が海のかなたにあると考えていた不老不死の国。また、死者の国。
ポイント 沖縄や奄美《あまみ》では「ニライカナイ」がこれにあたる。

特化（とっか）……83
ある事柄に特に重点を置き、業務などをそれに絞りこむこと。「高齢者向けに―した衣料品」

特権的（とっけんてき）……41
ある身分・地位の人だけが、他より有利な特別の権利を持っている様子。

トラウマ……111
恐怖、ショック、不安、痛みなどの体験が、消えない傷のように心の底に残ること。心的外傷。

トランスジェンダー……145・147
自らの身体的な性や、それに即して社会からあてがわれる〈男らしさ／女らしさ〉のイメージや規範と、性自認（＝自分の性がどのようなものかという認識）とが一致しない人。対 シスジェンダー
関連 LGBT

トリックスター……129
神話や民話のキャラクターの型の一つ。対立する二つの世界を行き来し、秩序を乱すいたずら者。破壊と創造を担い、人間に知恵や新しい文化をもたらす存在。

トレードオフ
一方を実現しようとすると、もう一方が成立しないという関係。「感染拡大の防止と経済活動の活発化は―だ」

内在（ないざい）
あるものの中に存在すること。「現行の教育制度に―する問題」対 外在

内面化（ないめんか）……35
他者や社会の考え方をとり入れて、自分の一部とすること。

ナショナリズム……68・70・198
「私たちは○○人だ」という同胞意識の下に、自国や自民族の統一、独立、権利の確保、発展などをめざしていく思想や運動。関連 民族主義

ナチ……100
第一次世界大戦後のドイツに現れ、ヒトラーが率いた政党。ナチ党。ナチス。

ナチズム……85
ナチの全体主義的な思想と政治体制のこと。

南京大虐殺（ナンキンだいぎゃくさつ）……69
日中戦争初期の一九三七年、中国の南京を占領した日本軍が、捕虜や一般市民に大規模な略奪や虐殺などを行った事件。

ナンセンス……206
意味がないこと。ばかげていること。ノンセンス。「―な議論／―なギャグ漫画」

難民（なんみん）……160
①人種・宗教・国籍・政治的意見などの理由で、自国内では迫害される可能性があるため、他の国に逃れた人。
②災害や戦争などのため、他の土地に逃れた人。

ニーチェ……95・104・108
〔一八四四―一九〇〇〕フリードリヒ・ニーチェ。ドイツの哲学者。神の死を宣言し、「超人」「力への意志」「永遠回帰（永劫《えいごう》回帰）」などの考え方による「生の哲学」を唱えた。

ニーチェ

二義的（にぎてき）
根本的ではない様子。いちばん大切なこ

とに比べて、重要度が落ちる様子。「—な課題」類 二次的

□ **二元論**（にげんろん）……41
すべての物事を、対になる二つの原理によって説明しようとする考え方。善と悪、陰と陽、精神と物質（身体）など。関連 一元論、多元論

□ **二項対立**（にこうたいりつ）……92・115
二つの要素や概念、原理などが、対立するものとしてあること。

□ **西田幾多郎**（にしだきたろう）……95
［一八七〇—一九四五］哲学者。東洋的な「絶対無」をすべての根源とし、主客未分の「純粋経験」を説いて、西田哲学と呼ばれる思想の体系を築いた。主著は『善の研究』。

□ **二次的**（にじてき）
主要なものに対して、それに付随するものである様子。また、それほど重要ではない様子。「—な問題」類 二義的

□ **二世**（にせい）……118
外国などに移住した人の子で、その地で生まれた人。

□ **ニヒリズム**……109
この世には価値あるものや信じられるものは何もない、すべて無意味だ、とする考え方。虚無主義。

□ **ニュアンス**……136
言葉などの表現の、微妙な意味合い。

□ **ニューディール政策**（—せいさく）……98
世界恐慌の発生後、一九三三年からアメリカで実施された、政府の介入による大規模な経済復興政策。

□ **ニュートン**……36
［一六四二—一七二七］アイザック・ニュートン。イギリスの数学者・物理学者。古典力学を創始し、近代科学の成立に決定的な影響を与えた。

□ **二律背反**（にりつはいはん）……16
矛盾する二つの事柄が、それぞれに正当性をもって成立してしまうこと。アンチノミー。

□ **人間機械論**（にんげんきかいろん）……44
人間の営みや機能はすべて物質の働きであり、人間とは一種の機械だとする考え方。
ポイント 18世紀フランスの医師・哲学者のラ・メトリが唱えた。

□ **人間中心主義**（にんげんちゅうしんしゅぎ）……42・47
人間を中心に世界を捉える考え方。古代ギリシャに端を発する。「主体である人間が、客体である自然を支配・統御する」という、近代の根本的な思考様式となった。
ポイント 旧来の宗教などの権威に対し、人間性を尊重しその可能性を広げていくという、ヒューマニズムとしての肯定的な側面もある。

□ **認識**（にんしき）……27
ある物事を意識で捉え、それが何であるかがわかること。

□ **ネイションステイト**……64
→国民国家（こくみんこっか）

□ **ネオリベラリズム**……179・180
→新自由主義（しんじゆうしゅぎ）

□ **捏造**（ねつぞう）……89
実際には無いことを、事実であるかのように偽って作り上げること。でっちあげ。「記録を—する」

□ **脳死**（のうし）
脳のすべての機能が完全に停止し、回復不能となった状態。
ポイント 医療の発達により、脳の機能が失われても生命を維持できるようになったことから生まれた概念。臓器移植法により、臓器移植をする場合は脳死をもって「死」と判定できるが、その是非については議論が続いている。

□ **能動**（のうどう）
自分から何かをすること。他に対して働

きかけること。「—態」 対 受動

□**能動的**（のうどうてき）……104
自分から進んで行動する様子。 対 受動的

□**ノンバーバルコミュニケーション**
↓非言語コミュニケーション（ひげんご—）

□**ノンバイナリー**
性的マイノリティの一つ。自分の性は女性・男性のどちらでもないとする人。特に、女性／男性の性別二元論に反対する意識を持つ人をいう。 類 Xジェンダー

ポイント 「バイナリー」は、「二つの」「一対の」「二進法の」などの意味。

□**パースペクティブ**
①「遠近法」のこと。
②広く見渡す眺め。眺望。
③物事を考える上での視野。また、将来の見通し。「広い—で考える」

□**ハーバーマス**……59
[一九二九―] ユルゲン・ハーバーマス。ドイツの社会学者・哲学者。公共性やコミュニケーションの理論に新しい地平を拓《ひら》いた。

□**バイアス**
ものの見方や考え方に偏りを生じさせるもの。「上層部の発言で、記事の内容に—がかかる」

ポイント 過去の経験や思いこみ、環境などに影響され、認識や判断に生じるゆがみを「認知バイアス」という。

□**バイオエシックス**
↓生命倫理（せいめいりんり）

□**バイオテクノロジー**
生命や生物のしくみを研究し、産業に役立てようとする技術。生命工学。

ポイント 例えば、遺伝子組み換えや細胞融合などの技術を、新品種の育成や食料生産、環境の浄化などに応用している。

□**媒介**（ばいかい）……50・106
複数のもののあいだに立って、両者をつないだり、一方から他方へ何かを伝えたりすること。

□**排外主義**（はいがいしゅぎ）……160
他の国・地域の人や文化などを嫌い、追い出そうとする考え方。

□**排外的**（はいがいてき）……182
他の国・地域の人や文化などを嫌い、追い出そうとする様子。 類 排他的

□**ハイカルチャー**……170
伝統や権威のある、正統的な文化。芸術性の高い文学や美術、クラシック音楽、バレエなど。上位文化。 関連 メインカルチャー、サブカルチャー、カウンターカルチャー 図 ↓カルチャー

□**拝金主義**（はいきんしゅぎ）……77
お金を何よりも大事なものとして、できるだけ多くもうけ、貯めこもうとする考え方。

□**排斥**（はいせき）……160
受け入れず、追い出そうとすること。「人種差別的な国の製品を—する」

□**バイセクシュアル**……145
女性にも男性にも恋愛感情や性的な欲望を持つ人。バイセクシャル。バイ。 関連 LGBT

□**媒体**（ばいたい）……50・106
複数の物事のあいだをつないだり、一方から他方へ何かを伝えたりするもの。 類 メディア

□**排他的**（はいたてき）……182
自分たちの仲間以外のものを嫌い、追い出そうとする様子。 類 排外的

□**ハイデガー**……104
[一八八九―一九七六] マルティン・ハイデガー。ドイツの哲学者。『存在と時間』などを書き、「存在とは何か」を問い続けた。

□**背反**（はいはん）……195
①相容れないこと。食い違うこと。「二律—」
②命令などにそむくこと。「命令に—す

る」

□ **ハイブリッド**
違う種類のものを合成して作られたもの。「―車（＝幾つかの動力源を組み合わせて走る車）／―米」

□ **ハイブリディティ** …… 174
→異種混淆性（いしゅこんこうせい）

□ **覇気**（はき） …… 183
物事に自分からとりくもうとする気持ちや意気込み。「―のある若者」

□ **拍車をかける**（はくしゃ―） …… 107
物事がもっと速く進むよう、力を加える。

□ **覇権**（はけん） …… 178
勝者・征服者として得る権力。

□ **覇者**（はしゃ）
他を制して優勝した者。「全国大会の―」

□ **パターナリズム** …… 192
父と子の関係のように、上の立場や強い立場の者が、本人（弱者）のためという理由で、その人の判断や行動に一方的に干渉・介入すること。
ポイント 医師などが患者の治療方針を一方的に決めることも、パターナリズムの一例と言える。

□ **破綻**（はたん） …… 98
物事がだめになり、それ以上続けられなくなること。「再建計画が―する」

□ **バックボーン**
思想や行動、あり方などの芯にあり、それを支えているもの。もとは「背骨」の意。

□ **バックラッシュ** …… 205
ある思想や政治の動きに反発して起こる、反動や揺り戻し。
ポイント 特にジェンダー平等などの人権を守る運動への反対運動を指すこともある。

□ **発話**（はつわ） …… 115
声に出して言葉を話すこと。また、その言葉。

□ **パトス** …… 38・40
外界からの刺激や働きかけを受けて生じる、受動的で一時的な心の動き。喜怒哀楽や感動、欲望など。類 情念 関連 エートス、ロゴス
ポイント 理性的である「ロゴス」、持続的である「エートス」に対立する概念。

□ **パノプティコン** …… 184
中央に監視塔があり、それをとり囲んで並ぶ囚人の独房を常に監視できるしくみになっている、刑務所などの構造のこと。囚人からは監視人の姿は見えない。一望監視施設。
ポイント 実際に監視されているかどうかにかかわらず、「監視されているかもしれない」状態により、囚人は監視者の存在を内面化し、常に自分を監視するようになる。

パノプティコン
（一望監視施設）

□ **ハプスブルク家**（―け） …… 64
中世以来のヨーロッパの名家。15〜19世紀初めに、神聖ローマ帝国の帝位についた。

□ **パラサイト** …… 87
寄生生物。また、居候。

□ **パラダイム** …… 37・193
ある時代の常識となっている、ものの見方や考え方の枠組み。

□ **パラダイムシフト** …… 37
ある社会や集団を支えている価値観や考え方の枠組みが、根本的に変わること。科学革命に関連して、科学史家のトーマス・クーンが提唱した。

□**パラドックス**……16
→逆説（ぎゃくせつ）

□**罵詈雑言**（**ばりぞうごん**）……155
ひどいののしりの言葉や、さまざまな悪口。
ポイント 「罵詈」はののしること、「雑言」はさまざまなひどい悪口。

□**バルト**……132
→ロラン・バルト

□**パロール**……114
ラング（＝その言語の法則の体系）に基づいて個々人が発話した、一つひとつの具体的な言葉。関連 ラング
ポイント ソシュールの唱えた概念。

□**反語**（**はんご**）……166
①言いたいことと反対のことを、疑問形で述べる方法。「……であろうか（いや、……ない）」の形。
②→アイロニー

□**範疇**（**はんちゅう**）……124
→カテゴリー

□**パンデミック**……203
感染症が全世界の規模で大流行すること。関連 エピデミック

□**反動**（**はんどう**）……84
①ある動きに対抗して生じる、反対の方向への動きや傾向。「管理教育への—」
②保守主義の極端なあり方。歴史の流れや改革に逆らい、古い体制を守り、そこに戻ろうとする。比較 →保守

□**ハンナ・アーレント**……101
→アーレント

□**反復**（**はんぷく**）……128
繰り返すこと。「—練習／同じ行為を—する」

□**煩悶**（**はんもん**）……65
ひどく思い悩み、苦しみもだえること。「恋の悩みに—する」

□**PC**（**ピーシー**）
①「パーソナルコンピューター」のこと。
②→ポリティカルコレクトネス

□**ヒエラルキー**
上下の階層関係に作られた、ピラミッド型の組織のしくみ。ヒエラルヒー。

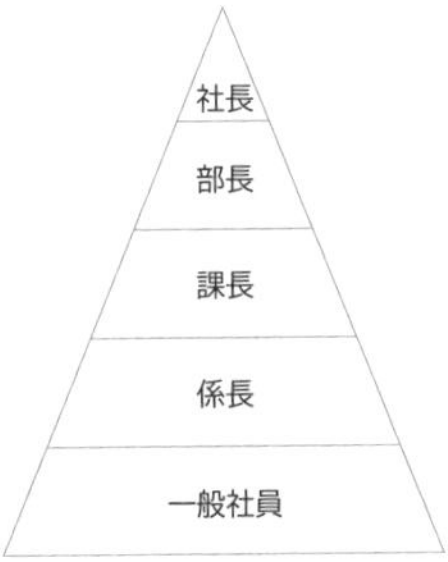

ヒエラルキー（例）

□**悲観**（**ひかん**）
きっとうまくいかない、と悪いほうに考えること。「将来を—する／—的になる」
対 楽観

□**彼岸**（**ひがん**）
①仏教で、悟りを開いた境地。涅槃《ねはん》。また、あの世。対 此岸《しがん》
②春分の日・秋分の日を中日とする各七日間。また、そのときに行う仏事。
ポイント ①は、煩悩《ぼんのう》を川にたとえ、それを越えた向こう側という意味で、「此岸《しがん》」（＝現実のこの世）に対する言葉。「彼（＝あの、その）」⇔「此（＝この）」の対比を押さえよう。

□**悲観的**（**ひかんてき**）……109
きっとうまくいかない、と悪いほうに考えがちな様子。対 楽観的

□**卑近**（**ひきん**）……169
日常的でありふれていること。身近でわかりやすい様子。「—な例」

□**非言語コミュニケーション**（**ひげんご—**）
言葉を使わないコミュニケーション。ジェスチャー・表情・音声などのほか、絵・写真・映像・音楽などもありうる。ノンバーバルコミュニケーション。

□**非合理**（**ひごうり**）……17
論理や理性に合わないこと。論理や理性

では捉えられないこと。「幽霊は―の存在だ」 対 合理

□ **非合理的**（ひごうりてき）……76
むだがあり、効率が悪い様子。 対 合理的

□ **微視的**（びしてき）
①人間の目では捉えられないほど小さく、細かい様子。「―な世界」 対 巨視的
②物事を、とても細かなところまで捉えようとする様子。「―な観察／―な分析」
対 巨視的

□ **ピジン**……174
複数の言語（特に植民地での宗主国の言語と、奴隷や現地住民の言語）が混じりあい、一方をベースにしてできた言語。ピジン語。「―イングリッシュ（＝英語をベースに、他の言語が混淆《こんこう》してできた言語）」 関連 クレオール

□ **ピジン語**（―ご）……174
→ピジン

□ **非人道的**（ひじんどうてき）……155
人の生命や尊厳を守るなど、人として行うべき道に従わない様子。 対 人道的

□ **被造物**（ひぞうぶつ）……13
神によって造られた万物。
ポイント 「被」は「……される」という受け身の意味を持つ。

□ **畢竟**（ひっきょう）……169
結局。つまりは。「―、すべて運命だったということだ」

□ **ビッグデータ**
インターネットをはじめ、さまざまな情報源から日々生み出される、膨大で多様なデータのこと。
ポイント ＩＴの発達により、従来は収集も解析も難しかったビッグデータをとり扱えるようになった。近年は特にＡＩにビッグデータを学習・解析させての活用が進んでいる。

□ **必然**（ひつぜん）
必ずそうなること。 関連 蓋然《がいぜん》 対 偶然

□ **必然性**（ひつぜんせい）……108
必ずそうなるという性質。 関連 蓋然《がいぜん》性
対 偶然性

□ **必然的**（ひつぜんてき）……24
必ずそうなる様子。 関連 蓋然《がいぜん》的

□ **人新世**（ひとしんせい）……202
→人新世（じんしんせい）

□ **皮肉**（ひにく）……166
①意地悪く遠回しな言い方で、相手をけなしたり、非難したりすること。また、その言葉。 類 アイロニー
②期待や希望に反する結果になる様子。「―な運命」「―にも、受賞の報が届いたのは作家の死の翌日だった」

□ **批評**（ひひょう）……172
事物の良し悪しなどについて、自分の評価や意見を述べること。

□ **非母語話者**（ひぼごわしゃ）……158
その言語が母語（＝生まれて最初に身につけた言語）ではない人。外国語として学んだ人など。「―には難しい発音」 対 母語話者

□ **ヒューマニズム**……43
人間を大切にし、神などの権威やさまざまな抑圧から人間性を解放し、向上させていこうとする考え方。「人間性の尊重」という含意で幅広い文脈で用いられる。

□ **比喩的**（ひゆてき）……126
物事を直接に表現するのではなく、他のものにたとえて表現する様子。「―に説明する」

□ **標準語**（ひょうじゅんご）……67
ある国で、公用語（国語）として整備・認定され、規範とされる言語。 関連 共通語

□ **表象**（ひょうしょう）……14・86
ある対象について、心にイメージしたり、表現したりすること。また、そのイメージや像。「頭の中に一輪の花を―する／現代社会における『母性』の―」

ポイント 「表象」の語は「representation＝再び示すこと＝再現」という意味を根幹に持つ。そこから、「代表する」「代弁する」意味でも用いられる。

□ **標榜**（ひょうぼう）……82
自分の主義・主張などを、堂々と示すこと。

□ **頻出**（ひんしゅつ）
頻繁に現れたり起こったりすること。「試験に―する問題」

□ **ファシズム**……100・191
①イタリアのファシスト党による独裁政治。
②広く、全体主義的で独裁的な政治体制。

□ **フィールドワーク**……122
現地での調査や研究。野外調査。現地調査。

□ **フィクション**
事実ではない、作りごと。特に、作者が想像力でつくりあげた物語作品。類 虚構

□ **フーコー**……184
［一九二六―一九八四］ミシェル・フーコー。フランスの哲学者。歴史学的な手法により、権力・知・理性（狂気）・性などをめぐる近代西洋のあり方をラディカルに問い直した。

□ **フェイクニュース**
ウェブサイトやSNSなどで発信・拡散される、真実ではない情報のこと。
ポイント 政治的な目的で世論を操作する、自分のサイトのアクセス数を増やすなどの目的で、近年さかんに発信されて社会問題となっている。

□ **不易**（ふえき）
いつまでも変わることがない様子。不変。「万古―の（＝いつまでも変わらない）価値」

□ **フェティシズム**
①呪物崇拝。特定の物に神聖な力を認め、信仰の対象とすること。
②物神崇拝。人間の作った商品や貨幣を、人間自身があがめ、それに支配されること。マルクスが指摘した考え方。
③相手の体の一部や衣服、持ち物などを性的に愛好すること。フェチ。

□ **フェミニズム**……142
女性が女性であることによって被る、あらゆる差別や不利益、抑圧をなくすことをめざす思想や運動。
ポイント 女性の参政権など諸権利を求めた19世紀末以降の第一波から、二〇一〇年代以降の第四波までに分けることが多い。

□ **敷衍**（ふえん）……92
①ある説や考え方などについて、それをあてはめる範囲を広げること。
②言葉を加えて、さらにくわしく説明すること。

□ **フォルマリズム**
→ロシアフォルマリズム

□ **不可逆的**（ふかぎゃくてき）……14
一方向に進むのみで、元に戻ることができない様子。対 可逆的

□ **不可視**（ふかし）
目で見ることができないこと。対 可視

□ **不可侵**（ふかしん）……13
侵害することができないこと。

□ **不可知**（ふかち）……141
人間には知ることができないこと。「―の領域」

□ **不朽**（ふきゅう）……143
そのものの価値がいつまでも失われず、後世に残ること。「―の名作」

□ **福音**（ふくいん）
キリスト教で、キリストによって伝えられた、神からの喜ばしい知らせや教え。
ポイント 福音は『新約聖書』にまとめられている。

□ **福祉国家**（ふくしこっか）……99・187
国民が健康で充足した生活を送れるよ

う、社会保障制度の整備、完全雇用、教育の充実などを重視・実践する国家。
関連 大きな政府

□**父権制**（ふけんせい）……143
「家父長制」のこと。また、男性（父）が上に立ち、権力を持つ社会体制。

□**不合理**（ふごうり）
道理に合わないこと。筋が通らないこと。「女性だから参加できないとは―だ」対 合理

□**不条理**（ふじょうり）……17
筋道が通らないこと。道理に合わないこと。

□**仏教**（ぶっきょう）……18
紀元前5世紀頃、インドでブッダが開いた宗教。生を「煩悩《ぼんのう》による苦しみの連続」と捉え、煩悩から脱して悟りを開き、仏となることを説く。

□**復古主義**（ふっこしゅぎ）……85
昔の状態や体制を良いものと考え、そこに戻ろうとする思想や運動。

□**物神崇拝**（ぶっしんすうはい）
→フェティシズム②

□**物心二元論**（ぶっしんにげんろん）……41
→心身二元論（しんしんにげんろん）

□**侮蔑的**（ぶべつてき）……89
相手を見下し、ばかにする様子。「―な言葉を投げる」

□**普遍**（ふへん）
すべてのものに広くあてはまること。類 一般 対 特殊

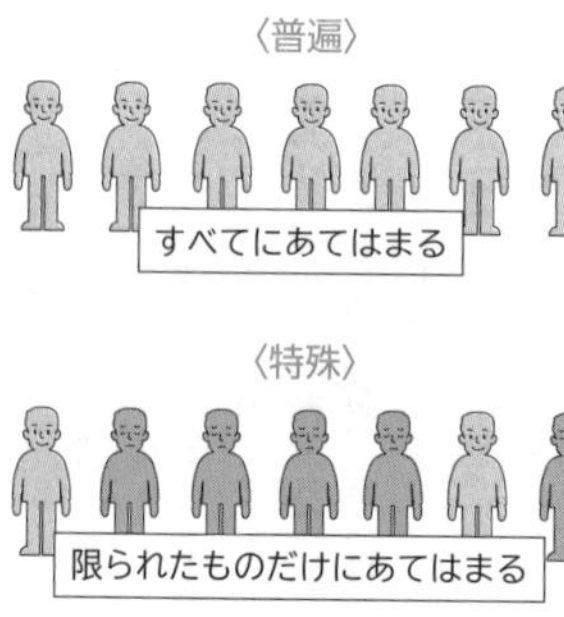

普遍・特殊

□**普遍性**（ふへんせい）……47・165
すべてのものに広くあてはまる性質。類 一般性 対 特殊性

□**普遍的**（ふへんてき）
すべてのものに広くあてはまる様子。「―な法則」類 一般的

□**不毛**（ふもう）……23
良い成果や進歩が得られないこと。「―な議論」
ポイント もとは、土地がやせていて作物が育たない意味。

□**プライド**……76
自分に対する誇り。自負心。自尊心。類 矜持《きょうじ》

□**プラトン**……26・32
[前四二七―前三四七] 古代ギリシャの哲学者。ソクラテスの弟子。不完全な現実の世界に対し、完全で理想的なイデアの世界を考え、西洋の二元論的な世界観の基礎を作った。

□**フランス革命**（―かくめい）……55
一七八九年にフランスで起こった市民革命。絶対王政を倒し、人権宣言を採択。一七九九年にナポレオンによるクーデターと独裁の開始で終結した。
ポイント イギリスの市民革命、アメリカ独立革命などとともに、近代の市民社会成立への重要なきっかけとなった。

□**フリードマン**……179
[一九一二―二〇〇六] ミルトン・フリードマン。アメリカの経済学者。新自由主義を支える経済思想を主張した。

□**ブリコラージュ**……123
ありあわせの材料を寄せ集めて必要なものを作り、事態に対処しようとする発想や態度。
ポイント レヴィ＝ストロースが『野生の

思考』で提示した概念。もとはフランス語で「日曜大工」などの意。

□**ブルジョア**
①ヨーロッパの近代初期に力をつけてきた商工業者などの市民階級。フランス革命など市民革命の中心となった。
②資本主義社会で、資本家のこと。対 プロレタリア

□**ブルジョア階級**（―かいきゅう）……77
→ブルジョアジー

□**ブルジョアジー**……72・96
資本主義社会での資本家階級のこと。ブルジョア階級。対 プロレタリアート

□**フレーム**……193
物事の枠組み。「問題を別の―で考える」

□**フレキシブル**……123
融通がきく様子。事態に柔軟に対応できる様子。類 可塑的

□**フロイト**……110
〔一八五六―一九三九〕ジークムント・フロイト。オーストリアの精神科医。著書に『夢判断』などがある。

□**プロテスタント**……35
宗教改革以後、カトリックに反抗してできた新しい教派。救いは信仰によってのみ得られるとし、聖書を重視する。新教。
関連 カトリック

□**プロバビリティ**
→蓋然性（がいぜんせい）

□**プロポーション**……153
つりあい。比率。体の全体的なつりあい。

□**フロム**……102
〔一九〇〇―一九八〇〕エーリッヒ・フロム。ドイツの社会心理学者・精神分析家。

□**プロレタリア**……73
資本主義社会で、労働者のこと。資本を持たず、自分の労働力を資本家に売って生活する。対 ブルジョア

□**プロレタリアート**……77・96
資本主義社会での労働者階級のこと。対 ブルジョアジー

□**文化**（ぶんか）
①ある社会集団で共有されている、生活のしかた・あり方の総体。「縄文人の―」
②①のうち、芸術・学問・宗教など、精神的活動で生み出されるもの。「―部」

□**文学**（ぶんがく）……168
①言葉で表現される芸術。詩歌・小説・戯曲・随筆など。文芸。
②①を研究する学問。

□**文化研究**（ぶんかけんきゅう）……171
→カルチュラルスタディーズ

□**文化人類学**（ぶんかじんるいがく）……122
人類の社会や文化の側面を、実地調査（フィールドワーク）や比較分析などによって研究する学問。関連 自然人類学
ポイント 人間集団ごとの生活様式や慣習、言語、宗教、社会のあり方などを研究対象とする。

□**文化相対主義**（ぶんかそうたいしゅぎ）……160
異なる文化のあいだに優劣はなく、すべての文化がそれぞれに尊重されるべきだとする考え方。
ポイント この考え方に立つと、他の文化圏での非人道的な行為に口出ししづらくなるなどの難しい問題もある。

□**紛糾**（ふんきゅう）……162
意見などが対立し、もつれ乱れること。「会議が―する」

□**分業体制**（ぶんぎょうたいせい）……73・76
工場などで、生産の全工程を分割し、それぞれを違う労働者が担当するしくみ。

□**文芸**（ぶんげい）
言葉で表現される芸術。文学。

□**文語**（ぶんご）
話し言葉に対して、文章を書くときに使う言葉。書き言葉。特に、平安時代の言葉に基づいて発達し、明治時代まで使われた書き言葉。「―文」対 口語

□**分析**（ぶんせき）
物事を、部分や要素に分けて調べること。

「地下水の成分を―する／―的に考える」
対 総合

□**分節**（ぶんせつ）……91・117
ひと続きのものを、部分に切り離して分けること。「空間を機能的に―する」

□**分節化**（ぶんせつか）……116
事物を切り分けて認識し、世界に区切りと秩序を与えていくこと。「言語によって―された世界」

□**文脈**（ぶんみゃく）……106
①文章の中の、言葉のつながりや流れ。コンテクスト。
②ある物事の背景にある、さまざまな事柄が絡みあった大きな流れの全体。コンテクスト。

□**文明**（ぶんめい）……53
人間の知や技術が発達し、社会や都市のしくみが整って、人々の生活水準が高くなった状態。

□**弊害**（へいがい）……209
あることの実現に伴って生じる、他に対する悪い影響。「貿易自由化に伴う―／ダイエットの―」

□**ヘイトクライム**……154
特定の人種・民族・性・宗教などに属する社会的な弱者に対する、憎悪や偏見に基づく犯罪。「憎悪犯罪」ともいう。

□**ヘイトスピーチ**……154
特定の人種・民族・性・宗教などに属する社会的な弱者に対する、憎悪を込めた暴力的な言動。「差別的言動」「憎悪表現」などともいう。
ポイント 二〇一六年に「ヘイトスピーチ解消法」（略称）が制定・施行された。

□**併呑**（へいどん）……180
強いものが弱いものを自分の勢力下に置くこと。「弱小国家を―する」

□**ヘーゲル**……49
［一七七〇―一八三一］フリードリヒ・ヘーゲル。ドイツの哲学者。世界は「絶対精神」が自己実現していく過程だとする、観念的で壮大な思想の体系を築いた。

ヘーゲル

□**辟易**（へきえき）……138
うんざりして、嫌になること。

□**ヘゲモニー**
主導権。支配権。「組織の―を握る」

□**ペシミズム**
この世は悪いことばかりで、生きている価値はないとする考え方。厭世《えんせい》観。厭世主義。悲観主義。対 オプティミズム
図→オプティミズム

□**蔑視**（べっし）……81
劣った者として見下すこと。

□**便宜的**（べんぎてき）……158
その場の都合にあわせて、とりあえずそうする様子。

□**偏見**（へんけん）……148
かたよった見方。客観的な裏づけなしに抱《いだ》く、好意的でない見方や判断。類 先入観

□**偏在**（へんざい）……186
あるところだけに偏《かたよ》って存在すること。「富の―」対 遍在

□**遍在**（へんざい）……186
広く行きわたって存在すること。「監視の目が―している」対 偏在

□**ベンサム**……184
［一七四八―一八三二］ジェレミー・ベンサム。イギリスの哲学者。社会や法は「最大多数の最大幸福」の実現のためにあるべきだとする功利主義を唱えた。

前近代
近代
現代
重要語ミニ辞典
ブックガイド

□ **弁証法**（べんしょうほう）……………49・97
物事を捉え、考える上での原理の一つ。矛盾・対立する主張や物事（テーゼとアンチテーゼ）が、その矛盾・対立を止揚（統合）されることによって、より高い次元へと発展していくと考えるもの。
ポイント ヘーゲルは、あらゆる物事や思考の運動と発展の原理として「弁証法」を考えた。そのプロセスでは、自己（正、テーゼ）は自らの内にある矛盾や対立の要素によって自己を否定し（反、アンチテーゼ）、やがてより高次のものへと発展的に統合される（合、止揚）。

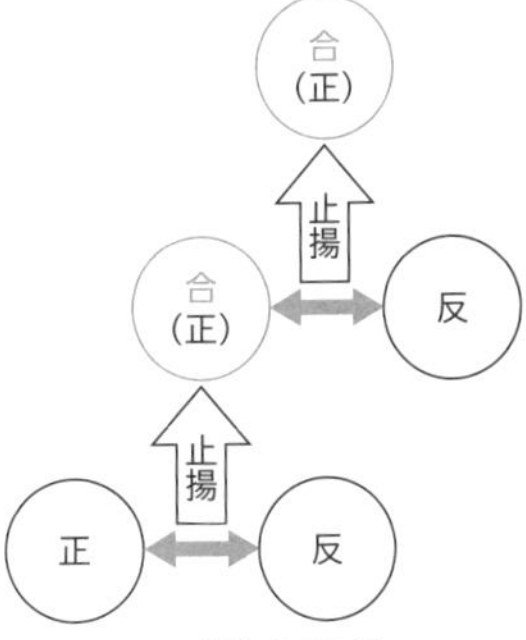

ヘーゲルの弁証法

□ **弁別**（べんべつ）……………113
違いを見分けて区別すること。「二者の差異を―する／善悪を―する」

□ **弁論術**（べんろんじゅつ）……………22
相手を説得するための効果的な技法。
ポイント 古代ギリシャ語で「レートリケー」といい、この語は「レトリック」の語源。

□ **法家**（ほうか）……………20
中国古代の諸子百家の一つで、韓《かん》非《ぴ》子《し》が大成した学派。儒家の言う「礼」の実践では社会秩序の維持は不可能だと考え、法による徹底統治の必要を主張した。

□ **包括**（ほうかつ）
全体をひっくるめてまとめること。「皆の要望を―した改正案」

□ **包括的**（ほうかつてき）
一部分だけでなく、全体にわたっている様子。「―な意見／―な概念」

□ **包含**（ほうがん）……………32・156
中に包みこむように含んでいること。「多様な視点を―する論説」 類 包摂

□ **傍観者**（ぼうかんしゃ）……………194
自分は手を出さず、ただ見ているだけの人。関連 第三者

□ **封建時代**（ほうけんじだい）……………58
社会が封建制度の上に成立していた時代。一般に、日本では鎌倉時代から江戸時代を、西欧では8世紀頃から15世紀頃をいう。

□ **封建制**（ほうけんせい）……………20
→封建制度（ほうけんせいど）

□ **封建制度**（ほうけんせいど）……………58
土地を仲立ちとする主従関係（身分制度）を基本とする社会のしくみ。封建制。
ポイント 西洋では、領主が家臣に土地を与えて保護し、家臣は領主に軍役によって誠実に仕える中世の主従関係をいう。

□ **封建的**（ほうけんてき）……………20・65
封建制度に従う様子。上下関係を重んじ、個人の自由や権利を認めない様子。「―な考え方／―な家制度」

□ **豊饒**（ほうじょう）……………169
土地が肥え、作物が豊かに実る様子。豊かな様子のたとえ。

□ **包摂**（ほうせつ）……………33・157
ある物事を、自分の範囲の中にとりこんでしまうこと。類 包含

□ **方途**（ほうと）……………157
目的を実現するために進むべき道。方法。手だて。

□ **母語**（ぼご）……………71・114
生まれて最初に覚え、使えるようになった言語。

□ **母語話者**（ぼごわしゃ）……………158
その言語が母語である人。「日本語の―」
対 非母語話者

□**保守**（ほしゅ）

①機械や設備を正常な状態に保つこと。「ガス器具の—点検」

②急激な改革に反対し、旧来の制度や思想を維持しようとすること。「—派」 類 守旧 対 革新、リベラル

保守＝急激な改革に反対し、旧来の制度や思想を維持しようとする立場。

反動＝保守の極端なあり方。歴史の流れや改革に逆らい、古い体制を守ろうとする立場。

革新＝既存の体制を改革しようとする立場。

リベラル＝個人の自由や権利、多様性を尊重する立場。また、穏健な改革をめざす立場。

保守・反動・革新・リベラル

□**ポスト構造主義**（—こうぞうしゅぎ）……134・**140**

一九六〇年代末頃からフランスを中心に興《おこ》った思想の潮流。物事を動的に変化・生成していくものと捉える思考などにより、西洋近代の枠組みの解体を図った。

ポイント 代表的な思想家にはドゥルーズとガタリ、デリダなどが挙げられるが、「ポスト構造主義」という一つにまとまった思想があるわけではなく、それぞれ異なる多様な思想を展開した。

□**ポストコロニアル**……**175**

「植民地主義以降の」の意。植民地主義を終わったものと捉えるのではなく、その負の遺産が今なお残り続けているという認識に立つ言葉。

□**ポストコロニアル理論**（—りろん）……172

植民地主義と、その影響を研究する学問領域。

ポイント 植民地主義の負の遺産が今も残り、多くの人々を苦しめているという現実に着目し、その観点から社会や文化、文学、芸術などを考察する。

□**ポストモダン**……140

近代が生み出した価値観や諸制度を批判的に検証し、乗り越えようとする思想の潮流。ポストモダニズム。

ポイント 「モダンの後」の意。「ポストモダン」という一つの思想があるわけではなく、ポストモダンの思想家とされる人々はそれぞれ考え方や立場が異なる。

□**母胎**（ぼたい）……**69**

母親の胎内。また、物事を生み出すもとになるもの。「ユダヤ教はキリスト教の—となった」

□**墨家**（ぼっか）……20

中国古代の諸子百家の一つで、墨子《ぼくし》の始めた学派。家族愛を基本とする儒家の「仁」を批判し、平等で無差別の愛（兼愛）などを主張した。

□**牧歌的**（ぼっかてき）……**52**

牧場や農村の風景のような、素朴でのどかな様子。

□**ホッブズ**

［一五八八—一六七九］トマス・ホッブズ。イギリスの哲学者・政治思想家。主著『リヴァイアサン』で、人間は自然状態では「万人の万人に対する闘争」に陥るので、互いに契約を結んで国家を作り（＝社会契約説）、自然権を王などの絶対権力に委ねるべきだと論じた。

□**ポピュリズム**……182

カリスマ性あふれる人物が、現状に不満を持つ大衆に向かって過激な言葉やパフォーマンスで語りかけ、支持を得ようとする政治的な態度。

ポイント 日本語では「大衆迎合《げいごう》主義」とも訳される。

□**ポリティカルコレクトネス**

表現や社会制度などが、人種・宗教・性

別などのすべてに関する差別や偏見を含まないこと。政治的妥当性。ポリティカリーコレクト。PC。ポリコレ。

ポイント 「ビジネスマン」を「ビジネスパーソン」、「アメリカインディアン」を「ネイティブアメリカン」と言い換えるなど。アメリカで一九八〇年代頃から盛んになった考え方。

□ **ホロコースト** ……154
大虐殺。特に、ナチ・ドイツによるユダヤ人などの大虐殺。類 ジェノサイド

□ **本義**（ほんぎ）……148
根本となる意義。「スポーツの―」

□ **本質**（ほんしつ）……148
物事の根本の性質。大切で、欠くことのできない性質。

□ **本質化**（ほんしつか）……135・148
本質とすること。変わることのない根本的なものと考えること。「社会的に作られた差異を―する」

□ **本質主義**（ほんしつしゅぎ）……148
ある事象や人の属性などについて、それは元から備わる決定的で変更不可能なものだとする考え方。対 構築主義

□ **煩悩**（ぼんのう）……18
仏教で、欲望や怒りなど、人の心や体を悩ます精神の働きのすべて。

□ **翻訳**（ほんやく）……164
ある言語で表された文章などの内容を、他の言語で表すこと。

ポイント 言語はそれぞれ固有であり、どんな訳語も原語と完全には対応しないという「翻訳の不可能性」がある。しかし同時に翻訳は、異なる言語同士の、何らかの共有可能性を示すものでもある。

□ **翻弄**（ほんろう）……138
思うままに振り回し、もてあそぶこと。

□ **マーシャル・マクルーハン** ……107
→マクルーハン

□ **マイナー** ……92
①規模が小さいこと。あまり重要ではないこと。「―チェンジ」対 メジャー
②あまり知られていない様子。「―な作家」対 メジャー

□ **マイノリティ** ……28・67・81
少数派。社会の中で、何らかの点で少数派である人々。対 マジョリティ

ポイント 社会の「弱者」であるという含みを理解しておきたい。

□ **マキシマム** ……114
最大限度のものであること。最大。対 ミニマム

□ **マクルーハン** ……107
〔一九一一―一九八〇〕マーシャル・マクルーハン。カナダの文明批評家・英文学者。メディア論で有名。主著は『グーテンベルクの銀河系』。

□ **マジョリティ** ……28・66・81
多数派。社会の中で、何らかの点で多数派である人々。対 マイノリティ

ポイント 社会の「強者」であるという含みを理解しておきたい。

□ **マス** ……107
英語のmass。「集団」「大量・多数」「大衆」などの意味を表す。

□ **マスコミュニケーション**
マスメディアによって、不特定多数の人々に大量の情報を伝達すること。また、そのための組織や機関。マスコミ。

□ **マスメディア** ……107
新聞・雑誌・テレビ・ラジオなど、マスコミュニケーションに用いる媒体。

ポイント 現代では、インターネット上のウェブメディアや、SNS・ブログなどのソーシャルメディアも含む。

□ **マッカ** ……30
サウジアラビアにある都市。ムハンマドが生まれ育った場所で、イスラームの第一の聖地。メッカ。

□ **マホメット**
→ムハンマド

□**マルクス**……74・96
［一八一八—一八八三］カール・マルクス。ドイツ出身の経済学者・哲学者。「資本主義は必然的に没落し、社会主義に移行する」と考え、マルクス主義を確立して、後世に多大な影響を与えた。

□**マルクス主義**（—しゅぎ）……96
①マルクスとエンゲルスが確立した社会思想。科学的社会主義。
②①に基づいて後世に展開したさまざまな思想や社会運動。

□**丸山圭三郎**（まるやまけいざぶろう）……115
［一九三三—一九九三］日本のフランス語学者・言語哲学者。日本でのソシュール言語学研究の第一人者。

□**蔓延**（まんえん）……77
病気やよくない考え方・習慣などが、あちこちに広がること。「疫病が—する」

□**マンネリ化**（—か）……125
同じ型が繰り返され、新しさや独創性がなくなること。

□**ミシェル・フーコー**……184
→フーコー

□**水俣病**（みなまたびょう）……11
一九五三年頃から熊本県水俣湾を中心に発生した公害病。工場から排出された有機水銀に魚介類が汚染され、それを食べた人々の間に発生した。

□**ミニマム**……115
最小限度のものであること。最小。対 マキシマム

□**未分化**（みぶんか）……12
全体から部分が分かれて発展していく前の、すべてが一体となった状態。

□**宮沢賢治**（みやざわけんじ）……131
［一八九六—一九三三］詩人・童話作家。農民生活や自然との交感、宗教心に根ざした数多くの作品を残した。

□**ミルトン・フリードマン**……179
→フリードマン

□**民会**（みんかい）……62
古代ギリシャなどで行われた市民の集会。成人男子は誰でも参加でき、アテネでは国の最高の議決機関とされ、直接民主制がとられた。
ポイント 女性や奴隷、外国人は排除されていた。

□**民衆**（みんしゅう）……52
国家や社会を構成している、大多数の普通の人々。関連 群衆、公衆、大衆

□**民主主義**（みんしゅしゅぎ）……61・62・143・190
人民が最高の権力を持ち、その意思で政治を行っていく体制のこと。デモクラシー。
ポイント 近代の市民革命以降、国民主権、人権の尊重、法の支配などの原理とともに発展した。現代では、政治にかかわらず、広く自由や平等を重んじる考え方もいう。

□**民主的**（みんしゅてき）
それぞれの人の自由や平等を大切にする様子。「—に話し合う／—な解決」

□**民族**（みんぞく）……66
言語や慣習、歴史、信仰などを共有し、一つのまとまりとして帰属意識を持つ人々の集団。類 エスニックグループ

□**民俗学**（みんぞくがく）……112
民間に伝えられてきた習俗・芸能・伝説などを調べ、庶民の生活や文化を研究する学問。

□**民族主義**（みんぞくしゅぎ）……85
民族の統一や自立、独立、発展をめざす思想や運動。関連 ナショナリズム

□**民族性**（みんぞくせい）
その民族に特有の性質。→エスニシティ

□**無意識**（むいしき）……110
精神分析学で、ふだんは意識されず、本人も感知していない心の領域のこと。
ポイント 19世紀末～20世紀初めにフロイトが見いだした領域。無意識の中に抑えこまれている欲望やトラウマなどは、理

性の制御を超えて身体を動かし、夢に現れたり、言い間違いや物忘れなど（＝錯誤行為）をさせたりするという。

□**無為自然**（むいしぜん）……21
道家の開祖である老子の説いた思想。人為的なものを廃し、自然のままに生きる態度を重んじる。

□**剝き出しの生**（むきだしのせい）……188
政治や宗教、共同体の文化などから締め出され、法的保護もなく、あらゆる権利を奪われ、ただ生きるだけの生。
ポイント イタリアの哲学者アガンベンが唱えた概念。アガンベンは、政治権力こそが「剝き出しの生」を生きる人々を生み出し、生政治を行うとした。

□**無機的**（むきてき）……44
石などの無機物のように、生命や感情、温かみが感じられない様子。対 有機的

□**無差別テロ**（むさべつ―）……205
多数の一般市民に対して無差別に行われるテロ行為。

□**矛盾**（むじゅん）……16
二つの事柄が、論理的に食い違っていて、つじつまが合わないこと。「―に満ちた言説」

□**無知の知**（むちのち）……25
自分が「知らない」「無知である」ことを自覚すること。古代ギリシャのソクラテスは、無知の知によってこそ、知を愛し求めることができると説いた。

□**ムハンマド**……30
［五七〇頃―六三二］イスラームの開祖。マホメット。

□**無用**（むよう）……198
①役に立たない様子。「―の長物《ちょうぶつ》」対 有用
②必要がない様子。不要。「遠慮は―／―なトラブル」
③用事がない様子。「―の者は入るべからず」
④「してはいけない」という意味。「他言は―／天地―」

□**命題**（めいだい）
①論理学で、ある事柄についての判断を「AはBである」などのように言語や記号で表したもの。真または偽のどちらかの性質を持つ。
②課せられた問題。課題。「経済の再建が新政権の―だ」

□**盟友**（めいゆう）……68
固い約束を結んだ友人。同志。

□**メインカルチャー**……171
ある社会の中で、主流として広く受け入れられている文化。対 サブカルチャー、カウンターカルチャー 関連 ハイカルチャー 図 →カルチャー

□**メシア**
ヘブライ語で「救世主」のこと。キリスト教ではイエス＝キリストを指す。メサイア。

□**メジャー**……93
①規模が大きいこと。主流であること。「―リーグ」対 マイナー
②広く知られている様子。「―な歌手」対 マイナー

□**メタ**
他の語の前に付いて、「〇〇を超えた」「高次の」などの意を表す。「―フィクション（＝フィクションとは何かについて考えさせるフィクション）」

□**メタファー**
①「隠喩」のこと。
②抽象的なものを表す、具体的なもの。「光は真理の―である」

□**メディア**……106
一方から他方へ、情報を伝える手段となるもの。特に、マスメディアのこと。類 媒体

□**メンタリティ**……174
特定の社会・集団の人々に共通する、考え方や感じ方の傾向。心的傾向。心性。「遊

牧民の―」

□**盲従**（もうじゅう）……58
よいか悪いかを自分で判断せず、ただただ相手に従うこと。

□**蒙昧**（もうまい）……57
知識がなく、物事の道理がわからないこと。「無知―」

□**黙示録**（もくしろく）……200
『新約聖書』の最後の一書、『ヨハネ黙示録』のこと。この世の終末と最後の審判、新しい世界の到来が預言される。

□**黙示録的**（もくしろくてき）……201
世界の終末を示すようなものである様子。「―な時代」

□**模索**（もさく）……139
いろいろと試しながら、手探りするように探し求めること。

□**モダン**……10・140
①現代の。今風の。「―な服装」
②近代の。「―アート」

□**モチーフ**……84
①芸術作品の主題。題材。
②創作活動のきっかけとなった素材や主題。動機。

□**モデル**……131
①模型。型。「ニュー―」
②手本や見本になるもの。「―地区」
③物事の内容や構造を、単純な図式にしてわかりやすく捉えたもの。「原子―」

□**モノカルチャー経済**（―けいざい）……83
一〜二種類の生産品だけに頼っている経済構造。
ポイント 資源や原料、農産物の輸出に経済が依存している開発途上国に多く見られる。

□**モノローグ**……54
演劇や小説などで、登場人物が心中の思いなどを、相手なしにひとりでしゃべるせりふ。独白。関連 ダイアローグ

□**モラル**
社会生活において守るべき、道徳的な規準。「―に欠けるふるまい」類 倫理

□**紋切り型**（もんきりがた）……88
↓ステレオタイプ

□**モンテスキュー**……57
［一六八九―一七五五］フランスの政治思想家。『法の精神』で三権分立を説き、フランス革命やアメリカの憲法に大きな影響を与えた。代表的な啓蒙《けいもう》思想家でもある。

□**文部省**（もんぶしょう）……142
明治初期に設置され、教育や文化を担当した国の行政機関。一九四五年の敗戦まで、教育の国家統制を強力に推し進めた。二〇〇一年に文部科学省に移行した。

□**夜警国家**（やけいこっか）……98
国防や治安維持など、夜警（＝夜の見回り）のような最低限の任務のみを行う国家。関連 小さな政府

□**やさしい日本語**（―にほんご）……158
日本語を母語としない外国人などにも理解できるように、わかりやすく言い換えた日本語の使い方。
ポイント 一九九五年の阪神・淡路大震災をきっかけに考案された。小さな子どもや高齢者、障害のある人などにもわかりやすいコミュニケーションが可能になる。

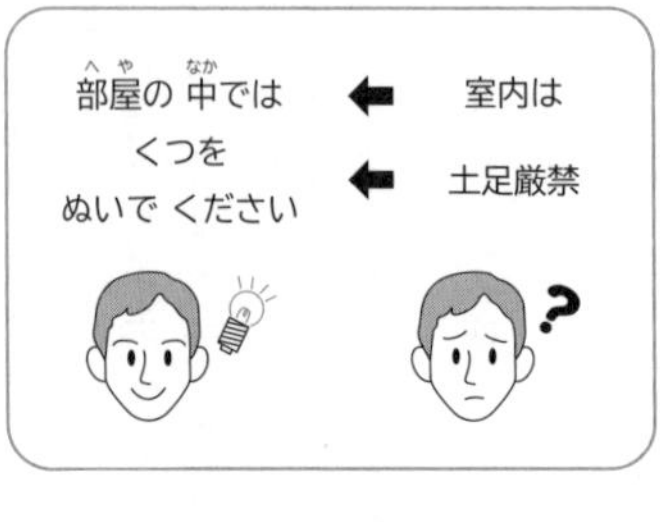

やさしい日本語（例）

□**躍起**（やっき）……137
焦って、むきになること。

□**柳田国男**（やなぎたくにお）……112
［一八七五—一九六二］民俗学者。日本の各地を旅して口承文芸や民間信仰などを調査し、日本の民俗学を確立した。主著『遠野物語』など。

□**山口昌男**（やまぐちまさお）……124
［一九三一—二〇一三］文化人類学者。構造主義人類学の考え方を日本に導入し、一九七〇年代以降の思想や文化に大きな影響を与えた。

□**揶揄**（やゆ）……89・137
皮肉や軽蔑などをこめて、からかうこと。「ちょっとした失敗を—する」

□**唯心論**（ゆいしんろん）
万物の根源は精神的なものであり、物質的なものも精神が生み出す仮象であるとする考え方。プラトンのイデア論など。
対 唯物論 関連 観念論
ポイント 存在論では「唯心論」、認識論では「観念論」と言うことが多い。

□**唯物論**（ゆいぶつろん）
この世のすべては物質であり、精神的なものも物質が生み出す仮象であるとする考え方。マルクスの思想など。マテリアリズム。対 唯心論、観念論

□**有意**（ゆうい）
偶然や誤差でそうなったのではなく、何らかの意味や必然性があると考えられること。「これら二つのデータには—な差が見られる」

□**有機的**（ゆうきてき）……44
有機体（＝生物）のように、各部分が密接に連関しながら働き、全体を形成している様子。生命感が感じられる様子。対 無機的

□**有史**（ゆうし）……200
文字で記された記録があり、その時代の歴史がわかること。「—以前／—時代」
関連 先史

□**優生**（ゆうせい）……196
「良い」遺伝を残そうとする考え方。

□**優生学**（ゆうせいがく）……196
遺伝的に受け継がれる性質をより「優れた」ものにし、「劣った」性質を排除するための学問。

□**優生思想**（ゆうせいしそう）……196・199
遺伝的に「優れた」性質を残し、「劣った」性質を排除しようとする考え方。
ポイント 優生学は19世紀のイギリスに始まり、20世紀前半のアメリカやナチ・ドイツなどで研究された。優生学・優生思想は、差別や排除、ひいては虐殺にもつながる決して許されない考え方だが、二〇一六年の津久井やまゆり園事件など、現代も根絶したとは言えない。

□**優生保護法**（ゆうせいほごほう）……197
「不良な子孫の出生」の「防止」と、母体の健康保護のため、生殖を不能にする手術や人工妊娠中絶について定めた法律。一九四八年制定。一九九六年、優生思想に基づく部分を削除し、名称を「母体保護法」として改正された。

□**有用**（ゆうよう）……198
役に立つ様子。「—な植物」対 無用

□**ユダヤ教**（—きょう）……13
ヤーウェを唯一の神とする、ユダヤ人の宗教。神の命令である律法と、イスラエルの民がモーセに導かれて神と交わした契約（＝旧約）に基づく。聖典はヘブライ語の聖書（＝『旧約聖書』）。

□**善く生きる**（よくいきる）……24
古代ギリシャの哲学者ソクラテスがめざした生き方。

□**抑揚**（よくよう）……168
話し言葉の、声の上がり下がりの調子。イントネーション。

□**抑留**（よくりゅう）……188
他国の人や船などを、自国内に強制的にとどめ置くこと。「捕虜は収容所に—さ

れた」

□ **予言**（よげん）
未来の出来事を予測して言うこと。

□ **預言**（よげん）
神から教えの言葉を預かり、人々に伝えること。

□ **預言者**（よげんしゃ）……31
預言をする者。

□ **楽観**（らっかん）
物事はすべてうまくいくと考え、心配しないこと。「先行きは―できない／選挙の行方を―視する」 対 悲観

□ **楽観的**（らっかんてき）……108
きっとうまくいく、と良いほうに考えがちな様子。 対 悲観的

□ **ラディカル**……123
根本的である様子。また、急進的で過激な様子。

□ **ラ・メトリ**……45
［一七〇九―一七五一］フランスの医師・哲学者で、『人間機械論』の著者。唯物論的・無神論的な思想により、教会などから迫害を受けた。

□ **ラング**……114・121
ある言語の、法則や規則の体系の全体。
関連 パロール
ポイント ソシュールの唱えた概念。

□ **利益社会**（りえきしゃかい）
→ゲゼルシャフト

□ **力学**（りきがく）
①物理学の一分野。
②状況に応じて変化していく、物事の間の力関係。「政治の―が働く」

□ **利己主義**（りこしゅぎ）……51
自分の利益だけを考え、他人や社会一般のことは二の次にする考え方。エゴイズム。 対 利他主義

□ **リスク**
危険。損害や失敗の生じる可能性。「この事業は―が大きい」

□ **リスク社会**（リスクしゃかい）
技術や産業の発達に伴い、複雑で多様なリスクが日々生み出される現代の社会。
ポイント ドイツの社会学者ウルリッヒ・ベックが唱えた考え方。人類に豊かさをもたらす近代以降の産業社会は、同時にさまざまなリスクを生産するという。

□ **理性**（りせい）……38・42・111
感情や感覚に左右されず、物事を論理的に捉え、正しく判断する能力。 関連 感性

□ **リゾーム**……135
①根茎《こんけい》。地下茎（＝地中にあり、根のように見える茎）の一種。
②20世紀の哲学者ドゥルーズとガタリの唱えた概念。根茎のような、中心や頂点を持たず、四方八方に自在に広がっていく思考や存在のあり方をいう。
ポイント ②は、従来の西洋の、一つの根源から上下の階層関係を作るツリー構造の思考や世界像に対抗する思想。

□ **利他主義**（りたしゅぎ）……50
他人の幸福や利益を優先して行動する考え方。 対 利己主義

□ **リテラシー**……166
読み、書き、理解する能力。また、コンピューターや情報機器などを適切に使いこなす能力。「情報―」

□ **理念**（りねん）……10
ある物事についての、「こうあるべきだ」という考え。「平和国家の―」 関連 概念、観念 比較→概念

□ **リバタリアニズム**
個人の自由を最大限に尊重するべきだ、とする考え方。自由至上主義。
ポイント 一九七〇年代頃から広まった考え方。福祉国家の政策を批判し、国家のあらゆる介入や規制に反対する。新自由主義と似ているが、経済活動だけでなく、個人のすべての行動や判断の自由を尊重すべきとする。

□**リバタリアン**
リバタリアニズムを主張する人。極端な個人主義の立場の人。

□**リベラリズム**
①「自由主義」のこと。
②すべての人の自由と権利を尊重するため、それによって生じる格差や不平等を、社会保障の整備などの福祉国家的な政策によって正していこうとする考え方。立場によって多様な思想がある。

□**リベラル**
①リベラリズムに基づく様子。政治的に穏健な革新をめざす様子。また、その人々。「―派の政治家」対 保守 比較→
保守
②古い因習などに縛られず、自由である様子。「―な校風」

□**琉球**（りゅうきゅう）……172
沖縄のこと。15世紀に琉球王国が成立し、中継貿易で栄えたが、江戸時代には日本と中国の両方に服属。一八七二年に明治政府により王国が廃されて琉球藩が置かれ、一八七九年、沖縄県として日本に併合された（＝琉球処分）。

□**流言飛語**（りゅうげんひご）……155
世間に広がるいい加減なうわさ。類 デマ

□**隆盛**（りゅうせい）……134
勢いが盛んな様子。おおいに栄えること。「―を極める」

□**流暢**（りゅうちょう）……153
言葉がすらすらと出て、よどみなく話す様子。「中国語を―に話す」

□**流動性**（りゅうどうせい）……102
位置や形が固定せず、流れ動く性質。

□**凌駕**（りょうが）……134
他のものをしのいで、その上に立つこと。「他を―する実力」

□**両義性**（りょうぎせい）
一つの言葉や概念などに、相反《あいはん》する二つの意味が含まれていること。「この祭りは聖と俗の―を持つ」

□**両義的**（りょうぎてき）
一つの言葉や物事に、相反《あいはん》する二つの意味や性質が含まれている様子。「破壊と創造を担う―な存在」

□**隣人愛**（りんじんあい）……28
キリスト教で、他者への愛。助けを必要とするすべての人を隣人と考え、愛すること。

□**輪廻**（りんね）……18
仏教で、人の魂が迷いに満ちた世界を生まれ変わり続け、苦しみの生を繰り返すこと。

□**倫理**（りんり）……207
人としてこうするべきだという、善悪の規準。道徳。類 モラル

□**倫理的**（りんりてき）……51
倫理に関係している様子。また、倫理に従っている様子。道徳的。

□**類型**（るいけい）……129
①複数のものに共通している、性質や特徴などの型。「各地の民話を幾つかの―に分類する」
②個性のない、ありふれた型。「―的な表現」

□**類推**（るいすい）……44
似ている点をもとにして、一方から他方をおしはかること。「過去のデータから客の動向を―する」類 アナロジー

□**類比**（るいひ）……44
①比べること。「二国の経済を―する」
②「類推」のこと。類 アナロジー

□**ルサンチマン**……108
弱者が強者に対して持つ、恨み、憎しみ、ねたみなどの感情。

□**ルソー**……61
［一七一二―一七七八］ジャン＝ジャック・ルソー。フランスの思想家・作家。『社会契約論』などによって、それまでの神の支配や王権神授説によらない、自由で

平等な人間の契約に基づく社会を考え、のちの人権思想や民主主義の思想に多大な影響を与えた。

□**ルター**……35
〔一四八三─一五四六〕マルティン・ルター。ドイツの宗教改革者。一五一七年にカトリックの腐敗を告発する文書を教会の扉に貼り、宗教改革の発端を作った。

□**ルッキズム**……152
容姿や外見を何よりも重視し、それによって人を評価したり差別したりする考え方や態度。
ポイント ルッキズムにより、美醜のステレオタイプを過度に内面化し、心身を損なうこともある。

□**ルネサンス**……34・56
14～16世紀にイタリアに始まり、ヨーロッパの各地域に広がった、文化の革新運動。古代ギリシャ・ローマの文化を理想とし、人間性の尊重と解放をめざした。文芸復興。

□**流布**（るふ）……150
世間に広く行き渡ること。「根拠のないうわさが─する」

□**礼**（れい）……20
儒教の徳目の一つ。人が従うべき、伝統的な社会規範。

□**レイシズム**……150
人類を人種（レイス）というカテゴリーで区分し、人種には優劣があると考えて、差別や暴力を促すような考え方。人種主義。

□**冷戦**（れいせん）……180
軍事衝突はしないが、厳しく対立している状態。第二次世界大戦後のアメリカ（西側）とソビエト連邦（東側）の、核戦力を背景とした対立をいう。
ポイント 一九八九年、アメリカのブッシュ大統領とソ連のゴルバチョフ大統領の「冷戦終結」宣言、一九九〇年の東西ドイツ統一、翌年のソ連の解体で完全に終結した。

□**零落**（れいらく）……129
落ちぶれること。身分や生活の程度がすっかり下がって、みじめな状態になること。

□**レインボー**……171
性的マイノリティのコミュニティの象徴とされる、六色のレインボーフラッグ（旗）とその色のこと。

□**レヴィ＝ストロース**……122
〔一九〇八─二〇〇九〕クロード・レヴィ＝ストロース。フランスの文化人類学者。親族関係や神話の構造を研究し、構造主義の考え方と構造人類学を確立した。

□**歴史修正主義**（れきししゅうせいしゅぎ）……176
歴史上の出来事について、広く「事実だ」と認められている解釈を否定し、勝手に歪曲《わいきょく》または捏造《ねつぞう》した解釈を強く主張すること。また、その考え方や態度。

□**レジリエンス**……208
堅牢《けんろう》でどんな力に対しても変形しない強さではなく、打撃や困難などを柔軟に受けとめ、しなやかに生き続け、回復できる強さのこと。
ポイント もとは「弾力」「復元力」の意。

□**レズビアン**……145
自分は女性で、女性に対して恋愛感情や性的な欲望を持つ人。関連 LGBT

□**列強**（れっきょう）……79
強い力を持つ国々。

□**レトリック**……22
①言葉をうまく使って、適切に、また効果的に表現すること。修辞。
②古代ギリシャの弁論術（レートリケー）。話し合いの場で相手を説き伏せるための、効果的な言葉の使い方。
③中身のないことを述べる、口先だけの巧妙な表現。「彼の言うことは─にすぎない」

□**連関**（れんかん）……113
複数の事柄が、互いに関わりあっていること。「各部分が有機的に―するシステム」 関連 関連

□**錬金術**（れんきんじゅつ）……37
銅・鉄などの卑金属を金などの貴金属に変えようとする、魔術的な化学。近代化学の出発点となった。

□**連帯**（れんたい）……96
①結びつくこと。特に、活動・思想・立場を共にする人々が、気持ちの結びつきを持つこと。「―感／労働者と―する」
②共同で責任を負うこと。「―保証人」

□**老子**（ろうし）……21
［生没年未詳］中国古代の思想家で、道家の開祖。万物の生成原理を道《タオ》とし、自然のままに生きる「無為自然」を説いた。

□**労働者**（ろうどうしゃ）……73
自分の労働力を提供して賃金をもらい、生活する人。類 プロレタリア

□**労働者階級**（ろうどうしゃかいきゅう）……77・96
ある社会における労働者の階級。プロレタリアート。対 資本家階級

□**ローカル**……53
特定の地域に限定されている様子。「―線」「―な話題」

□**ロゴス**……38・40
言葉。理性。論理。秩序。古代ギリシャ哲学で「世界の万物を統《す》べる理法」の意。多様な意味で用いられた。関連 パトス

□**ロシアフォルマリズム**……127
一九一〇年代半ばにロシアで興《おこ》った文学運動。文学作品は現実から離れた自律的なものであると主張し、形式や方法の研究を重視した。「フォルマリズム」ともいう。

□**ロック**……57
［一六三二―一七〇四］ジョン・ロック。イギリスの哲学者・政治思想家。人民主権の原理と社会契約説を説き、民主主義の思想を展開して、フランス革命やアメリカ独立革命に、また啓蒙《けいもう》思想に大きな影響を与えた。

□**ロマン主義**（―しゅぎ）……84
18～19世紀にヨーロッパで興《おこ》った文芸や芸術の傾向。理性中心主義や啓蒙《けいもう》主義への反動として、理性ではなく情念や神秘、幻想、個性、欲望などを重視した。ロマンチシズム。
ポイント 日本では「浪漫《ろうまん》主義」「浪漫派」として、明治期半ばに盛んになった。

□**ロラン・バルト**……132
［一九一五―一九八〇］フランスの批評家・記号学者。構造主義に基づき、テクスト論や記号学の思想を展開した。

□**論客**（ろんきゃく）……57
世論を導くような、すぐれた評論家。また、議論好きな人。「ろんかく」ともいう。

□**論拠**（ろんきょ）……149
論の根拠となるもの。

□**論調**（ろんちょう）……184
議論の進め方の調子。また、議論や評論の傾向。

□**論難**（ろんなん）……143
相手の論や考え方の誤りについて論じ、非難すること。「矛盾した答弁を―する」

□**論法**（ろんぽう）……149
議論を進めていくときの筋道の立て方。論の運び方。

□**歪曲**（わいきょく）……177
ゆがめること。事実をゆがめ、偽った形で伝えること。

□**矮小化**（わいしょうか）……157
本質的でない観点から、実際より小さく限定して見ること。「問題を―する」

□**和辻哲郎**（わつじてつろう）……95
［一八八九―一九六〇］哲学者・倫理学者。西洋哲学を学んだ後、日本の仏教美術や思想史を研究。倫理を「人と人との間柄」と捉えて倫理学を体系化した。

ブックガイド

・本文中に記載がある本をテーマ順にまとめ、読者が入手しやすい版を紹介しています。
・教典や哲学書は本文で引用した版を示しています。現在入手困難な本も含まれます。古書店や図書館で探してみてください。
・下のQRコードから、関連書籍リストをご覧になれます。
・「読んでみよう」で紹介した本や、本文に引用した本で高校生にも読めそうな本については、難易度を 1（易）〜 10（難）のように示しています。

01 アニミズム的世界観

石牟礼《いしむれ》道子『椿《つばき》の海の記』（二〇一五年、河出書房）●幼少期の著者の思い出とともに、公害が起きる前の水俣の様子をつづる。詩的な叙述を通して人間の儚さや自然の美しさを描き、石牟礼の最高傑作との声も。 7

石牟礼道子『苦海浄土《くがいじょうど》 わが水俣病』（二〇〇四年、講談社）●水俣病に取材した、石牟礼の代表作。患者やその周りの人々が、どのような生を生き、何を感じ、考えていたかを克明に記す。目をそらさず、向き合ってほしい。 7

柳田《やなぎた》國男『妖怪談義』（一九七七年、講談社）●自然界に潜む霊性を妖怪として形象化する。それもまた、アニミズムの一形態かもしれない。まずは「妖怪名彙《めいい》」に目を通し、想像力をふくらませてみよう。 7

02 一神教的世界観

旧約聖書●ユダヤ教・キリスト教の聖典。『聖書 新改訳2017』（二〇一八年、いのちのことば社）

加藤 隆『集中講義 旧約聖書』（二〇一六年、NHK出版）●旧約聖書が編纂された歴史的背景やそのルーツを探る。 5

山形孝夫《たかお》『聖書物語』（一九八二年、岩波書店）●西洋の思想や文化の基層にある『聖書』のエッセンスを、平易な言葉で学べる一冊。 4

沖田瑞穂『世界の神話』（二〇一九年、岩波書店）●インド、メソポタミア、ケルトなどの神話をわかりやすく紹介する一冊。その話が何を象徴するかなどの解釈も面白い。 3

03 円環時間

折《おり》口《くち》信夫《しのぶ》『古代研究V 国文学篇1』（二〇一七年、角川書店）●国文学の発生を探るために論じた四篇を所収。

『平家物語 ビギナーズ・クラシックス 日本の古典』●平氏一門の興亡を描いた軍記物（二〇〇一年、角川書店）。『平家物語』を代表する説話を選び、わかりやすく現代語訳している。 4

太宰《だざい》治《おさむ》『御伽草子《おとぎぞうし》』「浦島さん」●太宰の傑作として名高い『御伽草子』の中の一作。誰もが知る浦島太郎を太宰が翻案《ほんあん》するとどうなるか？なお、竜宮城も常世の一つの姿と言われる。 5

04 宗教・信仰・神話

次田真幸《つぎたまさき》『古事記 全訳注』上巻（一九七七年、講談社）●古事記を現代語訳し解説した一冊。各説話の文化的意義も解説。 8

富安陽子 文・山村浩二 絵『絵物語 古事記』（二〇一七年、偕成社）●「古事記」の神話を、挿し絵入りで現代語訳した一冊。日本神話の良心的な入門書となっている。3

石井桃子 編・富山妙子 画『ギリシア神話』（二〇〇〇年、のら書店）●後世の文学や哲学に多大な影響を与えたギリシャ神話は、ぜひ読んでおきたい教養。まずは10代から読めるように書かれた本書から。3

05 仏教的世界観

柳宗悦《やなぎむねよし》『南無阿弥陀仏 付 心偈《こころうた》』（一九九三年、岩波書店）●民藝運動家の著者が、浄土思想を民藝美学の観点で説明する一冊。

釈徹宗《しゃくてっしゅう》『お経で読む仏教』（二〇二〇年、NHK出版）●緻密に展開していく仏教哲学を学びたいなら、まずはこの一冊から。5

宮沢賢治『なめとこ山の熊』●宮沢の作品には仏教思想の影響がしばしば指摘されるが、この作品も、生の苦しみを主題とする。3

06 儒家と道家の思想

諸橋轍次《もろはしてつじ》『老子《ろうし》の講義（新装版）』（一九九八年、大修館書店）●漢学者である著者が、世俗を批判する老子の思想を八十一章にわたって解説する一冊。

井波律子『故事成語でたどる楽しい中国史』（二〇〇四年、岩波書店）●中国史を、神話時代から清王朝まで、故事成句を引用しながら解説する一冊。漢文の副読本としても。4

酒見賢一『墨攻《ぼくこう》』（一九九四年、新潮社）●無差別の愛や、反侵略戦争を説いた墨子の思想を信奉した墨家教団の一人を主人公とする小説。漫画化もされている。3

07 レトリック

プラトン『プロタゴラス』●引用は、『プロタゴラス―あるソフィストとの対話』（二〇一〇年、光文社）による。プロタゴラスとソクラテスとの、人間の徳（アレテー）をめぐる対話からなる一冊。

佐藤信夫『レトリック感覚』（一九九二年、講談社）●レトリックの歴史や具体的なありかたを振り返り、さまざまな用法を検討しながら、その創造性を分析する名著。7

野崎昭弘『詭弁《きべん》論理学』（一九七六年、中央公論新社）●さまざまな例題などを挙げながら、詭弁や強弁について紹介する一冊。8

08 善《よ》く生きる

田中美知太郎『ソクラテス』（一九五七年、岩波書店）●ソクラテスの人生や考え方を学ぶための、最良の入門書。アテネの青年を堕落させたという罪をかけられ、死刑を宣告されたソクラテスは、なぜ、刑を受け入れたのか……？6

プラトン『ソクラテスの弁明』（二〇一二年、光文社）●田中美知太郎『ソクラテス』を読んで面白いと思ったら、ぜひ挑戦してみよう。8

09 イデア論

プラトン『パイドン―魂について』（二〇一九年、光文社）●ソクラテスの死刑当日、獄中で弟子たちと魂の存在を哲学し対話する、プラトン中期の代表作。

納富信留《のうとみのぶる》『プラトン哲学への旅―エロースとは何者か』（二〇一九年、NHK出版）語り手である「私」が古代ギリシャにタイムスリップし、哲学者たちの議論に参加するという設定で、プラトンの名著『饗宴』について考察する一冊。6

平尾昌宏『人生はゲームなのだろうか？』（二〇二二年、筑摩書房）●専門的な用語や難解な言い回しを用いずに、哲学的思考の実践例を見せてくれる一冊。5

10 キリスト教（隣人愛と原罪）

滝澤《たきざわ》武人《ぶじん》『人間イエス』（一九九七年、講談社）●神の子ではなく、一人の人間としてイエスをとらえ、その一生や魅力に迫った一冊。

共同訳聖書実行委員会 編『聖書 新共同訳』（一九八八年、日本聖書協会）●本文の引用は、「ローマの信徒への手紙」五章十二節による。

山本芳久《よしひさ》『キリスト教の核心をよむ』（二〇二一年、NHK出版）●聖書からの引用を踏まえ、「旅」をキーワードに、キリスト教の思想をわかりやすく解説する一冊。巻末のブックガイドも充実。5

芥川《あくたがわ》龍之介《りゅうのすけ》『きりしとほろ上人《しょうにん》伝』●「しりあ」の国に住む山男が神の奇跡にあずかる物語。『新約聖書』の言葉「心の貧しい人々は、幸いである」を主題としている。芥川がキリスト教を題材に描いた作品には、他にも「奉教人の死」「西方の人」などがある。4

11 イスラーム

コーラン●イスラームの聖典。本文の引用は、『コーラン』上巻（一九五七年、岩波書店）による。

大川玲子《れいこ》『聖典「クルアーン」の思想』（二〇〇四年、講談社）●聖典が誕生した背景やイスラームの思想を解説する一冊。6

中田考・天川まなる『ハサン中田考のマンガでわかるイスラーム入門』（二〇二〇年、サイゾー）●イスラーム法学者中田が漫画家の天川にレクチャーする構成。イスラームの歴史や哲学、システム、現在等について、漫画と文でイスラームをわかりやすく解説。3

後藤 明『イスラーム世界史』（二〇一七年、角川書店）●ヨーロッパ中心主義的な世界史を相対化する一冊。イスラームの歴史を、その誕生以前から現代まで振り返る。5

12 形而上学

村上陽一郎『あらためて教養とは』（二〇〇九年、新潮社）●世界と日本の教養教育の歴史をたどり、人間にとって「教養」とは何かを考える。4

岩田靖夫《やすお》『ヨーロッパ思想入門』（二〇〇三年、岩波書店）●ギリシャの哲学とキリスト教の世界観を西洋哲学の源流とみなし、古代から現代に至る西洋哲学の流れを解説する。第3部はかなり難解だが、第1部〜第2部は読めるはず。7

13 ルネサンスと宗教改革

永田諒一《りょういち》『宗教改革の真実』（二〇〇四年、講談社）●俗説を検証し、一筋縄ではいかない宗教改革の内実を浮き彫りにした一冊。6

澤井《さわい》繁男《しげお》『ルネサンス文化と科学』（一九九六年、山川出版社）●ルネサンス期を生きた知識人の心のありようを、資料を読み解きながら解説する。6

14 科学革命

橋本毅彦《たけひこ》『図説科学史入門』（二〇一六年、筑摩書房）●古代から現代までの自然観の変遷を、図や写真を参照しながら解説する一冊。6

魚豊《うおと》『チ。―地球の運動について―』第一巻（二〇二〇年、小学館）●天動説から地動説へのパラダイムシフトをめぐる人間ドラマを主題とする漫画。2

佐倉統《おさむ》『科学とはなにか』（二〇二〇年、講談社）●科学の歴史を振り返り、21世紀の科学はどうあるべきかを考える、わかりやすい一冊。4

15 理性と近代合理主義

デカルト『方法序説』（二〇〇〇年、岩波書店）
●デカルトが初めて出版した著作。まずすべてを疑い、確実な真理に到達するための方法を述べる。有名な「我思う、ゆえに我あり」もこの本にある。現代社会の土台である近代合理主義の基礎となった一冊。哲学書としては短いので、わかるところだけでも拾い読みしてみよう。西洋近代に生み出された価値観や制度は、私たちの生きる現代社会の土台となっている。したがって現代を知るためには近代的価値観を理解することが必要になってくるわけだが、その近代的価値観を代表する哲学者がデカルトであることは覚えておこう。9

トーベ＝ヤンソン『ムーミン谷の彗星《すいせい》』（一九七八年、講談社）●彗星が衝突するかもしれないという地球の危機にありながら、ひたすら彗星のデータを収集する学者の姿に、合理主義の一つのイメージが象徴されている。2

16 主客二元論

『古今和歌集』●平安時代の勅撰和歌集。

石川文康《ふみやす》『カント入門』（一九九五年、筑摩書房）
●近代哲学の主客二元論についてより理解を深めるためには、カントの哲学について、ある程度は知っておきたい。しかしながらカントの哲学は難解であり、「入門」を謳《うた》う本書もまた、決して平易な内容とは言えない。すべてを理解しようとは思わず、わかるところだけを拾い読みするだけでかまわない。認識する主体と認識される客体との関係、あるいは、人間の自由における理性の働き等の解説を通じ、主客二元論的という思考の枠組みについて、より本格的に理解することのできる一冊である。8

マーカス・ウィークス『10代からの哲学図鑑』（二〇一五年、三省堂）●西洋の哲学を、古代から現代まで幅広く見渡す一冊。図などがわかりやすい。8

17 人間中心主義

ギヨーム・デュプラ『動物の見ている世界』（二〇一四年、創元社）●動物に見えている世界をきれいなイラストと楽しい仕掛けで紹介する一冊。1

島崎藤村『破戒』●明治時代の青年教師、瀬川丑松《うしまつ》の葛藤《かっとう》を主題とする小説。古い因習に基づく差別を告発し、人間の解放を唱えるヒューマニズムの作品として読むことができる。4

原民喜《たみき》「原爆小景」●九編の短詩からなる作品。人間を肯定した近代。その結晶としての科学が生み出した原子爆弾が、人間の人間性を否定するという矛盾。3

18 人間機械論

手塚治虫《おさむ》『火の鳥　復活編』第五巻（一九七〇―七一年、角川書店）●人間でありながらロボットのチヒロを愛してしまった少年レオナ。二人の物語の結末は……。当該編のみならず、刊行されている『火の鳥』全編（未完）を読むと、さらにおもしろく感じられるはず。手塚治虫の代表作『火の鳥』の第六作目。2

金森修《おさむ》『動物に魂はあるのか』（二〇一二年、中央公論新社）●古代ギリシャから現代に至るまでの西洋哲学の流れを追いながら、「動物に霊魂はあるのか」を考え、人間存在の核心に迫ろうとする一冊。デカルトの動物機械論や、ラ・メトリの人間機械論についても詳しく触れられている。7

19 科学の時代

高橋繁行『土葬の村』（二〇二一年、講談社）●土葬文化の研究を通して、その弔いの形や死生観に切り込む一冊。4

水木しげる『ゲゲゲの鬼太郎』第二巻「墓場の鬼太郎ゆうれい電車」（二〇一八年、講談社）●「おばけなどいない」と信じる男が、ある晩ゆうれい電車に遭遇して……。[1]

池内了《さとる》『物理学と神』（二〇〇二年、集英社）●科学史と科学哲学の視点から、西洋の世俗化の経緯を読み解く。科学者や宗教家、哲学者などの逸話が盛りだくさん。[7]

内山節《たかし》『日本人はなぜキツネにだまされなくなったのか』（二〇〇七年、講談社）●近代科学の進展と前近代的世界観との背反《はいはん》関係を、わかりやすい言葉で解説してくれる一冊。[5]

20 直線時間

今村仁司《ひとし》『近代性の構造』（一九九四年、講談社）●近代の特徴を理解するための最良の一冊。直線時間の成立について、未来の先取りという近代的意識から解説する。[7]

ダーウィン著、**バラエティ・アートワークス** 漫画『まんがで読破 種の起源』（二〇〇九年、イースト・プレス）●ダーウィンの『種の起源』について、漫画でわかりやすく解説する一冊。巻末には、進化についての直線的なイメージを否定するくだりもきちんとある。[2]

21 個人主義

青山秀夫『マックス・ウェーバー』（一九五九年、岩波書店）●キリスト教的なヒューマニズムと現代の物質文明を通して、ウェーバーの実績や人物像を分析する一冊。[8]

夏目漱石《そうせき》「**私の個人主義**」●夏目漱石が学習院で行った講義をまとめたもの。漱石の個人主義の実践を学生に説く。[7]

御子柴《みこしば》**善之**《よしゆき》『自分で考える勇気―カント哲学入門』（二〇一五年、岩波書店）●カントの哲学をわかりやすく解説する、最良のカント入門書。カントの考えた個人の自由とは、きわめて倫理的な実践だったことがわかる。**16**「カント入門」「主客二元論」で紹介した、石川文康『カント入門』とあわせて。[7]

池田晶子《あきこ》『14歳の君へ』（二〇一九年、毎日新聞出版）●タイトルに偽りなし。まさに中高生に読めるように書かれた哲学書。I章「個性」などが個人主義というテーマと深く関係する。[4]

22 都市

高階《たかしな》**秀爾**《しゅうじ》『本の遠近法』（二〇〇六年、新書館）●古今東西の芸術をめぐって書かれたさまざまな本を、美術史の大家が新たな視点で切り取る。[5]

那須《なす》**正幹**《まさもと》作・**前川かずお**絵『ズッコケ宇宙大旅行』（一九八五年、ポプラ社）●ハカセ、ハチベエ、モーちゃんの小学生三人組が活躍する『ズッコケ三人組』シリーズの一冊。[2]

クリストファー・ソープ編『社会学大図鑑』（二〇一八年、三省堂）●社会学の重要テーマを、著名な研究者の考えを紹介しながら丁寧に解説。都市については、「群れから村へ、そして都市のディストピアへ」に詳しい。[7]

池上俊一《しゅんいち》『ヨーロッパ史入門 原形から近代への胎動』（二〇二一年、岩波書店）●ヨーロッパ形成の歴史的な展開を詳細に論じる一冊。「原形から近代への胎動」「市民革命から現代へ」の二冊セットで、都市については前者の第二章で論じられている。[6]

23 人権

山本おさむ『どんぐりの家』**全七巻**（一九九三―一九九七年、小学館）●ろう（聴覚障害）に加え、他の障害も持つ子どもとその家族などの姿を描いた作品。入居型施設である「ふれあいの里・どんぐり」の設立へ向けた、人間ドラマやその尽力の様が克明に描かれる。[2]

高木八尺《やさか》・**末延三次**《すえのぶさんじ》・**宮沢俊義**《としよし》編『人権宣言集』（一九九三年、岩波書店）●人権宣言の系譜と現状を明らかにする。

徐《ソ》京植《キョンシク》『在日朝鮮人ってどんなひと？』（二〇一二年、平凡社）●在日朝鮮人について、中高生向けに丁寧に解説する一冊。基本的人権が、国家に帰属する人間にしか認められていない現実を厳しく批判する。4

24 啓蒙《けいもう》思想

カント『永遠平和のために／啓蒙とは何か』（二〇〇六年、光文社）●カントの現実的な問題意識に貫かれた論文集。

池上俊一『動物裁判』（一九九〇年、講談社）●西洋の13世紀〜18世紀にかけて広く行われた動物裁判という奇習は何を意味するか、豊富な資料から分析する。前近代から近代への移行のプロセスが、鮮明にイメージできるようになる。6

読書猿『独学大全《たいぜん》』（二〇二〇年、ダイヤモンド社）●独学の方法を、あらゆる角度からレクチャーしてくれる真に啓蒙的な一冊。「無知くんと親父さんの対話」がおもしろい。重厚な本なので、まずは「『独学大全』公式副読本」から入るというのもおススメ。6

25 公共圏と近代市民社会

大杉栄《さかえ》『奴隷《どれい》根性論』●個人主義や無政府主義を実践するため社会運動に従事した大正期の思想家の評論。

苫野《とまの》一徳《いっとく》『はじめての哲学的思考』（二〇一七年、筑摩書房）●中高生にも実践できる哲学的対話の方法を、やさしい言葉で解説する。「本質観取」という考え方は、民主主義を成熟させるうえで重要。5

石田英敬《ひでたか》『自分と未来のつくり方』（二〇一〇年、岩波書店）●中高生に行った授業をもとにした一冊。語り口はやわらかいが、本格的な哲学の知も扱っている。情報産業社会としての現代を理解し、未来を切り拓くための視座を与えてくれる。6

26 一般意思

辺見庸『もの食う人びと』（二〇〇〇年、角川書店）●食を題材として、世界と日本、そして人間を深く洞察する一冊。本書を通して、人間の尊厳とは何か、人として生きるとはどのようであるべきか、考えてみてほしい。5

重田《おもだ》園江《そのえ》『社会契約論』（二〇一三年、筑摩書房）●ホッブズ、ヒューム、ルソー、ロールズの社会契約論の思想を解説し、これからの社会のありようについて考察する、政治思想の入門書。決して平易な内容ではないが、誠実な解説である。精読をおすすめする。8

ルソー『社会契約論』（二〇〇八年、光文社）●哲学者・翻訳者である訳者による、世界史を動かした歴史的著作の画期的新訳。

27 民主主義

三木《みき》清《きよし》『現代日本思想体系33』「**自己を中心に**」（一九六六年、筑摩書房）●友人を匿ったことで逮捕監禁され獄死した、京都学派を代表する哲学者のエッセイ。

宇野重規《しげき》『民主主義とは何か』（二〇二〇年、講談社）●民主主義の歴史をたどりながら、その目的・課題を示す名著。

齋藤《さいとう》純一『平等ってなんだろう？』（二〇二一年、平凡社）●政治哲学の第一人者である著者が、中学生からの質問に答え、民主主義や自由、平等などをわかりやすく解説する。政治哲学の入門書の決定版。4

坂井豊貴《とよたか》『多数決を疑う』（二〇一五年、岩波書店）●現代日本では、「多数決」が民意を集約するほぼ唯一の方法だが、著者はそれを徹底的に批判する。より正確に民意を集約することのできるシステムを追求し、民主主義の改善をめざすための一冊。7

28 国民国家

寺山修司『寺山修司全歌集』（二〇一一年、講談社）●歌人でもあった寺山修司の全短歌を収めた一冊。

高澤紀恵《たかざわのりえ》『主権国家体制の成立』（一九九七年、山川出版社）●近代以降、世界の秩序の基本となった主権国家体制は、どのように形成されたのか。豊富な資料で解説する。6

谷川稔《みのる》『国民国家とナショナリズム』（一九九九年、山川出版社）●近代国民国家の形成を詳説する一冊。特に、ドイツ・フランス・イギリスの国民国家の違いを解説するくだりが、示唆《しさ》に富んでいる。6

29 国民統合

酒井直樹『死産される日本語・日本人』（一九九九年、新曜社）●日本の歴史から地政学的配置を明らかにし、日本という言説の意味を問い直した、ポストコロニアル批評の名著。

池田亀鑑《きかん》「忘られぬお国言葉」（一九九八年、作品社）●鳥取県の一寒村三方山で育った著者が故郷の方言に思いを馳せる。

安田敏朗《としあき》『「国語」の近代史』（二〇〇六年、中央公論新社）●近代の日本は、いかにして国民統合を図ったか。「国語」の整備と普及という観点からつぶさに論じる一冊。帝国主義と「国語」という主題にも言及する。7

李《り》**琴峰**《ことみ》『彼岸花《ひがんばな》が咲く島』（二〇二一年、文藝春秋）●架空の島に漂着した少女が主人公のファンタジー。フェミニズムやジェンダーのテーマが色濃く表れ、言語と共同体や国家との関係も鮮烈にイメージさせる語りとなっている。第一六五回芥川賞受賞作。3

30 ナショナリズム

夏目漱石《そうせき》『坊ちゃん』●松山中学在任当時の体験を背景とした、自身の体験をもとに描く漱石初期の代表作。6

榛葉英治《しんばえいじ》『城壁』（二〇二〇年、文学通信）●南京大虐殺事件を複数の視点から描き出し、いかに歴史として残すかを問うた小説。7

遅塚忠躬《ちづかただみ》『フランス革命』（一九九七年、岩波書店）●国民国家やナショナリズムを考える上で重要なフランス革命。その概略を学ぶのに最適な入門書。ナショナリズムの具体的なイメージをつかむことができるだろう。3

橋川文三《ぶんぞう》『ナショナリズム　その神話と論理』（二〇一五年、筑摩書房）●決して平易ではないが、日本における国民統合やナショナリズムの形成を考えるための、きわめて重要な視座を与えてくれる一冊。ある程度勉強を進めたら、チャレンジしてみよう。9

31 国民国家の功罪

武田一義『ペリリュー　―楽園のゲルニカ―』**全十一巻**、『**外伝**』（二〇一六年〜、白泉社）●アジア太平洋戦争末期、南太平洋パラオ諸島の小島ペリリュー島での日米の激戦を描く。綿密な取材に基づき、戦争と人間を真摯《しんし》に描いた作品。2

ベネディクト・アンダーソン『定本　想像の共同体』（二〇〇七年、書籍工房早山）●国民国家やナショナリズムについて考える上で、避けて通ることのできない名著。「国民」というイメージの形成について、さまざまな事例を参照しながら緻密《ちみつ》に検証する。難しく感じられるだろうが、ぜひ挑戦してみてほしい。9

32 資本主義

太宰治『人間失格』●本当の自分を誰にもさらけ出すことなく生きてきた、主人公「葉造」の道化と転落を描いた自伝的小説。6

アダム・スミス『国富《こくふ》論Ⅰ』（二〇二〇年、中央公論新社）●古典経済学と近代的な自由主義の記念碑的一冊。

インフォビジュアル研究所『図解でわかる14歳から考える資本主義』（二〇二〇年、太田出版）●資本主義の成り立ちや課題について、経済の歴史を古代から振り返って解説する一冊。タイトル通り、イラストを用いた詳細な図解がうれしい。3

長岡慎介《しんすけ》『お金ってなんだろう？』（二〇一七年、平凡社）●資本主義の原理を理解する上で非常に重要な「差異化」という概念を、「違い」という言葉で易しく解説する。平凡社の「中学生の質問箱」シリーズから刊行されている。4

33 搾取《さくしゅ》

マルクス『資本論（一）』（二〇一〇年、岩波書店）●社会主義を科学的軌道に乗せた不朽の名著。

小林多喜二《たきじ》『蟹工船』●重労働者が団結し闘争に立ち上がるまでを描いた、プロレタリア文学の金字塔。7

ヨハン・モスト『マルクス自身の手による資本論入門』（二〇〇九年、大月書店）●マルクス『資本論』を一般の労働者向けに解説した草稿を、マルクス自身が加筆修正した入門書。基礎知識を身につけてから読んでみよう。8

鈴木江理子 編『アンダーコロナの移民たち』（二〇二一年、明石書店）●社会的な弱者は常に搾取などの暴力にさらされるが、特に社会が危機的な状況でそれが顕著となる。コロナ禍《か》の中で移民たちが直面した困難を伝え、考える論文集。気になったタイトルの論文・コラムを選んで読むとよい。7

34 疎外

カール・マルクス『共産主義者宣言』（二〇〇〇年、太田出版）●労働者の団結を説いたマルクスの代表的著作。

葉山嘉樹《よしき》『葉山嘉樹短篇集』「**セメント樽《だる》の中の手紙**」（二〇二一年、岩波書店）●労働者の悲劇的な日常を克明に描く、プロレタリア文学の短編。5

田上《たがみ》孝一『99％のためのマルクス入門』（二〇二一年、晶文社）●マルクスの思想を、「疎外」をキーワードに解説。抽象的な記述が続くので高校生には難しいかもしれないが、要点を繰り返し説明してくれるので、丹念に読めば概略はつかめる。8

斎藤幸平『NHK100分de名著 カール・マルクス 資本論』（二〇二一年、NHK出版）●難解な『資本論』を丁寧に解説。一人ひとりの人間が、疎外されずに豊かに生きるためには、今、何が必要か？アソシエーションというあり方の可能性を模索する一冊。4

35 植民地主義

グザヴィエ・ヤコノ『フランス植民地帝国の歴史』（一九九八年、白水社）●フランスによる植民地拡張の歴史からその崩壊までをまとめる。

清岡卓行《たかゆき》『アカシヤの大連』（二〇〇六年、講談社）●自らの故郷をかつての日本の植民地・大連であると感じる語り手の物語。

加藤陽子『それでも、日本人は「戦争」を選んだ』（二〇〇九年、新潮社）●近代日本の人々はどのような考えの下《もと》に戦争を遂行したのか。中高生への講義をもとにした一冊。植民地主義については第三章に興味深い記述がある。4

玉木俊明《としあき》『ヨーロッパ 繁栄の19世紀史』（二〇一八年、筑摩書房）●ヨーロッパにとって「良き時代」だった19世紀は、他国への侵略と植民地主義の暴力を背景としていた。その状況を多角的に解説する。6

36 帝国の欺瞞《ぎまん》

服部春彦《はっとりはるひこ》・谷川稔《みのる》 編『フランス近代史』（一九九九年、ミネルヴァ書房）●近現代フランスの歩みを政治、経済、社会、文化の各側面にわたって総合的に叙述。8

三田牧《まき》『Contact Zone』**4号「まなざしの呪縛」**（二〇一〇年、京都大学人文科学研究所人文学国際研究センター）●日本統治時代の支配と権力がパラオ島民の生をいかに規定したかを詳説する。

知里幸恵《ちりゆきえ》**編訳**『アイヌ神謡集』（一九七八年、岩波書店）●アイヌなど北方の先住民は、近代以降、日本の同化政策の対象となった。その中で、アイヌ語で語られた物語をなんとか後世に託そうと編まれた一冊。まずは「序」を熟読してほしい。6

川北稔《みのる》『砂糖の世界史』（一九九六年、岩波書店）●西洋植民地主義の展開する中で、砂糖の生産のためイギリスやフランスに支配されたカリブ海の島々。その過程で何があったのか。植民地経営やその現代への影響を考える上で必読の入門書。4

37 世界システム論

川北稔《みのる》『世界システム論講義』（二〇一六年、筑摩書房）●オランダ、イギリス、そしてアメリカ。世界システムの〈中核〉地域からは、他の〈中核〉地域を制するような超大国（覇権《はけん》国家）が現れては交代してきた。その動きを具体的に講じる一冊。6

木谷勤『帝国主義と世界の一体化』（一九九七年、山川出版社）●帝国主義という概念を、世界システムという観点から捉え直す。資本主義が世界を一体化させていくなかで、そこには逆説的に、分断や対立が生じることになる。その展開を見渡して論じる一冊。6

38 ロマン主義

与謝野晶子《よさのあきこ》『みだれ髪』●情熱の歌人、与謝野晶子の歌集。

保田與《よ》**重郎**《じゅうろう》『保田與重郎文庫9 近代の終焉』「**歴史と地理**」（二〇〇二年、新学社）●危機と革新を意識しつつ国の文化と歴史をどう考えようとしたかを示す評論集。

ゲーテ『若きウェルテルの悩み』●青年ウェルテルは、舞踏会で運命の女性ロッテと恋に落ちるが、彼女は他の男性と結婚してしまう。悩み、悶《もだ》え、自己を嫌悪し、そして愛を貫いたウェルテルの選んだ道は……。6

山下和美『不思議な少年』（二〇〇一年、講談社）●『天才柳沢教授の生活』『ランド』等の代表作を持つ作者による、幻想的な漫画の作品。過去に、未来に、そして西へ東へ、時空を行き来できる不死の少年が、人間の愚かさや愛、滑稽《こっけい》さ、哀しみなどをひたすらに見つめる物語。2

39 表象

岩明均『寄生獣』**第八巻**（二〇一八年、講談社）●寄生生物との奇妙な共存関係になった主人公が、寄生生物たちとの壮絶な戦いに挑む。2

岡真理『記憶／物語』（二〇〇〇年、岩波書店）●「表象の不可能性」という観点から、人はいかにして他者と出来事を分かち持つことができるのか、というテーマを考察する。表象論を学ぶ上で欠かすことのできない重要な一冊。8

木村重信『はじめにイメージありき—原始美術の諸相』（一九七一年、岩波書店）●洞窟の壁画などから、描き手の心理や世界観を解釈しようとする著者は、まさに、壁画を原始の人々の内面の表象として捉えていると言える。6

40 ステレオタイプ

京極夏彦《きょうごくなつひこ》**監修**『水木しげる漫画大全集』（二〇一七年、講談社）●半世紀以上にも及ぶ水木しげるの作家活動の集大成。

フランツ・ファノン『黒い皮膚・白い仮面』（一九九八年、みすず書房）●黒い皮膚への偏見に身を貫かれた自らの生の体験から、人間の意識を鮮やかに抽出する。ポストコロニアル批評の重要文献。

下地《しもじ》ローレンス吉孝《よしたか》『「ハーフ」ってなんだろう？』（二〇二一年、平凡社）●いわゆる「ハーフ」をめぐるステレオタイプが、ハーフとされる人々にどのような影響を及ぼすのか。インタビューを軸に考察する。平凡社「中学生の質問箱」シリーズ。2

小林深雪《みゆき》『わたしを決めつけないで』「女子力なんてない！」（二〇一八年、講談社）●男らしさや女らしさというステレオタイプ、すなわちジェンダー表象が生みだす葛藤をテーマとする物語。1

41 オリエンタリズム

エドワード・サイード『オリエンタリズム』上巻（二〇〇〇年、平凡社）●ヨーロッパのオリエントに対する、思考様式の構造と機能を分析し批判した問題提起の書。ポストコロニアル批評の重要文献。

岡倉登志《たかし》『「野蛮」の発見』（一九九〇年、講談社）●西洋による侮蔑《ぶべつ》的な他者表象――とりわけアフリカをめぐる差別的なステレオタイプの構築について、豊富な図を参照しながら解説する。6

岡田温司《あつし》『西洋美術とレイシズム』（二〇二〇年、筑摩書房）●西洋キリスト教美術を、レイシズムの表象という観点から読み解く一冊。筆者はオリエンタリズムの遠い起源として、聖書やキリスト教美術に描かれた他者表象を位置づける。5

42 エスノセントリズム

前田勇樹・古波藏契《こはぐらけい》・秋山道宏《みちひろ》 編『つながる沖縄近現代史』（二〇二一年、ボーダーインク）●気鋭の若手研究者たちが新しい視点で沖縄の歴史をつなぐ入門書。6

小野正嗣《まさつぐ》『NHK100分de名著フランツ・ファノン 黒い皮膚・白い仮面』（二〇二一年、NHK出版）●**40**「ステレオタイプ」で引用したファノン『黒い皮膚・白い仮面』は相当に難解な本。入門書を長らく待っていたが、文学研究者の小野がその夢を叶えてくれた。内容も書き方もとても誠実な一冊。4

吉見俊哉《よしみしゅんや》『博覧会の政治学』（一九九二年、中央公論新社）●近代の西洋や日本が植民地帝国を築いていく中で、「博覧会」というイベントが果たしたエスノセントリズム的な役割を分析する。7

43 日本の近代化

正岡子規『再び歌よみに与ふる書』●古今和歌集を批判し、万葉集・金槐和歌集を賞賛して旧派和歌を攻撃した和歌革新論。

夏目漱石《そうせき》『三四郎』●三四郎の体験を通じ、学問・友情・恋愛への不安や戸惑いを描いた作品。6

三谷太一郎《たいちろう》『日本の近代とは何であったか』（二〇一七年、岩波書店）●明治以降の日本は、どのように資本主義や近代国家の形態を受容していったのか。そこにおいて具体的に何が起きたのか。日本の近代を振り返る一冊。6

丸山真男《まさお》『日本の思想』（一九六一年、岩波書店）●日本の近代を考える上で必読の名著。硬質な文体だが論理的に記述しているので、丁寧に読んでいけば高校生でも挑戦できる。Ⅳ章の「『である』ことと『する』こと」は教科書で読んだ人もいるだろう。7

44 マルクス主義

廣松《ひろまつ》渉《わたる》『今こそマルクスを読み返す』（一九九〇年、講談社）●マルクスは『資本論』で何を言おうとしたのか。近代社会の未来をどう展望したのか。20世紀世界の根幹思想の発展的継承を試みる。8

斎藤幸平『人新世《ひとしんせい》の「資本論」』（二〇二〇年、集英社）●終わりなき資本の増殖を展開する資本主義によって、いずれ地球は破滅する。今こそマルクスを読み直し、人類のアソシエーションをめざすべきだ――著者の熱い思いが伝わる一冊。6

松戸清裕《きよひろ》『歴史のなかのソ連』（二〇〇五年、山川出版社）●現実の社会主義国家とマルクスの思想は、似て非なるものであったと言われる。ただし、社会主義の壮大な実験とも言えるソ連の試みと挫折を知ることは、真のアソシエーションを模索する上で、決して無駄なことではないだろう。6

45 修正資本主義

根《ね》井《い》雅弘《まさひろ》『20世紀をつくった経済学』（二〇一一年、筑摩書房）●シュンペーター、ハイエク、ケインズの思想を説明しながら、20世紀の資本主義経済についてわかりやすく解説する。修正資本主義への理解を深めるには、第三章のケインズについての解説を熟読するとよい。5

柏木《かしわぎ》ハルコ『健康で文化的な最低限度の生活』（二〇一四年、小学館）●社会保障制度の一つ、生活保護の受給をめぐるドラマを描いた漫画。徹底した取材に裏打ちされており、現行制度の課題などをリアルに学ぶことができる。2

46 全体主義

水木しげる『総員玉砕せよ!!』（一九九五年、講談社）●南太平洋の島で日本軍将兵に残された道は何か。戦争の無意味さ、悲惨さを迫真のタッチで、生々しく訴える長篇コミック。2

ハンナ・アーレント『全体主義の起原3　全体主義［新版］』（二〇一七年、みすず書房）●人類史上それまでにはなかった「全体主義」という枠組から、ナチス・ドイツとソヴィエト・ロシアの同質性と実態を分析した不朽の書。

石田勇治『ヒトラーとナチ・ドイツ』（二〇一五年、講談社）●ヒトラーとナチズムが現れ、大衆の支持を得て独裁体制を築き、絶滅収容所という暴挙に至るまでのプロセスを、詳細に、丁寧に伝えてくれる。6

吉田　裕《ゆたか》『日本軍兵士―アジア・太平洋戦争の現実』（二〇一七年、中央公論新社）●アジア・太平洋戦争で、日本軍兵士はいったいどのように死んでいったのか。数多くの資料を参照し、戦争におけるドラマ性を徹底的に否定する一冊。全体主義のもとでは、はたして人間の命はどう扱われるのだろうか。6

47 自由からの逃走

荒川　弘《ひろむ》『銀の匙《さじ》　Silver Spoon』（二〇一一年、小学館）●農業高校を舞台に、主人公の八軒勇吾の成長を描く青春物語。2

エーリッヒ・フロム『自由からの逃走』（一九五一年、東京創元社）●全体主義の誕生について、西洋の近代直前からの歴史を振り返り、まさに「自由からの逃走」という人間心理を洞察する。学術書ではあるが、ルネサンス期以降の西洋史の概略がわかれば、高校生にもチャレンジできる。8

将基面貴巳《しょうぎめんたかし》『従順さのどこがいけないのか』（二〇二一年、筑摩書房）●全体主義は、私たち一人ひとりの欲望から誕生する可能性がある。では、権力への不服従をいかに実践していくか。まずは本書から学びたい。4

48 大衆

ヒトラー 著、バラエティ・アートワークス漫画『まんがで読破　わが闘争』（二〇〇八年、イースト・プレス）●ヒトラーの自伝に基づいて、その独裁者になるまでの過程を漫画でたどる一冊。全体主義の指導者が大衆という存在をいかに扇動《せんどう》するか、そのあり方をビジュアル的な情報として見ておくことにも意味はあるだろう。2

太宰治《だざいおさむ》「東京だより」●戦時下、工場に動員された女学生たちが一糸乱れず働いている様子に、「私」は、匿名化された集団のありようを感じる。しかし、そこにただひとり、鮮烈な個性を感じさせる少女がいて——示唆に富む掌編《しょうへん》のエッセイ。3

49 メディア

山本秀行《ひでゆき》『ナチズムの時代』（二〇一七年、山川出版社）●ナチズムを、第一次世界大戦から始まる時代と現代とを照らし合わせて考察する。6

岡本健《たけし》・松井広志 編『ポスト情報メディア論』（二〇一八年、ナカニシヤ出版）●メディアという概念は、いろいろなモノへと広げて考えることができる。本書がメディアとして扱う対象は、TRPG、コンビニ、コスプレ、就職活動……などなど。6

永井豪《ごう》『デビルマン』（一九七二年、講談社）●悪魔と合体した人間「デビルマン」と悪魔との戦いを描く漫画作品。物語の終盤で、マスメディアに扇動された大衆の狂気を描く。非常に残虐なシーンが続くので、苦手な人は避けておいたほうがよい。ただ、物語としての完成度は驚くほどに高い。2

50 神は死んだ

ニーチェ『ツァラトゥストラはこう言った』**上下巻**（二〇〇九年、岩波書店）●晩年のニーチェが、その根本思想を詩的に、かつ象徴的に綴った哲学書。

岡本裕一朗『教養として学んでおきたいニーチェ』（二〇二一年、マイナビ出版）●とにかくわかりやすい。永遠回帰を生きることを「遊び」というキーワードから考察するくだりは特にすばらしい。ニーチェを学ぶならまずはこの一冊から。4

石川淳《じゅん》『紫苑《しおん》物語』（一九八九年、講談社）●「意味」を考えず、ただひたすらに己《おのれ》を高めていこうとする主人公の生き方には、ニーチェの超人を連想させるものがある。新潮文庫版などに収録されている「修羅」や「八幡縁起」も然《しか》り。5

51 無意識の発見

川尻こだま『川尻こだまのただれた生活』**第四巻**（二〇二二年、Amazon Kindle）●ほのぼのとした不摂生日常漫画まとめ第4弾。1

フロイト『精神分析入門』**上巻**（二〇〇五年、新潮社）●一九一五年から一七年までウィーン大学で一般向けに行われた講義の記録。

木村敏《びん》『心の病理を考える』（一九九四年、筑摩書房）●心を病むということについて、精神病理学の見地から考察する。精神病理学の展開についてはやはりフロイトの解説から始まるが、考察の射程は、現象学や現代思想にまで広がる。決して簡単ではないので、じっくりと精読したい。8

山尾悠子《やまおゆうこ》『夢の遠近法』（二〇一〇年、筑摩書房）●フロイトは、夢を無意識的な欲望の表象と考えた。だが、それは往々にして、ゆがめられた形で、本人にすらそれがどのような欲望の表象であるかわからないものとして現れる。『夢の遠近法』所収の各作品に描かれる夢は、どんな欲望の表象なのか。5

52 差異の体系

柳田国男『遠野物語』●日本民俗学を成立させた記念碑的名著。

深沢七郎『楢山節考《ならやまぶしこう》』（一九九七年、新潮社）●残酷な棄老伝説を通して人間を描く衝撃の作品。4

ソシュール『一般言語学講義』（二〇〇〇年、岩波書店）●ソシュールの講義を編集し、まとめた一冊。

田中克彦《かつひこ》『言語学とは何か』（一九九三年、岩波書店）●言語学の流れを、各学派の主張や意図などに焦点化しながら解説する一冊。第一章でソシュールを扱っており、と

りわけ、ソシュールがなぜ共時的な言語学を選んだのかについての説明が詳しい。 6

加賀野井秀一《かがのいしゅういち》『20世紀言語学入門　現代思想の原点』（一九九五年、講談社）●20世紀の言語学の潮流を解説する一冊。現代思想との関係についてもかなり踏みこんで言及している。ソシュールについては、特に「差異の体系」の解説がわかりやすい。 6

53 ラング／パロール

竹田青嗣《せいじ》『現代思想の冒険』（一九九二年、筑摩書房）●デカルト以降の近代哲学と対照しながら、「現代思想」と呼ばれる一連の考え方を俯瞰《ふかん》する。ソシュールについては、第二章の**1**で、現代思想の源流として解説。パロールとラングの関係性を図で示した資料がわかりやすい。 6

丸山圭三郎《けいざぶろう》『ソシュールを読む』（二〇一二年、講談社）●岩波市民センターで開かれた講演「ソシュール『一般言語学講義』を読む」という講演を活字にした一冊。ほぼ「です」「ます」体で親しみやすいが、内容は本格的。ある程度勉強してから挑戦してみるとよい。 8

54 分節化

広瀬友紀『ちいさい言語学者の冒険—子どもに学ぶことばの秘密』（二〇一七年、岩波書店）●幼児がどのように言葉を獲得し、世界を分節していくのか。実際の幼児の言葉を紹介しながら、具体的に、わかりやすく、おもしろく解説する。 4

丸山圭三郎『ソシュールの思想』（一九八一年、岩波書店）●ソシュール理解の決定版と言える一冊。ソシュールの言語学を整理しつつ、そこからさらに、自らの思想・哲学を構築していく。決して平易ではないが、誠実な書き方となっているので、わかるところだけわかればいい。ぜひ読んでみてほしい。 10

55 言語相対論

宗《チョン》 **秋月**《チュウォル》『猪飼野《いかいの》タリョン』（一九八六年、思想の科学社）●猪飼野とは、大阪市生野区の在日韓国人が多く住む地域の町名。20世紀の在日韓国人の生を歌うように語る。 7

柳父章《やなぶあきら》『翻訳語成立事情』（一九八二年、岩波書店）●文明開化の時期、欧米の多くの概念が日本語へと翻訳されることになるが、そのとき、日本語には存在しない概念を、日本語の新たな語として翻訳する必要があった。その悪戦苦闘を振り返る。 5

鈴木日出男『高校生のための古文キーワード100』（二〇〇六年、筑摩書房）●古文読解のカギとなる心情表現を中心に、古語を解説する。言葉の成り立ちや、実際の使用例などを参照する多角的な説明となっている。例えば「あはれ」や「かなし」など現代にも残る語の、現代語と古語での分節のズレがおもしろい。 3

56 構造主義

寺田寅彦《とらひこ》『寺田寅彦随筆集』第二巻「**化け物の進化**」（二〇一七年、岩波書店）●近・現代の日本の代表的な科学者のエッセイを九編収録。現代にも通じる科学の視点が興味深く読める。 5

内田 樹《たつる》『寝ながら学べる構造主義』（二〇〇二年、文藝春秋）●構造主義には多様な切り口があるが、この本は、「個々の文化を成り立たせている構造の違いに着目することで文化間の優劣を否定する」という、言語相対論にもつながる考え方を、かなり詳しく説明してくれる。 7

橋爪大三郎《だいさぶろう》『はじめての構造主義』（二〇〇〇年、講談社）●構造という概念について、その前史にまで遡って、徹底的に掘り下げて解説する伝説の名著。「ちょっと進んだ高校生、いや、かなりおませな中学生の皆さんにも読んでいただけるように、書いてみました」という著者の言葉に、ぜひ、応答したい。7

57 文化人類学

松村圭一郎《けいいちろう》『はみだしの人類学』(二〇二〇年、NHK出版)●近代が生んだ価値観やイデオロギーは、いまなお、私たちの「常識」を強く支配する。それを批判し相対化する文化人類学の意義は、現代も大きい。本書はその最良の入門書。ぜひ、文化人類学的な知に触れてみよう。4

小田亮《まこと》『レヴィ＝ストロース入門』(二〇〇〇年、筑摩書房)●レヴィ＝ストロースの主著『親族の基本構造』などを丁寧に読み解く。決して平易ではないが、誠実な一冊。第四章「ブリコラージュ vs 近代知」だけでも読んでみてほしい。8

58 中心／周縁《しゅうえん》

本田和子《ますこ》『異文化としての子ども』(一九九二年、筑摩書房)●既成の児童観から自由な視点で、子どもたちの世界を探訪する。児童学の古典的名著。7

ミヒャエル・エンデ『モモ』(二〇〇五年、岩波書店)●円形劇場の遺跡に住みついたみすぼらしい身なりの少女、モモ。彼女はまさに、近代文明社会にとって〈周縁〉の存在である。しかしこの少女の活躍によって、世界は救われるのだ。3

畑中章宏《あきひろ》『日本疫病《えきびょう》図説』(二〇二一年、笠間書院)●前近代、感染症は、共同体の外部からやってくる、〈周縁〉的存在であった。もちろんそれは忌《い》むべきものであったが、反面、そうした感染症とのせめぎあいの中で、民間信仰や芸能、工芸品なども創造されてきたのである。4

59 異化

草野理恵子『黄色い木馬／レタス』「ポケット／舌」(二〇一六年、土曜美術社出版販売)●現代詩は難しい。そう感じたことがあるなら、その感覚は、正しい。なぜなら現代詩とは、異化を徹底する表現であるからだ。まずは言葉の組み合わせの意外性を楽しみ、その質感を味わうところから始めてみよう。8

大橋洋一『新文学入門』(一九九九年、岩波書店)●文学理論の流れを知るには、まずこの一冊をおススメする。6

亀井秀雄 監修・蓼沼《たでぬま》正美 著『超入門！現代文学理論講座』(二〇一五年、筑摩書房)●フォルマリズムの「異化」という概念は、いわゆる文学理論と呼ばれるものの一つだ。異化を含む、現代の文学理論を学ぶための入門書といえば、まずはこの一冊を推す。6

60 物語の型

上坂信男《のぶお》『竹取物語 全訳注』(一九九八年、講談社)●解説と訳がすばらしい。8

小林真大《まさひろ》『文学のトリセツ』(二〇二〇年、五月書房新社)●誰もが知る物語、「桃太郎」を教材に、難解な文学理論をわかりやすく解説する教科書。現代思想を学ぶ一冊としても、きわめて優れた内容となっている。5

廣野《ひろの》由美子『批評理論入門「フランケンシュタイン」解剖講義』(二〇〇五年、中央公論新社)●悲しき怪物の物語『フランケンシュタイン』を素材に、さまざまな文学理論が小説の読みにどのように適用できるのか、詳しく解説する。広範な理論が紹介されているのもうれしく、何より、読んでいて楽しい一冊。7

61 記号

池上嘉彦《よしひこ》・山中桂一《けいいち》・唐須《とうす》教光《のりみつ》『文化記号論』(一九九四年、講談社)●記号に関する基礎的な知識を丁寧に説明したのち、それを実際に、さまざまな対象を解釈するツールとして応用してみせる。日常も、非日常も、私たちの生きるこの世界は無数の記号にあふれているのだ。8

川本茂雄《しげお》『ことばとイメージ』（一九八六年、岩波書店）●記号という考え方を用いて、詩や絵画を自在に解釈する。かなり難しい知識についても言及しているが、わかるところだけわかればいい。「Ⅱ詩の言語」だけでも目を通してほしい。9

62 テクスト

ロラン・バルト『物語の構造分析』「**作者の死**」（一九九七年、みすず書房）●難解な文章だが、「作者の死」というエッセイに目を通してみよう。短い文章だが、ほとんど理解できないだろう。いくつかのフレーズについて意味をなんとなくつかめれば十分だ。

渡辺祐真《すけざね》 10『物語のカギ』（二〇二二年、笠間書院）●読むことを楽しむ方法を、さまざまな角度からレクチャーしてくれる。「作者の死」は第一章の最後に言及されるが、単にこの考え方を紹介するだけではなく、その先の理論にも踏みこんでいる。5

63 ポスト構造主義

宇野邦一《くにいち》『ドゥルーズ 流動の哲学』（二〇〇一年、講談社）●難解なドゥルーズ哲学。そのイメージをつかむには、まずこの一冊から。9

丸山圭三郎《けいざぶろう》『言葉と無意識』（一九八七年、講談社）●構造主義の思想的基盤の一つがソシュールの言語学だが、丸山は、構造を動的に生成変化させていくポスト構造主義的発想が、ソシュールの段階ですでにあったことを指摘する。本書で紹介した著者の本の中では、もっとも読みやすい。7

千葉雅也《まさや》『現代思想入門』（二〇二二年、講談社）●ポスト構造主義について、これ以上イメージしやすく、かつ、誠実に解説する入門書は、もう現れないのではないか。第七章「ポスト・ポスト構造主義」は難しく感じられるかもしれないので、今は読み飛ばしてもいい。現代思想入門の決定版。7

64 アイデンティティ

山田詠美《えいみ》「**文學界新人賞 選評**」『文學界』（一九九七年、文藝春秋）●本当の自分を追い求める、という強迫観念に囚われている現代の風潮を揶揄《やゆ》した選評。

平野啓一郎『私とは何か 「個人」から「分人」へ』（二〇一二年、講談社）●芥川《あくたがわ》賞作家の平野が説くアイデンティティ論。平野はまさに、自己を他者との関係から成る可変的な存在として捉え、「本当の自分」という観念を否定する。人は「他者」との関わりの中で無数の自己を生成させる「分人《ぶんじん》」なのである。中高生必読の書。5

温又柔《オンユウジュウ》『真ん中の子どもたち』（二〇一七年、集英社）●自己のルーツを意識する、あるいは意識せざるを得ない環境や人生を生きる人々にとって、「アイデンティティ」は切実な主題となる。複数のルーツを持つ登場人物たちの思いとは。第一五七回芥川龍之介賞候補作。5

65 身体論

松本大洋『花男《はなおとこ》』**3**（二〇〇二年、小学館）●別居中の父親、花男と過ごすことになった小学三年生の茂雄のひと夏の物語。2

伊藤亜紗《いとうあさ》『きみの体は何者か』（二〇二一年、筑摩書房）●体を通じた他者との間主観的なつながり。それを理解するための入門の入門として、これほどにすばらしい一冊もなかなかない。10代に向けたノンフィクションシリーズ「ちくまQブックス」から刊行されている。2

鷲田清一《わしだきよかず》『ちぐはぐな身体―ファッショ

ンって何？』（一九九五年、筑摩書房）●「ファッション」を通じて、人間の体、特にアイデンティティについて考察する。身体論の入門書として、まずは読んでおきたい一冊。鷲田には難解な文体の哲学書もあるが、本書は極めてわかりやすく書かれており、論の展開を追う訓練にも最適。4

66 ポストモダン

石原千秋『教養としての大学受験国語』（二〇〇〇年、筑摩書房）●タイトルのとおり、大学入試で実際に出題された評論文を批判的に分析しながら、近代とポストモダンとの対照を理解させてくれる教養の書。設問の解説もあるので、もちろん、現代文の対策にもなる。5

岡本裕一朗《ゆういちろう》『教養として学んでおきたい哲学』（二〇一九年、マイナビ出版）●ポストモダンの思想は、近代までの哲学との対比の中で学ばないと、なかなか具体的にイメージできない。本書は明瞭《めいりょう》な筆致で、その流れを見渡し、解説する。特に、相対主義としてのポストモダン思想についての説明がわかりやすい。6

67 フェミニズム

高群逸枝《たかむれいつえ》・網野善彦 編「女性史研究の立場から」『日本の名随筆 別巻99 歴史』（一九九九年、作品社）●近・現代の日本の名随筆をテーマごとにまとめた、随筆アンソロジーの集大成。

大越《おおごし》愛子『フェミニズム入門』（一九九六年、筑摩書房）●フェミニズムは、決して、一枚岩の思想ではない。その誕生以来、さまざまな実践や挫折、その克服などを経て、多様に展開してきた。その歴史の推移を体系的に解説する一冊。6

岡 真理『彼女の「正しい」名前とは何か』（二〇〇〇年、青土社）●「第三世界フェミニズム」という考え方がある。従来のフェミニズムは、その実、西洋中心主義的な枠組みを再生産してしまっているのではないかという批判の下《もと》に展開される。その実践として、本書の持つ意義は非常に大きい。難解と思うだろうが、挑戦してほしい。9

68 LGBT《エルジービーティー》

牧村朝子『同性愛は「病気」なの？』（二〇一六年、星海社）●「同性愛」という概念は、自明のものではない。あくまで、特定の時代に作られたものにすぎないのだ。その経緯を、平易な言葉で、具体例を用いながら丁寧に説明する。まずはこの一冊から学びたい。5

森山至貴《のりたか》『LGBTを読みとく―クィア・スタディーズ入門』（二〇一七年、筑摩書房）●知るということの重要性、そして、ポスト構造主義などの現代思想は決して思考の遊戯などではなく、切実な実践たりえることを教えてくれる。絶対に読んでほしい名著である。7

69 ジェンダー

芥川龍之介『秋』●芥川初の近代心理小説。幼なじみの従兄をめぐる姉と妹の愛と葛藤を描く。5

一橋大学社会学部佐藤文香《ふみか》ゼミ生一同『ジェンダーについて大学生が真剣に考えてみた』（二〇一九年、明石書店）●ジェンダーに関する質問に、ジェンダーを研究する大学生が答えるという形式。質問への返答がHOP／STEP／JUMPと構成され、段階的に理解が深めることができる。5

太田啓子『これからの男の子たちへ』（二〇二〇年、大月書店）●二人の男の子の母親でもある弁護士の著者が、この社会における「男らしさ」というジェンダーイメージを分析する。その上で、性表現、性暴力、そして性交について、さまざまな角度から提言する一冊。3

70 構築主義／本質主義

大江健三郎『静かな生活』（二〇〇六年、講談社）●知的な障害を持つ兄「イーヨー」との生活を、妹の視点から描く短編連作集。5

あべ・やすし『ことばのバリアフリー』（二〇一五年、生活書院）●障害とは人の属性ではなく社会によって作られるものであるという観点から、言葉や図書館などのあり方について提言する一冊。「点字」の対義語は何か。「普通の字」と思った人は、今すぐ読んでほしい。6

五十嵐大《いがらしだい》『ろうの両親から生まれたぼくが聴こえる世界と聴こえない世界を行き来して考えた30のこと』（二〇二一年、幻冬舎）●「聴こえない親の元で育った、聴こえる子どもたち」を意味する「コーダ」。著者はまさにその一人として、本書を執筆する。2

71 レイシズム

梁英聖《リャンヨンソン》『レイシズムとは何か』（二〇二〇年、筑摩書房）●人種概念の形成の経緯をたどり、自在に姿を変えるレイシズムのありようと、それへの具体的な対抗策を解説する。レイシズムを考える上での重要基礎文献。7

『現代思想 二〇二〇年一〇月臨時増刊号 総特集＝ブラック・ライヴズ・マター』（二〇二〇年、青土社）●アフリカ系アメリカ人への差別に対する運動BLMが国を超えて展開していく中で組まれた特集。難解な論考も収められているので、まずは森達《たつ》也《や》、なみちえ、金村詩恩《かねむらしおん》らのエッセイから読み始めるとよい。3〜9

72 ルッキズム

太宰治『ロマネスク』●「仙術太郎」「喧嘩次郎兵衛」「嘘の三郎」の三編から成る短編小説。5

なみちえ「私を手玉に取る〝肌色〟の手」『現代思想 二〇二〇年一〇月臨時増刊号総特集＝ブラック・ライヴズ・マター』（二〇二〇年、青土社）●アフリカをルーツの一つに持つアーティストの著者が、いわゆる「日本人」とは異なる外見のゆえに受けるルッキズムやレイシズムについて考察する。3

外川浩子《とがわひろこ》『人は見た目！と言うけれど』（二〇二〇年、岩波書店）●先天的、あるいは後天的な理由で、顔や体にあざや傷、その他さまざまな特徴を持つ、「見た目問題」の当事者たちの言葉を紹介する。一人ひとりの言葉に真摯《しんし》に耳を傾けたい。3

山口真美《まさみ》『こころと身体の心理学』（二〇二〇年、岩波書店）●十代の子どもたちを苛《さいな》む、身体とこころの不安定さ。それとどう折り合いをつけていけばいいのか、心理学的な知見から教えてくれる。ルッキズムについては、「第二章 魅力的なカラダとは？」を熟読したい。4

73 ヘイトスピーチ

師岡康子《もろおかやすこ》『ヘイトスピーチとは何か』（二〇一五年、岩波書店）●ヘイトスピーチの撲滅《ぼくめつ》には、何が有効なのか。海外のとりくみや、「法規制」と「表現の自由」という考え方との関係などにも言及しながら考察する。6

萩原朔太郎《はぎわらさくたろう》『近日所感』●17人の朝鮮人が大勢の自警団によって惨殺された事件を詠む。4

森達也《たつや》『フェイクニュースがあふれる世界に生きる君たちへ 増補新版 世界を信じるためのメソッド』（二〇一九年、ミツイパブリッシング）●ヘイトスピーチや差別と闘っていく、あるいは差別の扇動に加担しないようにするためには、メディアに正しく接していくためのリテラシーが不可欠である。メディア論入門の決定版。2

74 ダイバーシティ

稲垣栄洋《ひでひろ》『はずれ者が進化をつくる　生きものをめぐる個性の秘密』（二〇二〇年、筑摩書房）●生き物各々が異なっているのには理由がある。多様性と進化の関係を論じる一冊。

望月優大《ひろき》『ふたつの日本「移民国家」の建前と現実』（二〇一九年、講談社）●海外から集めた技能実習生を劣悪な環境で働かせ、搾取《さくしゅ》する。これはこの国における構造的暴力である。さらに多様化していく日本の未来を考える上で大きな示唆《しさ》を与えてくれる一冊。5

渡辺大輔《だいすけ》『性の多様性ってなんだろう？』（二〇一八年、平凡社）●中学生との対話を通じて、性の多様性を考察する一冊。そのための重要概念を解説し、性の多様性を前提とした社会で、人はどう生き、他者とどう関わっていくべきかを説く。巻末の参考資料がかなり充実。3

75 多文化共生社会

庵《いおり》功雄《いさお》『やさしい日本語』（二〇一六年、岩波書店）●もちろん、「やさしい日本語」は、日本語非母語話者のためのものである。しかし庵は、例えば、ろうなどの障害を持つ人や、あるいは障害を持たない日本語の母語話者にとっても、極めて有益だと説く。ぜひ読んでほしい一冊。6

黒川裕子『となりのアブダラくん』（二〇一九年、講談社）●小学六年生のハルのクラスに、パキスタンからの転校生「アブダラくん」がやってくる。異文化が接触したときのあつれきや相互理解の可能性などを描く児童文学。ジェンダーやアイデンティティについて考えさせられるくだりも。1

76 文化相対主義

内藤正典《まさのり》『教えて！タリバンのこと　世界の見かたが変わる緊急講座』（二〇二二年、ミシマ社）●異なる文化や価値観を持つ者同士が、このたった一つの世界に共生するには、どのようなことが大切なのか。アフガニスタンの今を紹介し、それを模索する。未来を考える重要なヒントが詰まった一冊。4

伊《い》藤《とう》和《かず》子《こ》『人権は国境を越えて』（二〇一三年、岩波書店）●弁護士であり人権活動家でもある著者が、世界の極限的な地域の悲惨な現状を紹介する。「人権」という西洋由来の思想を、人類の普遍的理念とすることはできるのか。それを思索するうえで、多くの示唆を与えてくれる一冊。3

77 対話

和泉真澄《いずみますみ》・坂下史子《ふみこ》・土屋和代・三牧《みまき》聖子・吉原《よしはら》真里『私たちが声を上げるとき　アメリカを変えた10の問い』（二〇二二年、集英社）●5人のアメリカ研究者が、「声を上げる」という行為について考察する。それは言い換えれば、発された声をどう聴くのかという問いでもある。新しい民主主義を模索する上で、大切な教えに満ちた一冊。6

納《のう》富《とみ》信《のぶ》留《る》『対話の技法』（二〇二〇年、笠間書院）●古代ギリシャ哲学の研究者である著者が、世に流布《るふ》している対話のイメージを覆し、真の対話とは何かということを考察する。この社会や人類の未来を考える上で大切なヒントが詰まった一冊。5

山野弘樹《ひろき》『独学の思考法　地頭を鍛える「考える技術」』（二〇二二年、講談社）●哲学研究者が、論理的な思考法と、考えたことを他者に伝える方法を具体的に解説する。対話については第2部に詳説。特に、チャリタブル・リーディングという考え方は、思考の上でも文章を書く上でも、そして創造的な対話を心がける上でも重要だ。5

78 翻訳

リービ英雄《ひでお》『英語でよむ万葉集』（二〇一八年、岩波書店）●苦心しながら万葉集を英訳する著者の誠実さに、思わず胸を打たれる。5

牧野成一『日本語を翻訳するということ―失われるもの、残るもの』（二〇一八年、中央公論新社）●芭蕉《ばしょう》の「古池やかはづ飛び込む水の音」の「かはづ」つまり蛙《かえる》は、英語に訳すなら単数形なのか複数形なのか……この問いに興味を覚えた人は、今すぐこの一冊を読んでみよう。たくさんの知的興奮を得られることだろう。5

鴻巣友季子《こうのすゆきこ》『翻訳教室　はじめの一歩』（二〇二一年、筑摩書房）●小学生に「翻訳」を教えるイベントを書籍化したもの。著者と小学生とのやりとり自体がおもしろく、また、翻訳と対話との深いつながりを教えてくれる。「わたしは世田谷線」というお題の作文が課題に出されたら、あなたは何をどう書くか。3

79 リテラシー

阿部公彦《まさひこ》『病んだ言葉　癒《い》やす言葉　生きる言葉』（二〇二一年、青土社）●著者は、言葉というものの御《ぎょ》しがたさを訴え、それを簡単に扱えてしまうかのように述べる言説を批判する。一筋縄ではいかない言葉なるものと向きあうこと。リテラシーは、その中で初めて育まれるものなのだ。7

橋本陽介『使える！「国語」の考え方』（二〇一九年、筑摩書房）●国語や文学理論について考察を深めながら、リテラシーを鍛えるための具体的な方法を教えてくれる。5

80 文学

浜田蝶二郎《ちょうじろう》『わたし居なくなれ―歌集』（二〇〇三年、角川書店）●哲学的テーマと日常の風景を込めた短歌など。元小中高教員の作品集。6

助川幸逸郎《すけがわこういちろう》・幸坂健太郎《ゆきさかけんたろう》　編著『文学授業のカンドコロ　迷える国語教師たちの物語』（二〇二二年、文学通信）●副題に「迷える国語教師たちの物語」とあるが、中高生にも楽しめる一冊。難解なはずの文学理論を、これ以上は無理というほどにわかりやすく解説する。『ごんぎつね』の読解は、目から鱗《うろこ》。4

難波博孝《なんばひろたか》『ナンバ先生のやさしくわかる論理の授業―国語科で論理力を育てる―』（二〇一八年、明治図書出版）●文学を読むためには、論理的な思考もまた大切になる。文学を読む上で大切になる論理とは、具体的にどのようなものか。教師に向けて書かれた本だが、高校生が、国語の授業をより主体的に受けるための視点が満載。5

81 カルチュラルスタディーズ

ケイン樹里安《じゅりあん》・上原健太郎　編著『ふれる社会学』（二〇二〇年、北樹出版）●レベルとしては大学一、二年生がとりくむような難度なので、読めそうな章を選んで読むといい。例えば「スニーカー」を通じ、いったいどのような社会が見えるのだろうか。社会学入門の決定版。6

ウェルズ恵子『魂をゆさぶる歌に出会う』（二〇一四年、岩波書店）●かつて日本でも、ちょっとワルな若者たちのあいだで流行《はや》った「腰パン」スタイル。あの着こなしにはどのような意味があるのか。ヒップホップ、ブレイクダンス、ブルース、民話などの黒人文化を横断的に分析し、その背景を読みとる。4

82 ポストコロニアル理論

岡本恵徳《けいとく》『「沖縄」に生きる思想　岡本恵徳批判集』（二〇〇七年、未來社《みらいしゃ》）●近現代沖縄文学研究者であり、戦後沖縄を代表する思想家であった著者の未刊行作品集。7

**渡部泰明《わたなべやすあき》・平野多恵・出口智之《ともゆき》・田中

洋美《ひろみ》・仲島ひとみ『国語をめぐる冒険』(二〇二一年、岩波書店)●「国語」というテーマについて、さまざまな角度から考察する一冊。ポストコロニアル理論という観点については、第五章「言葉の地図を手にいれる」を熟読すると理解が深まる。国民国家の言語政策についても詳説する。4

崎山多美《さきやまたみ》『クジャ幻視行』(二〇一七年、花書院)●現代の沖縄の架空の町「クジャ」を舞台にした短編集。タイトルからわかるように、それぞれの作品に幻想的なモチーフが扱われている。現代もまた、ポストコロニアルな時代であるということを痛切に感じさせる一冊。7

83 クレオール

田中克彦《かつひこ》『クレオール語と日本語』(一九九九年、岩波書店)●19世紀以後の比較言語学におけるクレオール諸語研究を元にクレオール語と日本語の関わりを説く。5

ジャン・ベルナベ、パトリック・シャモワゾー、ラファエル・コンフィアン 著『クレオール礼賛《らいさん》』(一九九七年、平凡社)●3人の代表作家による多文化混淆の新しい世界を指し示す記念碑的マニフェスト。

山本冴里《さえり》 編『複数の言語で生きて死ぬ』(二〇二二年、くろしお出版)●国民国家や植民地主義での言語政策なども含め、人と言語とのあいだに生じるさまざまな出来事をテーマとする。クレオール語については、第二章「夜のパピヨン」に詳しい。各章が短く、非常に読みやすい。5

金時鐘《キムシジョン》『猪飼野《いかいの》詩集』(一九七八年、岩波書店)●「在日朝鮮人の代名詞のような町」である猪飼野での生活を謳った詩集。日本語で綴《つづ》られた詩句に、時折朝鮮語の語彙が現れる。そこには言語と言語の出会いがもたらすクレオール性が萌芽《ほうが》しているのかもしれない。7

84 歴史修正主義

武井彩佳《あやか》『歴史修正主義―ヒトラー賛美、ホロコースト否定論から法規制まで』(二〇二一年、中央公論新社)●西洋での歴史修正主義の展開、そしてそれへの抵抗のありようを詳説する。歴史学がいかにして歴史修正主義に勝利を収めることができたかを語る、第五章「アーヴィング裁判」が、特に興味深い。研究者としての責任感のみなぎる一冊。6

梁澄子《ヤンチンジャ》『「慰安婦」問題ってなんだろう?』(二〇二二年、平凡社)●まずは、著者が「慰安婦」という言葉を括弧《かっこ》でくくるわけを理解しよう。実際に「慰安婦」であった女性について、日常的な逸話などにも多く触れるのは、きっと、その具体的な記述を通じて彼女の生のかけがえのなさを表すためだろう。3

85 新自由主義

長谷川貴彦《たかひこ》『イギリス現代史』(二〇一七年、岩波書店)●第二次世界大戦から現在に至るまでのイギリス現代史を俯瞰《ふかん》する。第一章「福祉国家の誕生」と第五章「サッチャリズム」を比べながら読むと、修正資本主義と新自由主義それぞれの性質が、より深く理解できるだろう。6

内田樹《たつる》・寺脇研《けん》・前川喜平《きへい》『教育鼎談《ていだん》子どもたちの未来のために』(二〇二一年、ミツイパブリッシング)●教育政策に深く関わってきた3人の討論。Ⅳ「自由化のもとで起きていること」を読めば、新自由主義の教育への浸透について具体的に知ることができる。論者たちは、学校教育の市場化に警《けい》鐘《しょう》を鳴らしている。5

86 グローバリゼーション

井出留美《いでるみ》『SDGs時代の食べ方 世界が飢えるのはなぜ?』(二〇二一年、筑摩書房)●食料は過剰なほど生産されているのに、地球上には、飢餓に苦しむ人が無数に存在する。この矛盾はどこから生じるのか、そして私たちにできることはあるのか、平易な言葉で解説する。ちくまQブックスの一冊で、一気に読み切れる難度と分量。2

平賀緑『食べものから学ぶ世界史』（二〇二一年、岩波書店）●「食」の歴史を古代から近代、現代へとたどり、その中で資本主義の展開を詳説する。グローバリゼーションを理解する上で最良の入門書。同じく岩波ジュニア新書の川北稔《みのる》『砂糖の世界史』と合わせて読みたい。4

山岡信幸《のぶゆき》『教養としての地理　激変する世界の変化を読み解く』（二〇二二年、PHP研究所）●当然のことながら、地理の知識は、人間の歴史や今を考える上で非常に大切である。グローバリゼーションについては、第2部「お金の流れの変化から激変する世界を読み解く」が極めて重要。ポイントや重要語がつかみやすい構成になっているのもうれしい。5

87 ポピュリズム

水島治郎《じろう》『ポピュリズムとは何か―民主主義の敵か、改革の希望か』（二〇一六年、中央公論新社）●現代の世界を席巻《せっけん》するポピュリズムについて、その成立の経緯や、各国での具体的なあり方などを解説する。ポピュリズムを一方的に弾劾《だんがい》するのではなく、さまざまな角度から検証する、ポピュリズム入門の決定版。6

筒井清忠《きよただ》『戦前日本のポピュリズム』（二〇一八年、中央公論新社）●ポピュリズムは一般に現代世界の政治現象として説明されるが、著者は、この大衆扇動型の政治を、対米戦争に至るまでの日本にも見いだす。特にマスメディアに向けた視線が厳しい。日本の戦争を振り返る上でも重要な一冊。6

88 規律訓練型権力

桜井哲夫『知の教科書　フーコー』（二〇〇一年、講談社）●フーコーの著作はかなり難解であり、入門書が必須と言えるが、この一冊が平易さという点では出色。特に、「フーコー思想のキーワード」と「知のみなもとへ―著作解題」がありがたい。6

重田園江『ミシェル・フーコー―近代を裏から読む―』（二〇一四年、筑摩書房）●フーコーの代表作『監獄の誕生』を精読する。重田は、難しいことを安易に単純化はしない。そして、わからないことはわからないと言う。とても誠実な書き手である。本書は、**89**で扱う「生権力・生政治」について理解する上でも極めて大切な示唆を与えてくれる。8

89 生《せい》権力・生《せい》政治

大窪《おおくぼ》晶与《あきよ》『ヴラド・ドラクラ』**第一巻**（二〇一八年、角川書店）●15世紀中期のワラキア公国の王・ヴラド三世を描く歴史ロマン。2

檜垣《ひがき》立哉《たつや》『生と権力の哲学』（二〇〇六年、筑摩書房）●フーコーの生権力・生政治について解説するのみならず、その影響を受けたネグリやアガンベンなど後継者たちの思想についても言及する。次の**90**で扱う「剝《む》き出しの生」という概念を理解する上でも極めて有用な一冊である。8

紅野《こうの》謙介《けんすけ》『国語教育　混迷する改革』（二〇二〇年、筑摩書房）●近年の教育改革において喧伝《けんでん》される「主体的・対話的で深い学び」という標語には、人間の生や内面を訓育の対象とするような、生政治的な欲望が潜んでいると著者は言う。第六章「国語教育の原点に立ちかえる」に詳細な言及がある。6

90 剝《む》き出しの生

石原吉郎《よしろう》『石原吉郎詩文集』「**ある〈共生〉の経験から**」（二〇一一年、講談社）●ソ連軍に抑留され強制収容所に送られた著者による詩文集。8

ジョルジョ・アガンベン『ホモ・サケル』（二〇〇七年、以文社）●ホモ・サケル（聖なる人間＝剝き出しの生）の形象を追跡した一冊。

岡真理『ガザに地下鉄が走る日』（二〇一八年、みすず書房）●イスラエルによる国家的暴力にさらされ続けてきたガザ。その地でパレスチナの人々は、いったいどのような生を生きているのか。ここに描かれていることは、歴史上の出来事ではない。今、私たちの生きるこの世界で起きていることなのだ。絶対に読んでほしい一冊。7

内藤正典《まさのり》『外国人労働者・移民・難民ってだれのこと？』（二〇一九年、集英社）●剝き出しの生を生きる人々は、この日本社会にも存在する。例えば、外国人労働者、あるいは難民申請をする人々などに、人としての権利は保障されているのだろうか。3

91 これからの民主主義

大塚英志《えいじ》『「暮らし」のファシズム 戦争は「新しい生活様式」の顔をしてやってきた』（二〇二一年、筑摩書房）●当たり前の日常の起源を問い、政治の生活への介入があからさまになった「with コロナ」の暮らしを見つめ直す。6

小熊英二《おぐまえいじ》『社会を変えるには』（二〇一二年、講談社）●代議制民主主義の限界をどのように超えていくか。そのための具体的な方法をレクチャーする。この国のかつての社会運動のあらましや、政治哲学なども詳しく解説。重厚な一冊なので、じっくりと読みたい。6

92 医療倫理

南木佳士《なぎけいし》『ダイヤモンドダスト』「冬への順応」（二〇〇五年、文藝春秋）●芥川賞受賞作「ダイヤモンドダスト」のほか短篇三本と、小説家・加賀乙彦との対談を巻末に収録。5

小林亜津子『ＱＯＬって何だろう』（二〇一八年、筑摩書房）●ＱＯＬとは「クオリティオブライフ」、すなわち生命の質（生活の質、人生の質）という概念である。人間が人間であるために不可欠のＱＯＬの観点から、医療やケアについて考察する一冊。4

手塚治虫《おさむ》『ブラック・ジャック』（一九七三〜八三年、秋田書店）●医療を題材とした傑作漫画は多々あれ、やはり、この作品は挙げなければいけない。天才外科医ブラック・ジャックの、医をめぐる葛藤を見つめよう。特に、安楽死を是《ぜ》とするキリコとの対立は、医療倫理をめぐる多くの観点を教えてくれる。2

93 生と死の倫理

森鷗外《おうがい》『高瀬舟』●自殺に失敗し苦しむ弟。彼を殺して島送りにされる喜助に罪はあるのか――。人間のもつ不条理、尊厳を見つめた表題作。5

郷田マモラ『モリのアサガオ』（二〇一九年、双葉社）●死刑制度が抱える問題に焦点を当てた文化庁メディア芸術祭大賞受賞作。2

森達也『ぼくらの時代の罪と罰 増補新版 きみが選んだ死刑のスイッチ』（二〇二一年、ミツイパブリッシング）●著者ははっきりと、死刑制度に否《いな》と言う。しかし、その意見を決して押しつけようとはせず、賛成するにせよ反対するにせよ、まずは死刑について知ることが大切だと力説する。死刑について考える上で最良の入門書。3

福岡伸一『生物と無生物のあいだ』（二〇〇七年、講談社）●生と死の倫理という主題からはズレるかもしれないが、「生物とは何か」を分子生物学の知見から論じる本書は、人の命について考える上で、さまざまなヒントを与えてくれる。何より、読み物としてすこぶるおもしろい。6

94 優生学・優生思想

浦沢直樹『MONSTER』第十六巻（二〇〇一年、小学館）●怪物・ヨハンと双子の妹ニナをめぐる隠謀《いんぼう》に巻き込まれた天才医師、テンマの運命ははたして――。2

フィリッパ・レヴィン『14歳から考えたい優生学』（二〇二一年、すばる舎）●優生学の歴史や、他の諸ジャンルとの関係、現代における位置づけなどを総合的に俯瞰《ふかん》する。難しいと感じたところは飛ばしながらでもかまわないので、目を通してみてほしい。7

保坂展人《ほさかのぶと》『相模原事件とヘイトクライム』（二〇一六年、岩波書店）●二〇一六年の津久井やまゆり園事件について概括する。優生思想は、決して過去の遺物ではなく、現代、そして他ならぬこの社会の抱える病弊なのだ。優生思想について考える上で、まず読みたい一冊である。3

95 有用／無用

荒井裕樹《ゆうき》『まとまらない言葉を生きる』（二〇二一年、柏《かしわ》書房）●言葉における「効率性」というものに、真っ向から抗《あらが》う一冊。〈有用／無用〉という二項対立がどれほど人間を追いつめるかについては、第七話「『お国の役』に立たなかった人」を熟読してほしい。5

初田《はつだ》哲男・大隅良典《おおすみよしのり》・隠岐《おき》さや香・柴藤《しばとう》亮介《りょうすけ》編『「役に立たない」研究の未来』（二〇二一年、柏書房）●科学をめぐる「役に立つ／立たない」という言説について、科学に携わる研究者たちがさまざまな角度から考察する。科学研究のこれからにまつわる重要な提言が満載。代表者のスピーチと議論という構成。7

96 機械／人間

鈴森康一『ロボットはなぜ生き物に似てしまうのか』（二〇一二年、講談社）●工学入門として格好の読み物。科学技術の結晶であるロボットが、生き物の身体の構造に近づいていくという不思議――このような現象から、ロボットや生き物、そしてその関係性について考察する。7

久保明教『機械カニバリズム　人間なきあとの人類学へ』（二〇一八年、講談社）●AIの将棋ソフトと人間の棋士との戦いを分析しながら、AIあるいは機械と人間の、これまでには考えられなかったような関係性について明らかにする。両者はまったき他者同士であり、そして相互に影響を与えつつ、今とは異なる何かへと変容しているのだ。9

97 人新世

ジャック・ペパン『エイズの起源』（二〇一四年、みすず書房）●エイズウイルスはどこから来たのか。感染はなぜ拡大したのか。解明されていない謎に迫った決定版。

中満《なかみつ》泉『未来をつくるあなたへ』（二〇二一年、岩波書店）●国際連合事務次長として軍縮問題を担当する著者が、核兵器、難民、ジェンダー、気候変動やパンデミックについて考察する。岩波ジュニアスタートブックスからの刊行で、読書に不慣れな人でも読破できるだろう。2

98 カルト

芥川龍之介『妖婆《ようば》』●様々な術を操る妖婆との闘いを描いた小説。5

森 達也『「A」マスコミが報道しなかったオウムの素顔』（二〇〇二年、角川書店）●一連の事件を受け、過熱するマスコミのオウム報道。そのありように疑問を抱いたドキュメンタリー作家の著者が、あえてオウム側の視点に立ち、この社会の病巣《びょうそう》をえぐる。衝撃の作品。5

江川紹子《しょうこ》『「カルト」はすぐ隣に』（二〇一九年、岩波書店）●副題は、「オウムに引き寄せられた若者たち」。普通の若者たちが、なぜ、あのような凶行を引き起こしてしまったのか。カルトを長年追い続けてきたジャーナリストの著者が、綿密な取材に基づき、事件の詳細を語る。 3

99 ケアの倫理

小川公代《きみよ》『ケアの倫理とエンパワメント』（二〇二一年、講談社）●ケアという営みに着目し、人と人との新しい関係性を切り拓く道を模索する。〈主体／客体〉〈能動／受動〉という近代の二元論的な思考から、私たちは自由になるべきなのだ。文学の多様な読み方を知ることのできる一冊である。 8

鷲田清一《きよかず》『感覚の幽《くら》い風景』（二〇〇六年、紀伊国屋書店）●人は、誰かにとっての特定の宛て先になっていることを感じられて初めて、自己の存在を確信することができる。そうした人間関係が直接に現れるのが、ケアの現場なのだ。ケアをめぐる哲学的な思索を綴るエッセイ集。 8

100 レジリエンス

饗庭《あいば》伸《しん》・青井哲人《あきひと》・池田浩敬《ひろたか》・石榑督和《いしぐれまさかず》・岡村健太郎・木村周平・辻本《つじもと》侑《ゆう》生《き》 著　山岸剛《たけし》 写真『津波のあいだ、生きられた村』（二〇一九年、鹿島出版会）●明治・昭和地震で津波の最高遡上高を記録した岩手県大船渡市。地震のたびに津波被害を減らしていったこの地域は、「津波のあいだ」の時間をどう過ごしてきたのか。 5

池亀《いけがめ》彩《あや》『インド残酷物語』（二〇二一年、集英社）●激しい格差、貧困や差別、そして新型コロナウイルスの大流行――インドの底辺社会を生きる人々の現実は、悲惨だ。しかし彼らは、誇りを失わず、しなやかに強く生きている。社会人類学者である著者による迫真の記録の書。 6

「生きる力」編集委員会編『生きる力』（二〇〇六年、岩波書店）●副題に「神経難病ALS患者たちからのメッセージ」とあるとおり、ALS＝筋《きん》萎《い》縮性《しゅくせい》側索硬《そくさくこう》化《か》症《しょう》の患者たちのしたためた文章をまとめた一冊。身体の機能を日々失っていく絶望の中で、患者たちはどのように、生への意志を回復したのか。 3

□**あすこま先生**「あすこまっ！」https://askoma.info/

子どもたちに〝書くこと〟をどう教えるか、その研究および実践に携わってきた国語科教員「あすこま」先生の運営するブログ。教員や研究者向けの記事も多いが、本のレビューも充実している。読書案内としては、まずは「10代前半にちょうどいい!? 説明・評論文シリーズのブックリスト」(2017.05.02)に目を通しておきたい。

□**大橋崇行**『中高生のための本の読み方』(二〇二一年、ひつじ書房)

紹介する本のジャンルは、理科、古典、音楽、美術、家庭科など、非常に多岐にわたる。のみならず、読書会やブックトークの方法についても詳しく解説しているのがうれしい。読んだ本について対話や議論をすれば、当然、理解も深まろうというもの。著者は文学や国語教育の研究者であると同時に、自ら創作する作家でもある。

□**木村小夜**《さよ》『ままならぬ人生　短編の扉を開く』(二〇一八年、澪標)

日本文学の研究者がお気に入りの文学作品を紹介する一冊。ラジオ番組でのトークを書籍化したもの。紹介する本はすべて短編で、文学の初心者にも読みやすいものが多い。芥川龍之介『トロッコ』や森鴎外『高瀬舟』など著名な作品も取り上げられるが、文学のプロは、それをどう読み解くのか。「なるほど！」とうなずきながら読み進められる。

□**小池陽慈**『世界のいまを知り未来をつくる　評論文読書案内』(二〇二一年、晶文社)

大学入試の評論文、あるいは小論文に頻出するテーマや語句について解説しながら、そこでの理解をより深めることのできる良書を紹介する。とくに、「表象」という概念、およびポストコロニアル理論の解説について、力を入れている。本書を通じて、より多角的に世界を見る視点を手に入れてほしい。

□**澤田英輔・仲島ひとみ・森 大徳 編**『中高生のための文章読本　――読む力をつけるノンフィクション選』(二〇二一年、筑摩書房)

長年のあいだ国語科教育に携わってきた編者たちによる、珠玉のアンソロジー。副題のとおり、所収の文章はすべて「ノンフィクション」である。「これまで読んできたのは物語ばかりで、評論文や説明文の本は手にとったことがない」という人は、ぜひこの一冊から読み始めてみよう。ページ下段や章末の読解ガイドがうれしい。

□**東京・学校図書館スタンプラリー実行委員会編著**『学校図書館の司書が選ぶ小中高生におすすめの本220』(二〇二〇年、ぺりかん社)

世の中にはたくさんの仕事が存在するが、司書とは、図書館で専門的事務を行う職業である。具体的には図書の収集や整理などをするが、図書館利用者の調査や研究のサポートをする、レファレンスサービスも行う。つまり、本のプロフェッショナルである。そんな司書が集って出版したブッグガイドほど、信頼できるものはないだろう。

□ **ネオ高等遊民**〈哲学マスター〉
日本初の哲学YouTuberネオ高等遊民の運営するYouTubeチャンネル。哲学への愛に溢れたチャンネルであり、哲学について知りたい、学びたいという人は、ぜひ視聴してみてほしい。同氏の運営する情報発信サービスnote（https://note.com/kotoyumin）に公開されている「【哲学史】時代・地域・テーマ別おすすめ解説書100冊」は必見。

□ **文学系チャンネル**〈スケザネ図書館〉
文筆家、書評家、書評系YouTuberとして活躍する渡辺祐真《すけざね》が運営するYouTubeチャンネル。読書案内のみならず、作家や書評家、文学研究者との対談など、充実したコンテンツを誇る。文学理論の入門書『物語のカギ 「読む」が10倍楽しくなる38のヒント』（笠間書院）の著者でもある。

□ **堀越英美**『モヤモヤしている女の子のための読書案内』（二〇二〇年、河出書房新社）
「マイナス思考から抜け出せない」「クラスメイトの会話がうわさ話や悪口ばかりでうんざり」などの悩みの相談に対して、著者がおススメの本を紹介してくれる。『14歳の世渡り術』というシリーズの一冊として刊行されているが、このシリーズ自体も、おもしろい本がたくさんある。

□ **三宅香帆**『（読んだふりしたけど）ぶっちゃけよく分からん、あの名作小説を面白く読む方法』（二〇二〇年、笠間書院）
なかなかインパクトのあるタイトルだが、中身はすこぶる真摯な内容。古今東西の名作を素材に、文学の読み方をレクチャーする。この本を読み、そこで興味を持った作品を読んでみる――そんな文学との出会い方もよいだろう。著者は新進気鋭の書評家で、精力的に執筆活動を展開している。

【中高生にオススメのレーベル】

○岩波書店：岩波ジュニア新書
○岩波書店：岩波ジュニアスタートブックス（ジュニスタ）
○岩波書店：岩波ブックレット
＊様々なジャンルの小冊子！
○NHK出版：100分de名著
○NHK出版：学びのきほん
○角川書店：ビギナーズ・クラシックス 日本の古典
○河出書房新社：14歳の世渡り術
○講談社：ブルーバックス
＊理系の新書！
○創元社：あいだで考える
○筑摩書房：ちくまQブックス
○筑摩書房：ちくまプリマー新書
○平凡社：中学生の質問箱
○山川出版社：世界史リブレット人／日本史リブレット人

装丁・本文デザイン
中垣デザイン事務所

編集協力（本文・重要語ミニ辞典）
藤本なほ子

校正協力
市原佳子

本文イラストレーション
田中斉　ナイトウカズミ

図版
髙野幸太（シーアンドシー）

画像転載元
Wikimedia Commons
（p.39, 222, 229, 254, 257, 266）

DTP
シーアンドシー

著者紹介

小池陽慈（こいけ・ようじ）
75年生まれ。河合塾・河合塾マナビス現代文講師。放送大学大学院修士全科生。早稲田大学大学院教育学研究科国語教育専攻修士課程中退。著書に『世界のいまを知り未来をつくる評論文読書案内』（晶文社）、『一生ものの「発信力」をつける14歳からの文章術』『“深読み”の技法』（笠間書院）、『無敵の現代文記述攻略メソッド』（かんき出版）ほか多数。

基本用語から最新概念まで
現代評論キーワード講義

2023年　4月10日　第1刷発行
2024年　9月10日　第5刷発行

著　者　小池陽慈
発行者　株式会社 三省堂　代表者 瀧本多加志
印刷者　三省堂印刷株式会社
発行所　株式会社 三省堂
〒102-8371
東京都千代田区麴町五丁目7番地2
電話　(03) 3230-9411
https://www.sanseido.co.jp/

〈現代評論キーワード・304pp.〉
ISBN978-4-385-22735-1